PRÉPAS SCIENTIFIQUES
ÉPREUVE DE FRANÇAIS-PHILOSOPHIE

CONCOURS 2022 2023

Le travail

Tout-en-un

Virgile – Weil – Vinaver

Benoît Charuau
Professeur agrégé externe de philosophie, enseigne en CPGE scientifiques (PCSI, ATS MC et ATS Biologie) au lycée P.-G. - de - Gennes - ENCPB de Paris

Catherine Feré
Professeure agrégée externe de lettres modernes, enseigne en CPGE scientifiques (BCPST, MPSI, MP, PSI) au lycée P.-G. - de - Gennes - ENCPB de Paris

Glen Grainger
Professeur agrégé externe de lettres modernes, enseigne au lycée Jean-Rostand de Chantilly

Vuibert

Les renvois de page présents dans l'ouvrage font référence aux éditions prescrites :
– éditions Flammarion (collection GF) pour *Les Géorgiques* de Virgile (trad. Maurice Rat) ;
– éditions Gallimard (collection Folio essais) pour *La condition ouvrière* de Simone Weil ;
– éditions Actes Sud (collection Babel) pour *Par-dessus bord – Forme hyper-brève* de Michel Vinaver.

Pour *Les Géorgiques*, vous trouverez également des renvois aux vers. Ils font référence à l'ouvrage *Les Bucoliques, Les Géorgiques* de Virgile (trad. Maurice Rat) paru aux éditions Flammarion (collection GF) en 1967.

ISBN : 978-2-311-21318-8

Création de la couverture : Hung Ho Thanh
Adaptation de la couverture : Les PAOistes
Composition : Nord Compo

Site internet : http://www.vuibert.fr

Sommaire

PARTIE 1. REPÈRES SUR LE THÈME

Introduction ... 9
1. Que signifie travailler ? ... 11
2. Le travail est-il une malédiction ? ... 18
3. Le travail est-il l'essence et le sens de l'existence ? ... 25
Conclusion ... 31

PARTIE 2. RÉSUMÉ ET ANALYSE DES ŒUVRES AU PROGRAMME

■ ***Géorgiques* (–29 av. J.-C.)** ... 35
Étude de l'œuvre ... 35
Introduction ... 35
1. L'œuvre dans son contexte ... 36
2. Focus sur l'œuvre ... 42
3. Le travail dans les *Géorgiques* ... 48
Conclusion ... 64
Texte-clé commenté ... 66
Références bibliographiques ... 71
Références audiovisuelles ... 72

■ ***La Condition ouvrière*, 1934-1942** ... 73
Étude de l'œuvre ... 73
Introduction ... 73
1. L'œuvre dans son contexte ... 75
2. Focus sur l'œuvre ... 84
3. Le travail dans *La Condition ouvrière* ... 94
Conclusion ... 104
Texte-clé commenté ... 105
Références bibliographiques ... 110
Références audiovisuelles ... 111

■ ***Par-dessus bord* (version hyper brève), 2003** ... 113
Étude de l'œuvre ... 113
Introduction ... 113
1. L'œuvre dans son contexte ... 114
2. Focus sur l'œuvre ... 127
3. Le travail dans *Par-dessus bord* ... 136
Conclusion ... 145
Texte-clé commenté ... 146
Références bibliographiques ... 151
Références audiovisuelles ... 152

PARTIE 3. ÉTUDE TRANSVERSALE DU THÈME DANS LES ŒUVRES

1. La négativité du travail ... 155
2. Travail et besoins fondamentaux ... 171
3. La force du travail ... 187
Conclusion ... 202

PARTIE 4.MÉTHODE ET CONSEILS

■ **Le résumé** ... 207
1. Nature de l'exercice ... 207
2. Les cinq règles d'or du résumé ... 208
3. Comment compter les mots ? ... 208
4. Le travail préparatoire ... 210
5. Rédiger le résumé ... 211
6. Quelques conseils de rédaction ... 212
7. Exercice pas à pas : résumé d'un texte type CCINP ... 213
■ **La dissertation** ... 218
1. Nature de l'exercice ... 218
2. Le travail préparatoire ... 220
3. L'introduction ... 221
4. Le développement ... 223
5. La conclusion ... 225
6. Quelques conseils de rédaction ... 226
7. Exercice pas à pas ... 227
■ **La synthèse de textes** ... 239
1. Nature de l'exercice ... 239
2. Le travail préparatoire ... 241
3. Rédiger l'introduction ... 243
4. Rédiger le développement ... 243
5. Rédiger la conclusion ... 244
6. Quelques conseils de rédaction ... 244
■ **L'oral** ... 247
1. Nature de l'exercice ... 247
2. Les grandes épreuves orales : X, Mines-Ponts, ESM, École de l'Air, Mines-Telecom ... 248
3. L'épreuve de l'entretien seul ... 255
4. Vingt questions possibles le jour J ... 256
5. Savoir déjouer quelques pièges : à ne pas faire ou à ne pas dire ! ... 257
6. Six conseils pour le jour J et les précédents ... 258

PARTIE 5. SUJETS ET CORRIGÉS

- **Sujets de résumé** 261
  - Sujet 1 : résumé CCINP en 100 mots (+ ou – 10 %) 261
  - Sujet 2 : résumé Centrale en 200 mots (+ ou – 10 %) 262
  - Sujet 3 : résumé CCINP en 100 mots (+ ou – 10 %) 265
- **Corrigés des résumés** 267
  - Sujet 1 267
  - Sujet 2 267
  - Sujet 3 268
- **Sujets de dissertations** 269
  - 1. Sujets avec corrigés entièrement rédigés 269
  - 2. Sujets avec plans détaillés 270
- **Corrigés des dissertations** 272
  - 1. Dissertations entièrement rédigées 272
  - 2. Plans détaillés 284

PARTIE 6. CITATIONS

1. Virgile, *Géorgiques* 303
2. Simone Weil, *La Condition ouvrière* 307
3. Michel Vinaver, *Par-dessus bord* 310

PARTIE 1

Repères sur le thème

Introduction 9

1. Que signifie travailler ? 11

2. Le travail est-il une malédiction ? 18

3. Le travail est-il l'essence et le sens de l'existence ? 25

Conclusion 31

Introduction

« À l'homme, [Yahvé Dieu] dit : "Parce que tu as écouté la voix de ta femme et que tu as mangé de l'arbre dont je t'avais interdit de manger, maudit soit le sol à cause de toi ! À force de peines tu en tireras subsistance tous les jours de ta vie. Il produira pour toi épines et chardons et tu mangeras l'herbe des champs. À la sueur de ton visage, tu mangeras ton pain, jusqu'à ce que tu retournes au sol, puisque tu en fus tiré. Car tu es glaise et tu retourneras à la glaise." »

Bible, Ancien Testament, Genèse, I, 1, III, 17-19.

C'est en ces termes que nous, humains, aurions été « jetés hors de l'éternité », comme dit Simone Weil dans *La Condition ouvrière* (p. 348). Les mots bibliques scellent **une alliance entre nos besoins, le travail et la souffrance**. Pire : ils condamnent l'homme à une **peine insensée**, car la douleur quotidienne du labeur ne connaîtra d'autre issue que le retour à « la glaise » dont il fut « tiré ».

Jour après jour contraint de travailler pour, jusqu'à la mort, satisfaire des besoins n'ayant de cesse de se renouveler, l'homme traverse **une épreuve analogue à celle qu'endure Sisyphe pour l'éternité**. Sanctionné par Zeus, Sisyphe, raconte Homère (*Odyssée,* XI, v. 593-600 ; VIIIe siècle av. J.-C.), doit à jamais porter et rouler un rocher jusqu'au faîte d'une colline que le rocher dévalera aussitôt. Son sort est tragique puisque, d'une part, il ne connaîtra pas d'issue heureuse ; puisque, d'autre part, Sisyphe en est conscient ; puisque enfin ses efforts et sa peine n'ont, pour lui, aucun sens. À cet égard, dit Albert Camus dans *Le Mythe de Sisyphe* (1942)**, son sort est celui de « l'ouvrier d'aujourd'hui** [qui] travaille, tous les jours de sa vie, aux mêmes tâches » sans en saisir le sens. Rejoignant la plaine où son rocher a roulé, « Sisyphe, prolétaire des dieux », est dans la position de l'homme qui, interrompant un instant son travail, prend la mesure du **tragique et de l'insensé d'une existence passée à travailler pour vivre, donc à souffrir pour encore subsister.**

« À quoi bon ? » se demande l'homme qui, hors la mort, ne voit pas d'autre horizon que la poursuite indéfinie d'un travail harassant ne permettant que le renouvellement de sa force de travail. Tel est, dira-t-on, le sort de tous les mortels, comme nous le confirmeront les *Géorgiques* de Virgile. Oui, mais **l'homme se distingue par la pleine conscience qu'il en a** et par son besoin consécutif de trouver du sens à ce qu'il vit. Il se distingue par ce sentiment, qui le ronge, que **la nécessité de s'épuiser à travailler est une malédiction** en ce que, réduisant l'existence à de la souffrance, elle en fait une absurdité.

« Il faut imaginer Sisyphe heureux », dira, pourtant, Albert Camus en s'inspirant du philosophe japonais Kûki Shûzo (1888-1941). Il faut postuler qu'un bonheur est possible pour celui qui, tel Sisyphe, s'empare de son destin, lui donne un sens, jusqu'à se réjouir qu'il soit tel qu'il est. « Le destin [est] une affaire d'homme, dit Camus, qui doit être réglée entre les hommes. » **La triade des besoins, du travail et de la souffrance serait ainsi entre nos mains** et il ne tiendrait qu'à nous de la rendre vivable, voire peut-être heureuse.

Loin d'être une malédiction, le travail pourrait ainsi être perçu et vécu comme ce par quoi les hommes se définissent eux-mêmes et confèrent du sens à leur existence, ce par quoi ils se transforment et font œuvre commune, comme le suggérera *Par-dessus bord* de Michel Vinaver. **La nécessité même de travailler pourrait alors être conçue comme une occasion** dont on devrait non pas se plaindre mais s'enthousiasmer : l'aubaine d'un séjour terrestre laissant à notre intelligence et à nos mains le choix de ce que nous deviendrons et de ce que sera demain.

Le travail est-il donc une malédiction ou un bienfait ? Pour examiner la question, il faut, d'abord, s'entendre sur ce que signifie exactement « travailler ». Partant de là, nous pourrons successivement ausculter ce qui fait du travail une épreuve et en quoi il est ce par quoi l'homme peut proprement exister.

1. Que signifie travailler ?

Pistes de problématisation

En utilisant le verbe « travailler » plutôt que le substantif « travail », la question cible le faire humain, que l'on nomme « travail », et non le produit de ce faire, que l'on désigne aussi par le même terme. La question interroge donc ce en quoi consiste le fait de travailler : ce qui le distingue de toute autre activité. Pour problématiser la question, il convient, dès lors, de confronter de possibles caractères distinctifs du « travailler ». **La problématique suivante peut ainsi être proposée :**

- Travailler, est-ce seulement **produire** ? N'est-ce pas, plus précisément, transformer la matière en recourant à des **outils** pour vaincre la **pénible résistance** qu'elle oppose ?

En confrontant deux identifications possibles du « travailler », la problématique questionne certains emplois du terme travail, ce qui en constitue autant d'enjeux :

1. Gouvernée par l'instinct, la production animale constitue-t-elle un travail ?

2. Ne transformant nulle matière, la pensée est-elle un travail ?

Le critère de pénibilité introduit un autre enjeu :

3. Le travail est-il nécessairement, voire exclusivement, source de souffrance ?

A. Ce que dit la généalogie des mots

a. *Tripalium :* une étymologie incertaine

Une doxa fermement installée affirme que les mots français « travail » et « travailler » dériveraient des termes latins *tripalium* (ou *trepalium*) et *tripalare*. L'idée a séduit au regard de la connotation négative de ces termes : **le bas-latin *tripalium* désignait un instrument de torture** constitué de trois pieux (*tri* « trois » et *palis* « pieux ») permettant d'immobiliser l'esclave ou le condamné. Le terme est, d'ailleurs, encore en usage pour nommer l'instrument avec lequel le maréchal-ferrant immobilise le cheval pour le ferrer. Le latin populaire *tripalare* signifiait, par extension, infliger des souffrances en bloquant l'individu.

La peine qu'implique le travail rend cohérente cette généalogie. Cependant, des linguistes la contestent, dont André Eskénazi qui, dans son étude « L'étymologie de "travail" » (2008), affirme que **« l'étymon *tripalium* est une chimère »** (revue *Romania*, 2008, t. 126, n°s 3-4). D'où viennent donc nos mots « travail » et « travailler » ? Plusieurs hypothèses sont avancées. Au XIXe siècle, les linguistes

Émile Littré et Michel Bréal proposaient pour étymon **le latin *trabs*** qui, au sens propre, désignait une poutre et qui donnera les mots français « entrave » et « entraver », lesquels introduisent les idées de **contrainte** et de **résistance** que nous retrouverons dans le concept de travail. En 1984, la linguiste Marie-France Delport s'appuie sur l'étude des mots hispaniques médiévaux *trabajar* (travailler) et *trabajo* (travail) pour **rapprocher le préfixe « tra » du latin *trans*** qui introduit l'idée d'une **transformation d'état** également présente dans le concept de travail. Une autre hypothèse attire l'attention sur la communauté d'origine de l'anglais ***to travel*** et du français « **travailler** » qui en auraient hérité les idées de **tension** et d'**effort** pour atteindre un but déterminé.

Nous ne trancherons pas ici entre les hypothèses mais tirerons un enseignement du succès de l'étymon *tripalium* qui s'est, peut-être, installé dans les esprits parce qu'il confortait une relation au travail qui en retient la contrainte, la nécessité et la souffrance bien plus que les bienfaits. **La doxa est, en somme, fille de l'idée biblique d'une malédiction**, qui fait de la souffrance au travail une irréductible condamnation, ce que retiendra saint Benoît (480-547) dont une des trois règles pour la vie des moines bénédictins est précisément le travail (*labor*) entendu comme activité manuelle, collective et contraignante visant, certes, la subsistance, mais aussi l'expiation du péché originel.

b. Une sinueuse émergence dans la langue française

C'est au XIIe siècle que le terme « travail » apparaît dans l'ancien français. Il ne désigne alors pas l'acte de produire, mais **la souffrance**, qu'elle soit psychologique ou physique. Travailler signifie ainsi « faire souffrir », de là son usage pour désigner l'accouchement ou encore les tourments qu'on inflige à l'accusé pour le faire avouer. Si certains usages médiévaux l'annoncent (« travailler un cheval » au sens de l'entraîner), **il faut attendre le** XVIe **siècle pour que les mots « travail » et « travailler » portent l'idée d'une transformation positive**, estompant voire effaçant les connotations négatives de souffrance et de fatigue. Ils sont alors utilisés pour désigner l'acte de voyager et des activités de l'esprit (« travailler le style »), soit des actions qui opèrent un changement bénéfique (du voyageur, du style…).

C'est à partir du XVIIe siècle que l'usage positif de nos deux termes se généralise : on les mobilise pour désigner des transformations aussi différentes que le travail du fer, le travail agricole ou encore l'acte de faire travailler son argent. Les verbes « **labourer** » (pour le travail agricole) et « **ouvrer** » (pour le travail des artisans et des ateliers de charité) sont alors peu à peu **supplantés par le verbe « travailler »** au sens de transformer pour mettre en valeur et faciliter l'usage de l'élément travaillé. La substitution du nom « labeur » par le terme « travail » est instructive car, héritier de l'ancien français, le labeur désignait une activité synonyme d'effort, de souffrance et de pénibilité. Par quelque ironie, dont l'évolution des usages a le secret, le terme travail réussit donc à s'imposer dans notre langue en un sens positif, lui dont la signification initiale était négative.

Reste que les usages continuent d'évoluer et, par eux, les connotations dont les mots sont chargés. **L'invocation actuelle du *tripalium* est symptomatique d'une évolution de la perception du travail** qu'il faut interroger, même si elle ajoute à son incertitude un malentendu quant à la victime de la torture que le travail serait. Le verbe « travailler » étant transitif, si torture il y a, le travailleur n'est, en toute rigueur, pas la victime mais le tortionnaire. « Travailler la terre », « travailler la bête » est peut-être pénible, mais c'est la terre et la bête qu'on malmène pour en obtenir ce qu'on désire.

B. Ce que travailler veut dire

a. Le travail est un faire (*poièsis*)

Dans son *Éthique à Nicomaque* (VI ; IVe siècle av. J.-C.), Aristote distingue différentes formes d'activité mobilisant « la partie rationnelle » de notre âme. D'une part, l'activité « théorétique » (théorique) qui, se penchant sur le nécessaire, est synonyme d'une contemplation permettant la connaissance de ce qui est. D'autre part, l'activité « calculatrice » qui, se portant sur le contingent, implique de délibérer et de décider afin d'agir sur le monde. Mais, précise Aristote, il y a **deux types d'activité calculatrice : « la *praxis* » et « la *poièsis* »**. Le terme *praxis* désigne l'action au sens de l'agir ou de l'anglais *doing* : une action non fabricatrice dont le but réside dans l'action elle-même et qui n'est donc pas séparable de celui qui agit. Tels sont les actes politiques et moraux dont la finalité est d'agir bien. La *poièsis* est tout autre : elle est le faire au sens de l'anglais *making*, soit **une activité fabricatrice dont la finalité est dans le résultat** (la chose produite) et non dans l'activité elle-même ni dans son agent (le producteur).

Texte-clé

« Production (*poièsis*) et action (*praxis*) sont distinctes [...]. L'art concerne toujours un devenir et s'appliquer à un art, c'est considérer la façon d'amener à l'existence une de ces choses qui sont susceptibles d'être ou de n'être pas, mais dont le principe d'existence réside dans l'artiste et non dans la chose produite [...]. Mais puisque production et action sont quelque chose de différent, il faut nécessairement que l'art relève de la production et non de l'action. »

Aristote, *Éthique à Nicomaque*, VI, 4, 1140a (IVe siècle av. J.-C.), trad. P. -D. Nau, éd. Lulu Press.

L'art, dont parle Aristote, ne désigne pas spécifiquement les beaux-arts mais la technique (*technè*) entendue comme capacité de produire artificiellement des choses en s'appuyant sur un savoir conscient. Il s'agit d'un savoir-faire réglé permettant une production, tel celui de l'artisan comme de tout travailleur. **Le travail relève, en effet, de la *poïèsis* car, producteur, il vise un bien qui lui est extérieur**, ce qui n'est pas sans incidence sur le ressenti du travailleur, son faire étant commandé par un but qui en est distinct.

b. Le travail est une transformation consciente, pénible et outillée

En quoi consiste exactement ce faire qu'est le travail ? Se posant la question, Karl Marx avance, dans *Le Capital* (1867), plusieurs éléments de réponse éclairants. Il observe, d'abord, qu'en travaillant, l'homme « joue lui-même vis-à-vis de la nature le rôle d'une puissance naturelle » (I, 3, 7). Comme toute forme de vie, il use de ses forces naturelles pour donner aux matières qu'il trouve dans la nature des formes utiles à sa vie. **Le travailler est donc une transformation de matières**, à l'instar de toute autre activité productive. Il s'en distingue, toutefois, à plusieurs titres.

À la différence de la production naturelle, **le travail humain fait intervenir des éléments intermédiaires** dans le processus de production. Si l'animal se contente de cueillir, de ramasser ou d'attraper ce qu'il trouve pour, tel quel, le consommer, « l'homme convertit des objets extérieurs en organes de sa propre activité » (I, 3, 7). Il est, certes, des animaux qui modifient ce qu'ils trouvent avant de le consommer. Il en est même qui utilisent des objets comme outils pour prolonger leur corps. Mais, considère Marx, **l'homme est le seul à *produire* des outils *en vue* d'une production ultérieure**. L'outil ou la machine introduisent ainsi une médiation (entre soi et la matière, entre le présent et le futur) dans l'activité productive de l'homme, **médiation** qui révèle une autre spécificité du travail humain : sa **rationalisation**, le fait que ses règles et son processus soient pensés en amont.

La rationalisation implique une autre caractéristique : **la claire conscience du but visé**. Portée par l'instinct, la production animale se fait spontanément, sans représentation a priori de son but. Le travail humain, en revanche, suppose une représentation préalable de l'objet à produire, objet qu'aucun instinct ne prescrit. Cette représentation confère à la production humaine, même la plus imparfaite, une **dimension intellectuelle** qui, selon Marx, la distingue radicalement de toute production naturelle (dont animale), même la plus aboutie.

Texte-clé

« Le travail est de prime abord un acte qui se passe entre l'homme et la nature. L'homme y joue lui-même vis-à-vis de la nature le rôle d'une puissance naturelle. Les forces dont son corps est doué, bras et jambes, tête et mains, il les met en mouvement afin de s'assimiler des matières en leur donnant une forme utile à sa vie. En même temps qu'il agit par ce mouvement sur la rature extérieure et la modifie, il modifie sa propre nature et développe les facultés qui y sommeillent. [...] Une araignée fait des opérations qui ressemblent à celles du tisserand, et l'abeille confond par la structure de ses cellules de cire l'habileté de plus d'un architecte. Mais ce qui distingue dès l'abord le plus mauvais architecte de l'abeille la plus experte, c'est qu'il a construit la cellule dans sa tête avant de la construire dans la ruche. »

Karl Marx, *Le Capital,* I, 3, 7 (1867), trad. M. J. Roy.

La spécificité du travail ne s'arrête pas là car, conscient du but à atteindre et non instinctif, il requiert **l'attention du travailleur**, laquelle implique « une **tension constante** de [sa] volonté ». Il en résulte un **sentiment de pénibilité** face à la résistance de la matière, sentiment qu'il n'aurait pas s'il n'avait pas à l'esprit le but que cette résistance l'empêche d'atteindre directement. L'animal fatigue et souffre quand il produit mais, faute d'une claire conscience du but visé, sa souffrance n'est pas synonyme de pénibilité (cf. ci-contre).

Transformation consciente et pénible de matières, médiatisée par le recours à des outils, le travail, considère Marx, est une activité productive spécifiquement humaine, ce qui questionne l'usage qu'en fait Virgile à propos des animaux dans les *Géorgiques*. Les termes de la distinction marxiste pourraient, certes, être nuancés en soulignant, par exemple, que nous nous différencions moins par la mobilisation d'outils que par le recours *systématique* à ceux-ci. Mais cela n'effacerait pas la particularité de notre mode de production, justifiant qu'on lui réserve le terme « travail » et qu'on n'en use, au demeurant, pas pour désigner quelque création divine : comment un Dieu omnipotent pourrait-il, en effet, connaître la pénibilité que le travail implique ?

Texte-clé

« L'œuvre exige pendant toute sa durée, outre l'effort des organes qui agissent, une attention soutenue, laquelle ne peut elle-même résulter que d'une tension constante de la volonté. Elle l'exige d'autant plus que par son objet et son mode d'exécution, le travail entraîne moins le travailleur, qu'il se fait moins sentir à lui comme le libre jeu de ses forces corporelles et intellectuelles ; en un mot, qu'il est moins attrayant. »

Karl Marx, *Le Capital,* I, 3, 7 (1867), trad. M. J. Roy.

C. N'y a-t-il de travail que producteur de biens matériels ?

a. Élasticité du concept marxiste de travail

En parlant de transformation de matières par l'intermédiaire d'outils, la définition marxiste du travail ne le réduit-elle pas aux seules activités productives des paysans, des ouvriers et des artisans ? Est-elle donc satisfaisante pour notre époque où le secteur tertiaire occupe une place prépondérante ? Un examen attentif de la définition marxiste révélera qu'elle le demeure pleinement.

Dans sa définition du travail, Marx met l'accent sur la rationalisation et sur la médiatisation. La rationalisation du processus de production porte à concevoir des outils et bientôt des machines qui sont autant d'intermédiaires entre l'homme et la matière qu'il façonne. **Plus la rationalisation est poussée, plus ces médiations sont importantes et sophistiquées, moins donc l'homme intervient directement sur la matière**. Le passage d'un travail artisanal, mobilisant des outils, à un travail industriel, mobilisant des machines, relève de cette évolution. Mais l'informatisation des activités de contrôle et d'organisation de la production en relève tout autant. Il en résulte **une activité laborieuse, certes moins physique, plus informationnelle et plus cognitive, mais toujours engagée dans un processus de production**.

Le travail opère une transformation, explique Marx. Or cette transformation ne s'exerce pas exclusivement sur la matière qu'offre la nature extérieure. **En travaillant, le travailleur se transforme lui aussi** : « Il modifie sa propre nature et développe les facultés qui y sommeillent. » (I, 3, 7.) **La « matière humaine » est donc, elle aussi, objet de transformation**, de là toutes les activités qui, de la médecine à l'enseignement, transforment les hommes à leur façon.

Le travail, disait Marx, est tendu vers un but qui, précisait déjà Aristote à propos de la *poièsis,* est extérieur à l'activité laborieuse elle-même. C'est ce qui le distingue du simple jeu qui, telle la *praxis*, n'a d'autre finalité que lui-même. Cette tension vers un but conscient, source du sentiment de pénibilité, porte le sociologue François Vatin à parler de **« forçage »** et de **« contrainte productive »**, termes qui enveloppent l'idée d'une lutte engagée contre tout ce qui nous sépare du but : la matière parfois, le temps toujours, la pression de nos désirs immédiats aussi. Or **cette contrainte productive se retrouve dans bien plus de « faire » que dans la seule production d'objets matériels**. « Il est légitime en ce sens, dit François Vatin, de parler de "travail scolaire", de "travail domestique", de "travail psychologique"... » (*Le Travail, activité productive et ordre social,* 2014.)

Les exemples de François Vatin révèlent, d'une part, que **la rémunération n'est pas un critère pertinent** pour définir le travail, d'autre part, qu'il importe de **distinguer le travail de l'emploi et de l'activité salariée**. Le travail est une activité productive tandis que l'emploi est le statut social que confère éventuellement cette activité. L'activité salariée est, quant à elle, un emploi rémunéré en vertu d'un contrat de travail liant l'employeur et l'employé. On peut ainsi travailler sans occuper un emploi ni produire un objet concret. On peut aussi travailler et occuper un emploi sans être salarié (bénévolat). Peut-on alors parler de travail à propos de la pensée ?

b. La pensée est-elle un travail ?

Les distinctions précédemment établies avec Aristote sont révélatrices du souci grec de ne pas « rabaisser » la pensée et les pratiques morales et politiques au rang d'une activité productive. C'est que, nécessaire pour la satisfaction de nos besoins vitaux, cette dernière était considérée comme « servile » donc dégradante. C'est pourquoi, explique Hannah Arendt dans *La Condition de l'homme moderne* (III, 1958), les Grecs la confiaient à des esclaves. Pour eux, il y a **une différence de nature entre l'activité productive et servile qu'est le travail et l'activité affranchie des nécessités vitales qu'est la pensée**. La première rattache à l'animalité en raison des besoins auxquels elle répond. La seconde relève de l'humanité qui se distingue par le *logos* – la parole et la pensée. Cette différence explique le refus aristotélicien (*Politiques,* I) d'appeler « homme » l'esclave *tant qu'il s'adonne à la production* qu'on lui impose.

Hannah Arendt maintiendra que la pensée n'est pas un travail et encore moins une « œuvre » (cf. ci-dessous, 2Ca), mais pour des raisons différentes : parce que, dit-elle, **l'acte même de penser ne produit rien de concret**. La production commence quand, se servant de ses mains, le penseur couche par écrit des pensées antérieurement formées. L'activité intellectuelle ne devient, par conséquent, un travail que lorsque cesse la pensée en acte au profit d'une « matérialisation » d'idées déjà élaborées.

Plusieurs objections peuvent toutefois être avancées qui reconnaissent à la pensée les caractéristiques d'un authentique travail. Certes, la pensée ne s'exerce pas sur une matière sensible, mais **elle s'élabore dans les mots, lesquels constituent à la fois son outil et son matériau**. À travers eux, elle s'empare du réel qu'elle pense : « en se remplissant de mots, [elle] se remplit aussi de la nature des choses » (Hegel, *Encyclopédie des sciences philosophiques,* 1805, III). En reliant les mots entre eux, **la pensée produit, de plus, du sens** : elle forge des concepts comme les mains façonnent des objets. Ce faisant, elle transforme les représentations ainsi que ceux qui les pensent. Elle suscite, en outre, un **sentiment de pénibilité**, les mots justes ne s'offrant pas plus au penseur que le bois ne se donne au menuisier.

Entre la pensée pure et la fabrication manuelle, la frontière est, en fait, extrêmement poreuse. **On travaille déjà quand on pense et on pense encore quand on travaille avec ses mains**. Si l'on sépare encore l'une et l'autre, c'est donc, peut-être, pour se persuader que, par la pensée, on pourra surmonter la malédiction qui contraint à travailler.

2. Le travail est-il une malédiction ?

Pistes de problématisation

Par-delà son sens religieux qui ferait du travail une condamnation divine ou un sort maléfique, la question soulève plusieurs interrogations :

1. La nécessité de travailler condamne-t-elle l'homme à un malheur insurmontable ?

2. Est-ce le travail en lui-même ou les conditions de son exercice qui en font une épreuve ?

3. N'est-ce pas l'orgueil de l'homme qui le porte à penser la nécessité de travailler comme une malédiction ?

4. Cette nécessité et la résistance même que nous oppose la matière ne sont-elles pas ce qui a permis à l'homme de se développer ?

Nous pouvons en déduire la **problématique centrale suivante** : est-ce la **finitude** de l'homme, l'**essence du travail** ou des **facteurs circonstanciels** qui font de ce dernier une nécessité douloureuse ? N'est-ce donc pas de son propre fait si l'homme vit le travail comme une malédiction ?

A. La nécessité d'un travail éprouvant

a. Le travail est une nécessité vitale

« Le travail [...] n'est apparu dans l'histoire du monde que du jour où les hommes se sont trouvés trop nombreux pour pouvoir se nourrir des fruits spontanés de la terre », affirme Michel Foucault (*Les Mots et les Choses,* 1966). Non sans faire écho au mythe biblique d'une sortie du jardin d'Éden, l'idée fait état d'une réalité : **la nature ne nous livre pas d'elle-même tout ce dont nous avons besoin pour subsister**. Révélateur à la fois de l'indifférence de la nature et de l'importance de nos besoins vitaux, cet écart ne serait pas un problème si nous étions naturellement dotés de forces et de savoir-faire nous permettant d'obtenir de la nature ce qu'elle ne nous donne pas d'elle-même. « L'avarice » de la nature nous met, en somme, face à notre propre réalité : **à l'état naturel, nous sommes des êtres faibles** au sens où l'entendait Jean-Jacques Rousseau – des êtres « dont les besoins passent la force » (*Émile ou de l'éducation*, II, 1762).

Cette faiblesse et le sentiment de « misère », qu'elle génère, sont tels que plus d'un mythe s'est attaché à les interroger. Ainsi en est-il du **mythe de Prométhée** qu'à la suite d'Hésiode et d'Eschyle Platon mobilise dans le *Protagoras* (320c-323c, V-IVe siècle av. J.-C.). Que dit ce mythe ? Se chargeant de distribuer aux espèces mortelles les qualités nécessaires à leur survie, Épiméthée ne songe aux hommes qu'après avoir attribué toutes les facultés. Son frère, Prométhée, trouve ainsi **« l'homme nu »** : dénué des instincts et des défenses naturelles nécessaires à sa survie. Pour compenser, Prométhée vole alors « la connaissance des arts » et « le feu » aux dieux et en fait présent à l'homme qui se trouve ainsi doté du **pouvoir de façonner des outils et d'en user à la faveur des savoir-faire acquis.**

Texte-clé

« Prométhée vient pour examiner le partage ; il voit les animaux bien pourvus, mais l'homme nu, sans chaussures, ni couvertures ni armes [...]. Alors Prométhée, ne sachant qu'imaginer pour donner à l'homme le moyen de se conserver, vole à Héphaïstos et à Athéna la connaissance des arts avec le feu ; car, sans le feu, la connaissance des arts était impossible et inutile ; et il en fait présent à l'homme. L'homme eut ainsi la science propre à conserver sa vie. »

Platon, *Protagoras,* 320d-321a, trad. É. Chambry.

Le vol de Prométhée fait de l'homme un travailleur qui, fort de ses techniques, pourra obtenir de la nature ce qu'elle ne lui donne pas spontanément. Doué d'une intelligence technicienne, il travaille pour répondre à ses besoins vitaux : pour surmonter une faiblesse naturelle qui le contraint déjà à apprendre à travailler, soit à acquérir les savoir-faire qui, hors le mythe, ne lui sont pas donnés. **Travaillant par nécessité, l'homme ne peut donc pas échapper à la souffrance, à la tension et au sentiment de pénibilité** qui, avons-nous dit, entrent nécessairement dans le « travailler ».

b. Le travail comme injonction sociale

Nécessaire à la survie de chacun et, par extension, à celle du groupe, on comprend que le travail ait pris **la forme d'un impératif social, moral, voire divin**. En apprenant à travailler, l'enfant découvre qu'il « doit » travailler, or ce « tu dois » recouvre autant un devoir qu'une nécessité. « À la sueur de ton visage, tu mangeras ton pain » : les mots de la Genèse énoncent déjà une contrainte punitive plus qu'une nécessité. Au Iᵉʳ siècle apr. J.-C., saint Paul l'entendra, lui qui fera du travail un devoir et de la paresse un vice, au point de refuser tout pain à celui qui ne travaille pas : « Quand nous étions près de vous, nous vous donnions cette règle : si quelqu'un ne veut pas travailler, qu'il ne mange pas non plus. » (Bible, Deuxième épître aux Thessaloniciens, III, 10.)

Sous la plume de saint Paul, **le travail est appréhendé comme un gagne-pain** et, à ce titre, comme un devoir envers soi-même comme envers la communauté. Or ce devoir devient plus impérieux encore quand la société s'organise autour de la consommation et donc autour du travail qu'elle requiert. Dans une telle société – qui est la nôtre – l'homme est sommé non pas seulement de travailler pour manger, mais de **ne s'adonner qu'à des activités utiles à sa conservation et à celle du groupe : à des activités « gagne-pain »** au regard desquelles les autres seront considérées comme des « amusements ». « Quoi que nous fassions, observe ainsi Hannah Arendt, nous sommes censés le faire pour "gagner notre vie" ; tel est le verdict de la société. » Et l'auteure de *La Condition de l'homme moderne* d'ajouter : « Au point de vue du "gagne-pain" toute activité qui n'est pas liée au travail devient un "passe-temps". » (III, p. 230-231.)

Prenant, en somme, en charge l'injonction divine, **la société moderne a doublé la nécessité vitale du travail d'un impératif social en alourdissant la pression**. Il en résulte un sentiment de contrainte qui ajoute à l'idée d'une malédiction.

B. La malédiction des conditions de travail

a. La malédiction du sol

La notion de péché originel, qui nous condamnerait à un travail douloureux, est une idée judéo-chrétienne qu'on ne retrouve pas dans l'Islam. Si Le Coran comporte bien l'idée d'une désobéissance d'Adam et d'Ève ayant entraîné leur expulsion du jardin d'Éden, celle-ci n'est pas assortie d'une condamnation à un travail éprouvant. Si maintes sourates enjoignent le fidèle à travailler pour se nourrir et faire fructifier les richesses de la Terre, **l'idée d'une souffrance punitive y est absente**, Dieu accordant son pardon à Adam après qu'il a prié : « Dieu révéla à Adam une prière qu'il se mit à répéter pour exprimer son repentir. Et c'est ainsi que son péché fut pardonné. » (Le Coran, II, v. 36-37.)

Le pardon accordé à Adam n'est pas anodin : il signifie que, **pour l'Islam, nous ne sommes pas héritiers de la faute adamique, pas condamnés à souffrir en travaillant pour s'en acquitter**. Tout autre est la perspective judéo-chrétienne pour laquelle nous devons, par la souffrance du travail, expier un péché originel dont nous sommes tenus pour coresponsables.

On ne saurait toutefois en déduire que, pour la Bible, le travail est, en lui-même, une malédiction. Dieu ayant établi Adam « dans le jardin d'Éden pour le cultiver et le garder » (Genèse, I, 1, II, 15), le travail y précède, en effet, le péché originel et il n'est alors associé à aucune souffrance. **Ce qui est maudit, ce n'est pas le travail mais la terre sur laquelle il s'exerce** : « maudit soit le sol à cause de toi ! » (I, 1, III, 17.) La malédiction a pour effet d'opposer une résistance au faire d'Adam, de sorte qu'il s'accompagne *désormais* de tension et de pénibilité. La distinction entre l'avant et l'après suggère que, bon en soi, **le travail n'est une épreuve qu'en raison des conditions maudites de son exercice.**

b. L'aliénation du et par le travail

Cette distinction du travail et des conditions de son exercice se retrouve dans la pensée de Karl Marx qui défend effectivement l'idée que, en soi bon pour l'homme, **le travail est devenu un méfait à cause de facteurs économiques l'ayant vidé de tous ses bienfaits**. Ce qui a perverti le travail, ce ne fut pas la résistance du sol pour Marx, mais d'abord le développement des échanges, car il bouleversa le rapport du travailleur à son travail et à ses fruits. Le développement de l'échange économique (recourant à l'intermédiaire monétaire) eut effectivement pour conséquence de **transformer le produit du travail en une marchandise** destinée à la vente, ce qui interdit au travailleur d'y imprimer sa marque pour s'y reconnaître ; ce qui, de plus, porte l'acheteur à ne retenir que le prix du produit dans l'oubli du travail dont il est pourtant le fruit. Marx parle ainsi de **« fétichisme de la marchandise »** car, ne retenant que son prix, nous attribuons à celle-ci un « caractère fétiche » (I, 1, 1) : le pouvoir magique d'accéder à tels ou tels objets pour la même somme d'argent (fétiche des fétiches) – pouvoir perçu comme magique faute de relier le prix au travail nécessaire à la production du produit. Le développement de l'échange chrématistique (visant l'enrichissement) aggrava le phénomène puisqu'il fit de l'argent le but ultime des échanges, accentuant la **réduction du travail à un simple moyen de « gagner de l'argent »**.

Dans l'économie capitaliste, explique Marx, **le travailleur vend sa force de travail** pour gagner de l'argent afin de pouvoir satisfaire ses besoins. Cet acte de vente est une **double aliénation** (dépossession) car le travailleur se dépossède à la fois du produit de son travail et d'une partie de lui-même (sa force de travail). **Aliéné, le travail est même volé** car il n'est pas rémunéré à la hauteur de la valeur qu'il ajoute aux matériaux travaillés (sa valeur d'usage), mais en fonction des biens consommables dont a besoin le travailleur pour reproduire sa force de travail. **Le profit capitaliste (plus-value) est le fruit de ce vol** : il réside dans l'écart qui sépare la valeur d'échange du travail (son prix) et sa valeur d'usage.

Texte-clé

« Dans les limites du strict nécessaire la consommation individuelle de la classe ouvrière est donc la transformation des subsistances qu'elle achète par la vente de la force de travail, en nouvelle force de travail, en nouvelle matière à exploiter par le capital. C'est la production et la reproduction de l'instrument le plus indispensable au capitaliste, le travailleur lui-même. »

Karl Marx, *Le Capital,* I, 6, 23 (1867), trad. M. J. Roy.

Dans l'économie capitaliste, **le travailleur sombre donc dans l'aliénation** : d'une part, car il est dépendant de celui qui l'emploie ; d'autre part, car vendant sa force, il ne s'appartient pas ; enfin parce qu'il ne peut se retrouver dans ses produits, faute d'une empreinte qu'il y aurait déposée. **De cette aliénation résulte une déshumanisation de l'homme**, qui ne s'appartient vraiment qu'en dehors du travail, dans le temps qui lui reste pour satisfaire ses besoins animaux : dans des activités qui ne sont pas spécifiques à l'humanité.

Texte-clé

« On en vient donc à ce résultat que l'homme (l'ouvrier) n'a de spontanéité que dans ses fonctions animales : le manger, le boire et la procréation, peut-être encore dans l'habitat, la parure, etc. ; et que, dans ses fonctions humaines, il ne sent plus qu'animalité : ce qui est animal devient humain, et ce qui est humain devient animal. »

Karl Marx, *Manuscrits de 1844. Économie politique et philosophie*, I, trad. J. Malaquais et C. Orsoni, Gallimard, « La Pléiade », t. II.

C. La condition de l'*homo laborans*

a. La vie de l'*homo laborans*

Dans son *Second Traité du gouvernement civil* (1689), John Locke distingue « le travail de notre corps et l'œuvre de nos mains ». Hannah Arendt s'en inspire, dans *La Condition de l'homme moderne*, pour **discerner le travail et l'œuvre : le « travailler » et « l'ouvrer »** – deux activités productives dont le rapport à la vie est fort différent. En mobilisant ses mains, l'homme qui s'adonne à une œuvre transforme la matière de façon à en obtenir un objet culturel appelé à durer, non pas à retourner à la nature après avoir été utilisé. Par son œuvre, il façonne et affirme son identité. Il apporte aussi au monde une certaine stabilité. **L'ouvrer s'inscrit ainsi dans une vie synonyme du grec *bios*** : une vie linéaire, bornée pour chacun par la naissance et la mort, dans un monde qui l'a précédé et qui lui survivra ; un « monde de main d'homme » où chacun laisse quelque chose de lui-même : les fruits de sa fabrication.

Ainsi en va-t-il, du moins, de ***l'homo faber***, c'est-à-dire de l'homme dont le faire est synonyme d'ouvrer. **Il en va tout autrement de celui qui travaille**, soit qui peine pour produire des objets destinés à être consommés. Un tel homme s'inscrit **dans une vie synonyme du grec *zôè*** : un processus cyclique, biologique, sans début ni fin. Cet homme est ***l'homo laborans* : un être dont le labeur est tout entier dévolu à la consommation ;** un travailleur dont le faire a pour fruit des produits destinés à être consommés et dont les restes seront bientôt jetés ; un homme qui s'épuise pour gagner de l'argent sans autre motivation que de pouvoir, lui aussi, consommer et ainsi répondre au cycle incessant de besoins vitaux doublés de besoins artificiels se renouvelant sans cesse.

Ignorant cette différence entre le travailler et l'ouvrer, ne pensant le faire qu'en termes de travail, la modernité a, pense Hannah Arendt, engendré **une humanité de travailleurs : des *homo laborans* occupés à gagner leur vie pour consommer et encore consommer**, prisonniers d'une « course de rats », ce cycle aussi insensé qu'incessant d'achats que Cornélius Castoriadis déplorera (« La crise de la société moderne », 1965).

b. La soumission à la machine

L'économie capitaliste a logiquement accentué la réduction du faire à un travail enfermant l'*homo laborans* dans un cycle indéfini de production et de consommation, le profit impliquant, d'une part, que les besoins des consommateurs se renouvellent sans cesse, donc que les biens produits ne durent pas ; d'autre part, que la productivité de la force de travail augmente afin que le prix des marchandises reste concurrentiel. On comprend, dès lors, qu'à partir de la fin du XIXe siècle, **l'organisation du travail au sein des usines ait été pensée de façon à en augmenter le rendement.** C'est l'objectif de « l'organisation scientifique du travail » de Frederick W. Taylor, bientôt approfondie par Henry Ford : cette **« rationalisation »** dont Simone Weil dénoncera les effets sur les travailleurs dans *La Condition ouvrière*.

Ces effets sont racontés par Louis-Ferdinand Céline dans *Voyage au bout de la nuit* (1932), dont le narrateur et personnage principal, Ferdinand Bardamu, rend compte de sa propre « expérience de la vie d'usine », à Détroit, « chez Ford », un endroit « pire que tout le reste ». Des files d'attente « sous les gouttières » au bruit fracassant des machines qu'on emporte « dans sa tête », Bardamu pointe **l'inhumanité du travail en usine** : l'intelligence congédiée, la soumission à la machine, le raidissement de l'être, la cadence frénétique, l'ignorance mutuelle – un composé de pressions produisant **un autre homme : un être servile.**

Texte-clé

« On en devenait machine aussi soi-même à force et de toute sa viande encore tremblotante dans ce bruit de rage énorme. [...]

On cède au bruit comme on cède à la guerre. On se laisse aller aux machines avec les trois idées qui restent à vaciller tout en haut derrière le front de la tête. C'est fini. Partout ce qu'on regarde, tout ce que la main touche, c'est dur à présent. Et tout ce dont on arrive à se souvenir encore un peu est raidi aussi comme du fer et n'a plus de goût dans la pensée.

On est devenu salement vieux d'un coup.

Il faut abolir la vie du dehors, en faire aussi d'elle de l'acier, quelque chose d'utile. »

Louis-Ferdinand Céline, *Voyage au bout de la nuit*, Gallimard, 1932, p. 254-256.

c. L'instrumentalisation des aspirations

Les conditions de travail ont, depuis les années trente, certes, évolué, y compris dans les usines où, à partir des années 1950, le toyotisme (nouvelle organisation du travail) a mobilisé l'intelligence, la qualification et la polyvalence des ouvriers dont on attendit davantage qu'un simple travail d'exécution aux ordres d'un contremaître et à la cadence des machines. Mais, sous ses apparences plus humaines, **le toyotisme ne fit que prolonger les exigences de rendement du taylorisme et du fordisme** en s'adaptant à un contexte économique plus concurrentiel et à une diversification des besoins des consommateurs. La polyvalence et la responsabilisation des travailleurs furent une réponse à la recherche de flexibilité exigée par le marché.

Apparaît ici la **propension du capitalisme à tourner à son avantage les aspirations des hommes**, une propension aujourd'hui manifeste dans tous les secteurs, comme le relève *Par-dessus bord* de Michel Vinaver. Les demandes de reconnaissance, d'épanouissement et de responsabilisation trouvent une réponse qui flatte le travailleur mais qui concrètement l'affaiblit et renforce son aliénation, comme l'explique Cynthia Fleury dans *La Fin du courage* (2010), à la suite d'Axel Honneth. « L'ubérisation » actuelle de nombre d'activités en est un exemple : le désir d'autonomie est, sous le slogan « tous entrepreneurs », instrumentalisé aux dépens d'un travailleur qui, payé à la tâche, ne bénéficie pas de la protection du statut de salarié. « En falsifiant les idéaux et en travestissant les principes d'émancipation en principe de domination, [le monde du travail] est le nouveau monde en guerre », en conclut Cynthia Fleury.

Les conditions dans lesquelles s'exerce le travail n'ont donc pas fini d'en pervertir les potentiels bienfaits. Mais quels sont-ils exactement ?

3. Le travail est-il l'essence et le sens de l'existence ?

Pistes de problématisation

La question en pose deux :

- Le travail est-il inhérent à l'existence humaine ?
- Le travail est-il ce qui donne sens à notre existence ?

Le choix du terme « existence » n'est pas innocent : au sens étymologique, « exister » signifie « se tenir debout » (*sistere, stare*) « hors » (*ex*) de soi ; non pas seulement vivre au sens biologique du terme donc, mais aussi **vivre dans la conscience de vivre**. L'existence peut, en cela, être rapprochée de la *bios* dont parlait Hannah Arendt : cette vie proprement humaine consciente d'avoir un début et une fin.

Cette précision permet d'affiner le sens de nos deux questions :

1. Vivre dans la conscience de vivre implique-t-il de travailler ?
2. Est-ce en travaillant que l'homme trouve le sens que sa conscience exige ?

La première question nous confronte au problème suivant : pour vivre en humain, faut-il vraiment travailler, sachant que le travail répond à une nécessité biologique mais qu'il permet aussi de la surmonter, voire d'accéder à une pleine conscience de soi ?

La seconde question prolonge le problème précédent : comment le travail pourrait-il être source de sens, lui qui répond à une nécessité biologique qui, en elle-même, n'en a pas ? S'ajoute un problème touchant le privilège accordé au travail : les activités non productives de l'homme ne sont-elles pas, elles aussi, sources de sens ?

L'examen de ces problèmes impose de bien discerner ce qui relève de la nature même du travail et ce qui résulte des conditions de son exercice.

A. L'homme s'humanise en travaillant

a. Accéder à la conscience de soi et à l'indépendance

En abordant la question du travail dans une partie de la *Phénoménologie de l'Esprit* (1807) consacrée à la « Conscience de soi », Hegel en annonce l'enjeu : **le travail est ce par quoi l'homme accède à une pleine conscience de lui-même et à l'indépendance**. C'est tout le sens de la dialectique du maître et de l'esclave par laquelle Hegel explique que, pour posséder une pleine conscience de lui-même, l'homme doit être reconnu comme conscience par un autre et, pour cela, surmonter son attachement animal à la vie en se mettant en danger : en osant affronter celui qui lui fait face. Un homme se risque tandis que l'autre recule. Le premier est donc reconnu comme conscience par le second qui, devenant son esclave, doit travailler pour satisfaire les besoins vitaux de l'un et de l'autre. Tandis que l'esclave transforme la matière par son travail, le maître se contente dès lors de la consommer pour son propre plaisir, jouissant d'une apparente indépendance qui contraste avec la servitude du travailleur. **Or, à la faveur du travail, le rapport de force vient à se renverser.**

Texte-clé

« La *vérité* de la conscience indépendante est la conscience *servile*. [...] De même que la domination montre que son essence est l'inverse de ce qu'elle veut être, de même la servitude deviendra plutôt dans son propre accomplissement le contraire de ce qu'elle est immédiatement ; elle ira en soi-même comme conscience *refoulée* en soi-même et se transformera, par un renversement, en véritable indépendance. »

Hegel *La Phénoménologie de l'Esprit*, I, B, IV, A (1807), trad. J. Hyppolite, Aubier Montaigne, 1983, p. 163.

En travaillant, l'esclave surmonte une double aliénation (dépendance). En apprenant à transformer la matière qu'offre la nature, il cesse déjà d'être à sa merci : il en obtient ce qu'il veut en s'adaptant à ses lois. Ce faisant, il dépasse sa dépendance à l'égard de ses besoins vitaux, leur satisfaction n'étant plus un problème pour lui. Il fait mieux encore car, transformant la matière, il y imprime une trace de son esprit : **il s'objective**. Par cette trace, il se reconnaît dans l'objet façonné et ainsi accède à une pleine conscience de lui-même. **Par son travail, l'esclave s'est, au final, élevé au-dessus de son animalité : il s'est humanisé**. Tout autre est la situation du maître qui, ayant besoin de l'esclave, s'est enfoncé dans la dépendance.

b. Exercer sa perfectibilité

En travaillant et, déjà, en apprenant à travailler, **l'homme s'humanise d'autant plus qu'il développe ses capacités**, à commencer par ses facultés spirituelles qui, à la différence des instincts animaux, ne sont en lui qu'en puissance tant qu'il ne les a pas exercées. On comprend en cela l'enjeu de l'éducation qui, selon Rousseau dans l'*Émile*, doit, par la pratique, accompagner le développement des facultés de l'enfant. En travaillant, l'homme acquiert, en outre, des savoirs et des savoir-faire confirmant qu'il possède **une faculté dont le travail manifeste toute l'étendue : la perfectibilité**, cette capacité de se perfectionner qui, explique Rousseau dans son *Discours sur l'origine et les fondements de l'inégalité parmi les hommes* (I, 1755), fait le propre de l'humanité.

Cette faculté ne se manifeste, d'ailleurs, pas seulement sur le plan individuel : par la transmission de ses savoirs et de ses techniques, c'est **toute l'espèce humaine qui n'a de cesse de se développer.** Or ce développement n'est possible qu'à la faveur du travail de chaque homme, qu'il contribue à l'acquisition de nouvelles connaissances ou à la transmission de celles dont il a hérité. **En travaillant, l'homme s'humanise donc en ce qu'il se perfectionne et contribue au perfectionnement de son espèce.**

Certes, pour Rousseau, c'est cette même perfectibilité qui expose l'homme à la régression et qui, de fait, a rendu possible tous ses malheurs. Mais il en va de cette faculté comme du travail : on ne doit pas confondre ce qu'elle est en elle-même et sa perversion sous l'effet de facteurs (amour-propre, propriété privée...) qui ne relèvent pas de son essence.

B. En travaillant, l'homme fait de sa temporalité un devenir sensé

a. La vertu consolatoire du travail

« Une étrange folie possède les classes ouvrières des nations où règne la civilisation capitaliste. [...] **Cette folie est l'amour du travail, la passion moribonde du travail**, poussée jusqu'à épuisement des forces vitales de l'individu et de sa progéniture », déclare l'essayiste Paul Lafargue dans son *Droit à la paresse* (1880) qui, démystifiant la valeur travail, dénonce les conditions du travail ouvrier. Pourquoi, en effet, aimons-nous travailler alors qu'il n'y a pas de travail sans pénibilité ? Par-delà la nécessité de satisfaire nos besoins vitaux, par-delà aussi l'injonction sociale, le conditionnement capitaliste et la pression de l'amour-propre, nous aimons peut-être le travail parce que, occupant l'esprit, **il joue le rôle d'un divertissement au sens pascalien du terme**, soit d'une occupation dont le but premier est de nous épargner la confrontation à notre réalité : à notre faiblesse, à notre mortalité, aux affres de la solitude, à la déréliction – une condition « si misérable que rien ne peut nous consoler lorsque nous y pensons de près » (Blaise Pascal, *Pensées*, fragment « Divertissement » n° 4/7 ; 1670).

« C'est l'ennui qui fait la guerre », disait Alain dans ses *Propos sur le bonheur* (XL ; 1928), reprenant en cela l'idée pascalienne d'un besoin irrépressible de s'occuper l'esprit. « La preuve en est, ajoute-t-il, que c'est toujours l'homme qui a le moins de travaux et de soucis qui est le plus guerrier. » « L'homme riche et oisif » fait la guerre comme il s'adonne au jeu, faute d'avoir l'aubaine d'être occupé par le travail des « pauvres gens ». Il y aurait donc **une vertu consolatoire du travail expliquant qu'on s'y adonne au-delà du nécessaire** : le pouvoir de nous éviter la confrontation à notre misère et à la pesanteur du temps.

b. Devenir par le travail

Le concept de divertissement introduit, il est vrai, l'idée qu'en travaillant l'homme se fuirait lui-même et, partant, passerait à côté de son existence faute d'avoir le courage de s'y confronter et de penser. **L'ennui**, explique Søren Kierkegaard dans ses *Miettes philosophiques* (1844), doit en cela être distingué de l'oisiveté. Il est le fait de celui qui, ne s'étant pas élevé au « monde spirituel », éprouve effectivement le besoin de s'occuper. **L'oisiveté** est, quant à elle, l'apanage de celui qui, pensant, n'éprouve pas le besoin de « toujours être en mouvement ». Mais si la pensée dans le repos du corps n'est pas synonyme d'ennui, c'est peut-être parce qu'elle est déjà un travail qui, occupant l'esprit, apporte une réponse à l'angoisse de notre condition, au même titre que le travail physique.

En travaillant, l'homme prend en charge sa temporalité. Structurant le temps qui passe par son travail même, il cesse de le subir comme fait celui qui s'ennuie. S'objectivant à travers l'œuvre qu'il façonne, il se prend en charge lui-même : il s'affirme et se transforme – il se choisit. Par son ouvrage, ajouterait Hannah Arendt, il apporte quelque chose au monde commun des hommes et, ce faisant, donne un sens à son existence. Loin de n'être qu'une esquive pour ne pas affronter le non-sens de son éphémère vie, **le travail (l'œuvre dirait Arendt) est ainsi ce par quoi l'homme fait de sa temporalité un devenir** : une évolution irréductible à la réitération des mêmes jours et des mêmes années. On objectera que tel n'est pas le travail pour beaucoup d'hommes qui doivent se contenter de faire ce qui leur est dicté. On répondra avec Marx répliquant à Adam Smith que les conditions aliénantes, auxquelles ces hommes sont effectivement confrontés, ne doivent pas faire oublier les bienfaits qu'en lui-même le travail pourrait leur apporter : **« la réalisation de soi, l'objectivation du sujet, donc sa liberté concrète »** (*Principes d'une critique de l'économie politique,* 1857-1858).

C. Par le travail, l'homme se réalise comme animal politique

a. Le travail répond à notre besoin de société

« L'homme est par nature un animal politique », affirmait Aristote dans ses *Politiques* (I, 2, 1252 b). Il l'est en ce sens qu'il ne peut se réaliser comme homme qu'au sein d'une cité. Il est, en effet, un être de *logos* : un être doué de parole et d'une raison discernant le juste et l'injuste, des facultés qui ne peuvent pleinement s'exercer qu'au sein d'une société. L'homme a, de plus, une propension naturelle à la *philia*, c'est-à-dire à nouer des relations d'amitié qui font le ciment d'une société, laquelle est donc le lieu où il peut atteindre sa fin naturelle : le bien-vivre. Si les philosophes contractualistes comme Thomas Hobbes (1588-1679), Locke et Rousseau, ne partagent pas cette idée d'une nature politique des hommes, ils reconnaissent que **leur survie impliqua leur organisation en société**, soit pour unir leurs forces (Locke, Rousseau), soit pour sortir de leur hostilité mutuelle (Hobbes). Que ce soit au regard de ses facultés, de sa faiblesse ou de ses mauvais penchants, **il y a donc en l'homme un besoin de société. Or le travail joue un rôle décisif en réponse à ce besoin.**

C'est ce qu'explique notamment David Hume dans son *Traité de la nature humaine* (1739) où il constate, d'abord, que l'homme est l'être animé le moins bien pourvu par la nature, ses besoins excédant de très loin « ses moyens ». « C'est en l'homme seulement, dit-il, qu'on peut observer, à son plus haut point de réalisation, cette **union monstrueuse de la faiblesse et du besoin**. » De cette monstruosité résulte, poursuit Hume, un besoin de société car « c'est **par la société seule que [l'homme] est capable de suppléer à ses déficiences** ». L'organisation sociale ne va, certes, pas sans générer de nouveaux besoins, mais « les capacités » acquises grâce à elle sont telles que notre faiblesse y est surmontée, de sorte que l'homme y est « à tous égards, plus satisfait et plus heureux qu'il lui serait jamais possible de le devenir dans son état de sauvagerie et de solitude ». Or **ce qui fait la différence en société, c'est avant tout l'union des forces et la division du travail**. Par la première, l'homme acquiert un pouvoir sans précédent sur la nature. Par la seconde, il étend ses capacités de transformation de la matière, chacun allant plus loin dans son secteur d'activité. À cela s'ajoute l'entraide que nourrissent l'interdépendance et la conscience du bénéfice que nous apporte la société.

Texte-clé

« Quand chaque individu travaille isolément et seulement pour lui-même, ses forces sont trop faibles pour exécuter une œuvre importante ; comme il emploie son labeur à subvenir à toutes ses différentes nécessités, il n'atteint jamais à la perfection dans aucun art particulier ; comme ses forces et ses succès ne demeurent pas toujours égaux à eux-mêmes, le moindre échec sur l'un ou l'autre de ces points s'accompagne nécessairement d'une catastrophe inévitable et de malheur. La société fournit un remède à ces *trois* désavantages. L'union des forces accroît notre pouvoir ; la division des tâches accroît notre capacité ; l'aide mutuelle fait que nous sommes moins exposés au sort et aux accidents. C'est ce supplément de *force*, de *capacité* et de *sécurité* qui fait l'avantage de la société. »

David Hume, *Traité de la nature humaine,* II (1739),
trad. A. Leroy, Aubier Montaigne, 1962, p. 602.

Le bénéfice de la division sociale du travail n'est pas seulement relatif à nos besoins vitaux. **En s'adonnant à un travail qui profite à l'ensemble de la société, l'homme se sent, en effet, utile et cela donne sens à sa peine et à son existence**. On comprend, en cela, l'insistance de Simone Weil sur l'utilité sociale des productions auxquelles les ouvriers doivent s'adonner (*La Condition ouvrière*, p. 320-321) : il en va notamment du sens qu'ils peuvent en retirer.

c. Le travail a besoin de convivialité

La réalisation sociale de soi à la faveur du travail ne signifie pas seulement la coopération et l'entraide : elle signifie aussi **l'arrachement à son « état de sauvagerie »** comme le signale Hume. Emmanuel Kant s'en souviendra lorsque, dans ses *Réflexions sur l'éducation* (1803), il soulignera que **l'éducation doit discipliner et, pour ce faire, apprendre à travailler.** « L'enfant doit être habitué à travailler », dit-il : habitué à se soumettre à des contraintes qui, le détournant de ses penchants animaux, l'humaniseront. Il ne s'agit pas pour Kant de faire du travail un outil de coercition qui, étouffant son « penchant à la liberté », ferait de l'homme un être servile. Il s'agit, au contraire, de **lui apprendre l'autonomie**, laquelle implique la capacité de s'imposer des règles, donc de dominer ses inclinations naturelles.

Reste que l'utilité disciplinaire du travail est susceptible d'être mobilisée à des fins moins philanthropiques. Friedrich Nietzsche ne s'y trompera pas quand, dénonçant « les apologistes du travail », il observera que ce dernier est « **la meilleure des polices** » qui, tenant chacun en bride, « s'entend vigoureusement à entraver le développement de la raison, des désirs, du goût de l'indépendance. » (*Aurore*, III, § 173, 1881.) **L'usage carcéral qui sera fait du travail en témoigne** : dès 1808, notre Code d'instruction criminelle, explique Michel Foucault dans *Surveiller et punir* (IV, 1975), conçoit le travail comme un accompagnement nécessaire de l'incarcération. Il s'agit alors d'**utiliser les ressources disciplinaires du travail afin de redresser les hommes** : d'en faire des mécaniques dociles, de bons ouvriers. L'enjeu du travail pénal est, en effet, la production non de marchandises, mais d'individus mécanisés.

Texte-clé

> « Le travail pénal doit être conçu comme étant par lui-même une machinerie qui transforme le détenu violent, agité, irréfléchi en une pièce qui joue son rôle avec une parfaite régularité. La prison n'est pas un atelier ; elle est, il faut qu'elle soit en elle-même une machine dont les détenus-ouvriers sont à la fois les rouages et les produits. [...] Si, au bout du compte, le travail de la prison a un effet économique, c'est en produisant des individus mécanisés selon les normes générales d'une société industrielle. »
>
> Michel Foucault, *Surveiller et punir,* IV, Gallimard, « Tel », 1975, p. 281.

Nous nous trouvons, une nouvelle fois, confrontés à l'écart qui sépare l'essence du travail et l'usage qui en est fait dans des conditions qui en pervertissent les apports. **Le travail n'a pas encore trouvé l'organisation qui en révélerait à tous les bienfaits**. Cette organisation est peut-être à chercher du côté de ce qu'Ivan Illich appelait « **la convivialité** » : une relation à autrui et à son milieu cherchant moins la productivité que la coopération dans la mobilisation d'outils *avec lesquels* travailler, et non d'une technologie qui « programme » l'homme et l'asservit. « La dictature du prolétariat », que Marx et Engels prônaient, et « la civilisation des loisirs », que le capitalisme a fait advenir, ont toutes les deux servi, affirme Ivan Illich, « la même domination par un outillage industriel en constante expansion ». Pour en finir avec le malheur de cette domination, il faut, pense-t-il, **redonner à l'homme toute sa place, de sorte qu'il réalise sa liberté « dans la relation de production au sein d'une société dotée d'outils efficaces.** » (*La Convivialité*, 1973.)

Conclusion

Dans le camp Engels de la Russie post-soviétique, raconte Emmanuel Carrère dans *Limonov* (2011), les détenus écopent « avec des verres à eau, du matin au soir, des flaques sans cesse renouvelées ». C'est le théâtre burlesque d'un camp de réhabilitation par le travail, le théâtre insensé d'un travail réduit à sa seule pénibilité. « **Le travail de Sisyphe**, explique le romancier, **est une vieille tradition des camps** : rien n'est plus déprimant [...] que de s'échiner à une tâche inutile et absurde, comme creuser un trou, puis un autre pour mettre la terre du premier, et ainsi de suite. » Il est, dans ces conditions, difficile « d'imaginer Sisyphe heureux » : difficile, pour le *zek* (prisonnier du goulag), de trouver du sens à un travail qui en est délibérément vidé et dont la seule raison d'être est de détruire l'homme – « Le bon *zek* est un *zek* abattu, sans ressort : cela aussi est voulu. »

Seulement, pris en ce qu'il a d'essentiel, le travail n'est pas cela. Il s'agit, certes, d'une nécessité à laquelle nous condamnent notre finitude et notre faiblesse : la nécessité vitale et pénible de gagner de quoi vivre. Mais il s'agit aussi d'un faire par lequel, développant ses capacités et accédant à la conscience de lui-même, l'homme coopère avec ses semblables et s'accomplit, comblant ainsi le trou de sens de son éphémère existence.

Le travail n'est donc pas une malédiction mais bien l'occasion offerte à l'homme de s'emparer de lui-même et de se façonner : de se réaliser. Encore faudrait-il, toutefois, que les conditions sociales dans lesquelles il s'exerce ne fassent pas obstacle à cette possibilité. Si la plupart des travailleurs d'aujourd'hui ne sont pas des *zeks*, beaucoup n'en sont pas loin faute de trouver un autre sens à leur travail que la consommation qui leur permettra de subsister.

Mais à l'heure où « l'intelligence artificielle » s'invite sur les lieux de travail, un autre péril se profile, que Hannah Arendt redoutait avec « l'automatisation » : le **risque paradoxal de voir les hommes affranchis de la nécessité de travailler**, soit de l'activité potentiellement la plus libératrice ou, précise la philosophe, de la seule « qui leur reste ». « On ne peut rien imaginer de pire », dit-elle (*La Condition de l'homme moderne*) : là serait la plus redoutable malédiction. À moins que les hommes ne s'emparent de l'occasion pour commencer à ouvrer.

PARTIE 2

Résumé et analyse des œuvres au programme

Géorgiques (–29 av. J.-C.) 35

Étude de l'œuvre 35

Introduction 35

1. L'œuvre dans son contexte 36
2. Focus sur l'œuvre 42
3. Le thème du travail dans les *Géorgiques* 48

Conclusion 64

Texte-clé commenté 66

Références bibliographiques 71

Références audiovisuelles 72

→

La Condition ouvrière, 1934-1942 73
Étude de l'œuvre 73
Introduction 73
1. L'œuvre dans son contexte 75
2. Focus sur l'œuvre 84
3. Le travail dans *La Condition ouvrière* 94
Conclusion 104
Texte-clé commenté 105
Références bibliographiques 110
Références audiovisuelles 111
Par-dessus bord (version hyper brève), 2003 113
Étude de l'œuvre 113
Introduction 113
1. L'œuvre dans son contexte 114
2. Focus sur l'œuvre 127
3. Le travail dans *Par-dessus bord* 136
Conclusion 145
Texte-clé commenté 146
Références bibliographiques 151
Références audiovisuelles 152

Géorgiques (–29 av. J.-C.)

Virgile

Étude de l'œuvre

Introduction

Dans les ***Bucoliques,*** poème antérieur aux *Géorgiques,* Virgile décrit **l'âge d'or d'une Arcadie heureuse,** terre où vivaient des **bergers que l'on ne voit pas travailler mais chanter** : le berger Tityre est ainsi « couché sous le dôme d'un vaste hêtre », « nonchalant à l'ombre », essayant « un air sylvestre sur [son] léger pipeau » ; à rebours, les ***Géorgiques*** font entrer dans un **monde où rien ne se fait sans l'effort humain, où le travail** – *labor* en latin – apparaît comme la **condition de l'évolution** d'un homme **toujours dans l'action**. À l'amour succède le travail, à l'*« Omnia uincit amor »* (« l'amour vainc tout ») de la dixième bucolique fait écho le *« Labor omnia uicit/improbus »* (« un travail acharné vient à bout de tout ») du chant I des *Géorgiques.* Les *Géorgiques* sont donc bien le **poème de l'homme au travail dans le monde.** Au début du chant III, Virgile écrit ainsi : « **Les autres sujets de poèmes qui auraient charmé les esprits oisifs sont maintenant trop connus [...]. Il me faut tenter une route** où je puisse moi aussi m'élancer de la terre et voir mon nom vainqueur voler de bouche en bouche. » (p. 109-110). L'écriture des *Géorgiques* est ainsi présentée comme un projet novateur et audacieux qui, il en a l'intuition, couvrira de gloire son auteur.

Quelle vision le poète nous donne-t-il **du travail de la terre** ? Et **pourquoi ce choix,** bien curieux au premier abord pour le lecteur contemporain, **de rédiger un manuel d'agriculture, un traité d'agronomie en vers ?** La tradition explique certes le choix de la poésie, **Virgile s'inspire des grands poèmes grecs d'Hésiode,**

Les Travaux et les Jours, entre autres, mais son œuvre n'est pas qu'imitation servile de modèles antérieurs : elle apparaît d'emblée comme un **entrelacs complexe, traité de didactique technique mais aussi œuvre morale et patriotique que sous-tend une véritable doctrine du travail**.

Quelle représentation le poète donne-t-il en effet **du travailleur,** du paysan ? Que faut-il voir à travers la description du travail manuel qu'impose le travail de la terre, mais aussi l'élevage ? S'agit-il seulement de célébrer le retour à la terre, geste de reconnaissance de la part de Virgile, « sensible [...] aux misères des campagnards » (I, v. 22-56, p. 40) ? Au-delà du **portrait en mouvement d'un paysan** toujours en activité, il nous faut creuser à plus haut sens, jusqu'à la **dimension symbolique** d'un poème dont la vocation est de **réconcilier l'homme avec la campagne, la nature, les dieux, le travail de la terre** et de **proposer un autre modèle de société** sous l'égide d'Octave Auguste.

En quoi ***le* geste technique du paysan** virgilien est-il alors **acte civilisateur et symbolique de *la* geste, des exploits** que l'humanité accomplit sur la nature pour la dépasser mais aussi transcender sa nature première ?

L'action du **paysan** ne serait-elle pas le **symbole** même **de la vocation de l'humaine condition** ? « *Ut operaretur* » (« pour travailler »), selon la formule biblique. La finalité, la raison d'être de l'homme sur la terre serait alors de travailler à **faire fructifier la nature, à rationaliser** un monde qui, sans son action, resterait fruste et sauvage, mais aussi à **embellir et révéler, par la poésie, la beauté de cette nature ainsi magnifiée que l'on cultive sous le regard des dieux,** Cérès, Bacchus, Palès et tant d'autres qui peuplent cette « campagne divine » virgilienne.

1. L'œuvre dans son contexte

A. Virgile (70 – 19 av. J.-C.)

a. Naissance et enfance campagnarde du « Cygne de Mantoue »

Donat, grammairien romain du IVe siècle, relate dans sa *Vie de Virgile* les origines et la naissance de Publius Vergilius Maron, dans un petit village, Andes, à proximité de Mantoue, petite cité du nord de l'Italie : « né de **parents d'origine modeste,** surtout **son père, dont certains ont dit qu'il était artisan potier,** d'autres, plus nombreux, d'abord domestique à gages [...], et qu'il avait remarquablement augmenté son pécule en rachetant des bois d'excellente qualité et en élevant des abeilles ». Selon la légende, la **veille de la naissance** de Virgile, **sa mère aurait rêvé qu'elle « mettait au monde un rameau de laurier et qu'au contact du sol il avait pris racine et grandi instantanément pour**

ressembler à un arbre adulte et couvert de fleurs et de fruits variés [...] » ; **elle accouche le lendemain, dans un fossé, en pleine nature, dans la campagne.** Une branche de peuplier est plantée sur le lieu de la naissance ; l'arbre dépasse vite les autres et devient le lieu de pèlerinage des femmes enceintes qui viennent là voir « l'arbre de Virgile ». **L'enfant grandit à la campagne.**

b. Formation à la ville

Suivant l'usage, à douze ans, Virgile part pour la ville, à Crémone d'abord pour y suivre des **cours de « grammaticus »** où il apprend à **lire, écrire et étudie** également **la mythologie. Avant l'âge de quinze ans, il écrit sa première épigramme,** un trait satirique à l'encontre d'un maître d'école. À quinze ans, il part pour Milan, à dix-sept ans, il se rend à Rome où il **achève ses études auprès des rhéteurs : il étudie l'éloquence, le droit, les mathématiques, la médecine, écrit ses premiers poèmes et fait la rencontre d'Octave, futur empereur.** Après avoir renoncé à une carrière juridique, il part pour Naples afin d'y suivre l'enseignement de **Siron, philosophe épicurien** ; Virgile découvre ainsi la **doctrine atomistique, qui donne de la formation de l'univers une explication matérialiste** : le monde serait formé par le jeu hasardeux de multiples combinaisons d'atomes. Le jeune poète est doté d'une solide culture générale (lettres, philosophie, mathématiques, histoire, médecine et sciences naturelles) et revient régulièrement sur les terres du domaine familial.

c. De l'épreuve aux grandes œuvres : des « années Mécène » aux « années Auguste »

En –40, Virgile **vit l'épreuve de l'expropriation : la guerre** lui fait perdre le domaine de ses terres natales près de Mantoue. Quelques vers du chant II des *Géorgiques* évoquent ce drame de l'expropriation : « une plaine semblable à celle qu'a perdue l'infortunée Mantoue, dont des cygnes neigeux paissaient l'herbe fluviale » (II, v. 182-215, p. 85). Après la bataille de Philippes, Octave et Antoine décident en effet de démanteler les terres de dix-huit villes italiennes pour les donner en récompense aux vétérans. Virgile est **exproprié** mais **se bat, fait intervenir des puissants,** notamment Pollion, gouverneur de la Gaule cisalpine, puis son successeur, Cornélius Gallus mais aussi Varus, Mécène et Octave, selon d'autres commentateurs, et son domaine lui est finalement rendu. Jean Giono, dans son anthologie *Les Pages immortelles de Virgile*, (1960) imagine les combats du poète pour récupérer ses terres : « On ne sait pas jusqu'où peut aller Virgile quand il s'agit de défendre ses yeuses et ses chevreaux. Avec ses yeux vides et son air de s'intéresser aux mouches, il s'en va à Rome en juin 40 av. J.-C. C'est la neuvième églogue qui plaide, et Octave lui rend son patrimoine. Alors, il écrit la première églogue. »

L'épreuve le conduit donc à l'écriture ; **dès –42,** en effet, c'est **Pollion qui incite Virgile à écrire les *Bucoliques*** ; le drame de l'expropriation est évoqué dans la première églogue des *Bucoliques ;* la quatrième bucolique est d'ailleurs dédiée à Pollion et Cornélius Gallus est le dédicataire de la dixième. Écrit en trois ans et publié en –37, le **recueil des *Bucoliques* rencontre immédiatement un vif succès.** Plus qu'une œuvre de commande, les poèmes sont le **souvenir d'un passé paisible, d'un âge d'or qui fait renaître l'espoir au cœur de la barbarie et de l'absurdité de la guerre.**

En **–38, Virgile** fait le choix d'un **riche protecteur, Mécène, ami d'Octave (le futur empereur Auguste)**. À partir de –37, Virgile quitte définitivement Mantoue et, à la demande de Mécène, commence à composer les *Géorgiques.* Grâce à la protection des puissants, le poète bénéficie de nouveaux lieux de villégiature, notamment une villa d'Atella, située en Campanie, entre Naples et Capoue, où, **en –29, quatre jours durant, à raison d'un chant par jour, Virgile, relayé par Mécène, fait lecture de ses *Géorgiques* à Octave.**

Octave Auguste demande ensuite à Virgile de composer un grand poème épique national : durant onze années, le poète s'attelle alors à la rédaction de son épopée, l'***Énéide*** qui s'ouvre sur le célèbre vers : « *Arma virumque cano*... », « Ce sont les armes et l'homme que je chante ».

d. Les dernières années

Lors d'un voyage en Grèce où le poète s'était rendu afin de parachever son *Énéide*, Virgile effectue une visite à Mégare et, probablement victime d'une insolation, tombe malade. Il regagne l'Italie mais meurt à Brindes en octobre 19 av. J.-C. Sa grande œuvre, l'*Enéide*, est inachevée mais toutefois publiée par Auguste.

« Mantoue m'a donné le jour, la Calabre me l'a repris ; aujourd'hui, Parthénope me possède ; j'ai chanté les pâturages, les champs, les chefs », peut-on lire sur l'épitaphe que Virgile se composa.

B. L'œuvre : la trilogie virgilienne

L'œuvre est constituée de **trois volumes** comme l'indique le poète dans son épitaphe : ***« Cecine pascua, rura, duces »*** **(« J'ai chanté les pâturages, les campagnes, les héros »)**. Le rythme ternaire renvoie aux trois œuvres majeures correspondant chacune à l'un des trois styles de la classification de l'époque : en –37 les *Bucoliques*, en style humble ; de –29 à –26, les *Géorgiques* en style moyen ; enfin, entre –29 et –19, l'*Énéide*, épopée inachevée écrite en style sublime où Virgile fait le récit de la fondation de Rome par le Troyen Énée.

Les **trois œuvres sont autonomes**, pourtant, le long poème en quatre livres des *Géorgiques* s'inscrit dans la **continuité** de l'œuvre précédente, les *Bucoliques*, recueil de dix poèmes ou églogues. Virgile souligne ce lien puisque le dernier vers des *Géorgiques* reprend le premier vers des *Bucoliques* et fait réapparaître le berger Tityre, alter ego du poète. Les deux œuvres **s'inspirent** également **du genre de la pastorale**, mis à l'honneur par le poète grec Théocrite (IIIe siècle av. J.-C.), chants qui mettent en scène des bergers, évoquant la réalité de leur condition et chantant l'amour.

Virgile est également l'auteur d'autres **œuvres mineures,** parmi lesquelles une mystérieuse petite épopée parodique en hexamètres (voir ci-dessous), **le *Culex*, ayant pour héros un moustique** injustement tué par un berger alors qu'en le piquant, il l'a réveillé et sauvé d'un danger plus grand, un serpent…

Des siècles plus tard, la célébrité des œuvres virgiliennes apparaît dans la langue, car le titre des *Bucoliques* donne naissance, par antonomase, au nom commun « **bucolique », qui désigne un poème pastoral,** et à l'adjectif qualificatif ; un **« paysage bucolique » désigne ainsi un cadre champêtre, calme et apaisant**. De même, le titre des *Géorgiques* devient adjectif pour désigner ce qui est relatif à la culture de la terre, de la vie et aux travaux des champs, et nom commun pour désigner un ouvrage littéraire qui a rapport à la vie agreste.

C. Contextualisation

a. Contexte historique et politique de l'écriture

Le poète vit à une époque troublée : depuis sa naissance, Virgile n'a connu que la guerre civile. **Les années d'écriture** des *Géorgiques* **(de –37 à –30)** correspondent à une période de **guerres civiles**. En –42, les meurtriers de César, Brutus et Cassius, sont écrasés par Octave et Antoine lors de la seconde bataille de Philippes évoquée à la fin du chant I : « Ainsi Philippes a-t-il vu pour la seconde fois les armées romaines l'affronter avec les mêmes armes. » (I, v. 457-491, p. 67). Après une courte trêve, en –36, Agrippa est victorieux sur Sextus Pompée qui s'enfuit, mais la guerre éclate de nouveau entre Antoine et Octave pour s'achever à Actium, en –31. Commence alors le principat d'Auguste Octave : à vingt-sept ans, il est ce « jeune héros » (p. 68) à qui incombe la lourde tâche de « relever les ruines du siècle » après les guerres. **Ces guerres civiles détestées sont évoquées à la fin du chant I** des *Géorgiques* : « la trahison et les guerres » referment le premier livre sur la description d'un champ sous lequel un champ de bataille est exhumé. (I, v. 457-514, p. 67-69).

Les derniers vers du livre IV précisent également le contexte d'écriture et la genèse de l'œuvre : Virgile se décrit **« florissant aux soins d'un obscur loisir »** – c'est-à-dire un lieu humble et retiré en réalité non loin de Naples – occupé à dire **« par jeu les chansons des bergers »** (IV, v. 545-565, p. 177), occupation qui correspond pleinement à l'*otium* des Anciens, un temps libre bien différent de celui des affaires, du négoce (temps du *nec otium*), mais qui n'est pas pour autant oisif. L'***otium*** est le **temps de la réflexion et du loisir studieux, intellectuel**, ce n'est pas un temps mort, oisif ou purement réparateur ; loin de l'agitation de la cité, dans sa ***villa,*** maison de campagne et propriété agricole, le Romain fortuné peut s'adonner librement aux activités intellectuelles. Virgile s'est d'ailleurs soigneusement documenté avant de commencer à écrire.

b. L'écriture des *Géorgiques,* œuvre de commande, poésie de circonstance

Dès l'introduction, M. Rat, le traducteur indique que l'œuvre correspondrait à une **commande faite par Mécène,** riche protecteur de Virgile, convaincu, **après le succès des *Bucoliques,* que la littérature peut aider Auguste à remettre les travaux des champs à l'honneur.** Dès 37 avant J.-C. Virgile est donc invité, grâce à son protecteur Mécène, à **participer, avec le poète Horace, à cette grande réforme morale** qui entend **remettre les valeurs paysannes et le retour à la terre au cœur même de l'action politique**.

Dans le chant III, Virgile souligne la difficulté de la tâche et indique : « entrons dans les forêts des Dryades et dans les fourrés vierges ; **tes ordres, Mécène, ne sont pas faciles à exécuter »** (III, v. 23-55, p. 113). L'œuvre des *Géorgiques* est composée en sept ans, de –37 à –30, et Virgile en fait lecture à Octave durant l'été –29.

c. Contexte : la question agraire

Quelle est la situation de l'agriculture à l'époque de Virgile ? La **crise économique** est aggravée par les guerres civiles qui empêchent la culture des terres, mais aussi par l'extension des « *latifundias* ». Le travail de la terre est source de **grandes inégalités de revenus, génératrices de tensions,** entre les **très grands domaines agricoles – les *latifundias*** – et **les petits,** qui peinent à vivre. Les *latifundias* comportent une grande ferme (*villa rustica*) où travaille un nombre important d'esclaves et elles génèrent des **bénéfices : grâce à un travail servile bon marché**, elles produisent à moindre coût une **culture intensive** (de vins, d'olives, d'élevage) qui ne nécessite pas de soins particuliers mais relève de la **monoculture.** **À l'inverse, les petits propriétaires terriens pratiquent la polyculture, une agriculture mixte** et ont transformé une grande partie de leurs terres en pâturages confiés à des esclaves bergers, mais ils peinent à vivre du produit de leur travail.

À cause de la guerre, la **question agraire** est aussi une **question politique : le pouvoir des sénateurs est fondé sur ces grandes propriétés foncières** et Octave Auguste est leur allié. Ils vont lui octroyer les pleins pouvoirs car ils souhaitent qu'une paix durable – la *Pax Romana*, la paix augustéenne – s'installe dans le pays afin que reprenne l'activité agricole, source de leurs revenus. Il y a donc urgence à valoriser et la polyculture, et le retour à la terre.

Virgile fait ainsi l'éloge des petits exploitants, de l'**exploitation agricole à taille humaine** : « Fais l'éloge des vastes domaines, cultives-en un petit » (II, v. 379-413 p. 97) ; c'est donc le **jardin du vieillard de Tarente qui illustre le mieux le modèle agricole idéal que l'on souhaite voir renaître.**

d. Contexte : les Romains et la religion

L'agriculture est aussi et enfin une **question religieuse** dans une **civilisation romaine où tout est religieux.** Les Romains possèdent multiples *numina virtutes*, ou « volontés divines », qu'il faut se ménager. Polythéiste, la religion romaine est une **religion du rite,** fondée sur **un cérémonial où le geste et l'action accomplie sont importants.** Le culte religieux envahit toutes les sphères, c'est un culte domestique et privé autant que collectif. **Chaque action individuelle s'accomplit sous le regard des dieux et mobilise donc une divinité spécialisée** car **il s'agit avant tout de se concilier les dieux afin d'obtenir d'eux une protection**. La *religio* consiste alors à organiser les relations entre les hommes et les dieux. Le **poète** lui-même est ***vates*****,** voyant, **prophète inspiré par les dieux.**

Aux grands dieux, divinités majeures (cf. ci-dessous), **s'ajoute une myriade de divinités mineures** car l'espace tout entier est envahi par le divin.

Arbre généalogique des dieux romains

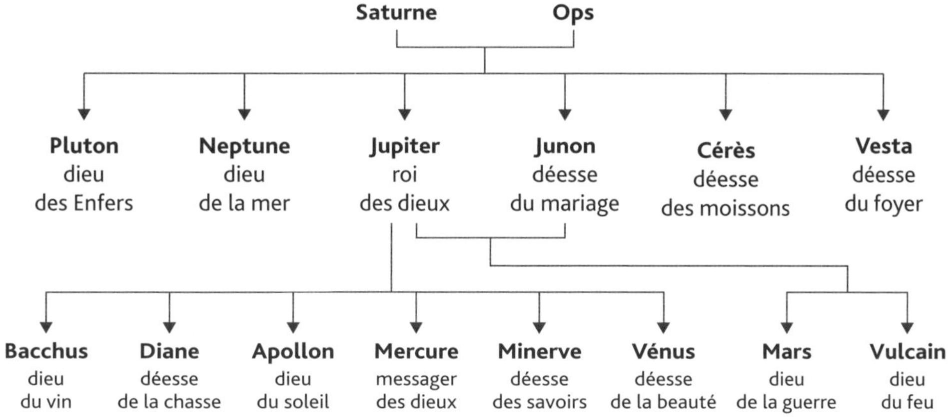

Le début du **chant I,** consacré au « labourage » illustre ce fonctionnement et s'ouvre sur une invocation à tous les grands dieux et divinités de la nature : **Cérès** (Déméter chez les Grecs) invoquée au début du second paragraphe, est la **déesse des moissons et des récoltes.**

Le début du **chant II,** consacré aux « arbres » et « à la vigne » s'ouvre sur une invocation au dieu **Bacchus** (Dionysos chez les Grecs) **protecteur de la vigne et des arbres fruitiers** et sa dénomination « Père Lénéen » rappelle qu'il est aussi le père des pressoirs.

Le début du **chant III,** consacré aux « troupeaux » invoque en toute logique **« Palès », déesse des bergers,** des troupeaux et des pâturages, protectrice du mont Palatin.

Enfin, le début du **chant IV,** consacré à l'apiculture, à l'élevage des abeilles, évoque **le miel,** non comme produit transformé par le travail des hommes mais comme **cadeau des dieux** : « miel aérien, présent céleste » (IV, p. 145) ; **Apollon, dieu civilisateur, dieu des arts et de la poésie** est également invoqué. L'œuvre de Virgile est promise à « la gloire » si « Apollon exauce ses vœux » et protège le poète.

La **nature tout entière est liée au divin**, elle est cette « campagne divine » (« protégée par les dieux »), décrite par le poète au chant I (v. 156-186, p. 48) car l'univers est peuplé de divinités avec lesquelles les hommes doivent cohabiter. **L'ouverture du livre I,** plus particulièrement le second paragraphe, invoque ainsi pêle-mêle **divinités majeures** (Cérès, déesse des moissons, Neptune, « qui le premier, frappant la terre de ton grand trident, en fi[t] jaillir le cheval frémissant », Minerve, « créatrice de l'olivier »...) et **divinités mineures** (« divinités gardiennes des campagnards, Faunes [...], jeunes Dryades », Pan, le dieu « gardeur de brebis » vénéré en Arcadie) et le poète rappelle leur rôle primordial : « vous tous dieux et déesses, qui veillez avec soin sur nos guérets, qui nourrissez les plantes nouvelles nées sans aucune semence, et qui du haut du ciel faites tomber sur les semailles une pluie abondante ». Le **travail du laboureur attire ainsi le regard bienveillant des dieux** : « De plus, celui qui brise avec le hoyau les mottes inertes et qui fait passer sur elles les herses d'osier, fait du bien aux guérets et ce n'est pas pour rien que du haut de l'Olympe la blonde Cérès le regarde. » (I, v. 91-122, p. 43).

2. Focus sur l'œuvre

A. Commentaire du titre et de la dédicace

a. Le titre : un peu d'étymologie

Le mot « géorgiques », *georgicus* en latin, vient du grec *geōrgikós*, composé de *gê*, « terre » et de *érgon*, « travail, œuvre » et **signifie « travailleur de la terre »** ; en grec, le mot « geôrgika » renvoie à tout ce qui concerne l'agriculture et le mot « geôrgos » désigne le cultivateur.

Devenu **par la suite adjectif** qualificatif, le mot **« géorgique » désigne ce qui se rapporte à la culture de la terre, aux travaux des champs et** se rapporte à **un ouvrage ou à des poésies qui ont rapport à la culture de la terre** et à la nature en général.

b. Une dédicace double

Le second vers du chant I des *Géorgiques* mentionne **Mécène,** homme d'État, conseiller d'Auguste, amateur d'art et de jardins ; lui-même poète à ses heures, il est à la tête d'une richesse considérable. Il est tout à la fois **l'ami et le protecteur de Virgile,** mais aussi d'un autre grand poète latin, Horace. Par antonomase, le nom propre « Mécène » deviendra ensuite ce nom commun par lequel on désigne un riche protecteur ou une entreprise qui apporte un soutien financier à la création artistique, à la vie culturelle.

La troisième strophe du chant I évoque ensuite **Octave Auguste** : « Et toi enfin, qui dois un jour prendre place dans les conseils des dieux à un titre qu'on ignore, veux-tu, César, visiter les villes ou prendre soin des terres et voir le vaste univers t'accueillir comme l'auteur des moissons et le maître des saisons, en te ceignant les tempes du myrte maternel ? » (I, v. 22-56, p. 39). **L'apostrophe est élogieuse, qui place – selon l'usage – l'empereur au nombre des dieux,** s'il fait le choix, dans son action politique de donner la priorité à la campagne sur la ville, s'il fait le choix de « prendre soin des terres ». Les grands hommes se mêlent ainsi aux dieux.

B. La question du genre littéraire : des champs… aux chants

a. Une poésie didactique : un traité d'agronomie

Servius affirme que **« Virgile est plein de science » ;** de fait, le poète paraît doté d'une solide culture générale ; ses connaissances englobent la science des nombres, l'astrologie, l'astronomie, les sciences naturelles, la médecine, l'histoire et la philosophie. Virgile **se documente minutieusement pour écrire.** Il s'inspire notamment de *L'Histoire des animaux* d'Aristote et de *Res rusticae* (37 av. J.-C.) de Varron et de bien d'autres traités.

La description est technique quand elle énumère par exemple les outils de l'agriculteur, « les armes propres aux rudes campagnards » que sont « le soc […], l'areau recourbé […], les chariots […], les rouleaux, les traîneaux, les herses au poids énormes, puis le vil attirail d'osier » (I, v. 156-186, p. 48). Pourtant, **l'œuvre n'a pas l'ambition d'être un pur poème scientifique écrit par un technicien de l'agriculture,** du moins, elle ne se réduit pas à cela.

Plus qu'une poésie didactique ou qu'un long poème scientifique, l'œuvre d'abord est un poème lyrique : c'est un **manuel d'agriculture en vers**, manuel comportant quatre *liber*, quatre livres.

b. Une poésie lyrique : un manuel d'agriculture en vers

M. Rat, traducteur de l'œuvre dans l'édition prescrite, souligne la difficulté qui fut la sienne de « traduire un poète, surtout un poète aussi grand que Virgile, et l'un des plus merveilleux versificateurs [...] ».

De fait, si les pages se présentent comme de la prose structurée en paragraphes, il s'agit pourtant bien d'un poème de plus de 2 000 vers. **Pour évoquer « le sol de terre glaise », les « petits veaux » et la « fourmi » laborieuse, Virgile fait le choix du « grand vers »,** de l'**hexamètre dactylique,** vers de six mesures, six pieds, hérité de l'épopée homérique. Dans sa *Vie de Virgile,* Donat explique comment Virgile composait ses poèmes : « Il avait coutume, chaque jour, de dicter beaucoup de vers qu'il avait médités le matin et, en les reprenant durant la journée, de les condenser en un très petit nombre, disant, non sans raison, qu'il **enfantait son poème à la manière d'une ourse et qu'il lui donnait sa forme dernière en le léchant**. »

Les **chants virgiliens** révèlent dès les premiers vers du livre I, dans l'apostrophe liminaire à Octave Auguste, cette **sensibilité**, ce lyrisme partagé d'un poète ému des souffrances des paysans : « favorise mes hardies entreprises, et, **sensible comme moi aux misères des campagnards** qui ne savent pas leur route, avance » (I, v. 22-56, p. 40). Ce trait montre la **sympathie** – étymologiquement, cette capacité à « souffrir avec », à se sentir en **symbiose avec l'univers et les éléments**.

C. Structure des *Géorgiques*

a. Structure apparente

L'ouverture expose clairement la **composition de l'œuvre** en indiquant les **quatre moments du poème** : « sous quel astre, Mécène, il convient de retourner la terre et de marier aux ormeaux les vignes » annonce le contenu des livres I et II ; « quels soins il faut donner aux bœufs, quelle sollicitude apporter à l'élevage du troupeau » annonce le fil conducteur du livre III ; enfin, « quelle expérience à celles des abeilles économes » prélude les vers consacrés, au livre IV, à l'élevage des abeilles, à l'apiculture. La clausule « voilà ce que maintenant je vais chanter » récapitule le contenu des quatre livres.

On sait que, **pendant quatre jours continus, à raison d'un chant par jour, Virgile a fait lecture des *Géorgiques* à Octave** et qu'il a même été relayé dans sa lecture par son protecteur Mécène quand la voix lui manquait. La **division en quatre livres est donc bien une volonté du poète.**

Numéro et titre du livre	*Descriptif du contenu ; morceaux de bravoure*
Chant I « Le labourage » (514 vers)	**L'agriculture : les céréales** 1. Annonce du plan d'ensemble, des 4 grandes divisions de l'ouvrage (§1). 2. Invocation aux dieux champêtres. 3. Invocation à Auguste. 4. Comment travailler la terre en fonction des saisons : – les différentes sortes de terres plus ou moins fertiles ; – méthodes de culture (« alternance », écobuage, drainage, p. 42-43). 5. Origines sacrées de l'agriculture : – invention du « *labor* » par « le Père des dieux », Jupiter, qui a voulu « rendre la culture des champs difficile » (p. 45) ; – vertu du « *labor* » : « créer peu à peu les différents arts », dont l'« art de remuer la terre » ; – succès de l'invention car « *labor omnia uicit improbus* » (« tous les obstacles furent vaincus par un travail acharné », p. 47). 6. Description des « *arma* », « armes propres aux rudes campagnards » (p. 47), des instruments de travail aratoire du paysan : – **morceau de bravoure** : « On prend tout de suite… », description de l'araire antique, de la charrue (p. 48) ; – préparation de l'« aire » (p. 49). 7. Comment « nous devons observer » le ciel, lire les présages, les « signes » (p. 50) annonciateurs des changements météorologiques pour connaître l'influence des astres et des saisons (p. 49-68) : – nécessité d'adapter le travail au cycle des saisons, aux calculs astronomiques des signes du zodiaque ; l'agriculture se fait science (p. 49) ; – influence des astres, « soleil » (p. 64) et « phases de la lune » (p. 59) ; – liaison avec l'histoire nationale : présages des guerres civiles au moment de la mort de César et réquisitoire contre la guerre (p. 65-69) ; – image du paysan vainqueur qui exhume, en labourant, les restes des soldats (p. 67). 8. Vœux en faveur de son successeur, le « jeune héros », Octave, et nécessité de réhabiliter le travail de la terre car « La charrue ne reçoit plus l'honneur dont elle est digne » (p. 68-69).
Chant II « Les arbres et la vigne ». (542 vers)	**L'agriculture : les arbres, la vigne** 1. Invocation à Bacchus, dieu du vin et de la fécondité (p. 73). 2. Les arbres et leur mode de reproduction : « surgeons », « greffe en fente ou en écusson » et boutures. (p. 76-77). 3. La culture de la vigne, la viticulture ; diversité des vignes et des crus (p. 78-79). 4. Le choix des terres (« terre noire et grasse », « légère », « terre salée », « grasse », « humide », p. 86 à 89). 5. Comment planter puis tailler la vigne (p. 89 à 91). 6. **Morceau de bravoure** : « le printemps » (p. 92). 7. Vendanges, fêtes du vin et Saturnales ; divertissements des « paysans Ausoniens » ; travail et poésie (p. 95-96). 8. Bonheur du cultivateur : « Ô trop fortunés… » (p. 99).

Numéro et titre du livre	*Descriptif du contenu ; morceaux de bravoure*
Chant III « Les troupeaux ». (566 vers)	**L'élevage : le bétail, les troupeaux de grands animaux** 1. Invocation à la « grande Palès », déesse des bergers (p. 109). 2. Comment le poète va s'illustrer par son travail et va également rendre honneur à César/Octave (p. 109 à 111). 3. Vaches, taureaux, chevaux… – comment sélectionner les bêtes reproductrices (« la meilleure vache », p. 136, et le futur étalon, « poulain de bonne race », p. 114) ; – **morceau de bravoure** : description du « poulain » (p. 115) ; – respect dû au vieux cheval qui a bien travaillé (p. 116) ; – les deux vocations des chevaux : course – gloire – et guerre – honneur et courage – (p. 116 à 118) ; – comment effectuer le dressage (p. 118) ; – comment protéger ses troupeaux de deux fléaux : la piqûre de l'« asile »/ le taon (p. 119) et les « aiguillons de l'amour aveugle » (p. 122). 4. « Troupeaux porte-laine et chèvres au long poil » : – parallèle entre le travail du cultivateur et celui du poète : travailler dans l'épreuve mais pour la gloire, « combien il est difficile de vaincre mon sujet […] » (p. 127) ; – comment nourrir les chèvres (p. 127-128) ; – double utilité des chèvres : laine et laitage (p. 128 à 133) ; – diversité des « pâtres » : bergers italiens, nomades libyens et scythes (p. 129 à 132) ; – réquisitoire contre les Scythes, peuples « barbares », qui mènent une « vie tranquille et oisive » et sont cruels envers les animaux (p. 132) ; – les chiens (p. 133). 5. Méditations sur la mort des troupeaux, la « force du mal », « les causes et les symptômes des maladies » ; les remèdes. – la mort par le froid (p. 135) ; – les « dangereux reptiles » : vipère, couleuvre et chersydre (p. 134) ; – les maladies : « la hideuse gale », la « rage », la peste des animaux en Illyrie (épizootie du Norique), allégorie de la peste à Athènes. (p. 135 à 141) ; – **morceau de bravoure** : « Mais voici que, fumant… », la mort du bœuf, la tristesse du laboureur et de l'autre bœuf (p. 139-140).
Chant IV « Les abeilles ». (566 vers)	**L'élevage : l'apiculture, l'élevage des troupeaux de petits animaux, les abeilles** 1. Invocation à Mécène, le protecteur : « je vais chanter le miel aérien, présent céleste » (p. 145). 2. Description de la condition des abeilles : – construction de la ruche : choix de l'emplacement (p. 145-146) ; – les activités des abeilles : travail et batailles (p. 147-150) ; – description des individus : rois et sujets (p. 150) ; – comment fixer et faire travailler l'essaim volage (p. 150-151). 3. **Première digression** – description du jardin du « vieillard » de Tarente (p. 152) : – une terre ingrate et infertile… – … mais valorisée par le travail du jardinier ; – vertus de la transplantation ; – image d'une vie pauvre et simple mais autarcique : la production du travail ne fait que couvrir les besoins ; invitation à cultiver son jardin.

Numéro et titre du livre	*Descriptif du contenu ; morceaux de bravoure*
Chant IV « Les abeilles ». (566 vers)	4. Lois et mœurs des abeilles dans leur « cité » (p. 153 à 163) : – organisation rationnelle d'un « effervescent travail » ; – des tâches variées et adaptées à l'âge (« les plus vieilles »/« les plus jeunes ») ; – épreuves, « accidents » et dangers qui guettent la vie et le travail de l'abeille ; – choix et vénération du « roi » ; dévouement absolu au « roi ». 5. **Seconde digression –** la « légende » du mythe de la « bougonie » explique la génération spontanée d'un essaim d'abeilles sur le cadavre de jeunes taureaux sacrifiés ; introduction de personnages mythiques dans un enchâssement de récits. (p. 163 à 175) : – **Histoire du « berger Aristée »**, apiculteur qui a perdu ses abeilles ; suivant les conseils de sa mère Cyrène, Aristée apprend du devin Protée que la mort de l'essaim sanctionne une faute : tentant de violer Eurydice, future épouse d'Orphée, le jour même de ses noces, Aristée est responsable de la mort d'Eurydice, qui a été mortellement mordue par un serpent en tentant de lui échapper. La mort d'Eurydice laisse son époux, le poète Orphée, inconsolable. – Protée raconte alors à Aristée la **légende d'Orphée et Eurydice**, la descente aux Enfers d'Orphée et la seconde mort d'Eurydice : Orphée, fou d'amour, obtient qu'Eurydice lui soit rendue mais brise le pacte avec Pluton et, se retournant, perd à jamais Eurydice qui sombre de nouveau dans les Enfers. Orphée tente de consoler son chagrin par ses chants mais meurt démembré par les jalouses Cicones (p. 174-175). – **Mythe de la bougonie** : naissance d'un essaim d'abeilles sur le cadavre des bœufs. – **Morceau de bravoure** : lamentos croisés d'Orphée et du rossignol Philomèle, de « Lui, consolant son douloureux amour sur la creuse écaille de sa lyre » à « en écho : Eurydice ! » (p. 174-175) 6. « *Sphragis* », signature du poète dans les derniers vers du poème (p. 177) : – le sceau révélant l'identité : « moi, Virgile » ; – rappel du contenu et des circonstances de la composition de l'œuvre : *otium* d'un poète « florissant aux soins d'un obscur loisir » qui s'est amusé à dire « les chansons des bergers » ; – dernier hexamètre (« t'ai chanté Tityre ») en forme d'autocitation, reprise quasi littérale du premier vers des – *Bucoliques* (p. 177).

Mais ce **plan est mystérieux** car, pour la composition, selon les commentateurs, **Virgile ne puise pas dans ses sources.** Il ne s'inspire ni du plan de son illustre prédécesseur, l'aède grec « berger de l'hélicon », Hésiode, auteur à la fin du VIIIe siècle av. J.-C. du poème *Les Travaux et les Jours*, ni de *Res rusticae,* le traité d'agronomie que Varron publia en 37 av. J.-C., ni de *De agricultura* de Caton. Le contenu de la **quatrième géorgique** épaissit encore le **mystère,** au point que nombre de commentateurs évoquent à son propos **« l'énigme des abeilles »** et soulignent sa structure **hétéroclite** qui mêle description technique et récit mythique à travers l'évocation des épisodes d'Aristée et d'Orphée. **Le mystère du livre IV ouvre sur un mystère plus grand encore : celui de l'œuvre tout entière.**

b. Structure profonde : pour une lecture pythagoricienne des *Géorgiques*

La division en quatre parties est une première **invitation à une lecture pythagoricienne car le nombre 4 renvoie à la symbolique pythagoricienne :** 4 est « le nombre de la Terre et de l'enracinement » comme l'indique Joël Thomas dans son étude de l'œuvre, *Virgile, Bucoliques, Géorgiques*. Il s'agira donc de comprendre que la division en quatre livres correspond à une **gradation,** une **représentation de l'élévation spirituelle.**

Le poème est ainsi organisé autour d'une **finalité transformationnelle**, de la représentation **d'une forme brute, fruste, sauvage, à une forme plus élaborée et civilisationnelle,** celle que symbolise **l'activité des abeilles opérant une véritable transmutation de la fleur en miel**. Le miel, qui a la propriété de se conserver très longtemps, est aussi « souvenir » sur terre de l'ancienne nourriture d'immortalité des dieux, le nectar et l'ambroisie. Le miel est ainsi « miel aérien, présent céleste » comme l'écrit le poète au début du livre IV (p. 145). Joël Thomas constate : « Les *Géorgiques* [...] apparaissent comme un monument symbolique dressé à la gloire de l'esprit. **À lui seul, le recueil est cosmos, il est monde et ordre du monde, il nous décrit le vivant, et le dynamisme organisateur du vivant,** le feu intérieur qui, selon la tradition pythagoricienne et platonicienne, l'habite et le vivifie. »

Cette finalité transformationnelle est soulignée par le **mouvement d'élévation** qui, du livre I consacré au règne **minéral,** nous élève vers le règne **végétal** (livre II) puis, au livre III, vers le règne **animal** (celui des corps, des désirs, des instincts) avant de se refermer sur le monde de l'**esprit** des humains – le vieillard, Aristée et Orphée entre autres – et des dieux.

Comment cette **transformation** s'opère-t-elle, sinon par le **« labor »,** le travail du laboureur ou de l'abeille industrieuse ? C'est **le travail qui permet de s'élever dans la hiérarchie des espèces.**

3. Le travail dans les *Géorgiques*

A. Célébrer le travail de la terre

a. Hommage aux courageux laboureurs

Le livre I décrit la pénibilité et la difficulté du travail de la terre. Le **tableau bucolique** s'ouvre sur **un vœu du poète,** celui de voir **une campagne qui ne soit pas le lieu de l'*otium*,** ici bel et bien entendu comme repos oisif et plaisant **mais bien plutôt le lieu du travail :** « Au printemps nouveau [...], je veux dès lors voir le taureau commencer de gémir sous le poids de la charrue, et le soc resplendir dans le sillon qu'il creuse. » (I, v. 22-56, p. 41). À la page suivante, le poète apostrophe et exhorte le laboureur à poursuivre bravement son dur labeur (**« *Ergo age* »/« Courage donc ! »**, I, v. 56-91, p. 42) malgré la difficulté de la tâche.

b. Travailler dans un monde hostile

Le poète décrit en effet le travail du paysan comme un **combat à mener non seulement contre lui-même** – pour ne pas céder au découragement –, **mais aussi contre la nature,** les éléments, les intempéries, les animaux ; en somme, contre toutes les forces de l'univers qui semblent s'être liguées contre lui pour rendre sa tâche plus difficile encore car, la première difficulté du labourage aplanie, d'autres obstacles se présentent : « Et cependant, en dépit de tout ce mal que les hommes et les bœufs se sont donné pour retourner la terre, ils ont encore à craindre l'oie vorace, les grues du Strymon, l'endive aux fibres amères et les méfaits de l'ombre. » (I, v. 91-122, p. 45). Le laboureur est donc en interaction constante avec son espace de travail, un espace naturel souvent hostile, qu'il lui faut apprivoiser. C'est l'expérience de **la résistance de la nature qui crée l'agriculture** – au sens propre, culture de l'*ager*, du « champ » –, **et l'agriculture est aussi un art, une technique,** un ensemble de savoir-faire que Virgile transmet ici à ses lecteurs dans un **poème qui s'ouvre précisément sur ce problème** : « quel art fait les grasses moissons ».

c. Aider Octave-Auguste à remettre à l'honneur les travaux des champs

Malgré les difficultés et les maux endurés par le laboureur, Virgile **prône le retour à la terre,** chante une **vision pacificatrice du travail de la terre et dénonce, à l'inverse, les ravages de la guerre civile** dans un monde romain épuisé par l'enchaînement des guerres. L'œuvre entend bien **réhabiliter un travail perçu comme noble mais délaissé par ses contemporains** : « La charrue ne reçoit plus l'honneur dont elle est digne ; les guérets sont en friche, privés des laboureurs entraînés dans les camps ; et les faulx recourbées servent à forger une épée rigide [...] » (I, v. 491-514, p. 68).

L'avant-dernier paragraphe du livre I se clôt sur une vision prémonitoire, image dévalorisante et dégradante de la guerre, activité pourtant considérée comme noble : en travaillant, le laboureur exhume les restes de guerriers en armes et Virgile décrit les « javelots rongés d'une rouille lépreuse » et les casques symboliquement « vides ». Ce réquisitoire contre la guerre est lié au fait que Virgile a souffert des conséquences de ces guerres civiles. **Le guerrier** belliqueux a une **action destructrice** ; à l'inverse, **le laboureur** dont l'action semble pourtant empreinte d'une certaine brutalité, est celui **qui va semer la vie autour**

de lui : « Celui qui brise avec le hoyau les mottes inertes et qui fait passer sur elles les herses d'osier, fait du bien aux guérets, et ce n'est pas pour rien que du haut de l'Olympe la blonde Cérès le regarde. » (I, v. 91-122, p. 43). Le sol fait de **« mottes inertes », stériles et dénuées de vie, va sous son action devenir fertile et donner la vie**. Ainsi, le travail de la terre est revalorisé ; plus encore, le travail est noble par essence car son origine est l'œuvre des Dieux.

d. Le paysan, symbole de l'homme prométhéen voué à travailler

Le livre I (v. 91-122, p. 43) décrit le **laboureur au travail sous le regard bienveillant de Cérès, déesse de la moisson** chez les Romains ; de fait, dans l'Antiquité, mortels et immortels vivent ensemble, le monde des hommes est en étroite corrélation avec le monde des dieux. Le livre I s'ouvre d'ailleurs sur une **invocation de tous les dieux champêtres, dont il faut s'attirer la bienveillance,** puis décrit le **travail comme une peine créée et infligée par Jupiter** : « Le Père des dieux lui-même a voulu rendre la culture des champs difficile, et c'est lui qui le premier a fait un art de remuer la terre, en aiguisant par les soucis les cœurs des mortels et en ne souffrant pas que son empire s'engourdît dans une triste indolence. » (I, v. 123-156, p. 45).

Le travail est un fléau divin paradoxalement bénéfique, puisqu'il écarte l'homme de l'ennui, d'une « triste indolence », paresse qui pourrait être la source de tous les vices. Cette création divine apparaît d'emblée comme **dialectique**, car la **difficulté de la tâche invite l'homme au dépassement de soi** : « en aiguisant les soucis », le dieu des dieux offre aussi à l'homme l'occasion de développer son intelligence pour résoudre ses problèmes, de se perfectionner et de faire du travail de la terre un « art ». Le but de Jupiter, était, selon Virgile, « [...] en exerçant le besoin, de créer peu à peu les différents arts de faire chercher dans les sillons l'herbe du blé et jaillir du sein du caillou le feu qu'il recèle » (I, v. 123-156, p. 45-46). La **maîtrise de la *tekhnè*, de la connaissance des arts avec le feu** permet à l'homme de créer des outils, de survivre, mais aussi de se distinguer et **d'afficher sa supériorité sur l'animal.**

En cela, Virgile s'inspire d'un illustre prédécesseur grec, **Hésiode,** berger sur les pentes du mont Hélicon selon la légende, et auteur du grand poème ***Les Travaux et les Jours*** qui décrit les **origines du travail comme un châtiment infligé aux hommes par Jupiter** irrité d'avoir été deux fois berné par le rusé Prométhée, frère d'Épiméthée et fils du titan Japet. La seconde ruse de Prométhée (le vol du feu aux dieux) permet aux hommes de développer leur industrie mais est doublement châtiée : Prométhée est enchaîné au sommet du Caucase où un aigle lui dévore le foie qui repousse chaque nuit ; Jupiter crée ensuite Pandore, le beau mal, dont l'urne va répandre les maux sur la terre et provoquer le malheur des hommes.

Texte-clé

« Les dieux ont caché aux hommes les ressources de la vie. Autrement tu aurais pu amasser en un seul jour de quoi te nourrir une année entière, même sans travail ; tu aurais suspendu le gouvernail à la fumée du foyer, et l'on eût vu cesser les travaux des bœufs et des mulets laborieux. Mais Jupiter nous cacha ces ressources, irrité d'avoir été surpris par les ruses de Prométhée. C'est pour cela qu'il prépara aux hommes de si funestes fléaux.

Il leur cacha le feu ; mais le fils de Japet le déroba pour l'usage des mortels, l'enfermant dans la tige d'une férule et trompant ainsi de nouveau le dieu prudent qui lance la foudre. Alors, indigné, Jupiter, le dieu assembleur de nuage, lui dit :

"Fils de Japet, le plus rusé des dieux, tu t'applaudis d'avoir dérobé le feu et trompé mes conseils. Mais ce larcin te sera funeste, à toi et à la race future des mortels. Qu'ils jouissent du feu ; en retour, je leur enverrai un don fatal dont le charme séduira tous les cœurs, épris de leur propre fléau." »

Hésiode, *Les Travaux et les Jours*, trad. de H. Patin.

Ainsi, **par son travail, l'homme produit d'abord sa propre humanité et peut, dans la douleur, transcender sa condition première.**

B. « Des travaux et des jours » virgiliens

a. Jours de labeur et jours de fête, peines et joies du travail

Virgile s'inspire aussi du célèbre mythe des races d'Hésiode, qui dans *Les Travaux et les Jours* décrit la dégradation de l'humanité jusqu'à son époque, l'âge de fer : « En effet, maintenant, c'est **l'Âge de fer. Les hommes ne cesseront d'être accablés de travaux et de misères** pendant le jour, ni d'être corrompus pendant la nuit, et les dieux leur prodigueront les amères inquiétudes. **Cependant les biens se mêleront aux maux.** »

Au livre II des *Géorgiques*, Virgile évoque ainsi la « race des hommes, race de fer » **vouée à subir l'épreuve du travail** : « Les tendres êtres ne pourraient supporter leur peine, si un répit aussi grand ne s'étendait entre le froid et la chaleur et si l'indulgence du ciel ne faisait bon accueil aux terres. » (v. 313-345, p. 93). Le livre II des *Géorgiques* décrit aussi un paysan constamment attelé à la tâche : « Pour lui, point de relâche. » (v. 512-542, p. 103). Virgile insiste sur le fait qu'il n'y a jamais de repos : « Oui, **même aux jours de fête, il est des travaux** auxquels les lois divines et humaines permettent de se livrer. » (I, v. 255-288, p. 54). Le livre II décrit « l'actif vigneron » qui « continue de tailler la vigne et la façonne en l'émondant » (v. 379-413, p. 97). Aux jours de labeurs succèdent cependant des jours de joie : « Lui aussi a ses jours de fête. »

b. Le cycle du travail : un cycle de vie et de mort

Dans ce même livre II, Virgile décrit ce retour cyclique du travail, d'une **tâche qui n'est jamais finie et ouvre justement sur l'infini** : l'« actif vigneron étend ses soins à l'année qui vient, et, la dent recourbée de Saturne à la main, il continue de tailler la vigne et la façonne en l'émondant » ; « le travail des laboureurs revient toujours en un cercle, et l'année en se déroulant le ramène avec elle sur ses traces » (v. 379-413, p. 96). Le paysan n'est pourtant pas un être fruste, froid et sans cœur qui se serait endurci à la peine quotidienne et subirait de manière insensible les affres d'un travail toujours recommencé : la **cadence de son travail n'est pas celle où l'on tourne** « comme un écureuil dans une cage, comme un condamné dans une cellule » (S. Weil, *La Condition ouvrière*, p. 419). **Le cercle du travail est un cercle vertueux et harmonieux qui épouse le rythme des saisons, de la nature**.

Le **cycle du travail** est en effet **calqué sur celui de la vie**, d'une **vie qui intègre le principe de la mort** dans la nature. La déesse des moissons, Cérès, est aussi celle des saisons : selon la légende, l'enlèvement de sa fille Proserpine par Pluton la plonge dans un profond désarroi, elle cesse de s'occuper de l'agriculture, les sols deviennent stériles. Jupiter ordonne donc que Proserpine vive durant six mois sous la terre, auprès de son époux, dans le royaume des Enfers et six mois sur la surface de la terre, auprès de sa mère Cérès : ainsi explique-t-on l'alternance des saisons, la mort de la vie l'hiver et sa renaissance au printemps. Le **travail du vigneron** implique, selon Joël Thomas dans son étude de Virgile, de **faire « subir à la vigne, au blé, une "mort" initiatique** par le pressage, par le vannage. Cette mort initiatique est le **prélude nécessaire à une "résurrection", à une transmutation sous une forme plus haute : le vin, le pain.** Cette résurrection ne pourra se faire sans un long "travail" végétal où, là aussi, l'homme a une part déterminante. » Joël Thomas voit ce travail comme une commémoration dans la Nature de « la "passion" originelle du dieu fondateur, et son sacrifice ».

De même, l'élevage implique de « remplacer par la reproduction une génération par une autre ». Le paysan opère donc une **sélection qui permet de maintenir la vie** et le poète argumente en évoquant le cycle de la vie chez les humains : « Les plus beaux jours de l'âge des malheureux mortels sont les premiers à fuir : à leur place viennent les maladies et la triste vieillesse, puis les souffrances et l'inclémence de la dure mort nous prend. » (III, v. 55-88, p. 115).

C. Travailler au rythme de la nature

a. Travailler, être l'esclave de la nature, le jouet des éléments

Le **paysan subit** et, **tel l'ormeau, doit se plier, s'adapter au rythme des saisons** ; ce sont elles qui vont déterminer la nature même de ses travaux : « Si d'aventure une pluie froide retient le cultivateur chez lui, il peut faire à loisir bien des ouvrages qu'il lui faudrait plus tard hâter par un ciel serein. » (I, v. 255-288, p. 54). **Le poète est témoin des cataclysmes naturels qui viennent détruire le fruit du travail des champs** : « J'ai vu moi-même tous les vents se livrer des combats si terribles qu'ils déracinaient et faisaient voler au loin dans les airs la lourde moisson, et l'ouragan emporter alors dans un noir tourbillon le chaume léger et les feuilles volantes. » (I, v. 288-321, p. 57). La fin du livre III décrit ainsi **le désespoir du paysan devant la peste du Norique** (v. 449-482, p. 137) et le sentiment dominant est bien celui de l'**impuissance** : « Que leur servent leur labeur et leurs bienfaits ? que leur sert d'avoir retourné avec le soc de lourdes terres ? » (v. 515-550, p. 140). Mais les **conseils du poète** n'ont pas d'autre but peut-être que de permettre au paysan de **ne pas subir outre mesure le dur joug de la nature.**

b. Travailler à domestiquer, devenir le maître de la nature

Ainsi, il ne s'agit pas tant de s'adapter au rythme de la nature que de la domestiquer, d'en devenir le maître. Le **paysan** est **incité à agir sur la nature** ; la courte **description de la charrue** est le symbole même de cette action humaine qui **transforme les éléments naturels en outils**, en araire (outil dont on se sert pour fendre la terre depuis le ɪᴠ[e] siècle av. J.-C., charrue rudimentaire et qui révolutionne durablement le monde agricole). On notera la **multiplication des verbes d'action** : « on ploie [...], on imprime la forme [...], on y adapte [...], on coupe [...] on suspend », gestes à la fois simples et précis, gestes accomplis à la main.

Texte-clé

« On prend tout de suite dans les forêts un ormeau qu'on ploie de toutes ses forces pour en faire un age et auquel on imprime la forme de l'areau courbe ; on y adapte, du côté de la racine, un timon qui s'étend de huit pieds en avant, deux oreillons, et un sep à double revers. On coupe d'avance un tilleul léger pour le joug et un hêtre altier pour le manche, qui, placé en arrière, fait tourner le bas du train : on suspend ces bois au-dessus du foyer et la fumée en éprouve la solidité. »

Géorgiques, I, v. 156-186, p. 48-49.

Cette **description de gestes très techniques**, d'un travail qui est avant tout un travail manuel, rappelle que la **main reste le premier outil de l'homme** : Aristote, au livre I de son traité *Les Parties des animaux* (ɪᴠ[e] siècle av. J.-C.) renverse l'opinion commune qui veut que l'homme soit le plus défavorisé et le plus vulnérable des animaux de la nature et montre que l'usage que l'homme fait de sa main traduit l'intelligence qui le distingue de l'animal. La **polyvalence de la main humaine est décrite par Aristote comme un ensemble de possibles dans lequel l'homme a la liberté de choisir** : « Car la main devient griffe, serre, corne ou lance, ou épée, ou toute autre arme comme outil. Elle peut être tout cela, parce qu'elle est capable de tout saisir et de tout tenir. ». En 1950, l'anthropologue Marcel Mauss, dans *Sociologie et anthropologie* (« Les Techniques du corps »), explique que le premier instrument de l'homme, c'est son propre corps : « Le premier et le plus naturel objet technique, et en même temps moyen technique, de l'homme, c'est son corps. Avant les techniques à instrument, il y a l'ensemble des techniques du corps. »

Le laboureur porte donc avec lui sa propre machine – cette main indispensable au travailleur manuel dans un temps où les travaux des champs n'utilisent pas encore de machines –, main **grâce à laquelle il peut créer d'autres outils qui sont autant de prolongements de son corps,** puisque son intelligence même en est la source. Le **laboureur** est alors décrit comme l'être omnipotent qui est **le maître et possesseur inflexible de la nature** et des animaux, comme le rappelle Virgile : « Alors, exerce enfin ton dur empire et arrête l'exubérance de ses rameaux. » (II, v. 346-379, p. 94). Au livre III, le poète décrit ainsi le « dressage » du cheval qui doit être accoutumé à « subir le fouet flexible [...], obéir aux durs caveçons » (III, v. 186-220, p. 122). Mais le paysan sait dominer la nature sans être un monstre d'insensibilité.

c. Le sentiment de la nature : un travail soucieux de la dignité du vivant

L'ouvrage de Virgile suscite ce que d'aucuns appellent « le sentiment de la nature », **expression à double sens** qui désigne le **sentiment éprouvé face à la nature** et le **sentiment éprouvé par la nature**. Virgile nous invite à observer un monde sensible ; tous les vivants deviennent réceptacles d'émotions ; les corbeaux « mènent grand fracas entre eux dans le feuillage ; heureux sans doute, quand les pluies sont passées, de revoir leur petite progéniture et leurs doux nids », et le poète évoque « la joie des bêtes et les cris de triomphe que poussent les corbeaux » (I, v. 390-457, p. 62-63).

Le **paysan domine la nature, certes, mais est avant tout celui qui sait respecter la dignité des vivants** : la description qui est faite des méthodes d'élevage insiste constamment sur ce point : « Aussi **dignes de nos soins attentifs** que les brebis, les chèvres ne nous seront pas moins utiles. » (III, v. 286-317, p. 128). De même, le poète invite le paysan à **respecter l'animal vieillissant qui a bien travaillé** mais qu'on pourrait percevoir comme une charge inutile.

Texte-clé

« Mais ce cheval même, lorsque appesanti par la maladie ou déjà ralenti par les ans, il a des défaillances, enferme-le au logis et sois indulgent à une vieillesse qui ne le déshonore pas. »

Géorgiques, III, v. 89-121, p. 116.

Les mœurs des « barbares » évoqués dans ce même livre III constituent un habile contrepoint, car les **barbares agissent en toute cruauté, sans respecter l'animal** : Virgile évoque ainsi la chasse déloyale qu'ils font des cerfs ; alors que ceux-ci « s'efforcent vainement de pousser avec leur poitrail la montagne de neige qui les arrête, on s'approche, on les tue avec le fer, on les abat malgré leurs bramements profonds, et on les emporte en poussant une clameur de joie » (III, v. 351-383, p. 131-132). **Le paysan, qui travaille dans le respect du vivant, est dans une action emblématique de la civilisation, à rebours du barbare** qui incarne la sauvagerie, « une race d'hommes effrénée » et insensible à la souffrance animale.

d. Travailler à déchiffrer et interpréter les signes de la nature

Les Anciens ont coutume de **lire dans la nature environnante comme dans un livre ouvert : il s'agit de lire les « signes », les présages envoyés par les dieux,** comme autant d'avertissements à décoder, à interpréter. La nature devient alors la métaphore d'un monde à lire et d'un monde de signes et d'indices à savoir d'abord observer.

Le livre I invite d'emblée le **paysan** à adopter cette posture d'**observateur,** de **déchiffreur du monde**.

Texte-clé

« Et pour que nous puissions connaître à des signes certains les chaleurs, et les pluies, et les vents précurseurs du froid, le Père lui-même a déterminé ce qu'annonceraient les phases de la lune, quel signe marquerait la chute des autans, quels indices souvent répétés engageraient les cultivateurs à tenir leurs troupeaux plus près des étables [...]. À des signes non moins certains, tu pourras, pendant la pluie, prévoir et reconnaître le retour du soleil et des beaux jours. »

Géorgiques, I, v. 354-422, p. 59-61.

Virgile incite à écouter les signes du vent, de la pluie, du beau temps, l'influence des astres (de la lune, du soleil), sur les cultures, mais invite aussi son lecteur à regarder le monde qui l'entoure. **Constamment tutoyé et apostrophé, le paysan/lecteur est invité à entrer dans l'observation et la contemplation de ces vies minuscules** et laborieuses : « Assez souvent aussi la fourmi, foulant un chemin étroit, a tiré ses œufs de ses demeures profondes. » (I, v. 354-389, p. 60).

De plus, travailler **la nature n'est pas action simple et innée ; elle induit au contraire une culture, une connaissance** pratique des conditions météorologiques les plus propices aux récoltes, par exemple.

Le paysan va ainsi pouvoir **habiter véritablement ce monde, le faire sien, se l'approprier et non se sentir étranger, en exil** comme l'ouvrier décrit par S. Weil (p. 331) : « [...] le fait qu'on n'est pas chez soi à l'usine, qu'on n'y a pas droit de cité, qu'on y est un étranger admis comme simple intermédiaire entre les machines et les pièces usinées, ce fait vient atteindre le corps et l'âme. » **Le paysan vit en harmonie avec l'univers** et contribue à cette harmonie par son action, **quand l'ouvrier, lui, se sent exclu car il « compte pour rien ».**

D. Travailler à transfigurer et sublimer le monde

a. Un paysan démiurge

Si le paysan n'a pas le sentiment de compter pour zéro, c'est que son **travail est réellement créateur** et non « servile » selon la formule de S. Weil. Le travail du paysan permet le passage **du chaos** d'une **nature sauvage** au **cosmos, monde organisé, rationnel** où les éléments sont séparés en vue d'accroître la production (et non pas seulement d'assurer la reproduction) ; en cela, les buts respectifs de l'homme et de la nature diffèrent.

Le deuxième livre consacré au travail de la vigne décrit des **paysages** qui sont bien le fruit d'une action marquée par la raison, le **calcul, la logique** comme on le voit dans cet extrait où il s'agit de savoir où planter la vigne et comment intervenir sur le paysage.

Texte-clé

« Vaut-il mieux planter la vigne sur des collines ou dans une plaine ? c'est ce que tu dois d'abord examiner. Si tu établis ton champ dans une grasse campagne, plante en rangs serrés [...]. Si, au contraire, tu choisis les pentes d'un terrain ondulé ou le dos des collines, sois large pour tes rangs ; mais qu'en tout cas l'alignement exact de tes ceps laisse entre eux des intervalles égaux et symétriques. »

Géorgiques, II, v. 248-279, p. 89-90.

L'action créatrice consiste en effet à **discriminer** comme l'indiquent, dans le livre II, les conseils pratiques liés à l'élevage ; il s'agit de **sélectionner**, de **« choisir les mères »** (p. 136) **les meilleures de la race bovine et chevaline en se défiant des préjugés** : ce n'est pas la plus belle génisse qui fera la meilleure reproductrice mais à l'inverse, la plus laide qui correspond toutefois à des critères physiques bien établis par l'expérience du paysan. La **sélection n'est pas le fruit du hasard mais d'une action réfléchie** fondée sur une observation scrupuleuse : « La meilleure vache est celle dont le regard est torve, la tête laide, l'encolure très forte, et dont les fanons pendent du menton jusqu'aux pattes ; puis, un flanc démesurément long ; tout grand, le pied lui-même, et, sous des cornes courbes, des oreilles hérissées de poil. » (III, v. 23-88, p. 114) ; par son action, **le paysan est celui qui fait surgir un nouveau monde mais sa création s'effectue dans la douleur.**

b. Un paysan poète : travailler et chanter pour enchanter son mal

À sa manière, le paysan est donc poète et le poème virgilien est une réponse aux souffrances de ceux pour qui il éprouve d'emblée de la compassion : « sensible comme moi aux misères des campagnards » (I, v. 22-56, p. 40) ; dans **une œuvre qui est tout entière un chant**, Virgile évoque des **chants de travail**, notamment **ceux des paysannes,** occupées à tisser ou à cuisiner auprès du feu. **« Charmant par ses chansons l'ennui d'un long labeur,** sa compagne fait courir un peigne crissant sur les toiles, ou cuire la douce liqueur du moût aux flammes de Vulcain, et écume avec des feuilles l'onde du chaudron qui bout. » (I, v. 288-321, p. 56). De même, au livre IV, les compagnes de la mère du berger Aristée filent la laine en chantant et en racontant des légendes mythologiques : « Clymène racontait la vaine précaution de Vulcain [...]. **Tandis que, charmées par ce chant, elles déroulent la laine molle** de leurs fuseaux. » (IV, v. 317-350, p. 164-165). Le **rythme du chant suit la cadence du travail**, éloignant aussi l'ennui d'une tâche monotone et répétitive.

Le quatrième et dernier livre des *Géorgiques* se referme d'ailleurs sur le **chant du poète Orphée.** Tous les commentateurs ont souligné la structure hétéroclite du livre IV ; les considérations pratiques sur l'élevage des abeilles se mêlent en effet aux épisodes mythologiques et deux personnages apparaissent, le berger Aristée et **Orphée, poète et musicien,** symbole mythique de la poésie lyrique, qui, ajoutant deux cordes à sa lyre, rend ainsi hommage aux neuf muses. Le chant d'Orphée, qui tente d'apaiser sa douleur après la mort de son Eurydice, est investi d'un pouvoir magique, « charmant les tigres et entraînant les chênes avec son chant » (IV, v. 481-514, p. 174).

Le traité d'agronomie opère donc une transmutation : l'art des moissons devient **récit mythique et art poétique.**

c. De l'art du paysan à l'art du poète : travailler à l'harmonie du monde

Le **poète Horace écrit que « les Muses amies des champs ont donné à Virgile le don des vers tendres et gracieux »** ; la nature a certes inspiré le poète, mais ce dernier est-il seulement cet intellectuel éthéré qui glane l'inspiration au cours de ses promenades bucoliques ? Dans le vers d'ouverture des *Géorgiques*, « l'art qui fait les grasses moissons », le mot « art » renvoie sans doute à la **pratique technique de l'artisan** qui vit du fruit de son labeur, mais peut également évoquer l'action **de l'artiste,** sensible à la beauté et **dont l'activité peut paraître plus désintéressée**.

Le livre II, consacré à la viticulture, s'ouvre par une invocation à Bacchus (« Maintenant, c'est toi, Bacchus, que je m'en vais chanter », p. 75) et décrit, pages 95-96, les réjouissances liées aux Saturnales, les jeux et les réjouissances des **« paysans Ausoniens », ou Italiens, qui « jouent à des vers grossiers,** en riant à gorge déployée, prennent de hideux masques d'écorce creusée, t'invoquent, Bacchus, par des chants d'allégresse, et suspendent en ton honneur au haut d'un pin des figurines d'argile [...]. Nous dirons l'honneur qui est dû à Bacchus en chantant les cantiques de nos pères. » (II, v. 379-413, p. 95-96). Le **chant du paysan est aussi celui du poète.**

Mais, plus encore, c'est le **chant polyphonique du monde** que Virgile souhaite faire entendre à ses lecteurs : un chant tout d'abord fait de cris – **cris des corbeaux qui sont autant de « notes »** isolées sur une portée imaginaire (« Alors les corbeaux, le gosier serré, répètent trois et quatre fois des notes claires »), **« concert des oiseaux** dans les champs » (I, v. 390-422, p. 63), **« chants d'allégresse » des paysans** qui fêtent Bacchus (II, v. 379-413, p. 96), **chants désespérés d'Orphée qui pleure son Eurydice, de Philomèle** transformée en rossignol, qui pleure la mort de ses petits au livre IV ; le **« chant lamentable », de déploration, est un lamento tragique** que le poète reproduit par tous les d'effets d'harmonie imitative de la langue latine.

Texte-clé

« *Qualis populea maerens Philomela sub umbra*
amissos queritur fetus, quos durus arator
obseruans nido implumis detraxit ; at illa
flet noctem, ramoque sedens miserabile carmen
integrat et maestis late loca questibus implet ».

« Telle, sous l'ombre d'un peuplier, la plaintive Philomèle gémit sur la perte de ses petits, qu'un dur laboureur aux aguets a arrachés de leur nid, alors qu'ils n'avaient point encore de plumes : elle, passe la nuit à pleurer, et, posée sur une branche, elle recommence son chant lamentable, et de ses plaintes douloureuses emplit au loin l'espace. »

Géorgiques, IV, v. 481-545, p. 174.

Le chant d'Orphée, dépecé et démembré par les jalouses Cicones, est ensuite repris « en écho » par les rives : « "Eurydice !" criaient encore sa voix et sa langue glacée, "Ah ! malheureuse Eurydice !" tandis que sa vie fuyait, et, tout le long du fleuve, les rives répétaient en écho : "Eurydice !" » (IV, v. 514-545, p. 175), jusqu'au chant final du poète qui révèle son nom : **« moi, Virgile [...] moi qui ai dit par jeu les chansons des bergers**, et qui, audacieux comme la jeunesse, **t'ai chanté**,/ Ô Tityre, sous le dôme d'un vaste hêtre », refermant ses *Géorgiques* sur le premier vers de son précédent ouvrage, les *Bucoliques,* au son de la flûte du berger, dans un ultime effet d'écho : « Tityre, couché sous le dôme d'un vaste hêtre, tu essaies un air sylvestre sur ton léger pipeau. » (*Bucoliques*)

d. Du berger Aristée au poète Orphée : travail manuel *versus* travail intellectuel ?

Le livre IV fait apparaître **deux figures en apparence antithétiques**, celle du « berger Aristée » qui élève des abeilles et se désole de leur mort (IV, v. 317-350, p. 163) et celle du poète Orphée ; **Aristée incarne l'esprit pratique** qui, en élevant ses abeilles, **produit** du miel, **tandis qu'Orphée ne semble pas produire quoi que ce soit, sinon des pleurs et des chants**... Les deux personnages sont pourtant plus liés qu'on ne pourrait le croire car Aristée, qui a tenté de violer Eurydice le jour de ses noces avec Orphée, a provoqué la mort de la jeune femme : en tentant d'échapper à son agresseur, elle a été mordue à mort par un serpent. Orphée est donc le veuf inconsolable d'avoir perdu Eurydice.

Le **manuel d'agronomie** en vers **se referme** donc curieusement **sur le mythe** : la description d'un travail régi par le principe de la rationalité laisse place à un récit fictionnel et légendaire, celui du **mythe d'Orphée et d'Eurydice,** celui du **mythe de la bougonie** qui explique la génération spontanée d'un essaim d'abeilles sur le cadavre de jeunes taureaux sacrifiés. Dans un article intitulé « Le mythe de la bougonie, Aristée, Orphée, Virgile », Renaud Pasquier revient sur les diverses interprétations de ce mythe, interprétations qui visent souvent à opposer Aristée à Orphée : tous deux sont confrontés à la mort et tentent de lutter contre elle mais, alors qu'**Aristée, par son travail et son sens pratique, parvient à faire renaître la vie** (en suivant les conseils de Protée, un nouvel essaim d'abeilles naît sur les cadavres en putréfaction des bœufs), *a contrario*, **Orphée ne peut ressusciter sa morte, son Eurydice, et meurt lui-même démembré par les mères des Cicones** : ces mythes, on l'aura compris, sont des **mythes eschatologiques**, qui abordent la question de la fin dernière de l'homme.

Mais **faut-il y lire la victoire du travail manuel sur le travail intellectuel ?** Est-ce, grâce au travail, la victoire de la vie sur la mort ? Faut-il voir dans cette supériorité d'Aristée l'éloge de la vie pratique, qui correspondrait au projet de Virgile : célébrer le travail de la terre dans le but de servir un nouveau projet de société et d'économie, comme le souhaite Octave Auguste ?

Ce serait oublier qu'**Orphée, poète, est, par son activité même, l'alter ego de Virgile.** Car **les *Géorgiques* nous parlent aussi du travail du poète** : Virgile présente son **activité de poète** comme un **travail à part entière, travail d'écriture** dont la difficulté renvoie aux difficultés des paysans. Virgile fait ainsi intrusion à multiples reprises et montre la **genèse de l'ouvrage, le travail de l'écrivain**. Au livre II, il invoque Mécène, « Viens à mon aide » (II, v. 22-54, p. 75), et indique au livre III (v. 23-55, p. 113) « tes ordres, Mécène, ne sont pas faciles à exécuter » ; plus loin encore, le poète se livre : « Je ne me dissimule pas en mon for intérieur **combien il est difficile de vaincre mon sujet par le style** et de donner du lustre à de minces objets. » (III, v. 286-317, p. 127). Pourtant, malgré la difficulté, au début du livre IV, Virgile montre que son travail relève d'un **art consommé et maîtrisé** : « Je t'offrirai en de petits objets un spectacle admirable [...]. Mince est le sujet, mais non mince la gloire » (IV, p. 145). Le **travail, l'art de l'écrivain** est donc bien une **action qui relève de la sublimation, de la transfiguration, tour de force qui n'a rien à envier au tour de main, au travail du laboureur.**

E. Le travail de l'agriculture comme collaboration de la nature et de la culture

a. Le travail de la nature comme production foisonnante

Dans le livre II, Virgile souligne **l'inventivité de la nature en décrivant la variété et la diversité de sa production** : « D'abord la nature a des modes variés pour produire les arbres. En effet, les uns, sans y être contraints de la part des hommes, poussent d'eux-mêmes et couvrent au loin les plaines et les sinueuses vallées. » (II, p. 73). Diversité des arbres, de toutes les espèces de vins que ni la description ni l'inventaire ou l'énumération – figures de style privilégiées par le poète – ne parviennent à épuiser : « Mais il est impossible d'énumérer toutes les espèces de vins et les noms qu'ils portent [...]. Vouloir en savoir le nombre, c'est vouloir connaître combien de grains de sable le Zéphyr soulève dans la plaine de Libye. » (II, v. 85-116, p. 79). Le poète **renonce donc à répertorier l'infinie diversité de la production de la nature.**

b. Le travail de la nature comme (ré)génération spontanée : un travail sans peine ?

Le second livre des *Géorgiques* contient ainsi un remarquable morceau de bravoure consacré à la **célébration du printemps**, au retour de la vie, qui resurgit de la mort – de l'hiver –, ou mythe de Mère Nature, **véritable cosmogonie, image de la naissance du monde, de la naissance des origines.**

Texte-clé

« Au printemps, les terres se gonflent et réclament les semences créatrices. [...] Le champ nourricier enfante et, sous les souffles tièdes de Zéphyr, les guérets entrouvrent leur sein ; une tendre sève surabonde partout [...]. Non ce ne furent pas d'autres jours – je le croirais volontiers – qui éclairèrent le monde naissant à son origine première, ni une autre continuité de température : c'était le printemps, le printemps qui régnait sur l'immense univers [...] quand la race des hommes, race de fer, éleva sa tête au-dessus des guérets durs. »

Géorgiques, II, v. 313-345, p. 92-93.

Si le livre III est également celui de la vie, des animaux, le livre IV, lui, présente le **mythe de la bougonie** et raconte **comment, de la mort d'un jeune taureau, peut naître spontanément la vie, l'essaim d'abeilles.** Le sacrifice d'un jeune taureau par le berger Aristée donne naissance à un nouvel essaim qui viendra remplacer celui qu'il a perdu par sa faute : de la charogne pourrissante du taureau naît un nouvel essaim d'abeilles. « Alors, prodige soudain et merveilleux à dire, on voit, parmi les viscères liquéfiés des bœufs des abeilles bourdonner qui en remplissent les flancs, et s'échapper des côtes rompues, et se répandre en des nuées immenses, puis convoler au sommet d'un arbre et laisser pendre leur grappe à ses flexibles rameaux. » (IV, v. 545-565, p. 176). **L'œuvre se clôt sur l'image d'une génération spontanée, du miraculeux travail sans peine de la nature. Le travail de l'homme ne serait-il pas alors, superfétatoire ?** Virgile nous explique qu'il n'en est rien.

c. Greffes et boutures : le travail de l'homme valorise l'œuvre de la nature

La seconde géorgique illustre clairement cette **nécessaire collaboration de l'art de l'homme et de la nature. Comparant la croissance des arbres naturels à celles des arbres bouturés,** Virgile décrit d'abord les premiers, des « arbres qui s'élèvent d'eux-mêmes au bord de la lumière [...] ils croissent, épanouis et forts, parce que leur vertu naturelle tient au sol ». Ils **poussent sans l'aide de l'homme mais sont « inféconds »** donc stériles. Le poète décrit également l'arbre fruitier qui s'use car « ses fruits dégénèrent, oubliant leurs sucs primitifs, et la vigne porte de méchants raisins qui deviennent la proie des oiseaux. ». Par contraste, il souligne le **gain apporté par la greffe** : « [...] on ente sur l'arbousier épineux le bourgeon de l'amandier ; les stériles platanes se transforment en vigoureux pommiers », écrit-il ainsi (II, v. 22-85, p. 76-77).

Ce qui pourrait apparaître comme un acte de dénaturation est en réalité ce qui va parachever l'œuvre, le travail de la nature. Ainsi s'expliquent la description minutieuse de la « manière de greffe en fente ou en écusson » et **l'éloge de la bouture...**

F. De l'« art » de faire « les grasses moissons » à l'art d'être heureux : le bonheur est dans le pré

a. L'allégorie du vieillard de Tarente

Au livre IV, l'épisode du « vieillard de Coryce » – plus connu encore sous la désignation du « **jardin de Tarente** » – est un court passage qui constitue une digression et apparaît, selon les commentateurs, comme un **hommage au philosophe épicurien Siron,** dont Virgile suivit les cours à Naples. Siron possédait un domaine sur la baie de Naples, domaine qui fut, dit-on, légué en héritage à Virgile.

La **description du jardin est un motif incontournable du traité d'agronomie**, comme le rappelle d'ailleurs Virgile qui cite à mots couverts le *De re rustica* de Columelle en expliquant qu'il « laisse à d'autres sur ce point le soin de traiter le sujet ».

Texte-clé

« Je me souviens ainsi d'avoir vu [...] un vieillard de Coryce, qui possédait quelques arpents d'un terrain abandonné et dont le sol n'était ni docile aux bœufs de labour, ni favorable au bétail, ni propice à Bacchus. Là pourtant, au milieu des broussailles, il avait planté des légumes espacés, que bordaient des lis blancs, des verveines et le comestible pavot ; avec ces richesses, il s'égalait, dans son âme, aux rois ; et quand, tard dans la nuit, il rentrait au logis, il chargeait sa table de mets qu'il n'avait point achetés. »

Géorgiques, IV, v. 122-154, p. 152.

La digression est pour Virgile l'occasion de **valoriser un modèle d'agriculture** : celui du **petit domaine agricole** (contre le modèle des *latifundias*) fondé sur une agriculture mixte, sur la **polyculture** comme le montre la présence des arbres fruitiers et d'« abeilles fécondes » et d'« essaims nombreux ». Le modèle est celui de l'**autosuffisance**, d'un **travail qui couvre les besoins** et assure au vieillard une forme d'**autonomie alimentaire frugale.** On remarque que son **travail a valorisé une nature ingrate et permis de faire fructifier un sol stérile**.

Mais le jardinier de Coryce ne perçoit pas seulement la nature comme source de production de produits de première nécessité, de « légumes », de « fruits mûrs » qu'il ramasse à l'automne et de miel. **Plus qu'un jardin potager, son jardin est aussi jardin d'agrément, cultivé** pour le seul plaisir des yeux : « Il était le premier à cueillir la rose au printemps. » (IV, v. 122-154, p. 152). Le **vieillard est aussi un poète, un esthète sensible à la beauté de la nature. Plus qu'un modèle économique**, le motif du jardin invite surtout à **réfléchir à la question du bonheur.**

b. Le jardin comme espace métaphorique du bonheur

Le jardin est l'espace dévolu à la culture, des légumes, des fleurs et à l'élevage des abeilles ; il porte donc les traces de la main de l'homme mais il est surtout l'espace du bonheur. Dès le livre II, Virgile décrit ainsi **la topique du bonheur simple de la vie paysanne qu'il oppose au bonheur faux et clinquant des villes** ; deux espaces que tout oppose et deux échelles de valeurs que tout oppose également. Le campagnard est celui qui ignore qu'il est heureux – « Ô trop fortunés, s'ils connaissaient leurs biens, les cultivateurs ? » écrit Virgile (II, v. 446-479, p. 99). Le poète montre la **valeur du travail de la terre, d'un travail qui seul procure le vrai bonheur, un bonheur simple** dans la plus pure **tradition épicurienne car, pour Épicure** (IVe-IIIe siècle av. J.-C.), le bonheur prend sa source dans un plaisir qui se satisfait de peu : « *mugitusque boum mollesque sub arbore somni* », « les mugissements des bœufs et les doux sommes sous l'arbre » comme il l'écrit au chant II (v. 446-479, p. 100), vers célèbre auquel Victor Hugo rend hommage dans le poème « Mugitusque boum » du cinquième et dernier livre de son recueil *Les Contemplations* en 1856.

Texte-clé

« S'ils n'ont pas une haute demeure dont les superbes portes vomissent tous les matins un énorme flot de clients venus pour les saluer ; s'ils ne sont pas ébahis par des battants incrustés d'une belle écaille, ni par des étoffes où l'or se joue [...], du moins un repos assuré, une vie qui ne sait point les tromper, riche en ressources variées, du moins les loisirs en de vastes domaines, les grottes, les lacs d'eau vive, du moins les frais Tempé, les mugissements de bœufs et les doux sommes sous l'arbre ne leur sont pas étrangers. »

Géorgiques, II, v. 446-479, p. 99-100.

Le jardin du vieillard – jardin de Siron – est ainsi l'allégorie du **jardin d'Épicure, d'une doctrine philosophique** orientée sur la **quête du bonheur.** Dans son étude, Joël Thomas note ainsi que, « dans le nouvel ordre des *Géorgiques*, il restait **un arpent des *Bucoliques* et de l'Arcadie »**...

c. Une réflexion philosophique : travailler la terre pour trouver un sens à sa vie

Respecter le rythme de la nature, vivre au rythme de la nature permet d'atténuer les souffrances ; c'est aussi une **voie vers le bonheur.** Le **bonheur,** on l'aura compris, n'est donc **ni dans l'or, ni dans le profit que rapporterait le travail. Le travail n'est pas qu'un négoce** – étymologiquement *nec otium*, un non-loisir, une activité intéressée – il est au contraire ce qui donne du sens et permet de renouer avec les origines de la patrie.

Les derniers vers du livre II décrivent **l'âge d'or des origines** « sur les terres de Saturne d'or » (le dieu Saturne étant le roi de l'âge d'or), **époque mythique des premières années de Rome** ; Virgile évoque « Rémus et son frère », référence implicite au récit légendaire qui voit dans ces jumeaux nouveau-nés, Romulus et Rémus, abandonnés, recueillis et allaités par une louve, les fondateurs de la cité de Rome. C'est le peuple des « vieux Sabins » mais, au-delà du rappel historique de la fondation de Rome, qui fera l'objet de la troisième et dernière grande œuvre du poète, l'épopée de l'*Énéide,* Virgile rappelle à ses lecteurs que ce **temps mythique et révolu était celui du bonheur et de la grandeur de Rome** : « Ainsi Rome devint la merveille du monde et seule dans son enceinte renferma sept collines. » (II, v. 512-542, p. 104). Cultiver son jardin, **revenir à la terre** est donc la voie d'un **bonheur** à la fois **individuel et collectif.** Pour la nation, la mère patrie, c'est renouer avec le temps de la splendeur de ses origines, de ses racines. Le **traité d'agriculture devient ainsi réflexion philosophique.**

Car le travail n'est pas décrit comme gage d'épanouissement ou de reconnaissance de l'individu. **Travailler pour soi n'est pas ce qui a du sens ; travailler, c'est d'abord le faire par amour de l'autre, comme individu dont l'activité a une utilité pour le collectif**. Travailler, c'est alors avoir **l'amour et le sens du collectif**. Le motif de l'abeille laborieuse et de la ruche, qui clôt l'ouvrage au livre IV, permet de mieux appréhender la question du sens collectif du travail. **Virgile est ainsi fidèle à la tradition de la philosophie antique, qui distingue bien deux formes d'amour réunies dans son œuvre** : l'amour épicurien de l'*otium* du peuple et l'amour stoïcien, comme *caritas,* engagement des individus au sein du collectif. **La description du fonctionnement de la ruche** permet à Virgile de proposer un **nouveau modèle de société** – modèle que certains commentateurs appelleront la **« société des bergers ».**

La ruche devient chez Virgile la **représentation idéale et utopique d'une nouvelle société** tout entière **fondée sur la valeur travail de la terre (lire ci-dessous le « Texte-clé commenté »).**

Conclusion

Virgile entend donc valoriser et célébrer dans ses vers le **retour au travail de la terre**, sujet d'une **œuvre littéraire constamment présentée comme le fruit d'un labeur ardu mais dont la difficulté même est gage de gloire immortelle.** Le poète qui entreprend de célébrer l'agronomie est donc celui qui se propose, comme il l'indique au début du livre IV, non de faire et produire le miel – activité qu'il laisse aux abeilles –, mais de **« chanter le miel aérien, présent céleste » ; en somme, de faire son miel du travail de l'abeille laborieuse et de transcender,**

transfigurer par ses vers et ses chants une activité prosaïque et servile afin d'en montrer toute la noblesse dans une vision sacralisée et sublimée. Dans son ouvrage consacré à *Virgile*, Jean Giono écrit ainsi : « Il a mis toute sa terre dans ses vers. [...] Il a mis toute sa terre, l'ayant au préalable broyée soigneusement sur son cœur et réduite en fine poudre d'or, en sève et en fumée de brume, pour qu'il puisse en composer en toute liberté une terre qui sera valable pour toute la terre » (p. 18).

Mais les *Géorgiques* ne sont pas que les rêveries d'un doux poète ; **en prônant le retour à la terre, Virgile ouvre une voie inspirant divers mouvements et bien des continuateurs.** Au **XVIIIe siècle**, les mythes « du bon sauvage » et du « retour à la nature » apparaissent sous la plume des philosophes des Lumières, notamment de Voltaire qui referme son conte philosophique *Candide* (1759) sur la fameuse phrase prononcée par Candide : « Il faut cultiver notre jardin. » Au **XIXe le sentiment de la nature** inspire les **romantiques.** Venu d'Amérique, le mouvement des hippies arrive en France, dans les années 1960 : **les communautés hippies d'Ardèche voient dans le retour à la terre** et l'élevage des chèvres un nouvel art de vivre, un nouveau modèle de société. L'époque contemporaine creuse encore le sillon virgilien : les jeunes **néo-ruraux** abandonnent les villes pour s'installer à la campagne, vivre de permaculture, mais leur exode est aussi lié à une nouvelle conception de l'économie et des rapports sociaux – l'altermondialisme, l'écologie... Car **sauver la planète et préserver la nature, la biodiversité n'est pas qu'un loisir, c'est aussi un travail**...

Texte-clé commenté

Livre IV, de v. 122-154, p. 153 « Seules, elles élèvent leur progéniture en commun... » à v. 217-246, p. 159, « ... greniers du suc des fleurs ».

Le livre IV est consacré à l'élevage des petits animaux, des abeilles ; s'inspirant de Varron et de l'*Histoire des animaux* d'Aristote, Virgile décrit donc de façon scrupuleuse les principes de l'apiculture, le fonctionnement de la ruche, et se propose d'offrir au regard de Mécène « en de petits objets un spectacle admirable » (p. 145). Mais plus qu'une peinture de la nature, le passage est le prétexte d'une réflexion sur le fonctionnement même de la cité romaine.

En quoi le microcosme de la ruche, la petite société des abeilles, renvoie-t-il au macrocosme, à la situation de la cité romaine, et correspond-il également à une nouvelle vision du travail ?

La ruche, petite cité de la nature, est pour Virgile l'occasion d'aborder la question de son organisation et, plus encore, de proposer un autre modèle de société, celui d'une cité vertueuse, idéale et industrieuse car tout entière fondée sur le travail.

1. La ruche, « spectacle admirable » du travail de la nature

A. Motif de l'abeille et sacré : une vision mystique, des dieux aux hommes

L'abeille est l'ouvrière **dotée « d'une parcelle de la divine intelligence** et des émanations éthérées » (v. 217-246, p. 157) ; le miel est chargé d'une symbolique qui renvoie aux dieux, il est « aérien, présent céleste », cadeau des dieux aux hommes comme l'écrit le poète dès la phrase liminaire du livre IV. La **race des abeilles est ainsi « immortelle »** (p. 157), ce que le poète démontrera plus loin avec la **légende d'Aristée et le mythe de la bougonie**. Un nouvel essaim apparaît, « prodige soudain et merveilleux à dire [...] parmi les viscères liquéfiés des bœufs », dans la dernière page du chant IV (v. 545-565, p. 176).

B. « Effervescent travail » mais organisation rationnelle

L'observation du fonctionnement de la ruche montre une **division du travail et une répartition très précise des tâches** : « Les unes, en effet, veillent à la subsistance [...], se démènent dans les champs [...]. Les autres [...] emploient la larme du narcisse [...], d'autres font sortir les adultes. [...] Il en est à qui le sort a dévolu de monter la garde aux portes de la ruche. » La répartition des tâches est aussi fondée sur le **critère de l'âge** : « Les plus vieilles sont chargées du soin de la place, de construire les rayons, de façonner les logis [...], les plus jeunes rentrent fatiguées, à la nuit close, les pattes pleines de thym. » (v. 154-184, p. 155). Cette répartition des rôles, cette **division du travail, du *labor*** semble être le résultat d'une réflexion, d'un ***logos***, tant chaque détail paraît avoir été mûrement pensé.

C. Mœurs étonnantes et « admirables »

Le poète souligne **l'absence d'amour, d'accouplement et de génération** chez les abeilles : « elles ne se laissent pas aller à l'accouplement, [...], elles n'énervent pas languissamment leur corps au service de Vénus [...], ne mettent pas leurs petits au monde avec effort. » (v. 184-217, p. 156-157). La ruche est ainsi **l'illustration concrète d'un amour déjà condamné** dans le livre précédent : « écarter Vénus et les aiguillons de l'amour aveugle » (III, v. 186-220, p. 122).

Le seul amour est bien celui **du travail**, **amour** qui va jusqu'à la **passion** et au don total de soi. Les abeilles n'hésitent pas à **sacrifier leur vie :** « Elles se brisent les ailes contre des pierres dures, et vont jusqu'à rendre l'âme sous leur fardeau, tant elles aiment les fleurs et sont glorieuses de produire leur miel. » (v. 154-184, p. 155).

Sous l'influence double des pythagoriciens et des stoïciens, Virgile sait que la ruche est un symbole, qu'elle peut être considérée comme le modèle de la cité. Ruche et abeilles invitent donc à une lecture symbolique et allégorique.

2. Lecture politique : la « cité » des abeilles comme allégorie de la cité des hommes

A. Le jeu d'anthropomorphisme : le peuple des abeilles

La **description corporelle des abeilles**, conforme à la nature quand elle fait mention des « ailes » (p. 155) et de « leur trompe » (p. 157), laisse vite place à un jeu d'anthropomorphisme : Virgile évoque ainsi leurs « membres las » après une dure journée de labeur, leurs « épaules » et la façon dont elles font « bouclier de leurs corps à la guerre » pour protéger leur roi (v. 184-217, p. 157). Le poète les **dote de sentiments** (les abeilles « admirent » leur roi), mais aussi **d'une « âme »** (v. 154-184, p. 157) ; nous comprenons ainsi que les **actions** de ces petits animaux sont des **imitations de la vie humaine**. Comme les humains, les abeilles sont **soumises aux épreuves de la vie et à la mort.** La **comparaison avec le statut du citoyen romain**, lorsque le poète évoque les « petits Quirites » (v. 184-217, p. 157), l'ensemble formé par tous les citoyens romains qui forment le *populus Romanus*, indique que la **ruche a toutes les caractéristiques d'une cité** : elle montre les « remparts de leur ville », mais aussi des alvéoles décrites comme « leurs chambres » (v. 184-217, p. 156).

B. Du microcosme au macrocosme : de la ruche à la cité romaine

Le petit monde de la ruche symbolise le fonctionnement de la cité romaine. Au début de l'extrait, le poète présente ainsi la ruche comme une **société fondée sur un pacte** (le *foedus*) **et régie par des lois.** Dans leur fonctionnement même, les abeilles sont autant d'individus liés ensemble par un serment : elles sont **« fidèles au pacte conclu »** (*foedere pacto*), écrit Virgile. Elles « passent leur vie sous de puissantes lois » (v. 154-184, p. 154) ; en somme, **elles font société.** Elles sont données en modèles car elles sont plus dévouées à leur roi que bien des humains : « J'ajouterai que ni l'Égypte, ni la vaste Lydie, ni les peuplades des Parthes, ni le Mède de l'Hydaspe n'ont autant de vénération pour leur roi. » (v. 184-217, p. 157).

C. La ruche, un révélateur des dysfonctionnements de la cité romaine

La description de la ruche est une nouvelle occasion pour le poète de dénoncer les guerres qui ont ruiné le pays ; l'équilibre est en effet fragile et le poète montre le **rôle fédérateur du souverain** : « Tant que ce roi est sauf, elles n'ont toutes qu'une seule âme ; perdu, elles rompent le pacte, pillent les magasins de miel, brisent les claies des rayons. » (v. 184-217, p. 157). Les vers évoquent les **guerres civiles** qui poussent les abeilles à une action absurde, détruire leur propre travail et, **à l'inverse,** montrent qu'**Octave Auguste,** qui ouvre une **ère nouvelle** et fait entrer son pays dans ce que l'on nomme « la **paix augustéenne** », est un **bon souverain** car il **réunit le peuple** autour de lui. La description de la ruche révèle donc la dimension courtisane de la poésie qui célèbre, sous l'égide d'Octave Auguste, la renaissance de la concorde après des années de guerres civiles fratricides.

Mais Virgile ne souhaite pas seulement faire de la ruche le miroir de la société romaine ; sa réflexion le conduit également à proposer à Octave Auguste une cité utopique, un modèle industrieux, inspiré des lois de la nature.

3. Lecture économique : une cité idéale, un nouveau modèle d'organisation du travail

A. Une cité de la nature : la ruche laborieuse

La ruche démontre le caractère prolifique d'une nature productrice qui ne semble pas avoir besoin d'une quelconque intervention humaine pour travailler. L'activité est constante et décrite au début de l'extrait avec une **multitude de verbes d'action et de mouvement** : « elles se démènent dans les champs [...], butinent de-çà de-là » (v. 154-184, p. 154-155) ; la page suivante décrit l'**énergie** des abeilles au travail : « le matin, elles se ruent hors des portes »

(v. 184-217, p. 156). Le travail fait l'objet d'une **synchronisation parfaite** – qui n'existe pourtant pas dans la réalité, mais les Anciens l'ignorent – car « toutes se reposent de leurs travaux en même temps, toutes reprennent leur travail en même temps » (v. 154-217, p. 155-156). Le **travail rythme les vies dans un accord parfait**. L'activité « effervescente », dont la cadence et le rythme semblent effrénés, appelle pourtant **un autre temps, celui du repos.** La vie laborieuse de l'abeille est ainsi ponctuée d'un **temps réparateur** qui lui permet de **reconstituer sa force de travail** : « elles réparent leurs forces » – « *tum corpora curant* », littéralement « alors elles soignent leurs corps », précise Virgile (v. 184-217, p. 156). Comparant les « petites choses aux grandes » (v. 154-184, p. 145), les abeilles aux géants que sont les « cyclopes », le poète souligne ainsi leur **force de travail**. Le parallèle avec les cyclopes – présents dans les textes d'Hésiode et d'Homère – souligne **l'importance du monde du travail, car les cyclopes sont aussi bâtisseurs** : *enkheirogástores*, ils sont ceux « qui vivent du travail de leurs mains », car ils travaillent pour gagner leur vie. Les derniers vers de l'extrait décrivent encore cette **fougue que les abeilles mettent au travail** : « Plus elles verront leurs trésors épuisés, plus elles mettront d'ardeur à réparer leurs pertes. » (v. 217-246, p. 159).

B. Une cité vertueuse : rappeler les citoyens à leurs devoirs

Les **abeilles possèdent toutes les vertus que devraient posséder les citoyens** : **attachement à la cité** (« elles connaissaient une patrie et des pénates fixes », v. 154-184, p. 154), **sens de l'abnégation** dans leur dévouement total au roi (« lui qu'elles admirent [...], elles [...] lui font un bouclier de leurs corps à la guerre et s'exposent aux blessures pour trouver devant lui une belle mort », v. 184-246, p. 157), **sens du collectif**, de la communauté, enfin ; « elles mettent en commun les trésors amassés » (v. 154-184, p. 154) et s'élèvent donc au-dessus du désir égoïste de posséder. Le fonctionnement de la cité est ainsi marqué par le principe de l'**autorégulation,** loin de l'intempérance ou de l'activité passionnelle qui provoqueraient la désorganisation de la cité : les « abeilles de Cécrops » sont, écrit Virgile, « tourmentées d'un désir inné d'amasser » mais « chacune dans son emploi » (« *munere quamque suo* », v. 154-184, p. 155), chacune selon sa tâche, ce qui montre assez **l'abnégation du désir personnel**.

C. Une société nouvelle : une forme de communisme monarchique

Virgile insiste sur le **fonctionnement solidaire** de la ruche : « Seules, elles élèvent leur progéniture en commun, possèdent des demeures indivises dans leur cité. » La **mise en commun des biens et des personnes** souligne leur **sens du collectif** ; leur sens de la vie en communauté est tel que certains commentateurs, parmi lesquels Renaud Pasquier, voient dans la ruche un « communisme monarchique », expression pour le moins paradoxale. Le mot « communisme » souligne **l'absence de hiérarchie dans l'organisation : toutes les abeilles travaillent à égalité,** chacune ayant sa spécialité ; le qualificatif « monarchique » qui le caractérise rappelle qu'il y a bien un « roi » (les Romains ignoraient que la ruche s'organise autour d'une reine), mais ce mot **« roi » constitue une anomalie dans une république romaine défiante vis-à-vis de la royauté**, signe qu'il ne s'agit **plus de peindre un modèle réel et existant** – celui de la cité romaine –, mais de proposer un **nouveau modèle, un idéal de société.**

Conclusion

Bien des commentateurs se sont penchés sur le **livre IV,** livre **énigmatique,** de structure **hétéroclite** : Virgile dispense des conseils pratiques au futur apiculteur et les entremêle de récits légendaires, dans un véritable travail de **tressage**, le plus étrange étant l'importance attribuée **à l'apiculture.** S'il est en effet d'usage dans les traités d'agronomie d'évoquer l'élevage des abeilles, la description qui lui est consacrée n'occupe pas une place aussi primordiale.

Le poète rend **hommage au travail de la nature** en décrivant **la ruche comme** une **petite merveille du monde**, un « spectacle admirable », mais l'anthropomorphisme dévoile un autre but : la **ruche** devient **espace métaphorique** qui renvoie, par miroir, à la cité romaine. Motif pythagoricien, elle est un **symbole** fort qui propose un **idéal d'organisation du travail**, **de vie communautaire** harmonieuse et solidaire où les rôles sont bien répartis. La petite abeille est un **modèle de vertu industrieuse et laborieuse,** fidèle au pacte qui la lie à son souverain, elle est véritablement la cheville ouvrière de l'idéologie augustéenne que Virgile sert dans les *Géorgiques.*

Mais la ruche, cité sans poète, peut-elle vraiment être la société rêvée par Virgile ?

Références bibliographiques

◆ Virgile, *Œuvres complètes,* NRF Gallimard, « La Pléiade », comportant une traduction versifiée de *Georgica,* texte présenté par Alain Michel, établi, traduit et annoté par Jeanne Dion, Philippe Heuzé et Alain Michel, 2015.

◆ Marcel Détienne, « Orphée au miel », *Quaderni urbinai di cultura classica*, n° 12, 1971, p. 7-23.

◆ Jean Giono, *Virgile,* Corrêat Buchet-Chastel, « Les pages immmortelles », 1947.

◆ Yves Lehmann, *La Religion romaine*, PUF, « Que sais-je », 1993.

◆ Renaud Pasquier, « *Les Géorgiques*, un manuel d'apiculture hétéroclite », *Labyrinthe*, n° 40, 2013.

Références audiovisuelles

- « Virgile, précurseur du retour à la terre », par Yann Lagarde, France Culture, 22 juin 2019 : https://www.franceculture.fr/litterature/virgile-precurseur-du-retour-a-la-terre
- « Vivre avec Virgile », *Répliques*, France Culture, 23 septembre 2017 : https://www.franceculture.fr/emissions/repliques/vivre-avec-virgile
- Jean Cocteau, *Orphée*, 1950 ; adaptation et transposition modernes du mythe d'Orphée.

La Condition ouvrière, 1934-1942

Simone Weil

Étude de l'œuvre

Introduction

« Je m'inquiète [...] de ta douleur, à toi, quand un Achéen vêtu de bronze t'emmènera, toute en pleurs, mettant fin pour toi aux jours de liberté. En Argolide, sous les ordres d'une autre, tu tisseras la toile, tu porteras l'eau de Messéis ou d'Hypérie, bien à contrecœur, accablée par la rude nécessité. »

Homère, *Iliade*, chant VI, v. 450-458, trad. E. Lasserre, GF, p. 119.

C'est en ces termes que le Troyen Hector s'adresse à sa femme Andromaque, alors qu'il justifie son engagement dans la guerre opposant les Troyens aux Achéens. Simone Weil en retient le dernier vers (458) qu'elle inscrit en épigraphe de son « Journal d'usine » ; vers qu'elle traduira en ces mots, six années plus tard : **« Bien malgré toi, sous la pression d'une dure nécessité. »** (« L'*Iliade* ou le poème de la force », 1940-1941).

Par le concept de « nécessité », la philosophe vise ici plusieurs choses : d'abord, les besoins vitaux qui contraignent à travailler ; par extension, le travail lui-même auquel il faut bien se résoudre pour subsister – une nécessité « dure » en ce qu'elle implique une part de souffrance incompressible ; **une nécessité qui devient intolérable quand, ne laissant de place à aucune autre préoccupation que la survie, elle envahit toute la vie**. La dure nécessité est, toutefois, aussi celle face à laquelle, sous l'effet d'un rapport de force, l'on plie : celle que vise S. Weil quand, dans son article « L'*Iliade* ou le poème de la force », elle défend l'idée que **seule la force a le pouvoir de réduire l'homme à une chose**. Ainsi en va-t-il de l'Andromaque de l'*Iliade*. Ainsi en va-t-il aussi des ouvriers, explique S. Weil, quand dépossédés de leur volonté ils comptent moins que les choses elles-mêmes (« Expérience de la vie d'usine », p. 336-337).

Envisagé à travers le prisme « d'une rude nécessité », le travail s'annonce ainsi fort négatif aux yeux de S. Weil. Or une seconde épigraphe du même « Journal d'usine » vient tempérer cette première impression.

Texte-clé

« Non seulement que l'homme sache ce qu'il fait – mais si possible qu'il en *perçoive l'usage* – qu'il perçoive la nature modifiée par lui.

Que pour chacun son propre travail soit un *objet de contemplation.* »

La Condition ouvrière, « Journal d'usine », p. 81.

Par l'exigence qu'elle énonce, cette épigraphe annonce **la possibilité d'une réévaluation du travail qui ne le réduirait pas à la seule épreuve « d'une rude nécessité »** : la possibilité d'en faire une expérience positive qui, laissant place à la pensée et à l'action libre, permettrait au travailleur de saisir le sens, l'utilité et la beauté de ce qu'il fait.

Placées en vis-à-vis sur les deux premières pages du « Journal d'usine », les deux épigraphes nous plongent au cœur du problème du travail tel que S. Weil l'envisage. Elles interrogent, en effet, **ce qui rend le travail en usine intolérable : la nécessité vitale qui porte les hommes à travailler ou bien l'usage chosifiant qu'à l'usine on fait d'eux ?** Elles questionnent, par contrecoup, les mesures susceptibles de faire du travail une réponse humaine à cette nécessité, non moins humaine, de travailler. Car si le travail n'est pas, en lui-même, un méfait, il importe de penser une organisation telle qu'il ne le soit effectivement pour aucun humain.

La seconde épigraphe ne fait pas que tempérer l'idée du travail que la première pourrait suggérer : elle confère au choix du vers d'Homère un sens personnel qui, en partie, éclaire l'itinéraire de S. Weil. Dans la première de ses « Trois lettres à Albertine Thévenon », la philosophe affirme **vivre son expérience en usine « comme si elle [lui] était imposée par une nécessité inéluctable** et non par [son] libre choix. » (*La Condition ouvrière*, p. 54). « La dure nécessité » est donc aussi celle qui imposa à la jeune professeure agrégée de philosophie de vivre momentanément la vie des ouvriers et, plus largement, de leur consacrer une bonne partie de ses écrits. Or cette nécessité résulte précisément de l'exigence de penser une organisation du travail qui fasse de celui-ci un bienfait pour chacun, une exigence qui questionne toutefois quant à la source dont elle-même procède. Découle-t-elle des convictions morales et politiques de S. Weil ou a-t-elle aussi déjà à voir avec la foi chrétienne qui l'animera et qui se fera jour dans le dernier écrit de *La Condition ouvrière* ?

1. L'œuvre dans son contexte

A. Un éphémère chemin de foi

a. L'éveil d'une jeune fille tourmentée

S. Weil est née à Paris le 3 janvier 1909 dans une famille juive laïque. Son père, Bernard, est médecin. Sa mère, Selma, née Reinherz, est originaire d'une famille ayant quitté la Russie en 1882. Simone est la seconde enfant du couple : son frère, André, a presque trois ans quand elle voit le jour.

L'enfance de Simone sera marquée par **une double instabilité** : sa santé est précaire et le foyer est contraint de déménager à plusieurs reprises au gré des affectations du père durant la Première Guerre mondiale De retour à Paris en 1919, Simone entre en sixième au lycée Fénelon et découvre sa judaïté.

Durant son adolescence, Simone traverse **deux crises qui, déjà, orientent sa pensée**. Elle doute de son intelligence au regard des « dons extraordinaires » de son frère : elle désespère à l'idée de ne pouvoir accéder à « la vérité ». Elle en témoignera dans une lettre au Père Perrin du 14 mai 1942, lettre que l'on considère être son « Autobiographie spirituelle » (intégrée dans *Attente de Dieu*, 1950). « À quatorze ans, y écrit-elle, je suis tombée dans un de ces désespoirs sans fond de l'adolescence. [...] **J'aimais mieux mourir que de vivre sans [la vérité]**. » À la faveur de cette crise de 1923, l'adolescente accède toutefois à « la certitude » que la vérité (comprenant « la beauté, la vertu et toute espèce de bien ») est accessible à quiconque la désire et fournit « l'effort d'attention » nécessaire. Secouée par « les inquiétudes sentimentales naturelles à l'adolescence », Simone a, en 1925, une autre révélation : **« la notion de pureté [...] s'est emparée de moi »**, dira-t-elle, soulignant le sens chrétien que ce terme avait déjà pour elle (« Autobiographie spirituelle »).

En dépit de ces tourments, S. Weil entame des études brillantes : tandis que son frère est reçu premier à l'agrégation de mathématiques, elle entre en première supérieure (CPGE littéraire) au lycée Henri-IV où elle aura pendant trois années (1925-1928) **le philosophe Alain pour professeur**. Admise à l'École normale supérieure en 1928, elle commence à s'engager dans **des actions syndicales et antimilitaristes**. L'influence de Marx se fait sentir dans ses écrits estudiantins, notamment à propos de la notion de travail, dans un « topo » de 1930, « D'une antinomie du Droit ». Sa dernière année à l'ENS sera marquée par **l'apparition de violentes migraines** contre lesquelles, dira-t-elle, elle luttera par « des efforts d'attention » redoublés. Ses efforts lui permettront d'être reçue septième à l'agrégation de philosophie en juillet 1931. Comme elle en a déjà l'habitude, **elle profite de l'été pour se mêler aux travailleurs** de son lieu de villégiature : aux travaux des champs des étés précédents succèdent les travaux de pêche aux côtés de marins-pêcheurs de Réville.

b. L'enseignante militante

Nommée professeure de philosophie au lycée de jeunes filles du Puy, S. Weil s'engage dans une vie à la fois enseignante et militante. Elle rencontre, en octobre 1931, **Urbain et Albertine Thévenon**, deux instituteurs syndicalistes. Elle commence à rédiger des articles pour la Bourse du Travail, *La Tribune républicaine* de Saint-Étienne, le journal syndical *L'Effort, La Révolution prolétarienne* et les *Libres propos* dirigés par Alain. Dans un article paru dans *L'Effort* du 19 mars 1932, elle soutient la **nécessité de compléter la révolution sociale par une révolution technique** qui permettrait au travailleur d'être maître de son travail.

Après deux mois d'été passés en Allemagne où, dira-t-elle, elle perd ce qui lui reste de respect pour le parti communiste au regard des actions communes menées par le PC allemand et le parti nazi, S. Weil est nommée au lycée d'Auxerre en octobre 1932. Grâce à l'intervention de l'anarchiste **Nicolas Lazarévitch**, elle rencontre en novembre **Boris Souvarine**, cofondateur du PC français, dont il fut exclu en 1924 pour avoir défendu Trotski.

Ébranlée par l'arrivée d'Hitler à la Chancellerie (30 janvier 1933) et son accès aux pleins pouvoirs (23 mars 1933), S. Weil vient en aide à des réfugiés allemands et fait part de son indignation face à la capitulation du prolétariat allemand. Son article « Perspectives. Allons-nous vers la révolution prolétarienne ? », publié en août 1933 dans *La Révolution prolétarienne*, dresse un **bilan critique du mouvement ouvrier et du marxisme** au regard de l'évolution totalitaire de l'URSS et de l'arrivée au pouvoir d'Hitler.

Nommée au lycée de Roanne en octobre 1933, S. Weil publie plusieurs articles pour *La Critique sociale,* la revue de Boris Souvarine. **Elle rencontre Trotski**, alors hébergé par les parents de la jeune femme, avec lequel elle a une discussion tendue. La réflexion critique de S. Weil sur le marxisme se précise dans deux conférences données en décembre 1933 et en janvier 1934 où, soutenant que la propriété privée des biens de production ne saurait être tenue pour seule responsable de l'aliénation de l'homme, **elle prend ses distances avec le marxisme en lequel elle aperçoit une religion des forces de production**. Les préoccupations de la philosophe se révèlent en rupture avec celles qui sont au cœur du marxisme : tandis que celui-ci porte son attention sur le groupe (la classe sociale : le prolétariat) qu'il veut voir accéder au pouvoir (la dictature du prolétariat), **S. Weil est avant tout attentive à la personne**, donc à ses conditions de vie et de travail. C'est que son regard procède d'un **positionnement éthique qui la porte à se placer du côté des opprimés** et à sympathiser avec leurs souffrances. « Je me sens la sœur de la fille qui fait le trottoir – de tous les êtres méprisés, humiliés, maniés comme du rebut », écrit-elle ainsi à A. Thévenon (*La Condition ouvrière,* p. 55), quelques mois après son expérience ouvrière.

c. L'expérience de la vie d'usine

Le 20 juin 1934, S. Weil dépose une demande de « congé pour études personnelles » énoncée en ces termes : « Je désirerais préparer une thèse de philosophie concernant le rapport de la technique moderne, base de la grande industrie, avec les aspects essentiels de notre civilisation, c'est-à-dire d'une part notre organisation sociale, d'autre part notre culture. » (S. Pétrement, *La Vie de Simone Weil,* Fayard, 1997). Si S. Weil a soin de taire son intention d'aller travailler en usine, sa motivation est, bel et bien, en partie intellectuelle, comme en témoigne la rédaction la même année de son « grand œuvre », ***Réflexions sur les causes de la liberté et de l'oppression sociale,*** qui outre sa critique du marxisme, de l'anarchisme et du capitalisme, ausculte les effets aliénants de la technique. Plus essentiellement, **la motivation intellectuelle de la philosophe imposait qu'elle se prolongeât en expérience concrète.** « Une vérité, dira-t-elle, est toujours la vérité de quelque chose » (*L'Enracinement,* 1949). Pour la saisir, il faut donc aller au contact de la chose même : aller à « la vie réelle », « parmi des hommes réels » (*La Condition ouvrière,* p. 66 et 68), en l'occurrence à l'usine où des hommes plient sous la technique moderne. En devenant ouvrière, Simone Weil fait, en somme, **converger sa conception de la philosophie, ses convictions politiques et son positionnement éthique**. Sa démarche n'est, d'ailleurs, pas à son premier coup d'essai : en mars 1932, elle avait déjà tenté de se faire embaucher dans une mine.

Grâce à l'intervention de B. Souvarine auprès d'**Auguste Detœuf**, administrateur d'Alsthom, S. Weil travaille dans une des usines de la société entre le 4 décembre 1934 et le 5 avril 1935. Elle travaillera ensuite trois semaines aux établissements J.-J. Carnaud et Forges de Basse-Indre à Boulogne-Billancourt, puis entrera chez Renault comme fraiseuse jusqu'en août. Si, ouvrière, la philosophe est heureuse de se trouver là où elle est, car enfin au contact de la vie réelle, **elle vit l'expérience comme un ébranlement de tout son être** : la chute dans « l'esclavage », la perte de sa dignité, sa reconquête aussi à la faveur de ressources cette fois intérieures. « Lentement, dans la souffrance, j'ai reconquis à travers l'esclavage le sentiment de ma dignité d'être humain, un sentiment qui ne s'appuyait sur rien d'extérieur cette fois. » (*La Condition ouvrière,* p. 59). L'ébranlement est d'autant plus fort que, par son dénuement et sa souffrance personnelle, S. Weil touche au malheur des autres qu'elle sent, dira-t-elle, entrer en elle.

Texte-clé

> « Étant en usine, confondue aux yeux de tous et à mes propres yeux avec la masse anonyme, le malheur des autres est entré dans ma chair et dans mon âme. Rien ne m'en séparait, car j'avais réellement oublié mon passé et je n'attendais aucun avenir, pouvant difficilement imaginer la possibilité de survivre à ces fatigues. [...] J'ai reçu là pour toujours la marque de l'esclavage, comme la marque au fer rouge que les Romains mettaient au front de leurs esclaves les plus méprisés. Depuis je me suis toujours regardée comme une esclave. »
>
> Simone Weil, « Autobiographie spirituelle », Lettre au Père Perrin du 14 mai 1942, *Œuvres*, Quatro Gallimard, 1999, p. 770.

d. Entre politique et révélation mystique

C'est « dans cet état d'esprit » que S. Weil a, pendant ses congés au Portugal, une révélation : assistant à une procession de femmes de pêcheurs chantant des cantiques, elle a soudain **« la certitude que le christianisme est par excellence la religion des esclaves**, que des esclaves ne peuvent pas ne pas y adhérer, et moi parmi les autres. » (« Autobiographie spirituelle », *ibid.*, p. 771). La révélation s'approfondit les deux années qui suivent : en 1937 dans une chapelle à Assise, puis en 1938 à l'abbaye de Solesmes où, récitant *Love* du poète anglais George Hebert, S. Weil entre, dit-elle, en contact avec Dieu : **« le Christ lui-même est descendu et m'a prise »** (*ibid.*). L'expérience mystique a l'effet d'un révélateur : la philosophe accède à l'évidence, jusque-là implicite, de sa foi chrétienne ; cette foi qui déjà s'exprimait par le désir de vérité de l'adolescente qu'elle était.

Cette révélation entre en résonnance avec la poursuite de son engagement auprès des ouvriers : nommée professeure au lycée de Bourges en octobre 1935, elle visite les fonderies de Rosières en décembre, y rencontre **Victor Bernard**, le directeur technique, et rédige son **« Appel aux ouvriers de Rosières »** que l'ingénieur refusera de publier dans le bulletin d'usine *Entre nous*. En 1936, suite à l'arrivée au pouvoir du Front populaire, elle visite des usines occupées par des grévistes, publie **« La Vie et la grève des ouvrières métallos »** dans *La Révolution prolétarienne* et commence une correspondance avec A. Detoeuf. En août, elle se rend en Espagne, en pleine guerre civile, et s'engage **auprès des républicains du Front populaire espagnol**. Rapatriée suite à une blessure qui lui vaut un congé d'un an de l'Éducation nationale, elle poursuit son activité d'intellectuelle militante. Le 23 février 1937, elle prononce une conférence sur **« La rationalisation »** du travail devant des ouvriers. Après la démission de Léon Blum (21 juin 1937), elle écrit « Méditations sur un cadavre » au sujet de l'échec de son premier gouvernement. En septembre, elle rédige l'article **« La Condition ouvrière »** dont une version sera publiée dans la revue *Nouveaux cahiers* fondée par A. Detoeuf. De plus en plus secouée par de violentes migraines, elle prend congé de son poste au lycée de Saint-Quentin où elle avait été nommée en octobre 1937. Son année 1938 sera occupée par des lectures, notamment de l'Ancien Testament, un engagement pacifiste et deux voyages en Italie.

e. Entre guerre et religion

Après l'annexion de la Bohême-Moravie par Hitler (15 mars 1939), S. Weil rédige des **« Réflexions en vue d'un bilan » qui rompent avec son pacifisme antérieur**. Atteinte de pleurésie, elle oscille entre soins et écriture, notamment de « L'*Iliade* ou le poème de la force ». **En juin 1940, la famille Weil quitte Paris** et s'installe en octobre à Marseille. Simone y connaît une période d'intense écriture touchant à la fois la science, les textes grecs et la religion. Après avoir rejoint New York avec sa famille (juillet 1942), elle part pour Londres (novembre) **combattre auprès de la France libre**. Elle y écrit entre autres *L'Enracinement,* mais désespère de ne pouvoir rejoindre la France. Atteinte de tuberculose et très affaiblie, elle est hospitalisée puis transférée au sanatorium d'Ashford où **elle meurt le 24 août 1943 d'un arrêt cardiaque** dû à son état général. Elle est enterrée dans la partie catholique du New Cemetery d'Ashford.

La majeure partie des écrits de S. Weil sera publiée à titre posthume dans des œuvres reprenant aussi des articles déjà parus de son vivant. On retiendra particulièrement les titres suivants : *La Pesanteur et la Grâce* (1947), *L'Enracinement, prélude à une déclaration des devoirs envers l'être humain* (1949), *Attente de Dieu* (1950), *La Source grecque* (1951), *Oppression et Liberté* (1955), *Sur la science* (1966) et, bien sûr, *La Condition ouvrière* dont la première édition date de 1951 et fut dirigée par Albert Camus. L'édition au programme, proposée par Robert Chenavier (2002), est augmentée de textes absents de la précédente.

B. Un monde en crise

a. D'une guerre l'autre

Née en 1909, décédée en 1942, S. Weil a vécu dans un monde en plein bouleversement, marqué par une redistribution de la puissance. **Avant 1914, l'Europe domine le monde dans tous les domaines.** La puissance économique et financière de l'Allemagne, de l'Autriche-Hongrie, de la France et de la Grande-Bretagne s'étend au monde entier. Mais des tensions traversent tout le continent européen, parmi lesquelles le ressentiment de la France à l'encontre de l'Empire allemand qui, ayant gagné la guerre de 1870, a annexé l'essentiel de l'Alsace et une partie de la Lorraine (Moselle). Née de ces tensions multiformes, **la guerre 1914-1918 aura pour effet d'affaiblir et de redistribuer tout le continent.** L'Autriche-Hongrie a disparu. La France récupère l'Alsace et la Moselle, mais le traité de

Versailles (28 juin 1919) impose à l'Allemagne des réparations (132 milliards de marks-or) qui, la crise économique des années trente aidant, vont alimenter les nationalismes et faire le lit d'Hitler. L'équilibre des forces n'est plus le même : les États-Unis, qui financent en partie la reconstruction de l'Europe, deviennent une puissance financière de premier plan tandis que la Russie est, depuis la Révolution bolchevique de 1917, mise au ban des nations.

L'entre-deux-guerres sera, dans ce contexte, marqué par la montée des fascismes et des totalitarismes. Dès 1922, Mussolini accède au pouvoir en Italie où il met en place un régime fasciste. Après la mort de Lénine en 1924, Staline parvient, en 1927, à s'imposer à la tête de l'URSS qu'il transforme en État totalitaire. Trotski, qui s'oppose à la bureaucratisation du parti communiste, en est exclu (1927) et est bientôt banni de l'URSS. Staline le fera, en 1940, au Mexique, exécuter par un agent du NKVD. Suite au succès de parti nazi aux élections législatives de 1932, Hitler devient chancelier d'Allemagne le 30 janvier 1933 et obtient les pleins pouvoirs le 23 mars. Le 29 septembre 1936, le général Franco est placé à la tête des forces insurgées à l'origine du coup d'État perpétré, en juillet, contre la Seconde république espagnole. C'est le début de la guerre civile espagnole, qui opposera le gouvernement républicain du Front populaire et l'insurrection nationaliste dirigée par Franco et qui se soldera, le 1er avril 1939, par la victoire des troupes franquistes, aidées par les forces hitlériennes.

Engagé dans une politique expansionniste de « conquête de l'espace vital », **Hitler fait basculer l'Europe, et bientôt le monde dans une seconde guerre mondiale**. L'annexion de la Bohême-Moravie (15 mars 1939), puis l'envahissement de la Pologne par la Wehrmacht (1er septembre) portent la France et la Grande-Bretagne à déclarer la guerre à l'Allemagne (3 septembre). La bataille de France menée entre le 10 mai et le 14 juin 1940 est un succès pour l'Allemagne, qui profite de l'armistice du 22 juin 1940 pour étendre sa puissance sur toute l'Europe continentale. Le conflit se mondialise alors avec l'entrée en guerre, en 1941, de l'URSS, du Japon et des États-Unis. **En 1942, la déportation des Juifs de France commence** tandis que S. Weil s'apprête à rejoindre la France libre.

b. La naissance de la classe ouvrière et de la grande industrie

Le monde du travail n'échappe pas aux bouleversements que connaît l'Europe au début du XXe siècle, mais son évolution a des racines plus profondes qui remontent aux révolutions industrielles. **De nouveaux modes de production et de consommation se font jour** qui changent les façons de travailler et de faire société

Les premières révolutions industrielles

La 1re révolution industrielle débute vers 1770 en Grande-Bretagne grâce à deux innovations technologiques : la machine à vapeur et la machine à filer hydraulique. Elle est marquée par le développement de l'**industrie**, l'entrée progressive dans la **production** et la **consommation de masse**, l'essor des **villes**, etc.

La 2e révolution industrielle débute vers 1870 en Europe et sur le continent américain. Impulsée par deux innovations technologiques (production de l'électricité et moteur à combustion), elle marque l'entrée dans l'ère de l'automobile et du pétrole : développement de l'industrie automobile, mise en place de **l'organisation scientifique du travail**, modernisation des villes, essor de l'aviation, etc.

En France, la formation de la classe ouvrière s'étend sur un siècle et demi, d'abord sous l'effet conjugué des révolutions industrielles et des luttes sociales du XIXe siècle (journées révolutionnaires de 1830, Commune de Paris de 1870), puis sous l'impact de la crise des années 1930. Le développement de l'industrie de guerre, l'éclosion de la grande usine, le krach boursier de 1929, la baisse des productions agricoles et la montée du chômage favorisent, en effet, la **naissance d'un nouveau type d'ouvriers : des travailleurs déracinés** qui, s'installant à proximité des usines, peuplent une banlieue émergente, mais partagent désormais une même expérience de l'industrie tayloriste et de sa hiérarchie.

« Les contremaîtres égyptiens avaient des fouets pour pousser les ouvriers à produire ; Taylor a remplacé le fouet par les bureaux et les laboratoires. [...] Dans l'esprit de Taylor, [...] le premier avantage de la nouvelle organisation du travail devait être de briser l'influence des syndicats. » (*La Condition ouvrière*, p. 315-316). Ces quelques mots de « La rationalisation » résument le **double enjeu du taylorisme et du fordisme** alors solidement implantés dans les usines : augmenter les rendements et avec eux les profits, mais aussi briser la force des hommes quand, solidaires, ils sont unis.

Taylorisme et fordisme

L'organisation scientifique du travail conçu par Frederick W. Taylor à partir des années 1880 donne une impulsion nouvelle à la division du travail en séparant au maximum le travail manuel et le travail intellectuel. Elle repose sur trois grands principes : 1° Le service des méthodes infère quelques règles générales du savoir-faire des ouvriers. 2° Les ouvriers doivent se contenter d'appliquer ces règles, ce qui **les dispense de toute pensée**

et de qualification. 3° Chaque tâche doit être strictement définie et chronométrée, de façon à permettre **un contrôle et la suppression des temps morts**. Payé à la pièce, l'ouvrier aura intérêt à faire preuve de rapidité.

Le fordisme, mis en place par Henry Ford en 1908, approfondit le taylorisme par l'introduction d'une **chaîne continue exigeant de l'ouvrier qu'il épouse la cadence de l'ensemble-machine**. Soucieux de favoriser le développement de la consommation de masse, il ajoute le principe de la standardisation des pièces et des produits, ainsi que l'exigence de salaires élevés faisant des ouvriers des consommateurs des produits manufacturés.

Il en résulte des conditions de travail dont S. Weil trouve une excellente illustration dans les ***Temps modernes*** **(1936) de Charlie Chaplin** où, gavé par une machine et brisé par le rythme effréné de la chaîne de montage, Charlot tombe en dépression. « La machine à manger, voilà le plus beau et le plus vrai symbole de la situation des ouvriers dans l'usine. » (*La Condition ouvrière,* p. 287).

C. Une France en réforme : le Front populaire

a. L'espoir du Front populaire

Le 6 février 1934, des ligues nationalistes tentent de s'emparer du palais Bourbon pour contraindre le gouvernement d'Édouard Daladier à la démission. Y voyant une tentative de coup d'État fasciste, **les partis de gauche comprennent qu'ils doivent surmonter leur désunion**. Le parti communiste de Maurice Thorez, la SFIO de L. Blum et le parti radical-socialiste d'É. Daladier forment alors une alliance électorale en vue des élections législatives de 1936. Par cette **coalition du Front populaire**, ils tentent d'apporter une réponse à une double crise : une crise économique, d'une part, qui, source de chômage et de baisse du pouvoir d'achat, touche de plein fouet les ouvriers et la classe moyenne ; une crise politique, d'autre part, dans une Europe gangrénée par les fascismes et les régimes autoritaires. **Le 2 mai 1936, la coalition remporte les élections**. Mais, **dès le 8 mai, un mouvement de grève** se dessine dans l'espoir de réformes d'ampleur. Il s'étend tandis que L. Blum forme son gouvernement (5 juin) auquel les communistes refusent de participer : usines, chantiers et magasins sont occupés dans une atmosphère pacifique d'allégresse dont témoigne S. Weil qui, le 10 juin, parle de « belles journées joyeuses et fraternelles » (*La Condition ouvrière*, p. 248).

La CGT encourage ce mouvement. Elle est, en cela, renforcée par la hausse du nombre de ses adhérents (jusqu'à 4 millions). Mais selon l'historien Antoine Prost (*La CGT à l'époque du Front populaire*, 1964), **le rôle qu'elle joue alors**

doit être minoré, les grèves et occupations étant, d'abord, motivées par des préoccupations individuelles et propres à chaque usine. La thèse d'une tentative de grève générale d'occupation et d'expropriation, soutenue par la CGT et le parti communiste, n'est donc pas acquise.

Le gouvernement de L. Blum répond aux demandes et inquiétudes par les **accords Matignon (7-8 juin)** qui, conclus avec les représentants patronaux et syndicaux, prévoient notamment une **augmentation des salaires (de 7 à 15 %)**, l'élection de délégués ouvriers dans les usines et la pratique de conventions collectives. Le travail reprend peu à peu tandis que L. Blum poursuit ses réformes : les lois octroyant **deux semaines de congés payés**, limitant la **semaine de travail à 40 heures** (au lieu de 48) et nationalisant les principales usines d'armement sont adoptées (11 et 12 juin). Les ouvriers ont le sentiment que, pour la première fois, un gouvernement a considéré que leurs problèmes étaient prioritaires. L'euphorie des premiers congés payés en témoigne, tandis que le patronat voue une haine tenace au Front populaire.

b. L'échec du Front populaire

« Il est revenu un espoir, un goût du travail, un goût de la vie », déclare L. Blum le 31 décembre 1936. Mais les années 1937-1938 sonneront le glas de l'espoir. Face à l'augmentation du chômage et à l'aggravation de la crise économique, L. Blum annonce, en février 1937, une pause des réformes sociales. Déjà discrédité par sa politique de non-intervention aux côtés des républicains espagnols décidée en septembre 1936, **L. Blum doit, le 21 juin 1937, remettre sa démission**. Il revient à la tête d'un gouvernement d'union nationale le 13 mars 1938, au lendemain de l'annexion de l'Autriche par Hitler, mais un mois plus tard, le Sénat renverse son gouvernement. S'alliant avec la droite plutôt qu'avec la SFIO, É. Daladier accède à la présidence du Conseil. **L'aventure du Front populaire s'achève**.

Sans contester « la sincérité », « la sensibilité » et « l'élévation morale » de L. Blum, S. Weil lui reprochera de manquer « d'intelligence politique ». Dans ses « Méditations sur un cadavre », elle explique que **« l'art de gouverner » implique la maîtrise du temps**, soit la capacité de saisir l'occasion quand elle se présente, c'est-à-dire de profiter du moment où l'état de l'imaginaire collectif est propice à des décisions visant le futur et non le présent. Elle lui reproche, en d'autres termes, de n'avoir pas su saisir l'occasion de grandes réformes quand il était encore temps : d'être dépourvu de « cette pointe de cynisme indispensable à la clairvoyance » (*La Condition ouvrière*, p. 388).

Le jugement de Simone Weil sur le Front populaire est donc nuancé : si, faute d'habileté politique de L. Blum, aucune réforme décisive n'a, à ses yeux, vraiment été engagée, **quelque chose s'est réellement passé qui touche à l'essentiel – le sentiment de dignité.**

Texte-clé

> « Qu'on se rappelle avec un peu de sang-froid cette histoire prodigieuse, si proche encore, et déjà, hélas, si lointaine. Entre le mois de juillet 1936 et, par exemple, le mois de février de la même année, quelle différence y avait-il dans les données réelles de la vie sociale ? Presque aucune ; mais une transformation totale dans les sentiments, comme pour ce crucifix de bois qui exprime la sérénité ou l'agonie selon qu'on le regarde d'un point ou d'un autre. Le pouvoir semblait avoir changé de camp, simplement parce que ceux qui, en février, ne parlaient que pour commander, se croyaient encore trop heureux, en juillet, qu'on leur reconnût le droit de parler pour négocier ; et ceux qui, au début de l'année, se croyaient parqués pour la vie dans la catégorie des hommes qui n'ont que le droit de se taire, se figurèrent quelques mois plus tard que le cours des astres dépendait de leurs cris. »
>
> *La Condition ouvrière,* « Méditations sur un cadavre », p. 383-384.

2. Focus sur l'œuvre

A. L'œuvre d'une héritière critique

Agrégée de philosophie, S. Weil est nourrie par ses lectures philosophiques. Sa pensée s'élabore ainsi à travers un dialogue avec des philosophes tant de l'Antiquité grecque que du xxe siècle naissant. À ce titre, elle est une héritière, mais une héritière critique qui ne manque pas de pointer les insuffisances des philosophes qui ont alimenté sa réflexion. Sur la question du travail, **deux noms se détachent : Karl Marx et Pierre-Joseph Proudhon**. Mais sa pensée fut d'abord marquée par l'enseignement de **son maître : Alain, alias Émile Chartier**.

a. Alain : un philosophe de la volonté

Élève d'Alain pendant trois ans (1925-1928) au lycée Henri-IV, S. Weil en a postérieurement encore suivi des cours et collaboré à ses *Libres propos*. **Une influence en découlera à plusieurs niveaux**. D'abord, dans **la manière de philosopher** : le souci weilien de penser au contact de la vie réelle n'est pas étranger à l'habitude qu'avait Alain de philosopher en partant d'expériences de la vie quotidienne et en se portant sur des objets aussi concrets que « la vis » et « le clou » pour y saisir le monde et l'homme tels qu'ils sont. Ensuite, à travers **certains concepts** comme celui de **volonté** entendue comme choix réfléchi et tenace à la faveur duquel l'homme triomphe des obstacles qu'il rencontre et goûte à des satisfactions supérieures. Le concept de **travail** lui-même est, dans l'œuvre de S. Weil, en partie l'héritage d'Alain. **L'un et l'autre distinguent, en effet, le travail et l'effort**. Il y a effort quand l'action se heurte à une résistance source de fatigue. Il y a, en revanche, travail authentique quand, rencontrant la nécessité naturelle, l'homme s'y adapte et en use pour obtenir ce qu'il veut. La visée d'un but est ici décisive et explique qu'il puisse y avoir satisfaction même s'il y a fatigue.

Texte-clé

« L'athlète s'exerce en vue de conquérir la récompense ; mais aussitôt, par le progrès et par la difficulté vaincue, il conquiert une autre récompense, qui est en lui et dépend de lui. Et c'est ce que le paresseux ne peut pas du tout imaginer ; [...] mais l'athlète est déjà debout et au travail, soulevé par l'exercice de la veille, et jouissant aussitôt de sa propre volonté et puissance. En sorte qu'il n'y a d'agréable que le travail ; mais le paresseux ne sait pas cela et ne peut pas le savoir. »

Alain, *Propos sur le bonheur,* XLIV, « Diogène », 1928.

L'usage weilien de pseudonymes marque aussi une influence d'Alain, même s'il est motivé par des impératifs réfléchis : pouvoir être réembauchée en usine (1936), se protéger de l'occupant allemand (1942). En hommage au mathématicien français Évariste Galois, mort en 1932, « La vie et la grève des ouvrières métallos » est ainsi signée « **S. Galois** ». « Expérience de la vie d'usine » et « Condition première d'un travail non servile » sont publiés sous l'anagramme « **Émile Novis** », reprenant donc le prénom d'Alain. Quant au « papier sur *Antigone* » destiné à *Entre nous,* S. Weil demande qu'il soit signé « **Cléanthe** », nom d'un philosophe grec du IIIe av. J.-C. « qui combinait l'étude de la philosophie stoïcienne avec le métier de porteur d'eau » (*La Condition ouvrière,* p. 245).

Mais ces influences n'empêchent pas S. Weil de prendre ses distances à l'égard de son maître à la fois sur le plan politique (Alain est un républicain radical) et sur le plan philosophique. **« Chartier n'a qu'une vue superficielle et primaire du machinisme »**, écrit-elle dans son « Journal d'usine » (*La Condition ouvrière*, p. 189), une vue qui n'envisage pas la possibilité de machines qui rendraient un pouvoir créateur aux ouvriers, pas plus qu'elle ne prend la mesure des conditions de travail qui font de ces derniers des esclaves : des êtres privés même du pouvoir de la volonté.

Texte-clé

« L'argent nous tient ; le riche nous tient. Mais il faut voir les différences. On peut changer de maître ; on peut se moquer du maître ; on peut discuter. [...] Il n'y a tout de même point de cachot pour [l'ouvrier], quand il serait insolent ; il n'est point tenu à ce respect de religion qui est le propre de l'esclavage militaire ; il n'est point puni de mort

> pour refus d'obéissance. On dit là-dessus qu'il mourra de faim s'il ne plie ; mais il y a plus d'un patron, et plus d'un métier. [...] Dans tous les cas, il est libre sur le moment, libre de parler, libre en son corps. [...] Ce qui reste d'esclavage en notre temps tient à la guerre et à la menace de guerre. C'est là que doit se porter l'effort des hommes libres, seulement là. »
>
> Alain, *Propos I*, « Politique et économique », 27 août 1927.

b. Marx : un philosophe des forces de production

Dès ses *Réflexions sur les causes de la liberté et de l'oppression sociale* (1934), Simone Weil prend la mesure des limites de la pensée de Marx. Le philosophe allemand a, certes, bien saisi comment l'ouvrier est, dans les usines, soumis à **une oppression économique exploitant sa force de travail** pour en extorquer la plus-value (profit = valeur ajoutée par le travail – salaire versé). Il a également clairement **dénoncé l'oppression sociale** qui, par la médiation de la machine, réduit l'ouvrier à un travail d'exécution, donc le subordonne à un chef et le traite comme un « rouage vivant ».

Seulement, pense S. Weil, **Marx a eu tort de considérer que l'oppression sociale n'est qu'une conséquence de l'exploitation économique**, de sorte qu'il suffirait de supprimer cette dernière, de sortir du capitalisme donc, soit de collectiviser les usines, pour qu'elle disparaisse. Une telle collectivisation n'y changerait rien, affirme S. Weil, car le nœud du problème n'est pas dans la propriété privée des moyens de production, mais dans la subordination des travailleurs à des exigences de productivité se traduisant par une organisation du travail invivable. L'oppression sociale est, en effet, la conséquence d'une « division du travail qui [assignant] à l'un le soin de pousser la varlope, à l'autre celui de penser l'assemblage », humilie et « dégrade tout l'homme » dont on blesse l'intelligence (*La Condition ouvrière,* p. 236-237). Elle est, en outre, accentuée par la cadence qu'on impose à l'ouvrier. Qu'elle soit privée ou non, **l'usine restera donc un lieu d'oppression tant que le travail y connaîtra la même organisation**.

Si pour Marx l'aliénation du travailleur a pour principal ancrage le vol capitaliste de sa force de travail, pour S. Weil elle résulte principalement de la primauté inconditionnelle accordée aux exigences de production, primauté conduisant à dissocier l'exécution et la pensée pour plus de rentabilité. En l'absence d'une transformation du machinisme et de l'organisation du travail à l'intérieur des usines qui redonnerait une place à la pensée et à la responsabilité dans le travail de chacun, **les espoirs révolutionnaires sont, par conséquent, un leurre : c'est « l'opium du peuple »** qui, à l'instar de la religion telle que la pensait Marx, trompe et endort les consciences par la promesse d'un avenir meilleur (cf. *La Condition ouvrière,* p. 421-422).

Texte-clé

« On peut dire en abrégeant que l'humanité a connu jusqu'ici deux formes principales d'oppression, l'une, esclavage ou servage, exercée au nom de la force armée, l'autre au nom de la richesse transformée ainsi en capital ; il s'agit de savoir s'il n'est pas en ce moment en train de leur succéder une oppression d'une espèce nouvelle, l'oppression exercée au nom de la fonction. [...] À l'opposition créée par l'argent entre acheteurs et vendeurs de la force de travail s'est ajoutée une autre opposition, créée par le moyen même de la production, entre ceux qui disposent de la machine et ceux dont la machine dispose. L'expérience russe a montré que, contrairement à ce que Marx a trop hâtivement admis, la première de ces oppositions peut être supprimée sans que disparaisse la seconde. »

S. Weil, « Perspectives. Allons-nous vers une révolution prolétarienne ? », 1934, in *Oppression et liberté,* Gallimard, 1955, p. 15-16.

c. Proudhon : un philosophe de la coopération par le travail

La conception proudhonienne de la révolution à mettre en œuvre convient davantage à S. Weil que celle de Marx. C'est que Proudhon a compris que, pour sortir de la misère, l'humanité avait besoin, non d'une révolution brutale attisant les oppositions entre classes, mais d'une **évolution tendancielle vers un idéal politique et moral de justice passant par la coopération par le travail**. Pour le philosophe anarchiste français, l'unité et l'humanisation de la société doivent se faire horizontalement : à partir de la complémentarité des travaux et de la coopération des travailleurs. Elles supposent donc à la fois **une division du travail et un mutuellisme** : une organisation coopérative de la société n'impliquant, au demeurant, en rien l'abolition de la propriété privée. Quand, dans *Qu'est-ce que la propriété ?* (1840), Proudhon déclare que « la propriété, c'est le vol », il dénonce non la propriété privée en elle-même mais celle qui n'est pas issue d'un travail. À la suite de Rousseau, il considère, en effet, que **la propriété tire sa légitimité du travail** et du travail seulement. Aussi souhaite-t-il **que tous les travailleurs deviennent propriétaires**. Dans son *Système des contradictions économiques* (1846), Proudhon complète ainsi sa formule initiale par « La propriété, c'est la liberté », car elle permet au travailleur de peser face à la puissance verticale de l'État.

Si S. Weil apprécie chez Proudhon l'aspiration morale à une coopération entre travailleurs impliquant chacun dans une œuvre commune, elle regrette qu'il n'ait pas suffisamment questionné les conditions politiques d'une transformation de la société. Elle déplore aussi que, comme Marx, il n'ait **pas accordé suffisamment d'attention aux conditions techniques de l'oppression moderne** et, par extension, aux moyens de réorganiser le travail au sein des usines. « Le problème du régime le plus désirable dans les entreprises industrielles [...] n'a », déclare-t-elle dans « La rationalisation », « pas été étudié par les théoriciens du mouvement socialiste. Ni Marx ni ses disciples ne lui ont consacré aucun ouvrage, et dans Proudhon on ne trouve que des indications à cet égard » (*La Condition ouvrière*, p. 304).

Un des grands apports de la réflexion de Simone Weil sera ainsi de penser, par la confrontation à la réalité de l'industrie, ce qui, dans l'organisation moderne du travail, est source d'oppression. Il sera consécutivement d'envisager une réorganisation susceptible de redonner au travail sa valeur et au travailleur sa dignité.

B. Une œuvre hybride et évolutive

a. Un ouvrage composite

Publié pour la première fois en 1951, accompagné d'un avant-propos d'A. Thévenon, *La Condition ouvrière* est un recueil d'écrits de nature diverse rassemblés à titre posthume : des articles ou projets d'article, une conférence, des notes, des lettres et fragments de lettre, un journal personnel, etc. **L'ouvrage n'a donc pas été établi par S. Weil** elle-même qui, toutefois, témoigne dans sa correspondance de sa volonté d'utiliser ses propres lettres pour nourrir un écrit plus conséquent. À la mi-juin 1936, confiant son projet d'« écrire quelque chose concernant le travail industriel », elle demande ainsi à Victor Bernard de lui renvoyer ses lettres afin d'y retrouver les « faits », les « impressions » et les « idées » dont elle lui faisait part à propos de la condition ouvrière (*La Condition ouvrière*, p. 251). Sa correspondance a donc pu lui servir pour la rédaction de son article de 1937 sur « La condition ouvrière », comme son projet de lettre à Jules Romains, rédigé en 1936, lui servira de base pour l'écriture, en 1941, de son « Expérience de la vie d'usine ». **L'usage d'écrits divers pour la constitution d'un ouvrage n'est donc pas en rupture avec la façon de travailler de S. Weil.** C'est un principe qui présidera à l'édition posthume de la plupart de ses écrits.

L'édition au programme date de 2002. Établie et présentée par R. Chenavier, elle est augmentée de textes (comme la « Lettre à Nicolas Lazarévitch ») et enrichie de précisions (notamment de noms et de dates) que ne comportait pas celle 1951.

b. Un ouvrage organique

Dans l'édition de 1951, les écrits étaient présentés dans **un ordre chronologique** auquel l'édition de 2002 ajoute **un partage thématique en deux parties** : « L'usine, le travail, les machines » d'abord, « Tout ce qu'on peut faire provisoirement... » ensuite. Ce partage marque **une évolution de la pensée de S. Weil** qui, après avoir expérimenté et questionné le travail en usine

(1934-1936), se concentre davantage sur les réformes qu'il conviendrait d'y engager (1937-1942) ; une évolution qu'accentue l'entrée du mysticisme de S. Weil sur le terrain du travail lui-même, comme en témoigne la « Condition première d'un travail non servile ». Le partage en deux parties doit, certes, être relativisé, S. Weil n'attendant pas 1937 pour se poser la question des réformes nécessaires. À cet égard, l'« Expérience de la vie d'usine » est exemplaire : ébauché en 1936 et repris en 1941, l'article dresse un pont entre les deux parties, témoignant du **développement organique d'une philosophie** qui, au contact du réel et enrichie par le questionnement métaphysique de son auteure, progresse continûment. La composition de l'ouvrage offre, à ce titre, un bon exemple du travail d'une pensée en train de s'élaborer.

Partant et restant au contact de « la vie réelle », la réflexion de S. Weil est logiquement marquée par l'expérience du Front populaire et les grèves de 1936. Marquant une rupture entre un avant et un après, sinon dans la réalité sociale du moins dans l'imaginaire et les sentiments, elles constituent un événement dont les écrits de S. Weil témoignent jusque dans leur tonalité affective. À ce titre, il est judicieux de compléter le partage thématique en deux parties par la **distinction de trois temps : avant mai 1936, pendant les grèves de 1936, après 1936**. En gardant à l'esprit cette distinction, on sera plus attentif au caractère évolutif de la condition ouvrière qui, dit S. Weil, « change continuellement » (p. 328). Cette évolution ne saurait toutefois faire oublier ce qui, à ses yeux, demeurera dans « la condition prolétarienne » tant que l'organisation du travail dans les usines n'aura pas été profondément réformée.

C. Organisation et idées maîtresses des textes au programme

Les textes de *La Condition ouvrière* qui sont au programme n'en constituent qu'une sélection. Écrits entre 1935 et 1942, ils témoignent, cependant, parfaitement de l'évolution de la pensée de son auteure. Pour plus de clarté, nous en présenterons l'organisation et les idées principales en respectant l'ordre retenu par R. Chenavier. Il conviendra toutefois d'être attentif aux dates afin de garder à l'esprit la distinction temporelle sus-évoquée : avant mai 1936, pendant les grèves de 1936, après 1936.

« L'USINE, LE TRAVAIL, LES MACHINES »	
Trois lettres à Albertine Thévenon – 1935	
15-31 janvier 1935	**p. 51-55**
– L'expérience en usine change l'être.	p. 51-52
– L'inhumanité de l'organisation du travail non qualifié.	p. 52-54
– Une expérience nécessaire mais heurtée par l'absence de « vraie fraternité ».	p. 54-55

Fin septembre-début octobre 1935	**p. 55-56**
– S. Weil se sent sœur de tous les « humiliés »…	p. 55
– … et heureuse de cette expérience de « l'esclavage ».	p. 56
Fin décembre 1935	**p. 57-61**
– Ce que doit être l'usine : le lieu d'une confrontation douloureuse mais joyeuse et fraternelle à « la vraie vie ».	p. 57-59
– Ce qu'a signifié le travail en usine : la perte de son sentiment de dignité, l'esclavage et le deuil de sa gaieté.	p. 59-61
Trois autres lettres de 1935	
9-17 mars 1935 – Lettre à Nicolas Lazarévitch	**p. 62-65**
– Le projet de S. Weil en usine : saisir l'organisation de l'entreprise et ses effets sur les ouvriers.	p. 62-63
– L'insuffisance des luttes : l'erreur de la CGT, le défaut de résistance et de solidarité des ouvriers.	p. 63-65
9-17 mars 1935 – Lettre à Simone Gibert	**p. 66-72**
– Les enseignements de l'expérience en usine : la pensée empêchée, la fatigue, l'humiliation, mais le bonheur du contact humain.	p. 66-68
– Le « contact avec la vie réelle » : agir « dans la pensée et dans l'action ».	p. 68-69
– Des conseils de vie : ne pas rechercher l'amour, lire, ne pas craindre de souffrir, « se discipliner ».	p. 69-72
12 avril 1935 – Lettre à Boris Souvarine	**p. 73-76**
– L'enfer de l'usine : la chaîne, la cadence et l'avilissement.	p. 73-75
– Les raisons de la résistance de S. Weil : l'empathie et le désir de comprendre.	p. 75-76
Un appel aux ouvriers de Rosières – Décembre 1935	
– L'appel : ajouter la parole aux pièces et aux sous.	p. 204-209
– Les motivations de S. Weil : contribuer au bien-être physique et moral des ouvriers.	p. 209-211
Lettres à Victor Bernard – Janvier-juin 1936	
13 janvier 1936	**p. 212-216**
– L'esprit de l'appel de S. Weil : un souci chrétien d'élever les ouvriers.	p. 212-214
– Sur l'esprit de classe : il s'adoucirait s'il pouvait s'exprimer.	p. 214-215
– Souhait de venir à Rosières, idéalement pour y travailler.	p. 215-216
31 janvier 1936	**p. 216-219**
– L'épreuve de l'expérience ouvrière : l'ébranlement du sentiment de dignité.	p. 216-217
– Le silence ouvrier en est un symptôme.	p. 217-218
– Les motivations de S. Weil : pour une collaboration bénéfique aux ouvriers.	p. 218-219
3 mars 1936	**p. 220-230**
– La difficulté du courage dans un contexte inégalitaire.	p. 220-223
– L'enseignement de l'expérience ouvrière : la soumission et le sentiment de n'être rien.	p. 223
– Comment changer les choses ? Respecter la dignité, expliquer les nécessités, oser instruire.	p. 223-227
– L'esclavage prive de toutes ressources, même stoïciennes.	p. 227-228
– Il faut introduire de la compréhension mutuelle.	p. 229-230

16 mars 1936 – Quelles solutions ? Ni révolution ni étatisation, mais une réforme réduisant les inégalités et introduisant une part de collaboration. – La réalité observée : la puissance du chef est sans contrepartie.	**p. 230-235** p. 230-232 p. 232-235
30 mars 1936 – Un conseil : voir *Les Temps modernes* de C. Chaplin. – Un désaccord : pour S. Weil, la division du travail en vigueur dégrade l'homme.	**p. 235-237** p. 235-236 p. 236-237
Avril 1936 – S. Weil renonce à travailler à Rosières. – Sur les réductions de personnel : choisir un critère moins arbitraire que l'utilité. – La subordination est mauvaise quand elle fait du travailleur une chose.	**p. 238-241** p. 238-239 p. 239-240 p. 240-241
Avril 1936 – La discipline et l'obéissance ne doivent pas signifier une subordination intolérable. – S. Weil veut se « rendre utile » à « la population ouvrière ».	**p. 241-243** p. 241-242 p. 242-243
Début mai 1936 Retour au projet de vulgarisation des grandes œuvres de la littérature grecque à destination des « masses populaires ».	**p. 243-245**
Mai 1936 – Fragment de lettre Ce qui est intolérable dans les licenciements n'est pas l'arbitraire mais « la crainte de déplaire ».	**p. 245-246**
Fin mai-début juin 1936 S. Weil renonce à visiter un logement ouvrier par crainte de blesser.	**p. 246-247**
10 juin 1936 La joie de S. Weil au regard d'une grève fraternelle et joyeuse ayant permis aux ouvriers de voir leurs patrons céder.	**p. 248**
13 juin 1936 – Réponse de Victor Bernard Dans une situation inverse, lui n'aurait pas fait part de pareils sentiments.	**p. 248-249**
Mi-juin 1936 – La crainte d'un régime totalitaire, qu'il soit communiste ou fasciste. – La « joie pure » de l'inversion des positions entre chefs et ouvriers.	**p. 249-251** p. 249 p. 249-251
Correspondance avec Jacques Lafitte	
Janvier 1936 – Lettre à Boris Souvarine à propos de Jacques Lafitte Les machines devraient être souples.	**p. 252-255**
Mars-avril 1936 – Des vues concordantes : il faut repenser le travail mécanique. – Concevoir « des machines *automatiques* et *souples* ».	**p. 256-260** p. 256-258 p. 258-259
14 avril 1936 – Espoir de trouver des ingénieurs soucieux de la dignité humaine. – Regret qu'il n'y ait plus de « public éclairé ». *Variante de la lettre précédente* La série est incompatible avec la dignité humaine si sa place n'est pas limitée.	**p. 260-262** p. 260-261 p. 261-262 p. 262-263

La vie et la grève des ouvrières métallos (*La Révolution prolétarienne*, n° 224, 10 juin 1936)	
I. Éléments de compréhension de la grève lancée le 8 mai 1936	**p. 265-277**
A. Des souvenirs de l'expérience en usine	
– Les deux premiers jours : la vitesse, la monotonie, la lutte pour ne pas rêver, la pression du chiffre, la peur de perdre son énergie et son travail, obéir et exécuter.	p. 265-267
– D'autres souvenirs : l'embauche, le renvoi, le froid, l'affectivité anesthésiée, l'obscurité de la paie, la souffrance muette, l'obsession des « sous », la perte de son âme, la peur de déplaire.	p. 267-274
B. Le sens de la grève	
– La grève est l'expression d'années de souffrances morales.	p. 274.
– La précipitation de la grève s'explique par le besoin de « se redresser ».	p. 274-275
– Ce qui dans la grève conspire à la joie : la fraternisation, les paroles, la fierté des ouvriers, la docilité des chefs, le rythme, l'expression de soi.	p. 275-277
II. La question des revendications	**p. 277-281**
A. Critiques de S. Weil	
– Les grévistes ont tort de s'en remettre aux syndicats.	p. 277-278
– Les revendications doivent être réalistes et pas seulement matérielles.	p. 278-279
B. Propositions de S. Weil	
– Introduire une part de « contrôle ouvrier ».	p. 279
– Égaliser les salaires.	p. 279-281
Conclusion	**p. 281**
Source de craintes et de peu d'espérance, la grève est un bonheur.	

Lettres à Auguste Detœuf	
10-17 juin 1936	**p. 282-287**
– Nécessaires, la discipline et l'obéissance doivent être motivées par autre chose que la crainte et le besoin d'argent.	p. 282-285
– À base de désespoir, la grève ne finira bien que si les ouvriers se sentent victorieux.	p. 285-287
19 juin 1936	**p. 287-291**
– Impressions d'une visite chez Renault : l'ignorance des pourparlers, le ras-le-bol, le défaut de camaraderie.	p. 287-289
– L'issue souhaitable : responsabiliser les ouvriers.	p. 289-290
– Résumé de la situation.	p. 290-291
Lettres publiées le 15 décembre 1937 par les *Nouveaux cahiers*	
Lettre de S. Weil	**p. 291-295**
Une conversation ferroviaire entre deux « moyens patrons » : le dégoût à l'idée d'un contrôle de l'embauche et de la débauche ; l'injuste haine du patron.	
Réponse d'A. Detœuf	**p. 295-301**
– Les patrons ne peuvent pas penser autrement : leur usine est toute leur vie. L'erreur de l'URSS fut de ne pas comprendre leur importance.	p. 295-299
– Des solutions : ne pas sombrer dans une législation bureaucratique.	p. 299-301

La rationalisation, conférence du 23 février 1937	
I. Le problème le plus grave	**p. 302-309**
A. Le problème posé par la deuxième révolution industrielle	
– La rationalisation est à l'origine d'une 2e révolution industrielle.	p. 302-303
– Cette révolution pose le problème du régime moralement acceptable pour les ouvriers dont les souffrances sont d'abord morales.	p. 303-306
B. Le problème le plus grave : concilier les exigences de la production, du travail et de la consommation	
– Une collectivisation ne supprimera pas l'oppression dans l'usine.	p. 306-307
– Concilier « les aspirations des hommes » et « les nécessités de la fabrication ».	p. 307-309
II. Analyse du régime de production actuel	**p. 309-326**
A. Le taylorisme : l'obsession du rendement	
– Le problème de Taylor : augmenter la cadence.	p. 309-313
– La solution de Taylor : le travail aux pièces avec prime.	p. 313-316
B. Le fordisme : un approfondissement du taylorisme	
– Le travail à la chaîne de Ford a approfondi le taylorisme.	p. 316
– Taylor a inventé un mode de contrôle des ouvriers pour augmenter l'intensité de leur travail.	p. 316-319
C. Les effets désastreux du taylorisme et du fordisme	
– L'invention de Taylor profita surtout à l'industrie du luxe (dont de guerre).	p. 319-321
– Les effets du taylorisme et du fordisme : intensité invivable du travail, baisse de la qualification, division de la classe ouvrière, absence de motivation autre que salariale, monotonie et « diminution morale ».	p. 321-322
– Ce système est une « méthode de dressage ».	p. 322-324
– Inhumain, ce système n'est pas scientifique.	p. 324-326

Expérience de la vie d'usine, projet de lettre de 1936, remanié en 1941	
Introduction : le malheur des déracinés	**p. 327-329**
La première difficulté est l'ignorance qui fait des ouvriers des « déracinés ».	
I. Les raisons de la servitude, donc du malheur des ouvriers	**p. 329-343**
A. Les facteurs de servitude	
– En l'absence de liberté, la joie du travail est inaccessible.	p. 329
– Les facteurs du sentiment de servitude : le pointage, l'indifférence, la monotonie, l'absence de maîtrise de son temps...	p. 329-335
B. Le malheur des exilés	
– L'indifférence alentour.	p. 335-336
– La primauté est accordée aux choses. Les hommes ne sont mus que par la crainte et l'avidité pécuniaire.	p. 337-339
– L'ouvrier est exilé dans un monde de machines.	p. 339-341
– Le malheur et l'humiliation enferment l'ouvrier dans « une île » mutique.	p. 341-343
II. Quelles réformes engager ?	**p. 343-351**
A. Les mesures qu'il faudrait prendre	
– La diminution du temps de travail n'ôte rien à la servitude.	p. 343-344
– Les réformes nécessaires : donner du sens au travail en rendant visible son utilité ; inverser le rapport de l'homme à la machine ; rendre à l'ouvrier la maîtrise de son temps.	p. 344-349
B. Les efforts nécessaires aux réformes	
– Des obstacles moraux : la peur, le mépris, la méfiance entre ouvriers et patrons.	p. 350-351
– Les enjeux familiaux, sociaux et politiques des réformes.	p. 351

« TOUT CE QU'ON PEUT FAIRE PROVISOIREMENT... »	
La condition ouvrière, 30 septembre 1937	
I. Les conditions d'une réforme profitable aux travailleurs	**p. 389-393**
– Toute amélioration sociale est confrontée à un problème : la concurrence économique entre pays.	p. 389-391
– Ce problème sera surmonté si, mondialement, on privilégie la production des biens nécessaires et agréables.	p. 391-392
– L'exemple de la production automobile.	p. 392-393
II. Les conditions de la nécessaire internationalisation des conquêtes ouvrières	**p. 394-397**
– L'internationalisation des conquêtes implique la régulation de la concurrence mondiale.	p. 394
– Cette internationalisation implique aussi davantage de volonté des institutions.	p. 394-397
Condition première d'un travail non servile, avril 1942	
I. Les causes de la démoralisation du peuple	**p. 418-423**
A. L'horreur de la condition ouvrière	
– Il y a une part de servilité inévitable dans le travail d'exécution : il faut gagner sa vie.	p. 418-419
– Or l'homme a besoin de désir, d'où la démoralisation de ceux dont le travail ne répond qu'à la nécessité vitale.	p. 419-420
B. Les expédients illusoires	
– L'ambition, les achats, « la débauche » et la révolution sont des compensations illusoires.	p. 420-421
– « Le sentiment révolutionnaire » est un expédient illusoire quand il croit qu'une révolution supprimera le malheur inhérent à la condition des travailleurs.	p. 421-422
– Le désir de richesse est illusoire.	p. 422
– La réalité des travailleurs exclut la finalité, de là leur douleur.	p. 422-423
II. Le seul remède possible : la beauté divine	**p. 423-434**
A. Poétiser la substance de sa vie	
– Le remède à la souffrance des travailleurs est la beauté, soit la poésie qui a pour source Dieu.	p. 423-424
– Pour atteindre la beauté, les travailleurs doivent débusquer la signification spirituelle des matérialités de leur travail via des symboles.	p. 424-425
– Exemples de symboles évangéliques que l'on peut découvrir dans la matière.	p. 425-429
B. Les apports de cette poésie symbolique	
– Rendre concrète l'égalité.	p. 429-431
– Servir de guide pour une réforme soucieuse de la joie des travailleurs.	p. 431-434

3. Le travail dans *La Condition ouvrière*

« Il n'est peut-être pas exagéré de dire que *La Condition ouvrière* (1951) de Simone Weil est le seul livre, dans l'énorme littérature du travail, qui traite le problème sans préjugé ni sentimentalisme », affirme H. Arendt dans sa *Condition de l'homme moderne* (IV, 1958). L'empathie de la philosophe française pour ce que vivent les ouvriers ne l'a, en effet, pas empêchée de **pointer avec lucidité la nécessité biologique du travail** et, partant, l'irréductible soumission du travailleur à la nécessité naturelle. Aussi S. Weil dénonce-t-elle la promesse « stupéfiante » d'une libération du travail que véhiculent le marxisme et les mouvements révolutionnaires (*La Condition ouvrière,* p. 421-422). Mais cette lucidité ne la porte pas à en déduire, avec H. Arendt, une négativité telle du labeur qu'il n'y aurait d'activité proprement humaine qu'en dehors du champ du travail. Prenant acte de la nécessité de travailler pour vivre et, travaillant, de souffrir ; y voyant même une « malédiction originelle » (p. 392), et mue par une exigence éthique, S. Weil ne se résout pas à abandonner le travailleur à sa seule servilité. Tout son problème sera alors de **penser les moyens d'humaniser le travail de façon qu'il ne soit pas seulement vécu comme une nécessité animale** : les moyens à la fois de le libérer des souffrances évitables, de lui donner du sens, voire d'en faire le levier d'une élévation vers la transcendance. Pour cela, un examen attentif du travail ouvrier s'impose car, ajoutant aux douleurs nécessaires, son organisation est telle qu'elle fait oublier ce qu'il y a de proprement humain dans le travailler.

A. Le travail, un levier nécessaire de l'existence humaine

a. Poser autrement le problème du travail

Le travail naît de la nécessité de transformer la nature de façon à en obtenir ce que réclament nos besoins vitaux. En cela, il nous rattache à notre animalité et on comprend que les Grecs y aient vu une activité dégradante au point de vouloir s'en affranchir en le confiant aux seuls esclaves. **Si on s'adonne à un travail manuel, c'est, confirme S. Weil, « à cause d'un besoin**, non en vue d'un bien ; "parce qu'on a besoin de gagner sa vie". » (*La Condition ouvrière,* p. 419). Il y a là **« un élément irréductible de servitude »** (p. 418) qui explique pourquoi, inspirés par F. Bacon (*La Nouvelle Atlantide,* 1627) et R. Descartes, les modernes ont placé leur espoir dans un savoir et une technique susceptibles de nous rendre « comme maîtres et possesseurs de la Nature » (*Discours de la méthode*, 1637), d'ainsi régler le problème de nos besoins vitaux et d'affirmer la supériorité de notre esprit à la réalité matérielle.

Qu'on ait recours à des esclaves ou à la technique, le but recherché reste le même : libérer notre esprit des nécessités organiques qui contraignent à travailler, réduire voire s'affranchir du contact avec la matière dont notre corps a vitalement besoin. Or c'est là, pense S. Weil, une **mauvaise façon d'appréhender la question de travail, car c'est vouloir dissocier l'esprit du corps et notre être du monde qui l'environne** : se détourner de la réalité de notre condition, réalité d'un être qui, union d'une âme et d'un corps, est enraciné dans le monde.

Certes, le travail résulte de notre soumission à la nécessité, mais cela ne l'empêche pas d'être le faire par lequel nous nous réalisons pleinement. En transformant la matière, l'homme habite, en effet, le monde et il fait l'expérience du pouvoir de l'esprit de dominer la nécessité. **« C'est par le travail que la raison saisit le monde même »**, affirme S. Weil (*Science et perception dans Descartes,* 1930), qui considère que le projet cartésien d'une maîtrise de la nature par l'esprit est heureux, si toutefois il ne se solde pas par la rupture de tout contact entre l'un et l'autre, soit de la rencontre par laquelle l'esprit découvre le réel, apprend à le dominer et conquiert sa liberté.

C'est en termes de « médiation » (*La Condition ouvrière,* p. 428) que le problème du travail doit donc être appréhendé : médiation, certes, entre le besoin et sa satisfaction, mais aussi entre l'homme et le monde, entre l'esprit et le corps, entre la nécessité et la liberté, voire entre l'homme et la transcendance. Il s'agit donc de le penser, non comme une contrainte dont il faudrait se débarrasser, mais comme **une activité qui, mobilisant la pensée et le corps, pourrait opérer comme un levier.**

b. La condition humaine : de la séparation à l'attention

Puisque l'homme est enraciné dans le monde, il faut, pense S. Weil, d'abord questionner les conditions de son existence dans ce dernier. Il faut notamment **être attentif à sa dimension temporelle**. Cette temporalité est synonyme de **séparation**, c'est-à-dire de non-immédiateté : il y a toujours un écart entre la volonté que l'on forme et sa satisfaction, un écart potentiellement illimité car seul le désir, qui est « la marque de notre origine » (p. 428), est en nous sans limites. Cet écart impose de procéder par étapes afin d'atteindre le but visé. Il est donc **ce qui contraint l'homme à agir et singulièrement à travailler** : à transformer le réel de façon à en obtenir ce qu'il ne lui livre pas spontanément. Cette non-immédiateté fait du **travail une médiation pénible**, le réel opposant une résistance source de souffrance. Mais cette médiation est en elle-même **profitable**, le travail permettant au travailleur d'avoir une prise sur le monde et de s'objectiver dans la matière : d'y imprimer sa marque comme déjà Hegel l'expliquait (*Phénoménologie de l'Esprit*, 1807).

Encore faut-il **que le travail prenne la forme d'une activité méthodique** soit d'un faire qui, attentif aux rapports qui lient les choses entre elles, sait « [ruser] avec l'obstacle » (*La Condition ouvrière,* p. 335) de façon à obtenir d'elles ce qu'il veut. Cela suppose **une attention « discursive »** (p. 430) : une attention qui, raisonnant, épargne l'effort. Ce dernier est nécessaire quand, faute de méthode, l'activité de l'homme se heurte à la résistance des choses. Il est évitable quand, à la faveur du raisonnement, l'homme comprend la nécessité et la tourne à son avantage. Un ouvrier, rencontré par S. Weil, en témoigne : travaillant sur « un métier de Jacquard [...] il dit n'être jamais fatigué » grâce à une parfaite connaissance de sa machine, c'est-à-dire notamment « du rapport du carton, des aiguilles et du fil. » (« Journal d'usine », p. 135). Fini, l'homme en vient, certes, toujours à fatiguer mais, souligne S. Weil dans *Attente de Dieu* (1950), il doit alors avoir la sagesse de suspendre son travail et de se ressourcer car « quand la fatigue se fait sentir, l'attention n'est presque plus possible. »

c. Le travail ou la réalisation de son humanité

« Il te faut une discipline de l'attention toute nouvelle pour toi : savoir passer de l'attention attachée à l'attention libre de la réflexion, et inversement. » Ces mots du « Journal d'usine » (*La Condition ouvrière,* p. 202) disent la « discipline » que s'est imposée S. Weil pour tenter de retrouver dans le travail ouvrier l'articulation du faire et de la pensée, pour tenter même d'atteindre le point où travail intellectuel et travail manuel se rencontrent : « la contemplation » (p. 431). **Le travail est, en effet, humain quand, synonyme d'une pensée en acte, il permet à l'homme d'épouser la nécessité « qui est la substance même de l'univers » (*Attente de Dieu*) pour mieux la dominer** ; cela au point d'atteindre une fluidité dans le geste témoignant d'une libre interaction entre le corps, la pensée et le monde. Le travailleur fait alors preuve d'une **« grâce »** comparable à celle que connaît le danseur dominant jusqu'à la loi de la pesanteur. Il touche alors à **la beauté** : il la vit et la contemple non pas dans une réalité transcendante, mais dans la réalité temporelle dans laquelle son travail s'inscrit. Ainsi en est-il du « coureur à pied » ou du « paysan » qui, maîtres de leurs gestes, paraissent dominer jusqu'au temps : « le coureur à pied, au moment qu'il dépasse un record mondial, semble glisser lentement » ; « plus un paysan fauche vite et bien, plus ceux qui le regardent sentent que, comme on dit si justement, il prend tout son temps » (*La Condition ouvrière,* p. 337). À la faveur de son travail, un tel paysan se réalise pleinement en tant qu'homme : comme alliance d'un corps et d'un esprit, enracinée dans un monde soumis au temps.

En travaillant, l'homme se réalise d'autant plus comme humain qu'il expérimente son pouvoir créateur et participe à la vie de la collectivité. À la suite de Proudhon, S. Weil pense, en effet, qu'animal politique, l'homme doit coopérer avec ses semblables. La division sociale du travail doit ainsi être pensée en termes de collaboration entre travailleurs : une coopération portant chacun à donner de sa vie à la collectivité. « L'homme donne son sang, sa chair à l'homme sous forme de travail », dit ainsi la philosophe à ses élèves du lycée d'Auxerre (*Œuvres complètes,* I, p. 378). Il y a **une dimension eucharistique du travail** que Proudhon avait déjà soulignée et qui explique le mépris de S. Weil pour « ceux qui [vivant] de sensations ne sont, matériellement et moralement, que des parasites par rapport aux hommes travailleurs et créateurs qui seuls sont des hommes. » (*La Condition ouvrière,* p. 69). **Synonyme de coopération et de don, le travail va logiquement de pair avec la fraternisation**. On comprend dès lors le désarroi de S. Weil en usine constatant l'absence de « vraie fraternité » (p. 54). On mesure inversement l'ampleur de son bonheur durant les « belles journées joyeuses et fraternelles » des occupations d'usine de 1936 (p. 258). Le contraste humain entre le temps du travail et le temps de la grève est, à cet égard, saisissant. Il révèle combien le travail ouvrier est dénaturé.

B. L'inhumanité du travail ouvrier

a. Une épreuve temporelle : la cadence et la monotonie

Dire du travail ouvrier qu'il est dénaturé, c'est dire que l'organisation du travail dans laquelle il s'exerce le dépossède de ce qui le caractérise en propre et en fait un bienfait pour celui qui s'y adonne. Une des caractéristiques de la condition humaine est, disions-nous, sa temporalité. Or le taylorisme, accentué par le fordisme, vient précisément bousculer le rapport au temps que le travail devrait permettre de dompter. **Le « travail aux pièces avec prime »** (p. 314) conçu par Taylor a pour effet d'**inscrire le travailleur dans une course de vitesse en rupture avec son propre rythme**. Pour gagner plus, il lui faut, en effet, produire davantage de pièces en répétant mécaniquement et de plus en plus vite les mêmes gestes. La course est accentuée quand, tels les manœuvres, il faut aller à la vitesse imposée par une machine. Elle est accentuée pour tous quand une chaîne de montage, héritée de Ford, impose **la cadence** de façon à « extraire des travailleurs le maximum de travail dans un temps déterminé. » (p. 316). « Dans le langage de l'usine », observe S. Weil, on utilise le mot « cadence » et non le terme « rythme » pour désigner la succession des gestes que doit exécuter l'ouvrier (p. 337). « C'est juste », commente-t-elle, car si le rythme est organique, divin même en ce qu'il connaît des pauses, même furtives, permettant à la conscience d'embrasser ce qui est fait, **la cadence est strictement horlogère** : elle est « le tic-tac d'une horloge », une succession ininterrompue n'accordant à l'esprit nul répit. **La fluidité dans le geste n'est alors pas possible**, de là le contraste entre « le coureur à pied » et « le paysan », d'une part, et « les manœuvres sur machines », d'autre part. Soumis à la cadence de ces dernières, ces ouvriers offrent « le spectacle [...] d'une précipitation misérable d'où toute grâce et toute dignité sont absentes » (p. 337).

À cette épreuve temporelle s'en ajoute une autre qui en découle logiquement : **la monotonie et l'ennui**. La répétition incessante des mêmes gestes est, en effet, synonyme d'une monotonie qui **plonge la conscience dans une torpeur à laquelle, pourtant, elle ne peut pas céder** pour être à chaque seconde en mesure de réagir à l'imprévu et de tenir la cadence imposée. « Je force encore un peu. Peu à peu, la monotonie de la tâche m'entraîne à rêver. [...] Réveil brusque : combien est-ce que j'en ai fait ? Ça ne doit pas être assez. Ne pas rêver. Forcer encore. » (p. 266). La monotonie et l'ennui ne sont, concède S. Weil, pas l'apanage du travail ouvrier : il s'agit là d'une peine inhérente à notre temporalité. La succession cyclique des jours, des mois et des saisons présente une uniformité en apparence comparable à celle que connaît l'ouvrier. Mais elle offre une variété qui la rend irréductible à la répétition incessante du même et elle n'interdit pas à l'esprit de rêver. Tout autre est la succession du travail à la chaîne : **le même s'y répète et la variété vient d'imprévus hasardeux** qui, à la fois, imposent de rester en alerte et ne permettent pas d'anticiper. **La pensée est alors privée de la possibilité de « dominer le temps ».** « Cela fait un temps inhabitable à l'homme, irrespirable. » (p. 348-349). Il en résulte une souffrance et une fatigue du corps comme de l'esprit, au point qu'« on aimerait pouvoir déposer son âme, en entrant, avec sa carte de pointage, et la reprendre intacte à la sortie ! » (p. 335).

b. Une épreuve intellectuelle : l'exécution dans l'incompréhension

« La monotonie du travail commence toujours par être une souffrance. Si on arrive à s'y accoutumer, c'est au prix d'une diminution morale » (p. 322), soit d'un affaissement au rang d'une chose mécanisée. « En fait, on ne s'y accoutume pas », corrige S. Weil, non par résistance à sa propre dégradation, mais parce que les conditions de travail ne le permettent pas. Il faut rester en alerte, disions-nous, pour pouvoir parer au moindre imprévu. Il le faut aussi pour tenir le chronomètre et répondre aux ordres des chefs. **Le sort réservé à la pensée est symptomatique de la dénaturation du travail ouvrier** : si elle doit rester en éveil, elle ne doit surtout pas errer et elle peut encore moins se mêler de la façon de travailler. Le travail taylorisé est, en effet, basé sur **un strict partage entre l'intelligence et l'exécution** : l'ouvrier est un corps qui doit accomplir les tâches et à la cadence que d'autres ont pensées. Simple rouage interchangeable de la machine-usine, il peut, d'ailleurs, à tout moment, être déplacé sur l'ordre arbitraire d'un chef, seul décisionnaire de l'usage qu'on fait de lui. L'ordre, observe S. Weil, peut être « inexécutable » ou bien contradictoire avec celui d'un autre chef, mais la soumission impose de « se taire et plier » (p. 60), de ravaler son intelligence et sa dignité. **Prise en étau entre « la vitesse et les ordres », « la pensée se recroqueville » jusqu'à se neutraliser**. « On ne *peut* pas être "conscient" », commente la philosophe (p. 60), et pourtant on *doit* le rester à tout instant. Si inconscience il y a, elle ne peut alors être que de la signification morale de l'usage que l'usine fait de soi.

La négation de l'intelligence de l'ouvrier ne s'arrête pas à l'exécution qu'on attend de lui. Elle se prolonge avec sa méconnaissance des machines sur lesquelles il travaille et même des objets qu'il produit. Dans son « Journal d'usine », S. Weil se dit « exaspérée par l'ignorance de ce qu'[elle] fait » (p. 184) : **« L'ignorance totale de ce à quoi on travaille est excessivement démoralisante**. On n'a pas le sentiment qu'un *produit* résulte des efforts qu'on fournit. » (p. 203-204).

C'est qu'une telle ignorance prive de la possibilité à la fois de s'objectiver, de se sentir utile, d'intellectuellement appréhender et de donner du sens à ce qu'on fait ; de là le **sentiment « de s'être épuisé à vide »** (p. 340) : d'avoir donné toutes ses forces sans rien avoir produit. Le don de soi est un don à perte : « Sa vie même sort de lui sans laisser aucune marque autour de lui » (p. 340). On est alors loin du travail conçu comme eucharistie. On en est d'autant plus loin que, méconnaissant le fonctionnement des machines qu'il « sert » (p. 339), l'ouvrier n'a pas le sentiment de faire partie des lieux ni même d'être « au nombre des producteurs » (p. 204). **N'y comprenant rien, il ne s'approprie rien par la pensée : il se sent « étranger » dans son usine, « exilé », « déraciné » (p. 341).**

La négation de l'intelligence ne s'arrête pas là : elle se prolonge avec **l'impossibilité de comprendre la paie versée**. « On ne sait pas ce qu'on touchera : il y aurait toujours à faire des calculs tellement compliqués que personne ne s'en sort, et il y a souvent de l'arbitraire. » (p. 267). On se tait donc encore : on se soumet à l'intelligence qui nous paie.

c. Une épreuve morale : l'esclavage

L'épreuve morale que vit l'ouvrier est la conséquence logique des épreuves temporelle et intellectuelle qui lui sont imposées. S. Weil la résume en un mot dont les occurrences sont nombreuses dans *La Condition ouvrière :* **« l'esclavage »**. Certes, l'ouvrier n'est pas captif, mais l'organisation du travail a pour effet d'humilier sa pensée en réduisant son intelligence au silence. Or **cette humiliation est, pour S. Weil, ce qui fait un esclave : un être dont la dignité humaine est bafouée**. « Incident entre Joséphine (la rouquine) et Chatel. » Joséphine vient d'être déplacée sur un poste moins rémunérateur. « Elle rouspète. » Il l'injurie. « Elle ne réplique rien, se mord les lèvres, dévore son humiliation. » (p. 117). Cette scène, rapportée dans le « Journal d'usine », résume la situation de celui qui, utilisé comme un rouage, est humilié donc traité comme un esclave. **Les facteurs qui produisent cela sont doubles : « la vitesse et les ordres »** (p. 60). Car, comme nous l'avons vu, la cadence et les ordres imposés à celui qui ne fait qu'exécuter conspirent à réduire au silence sa pensée, à priver son intelligence du pouvoir de dominer le temps, la matière et son propre corps. **Il s'agit là d'une « oppression sociale »**, comme l'expliquait S. Weil dans ses *Réflexions sur les causes de la liberté et de l'oppression sociale* (1934) : une oppression de l'homme par l'homme, au demeurant accentuée par les médiations qui s'interposent entre l'ouvrier et le propriétaire de l'usine. Le travailleur n'est, en effet, pas seulement soumis à ce dernier : il l'est aussi au directeur, aux contremaîtres et aux machines dont il doit suivre la cadence et répéter indéfiniment les « suites » (p. 258). **Esclave, l'ouvrier « sert » les machines : « il ne s'en sert pas »** (p. 339). Il est un rouage à leur service : **« Les choses jouent le rôle des hommes, les hommes jouent le rôle des choses ; c'est la racine du mal. »** (p. 336).

Le mal est d'autant plus grand que **l'esclavage se poursuit hors du temps du travail** ; cela, d'abord, parce que l'humiliation en vient à être intériorisée au point que l'ouvrier est lui-même persuadé de compter pour « zéro » (p. 220). « L'esclavage m'a fait perdre tout à fait le sentiment d'avoir des droits », dit ainsi S. Weil dans son « Journal d'usine » (p. 150). À cela s'ajoute le rappel de sa condition par « chaque détail de la vie quotidienne où se reflète la pauvreté à laquelle on est condamné ». Ce qui alors blesse, ce n'est pas la pauvreté en elle-même, mais l'esclavage qu'elle rappelle, « tel le bruit des chaînes pour les forçats d'autrefois. » (p. 227). **Ce qui blesse est de ne plus se sentir pleinement humain en raison d'un travail pourtant censé permettre de se réaliser comme humain.**

C. Le travail doit être civilisé

a. Réorganiser le travail

Mue par une exigence éthique, la réflexion de S. Weil ne saurait se contenter du constat désolé de la dénaturation du travail dont les usines sont le théâtre. Il lui faut penser les moyens de mettre fin à l'oppression sociale. Or pour cela, **deux écueils sont à éviter : l'écueil révolutionnaire** d'une part qui, au mieux, sert d'opium et, au pire (bolcheviks), ne fait qu'accentuer l'oppression ; d'autre part, **la croyance que la libération des hommes passe par leur affranchissement de tout travail.** Celui-ci est nécessaire tant pour la survie des hommes que pour leur réalisation. La seule issue est donc de le réformer de façon qu'il soit compatible avec leur dignité. « Il est venu beaucoup de mal dans les usines, et il faut corriger ce mal dans les usines. » (p. 350). Les mots de S. Weil sont clairs : **c'est dans l'usine que « le mal qu'il s'agit de guérir » doit être traité**. Mais comment faire sachant que l'usine est elle-même soumise à une concurrence économique et donc à une « loi du rendement » (p. 210) à laquelle même les directeurs les mieux intentionnés ne peuvent pas échapper ? Soucieuse de ne pas verser dans l'angélisme, S. Weil se montre pragmatique : « Tout ce qu'on peut faire provisoirement, c'est d'essayer de tourner les obstacles à force d'ingéniosité ; c'est **chercher l'organisation la plus humaine compatible avec un rendement donné.** » (p. 210).

Une organisation plus humaine du travail serait **une organisation qui ne blesserait pas l'intelligence de l'ouvrier**. Il conviendrait donc de réformer tout ce qui participe à cette blessure : l'incompréhension du fonctionnement des machines, l'ignorance de ce qu'on produit, la soumission à la machine, la vitesse, l'arbitraire des ordres, l'opacité de la paie, etc. Pour cela, il faudrait concevoir des machines avec lesquelles l'ouvrier aurait un rapport analogue à celui du marin avec son bateau ou de l'artisan avec ses outils : **des machines redonnant à l'intelligence du travailleur le pilotage du travail**, de sorte qu'il décide lui-même des tâches à accomplir et de leur coordination. C'est tout le sens de l'inversion, que propose S. Weil, au sujet des suites (enchaînements d'opérations) et des séries (répétitions des mêmes opérations) : **« Les séries seraient confiées à la machine, les suites le monopole de l'homme. »** (p. 258). C'est pourquoi S. Weil suggère à l'ingénieur J. Lafitte, auteur des *Réflexions sur la science des machines* (1932), d'**envisager des machines à la fois « *automatiques* et *souples* »** (*La Condition ouvrière*, p. 259) c'est-à-dire qui se prêteraient à des usages différents. Cela permettrait de repenser l'organisation même du travail : d'en finir avec le système des régleurs, né de la séparation tayloriste entre ceux qui pensent (régleurs) et ceux qui exécutent. Maître d'une machine dont il comprendrait le fonctionnement, l'ouvrier ne subirait plus les vexations d'un régleur, ne se sentirait plus humilié face à l'ingénieur ni étranger dans l'usine.

b. Cultiver l'attention contemplative

Ainsi réorganisée, l'usine ne serait plus un « bagne industriel » mais un « atelier » (p. 258), ce qui ne signifie pas que toute discipline et toute obéissance en seraient effacées. « J'ai au plus haut point le respect de la discipline dans le travail, et je méprise quiconque ne sait pas obéir » (p. 242), affirme S. Weil. Encore faut-il, précise-t-elle, **que la discipline et l'obéissance soient humaines**, ce qu'elles seront si elles font « appel dans une large mesure à la bonne volonté, à l'énergie et à l'intelligence de celui qui obéit » (p. 283-284), si donc l'ouvrier adhère aux exigences qui lui sont adressées, ce qui suppose qu'elles soient comprises et fondées.

Mais comment mobiliser l'énergie du travailleur s'il n'a d'autre motivation que de « gagner sa vie » (p. 419), soit de conserver ce qu'il a ? On touche là à un problème qui explique, selon S. Weil, « la démoralisation du peuple » (p. 420). La seule source d'énergie, explique-t-elle, est, pour l'homme, le désir. Or celui-ci ne peut pas se porter sur ce qu'on possède déjà. **L'ouvrier est donc en manque de fins**, d'où son orientation vers des fins apparentes (plaisirs, argent, sentiment révolutionnaire, famille) qui, au final, ne le comblent pas. La seule issue est alors de **l'orienter vers le seul désir qui se satisfait de ce qui est déjà : le désir de beauté** qui, se repaissant de celle qui s'offre, « ne désire rien y changer » (p. 423). **La beauté est, en cela, faite pour les travailleurs**, ce qui, pour S. Weil en 1942, revient à dire que **Dieu est, d'abord, fait pour eux** car il est la source de toute beauté. On retrouve ici l'idée weilienne d'une « religion des esclaves » que serait le christianisme, une religion qui n'implique, au demeurant, pas le détour par quelque église : il suffit de « lever la tête » (p. 423) et d'exercer son attention de façon à être sensible et à contempler la beauté du monde. Quel rapport avec le travail, demandera-t-on ?

La beauté elle-même. **Il y a, pense S. Weil, de la beauté dans tout travail authentique**, une beauté que l'on saisira si l'on a soin de poétiser, soit d'y voir des symboles qui en révèlent toute la beauté. C'est le sens des analogies établies entre des vérités ou des symboles de foi d'une part (« la Croix comparée à une balance », p. 426) et des travaux d'autre part (soulever des fardeaux, manier des leviers). En y étant attentif, le travailleur trouvera de la beauté et du sens à ce qu'il fait et ainsi surmontera « la fatigue, l'ennui et le dégoût » (p. 427) qui l'envahissaient.

c. S'enraciner et donner

En redonnant à la pensée du travailleur toute sa place et en l'incitant à la contemplation de son propre travail, S. Weil s'efforce d'y **introduire de la spiritualité**, ce qui revient à **l'humaniser** ou encore, dira-t-elle dans *L'Enracinement*, à **le « civiliser »**. L'homme étant l'union d'une âme et d'un corps, l'humanisation du travail implique, en effet, qu'il mobilise et qu'il parle à l'esprit du travailleur, qui ne doit plus être réduit au statut de simple rouage vivant. Cette spiritualisation ne fait qu'une avec la civilisation pour S. Weil, qui refuse de penser cette dernière par la seule référence au progrès de la science et de la technique. C'est dans ce sens qu'elle déclare que **« notre époque a pour mission propre, pour vocation, la constitution d'une civilisation fondée sur la spiritualité du travail »** (*L'Enracinement*). L'alliance des deux termes « spiritualité » et « travail » est significative : elle révèle le souci weilien non pas d'arracher l'homme à la terre, mais bien de favoriser son habitation à la faveur de cette médiation qu'est le travail, activité nécessaire et décisive qui, bien pensée, est du corps et de l'esprit.

Si l'on ne veut plus que les ouvriers se sentent « déracinés » « dans leur propre pays » (*La Condition ouvrière,* p. 340-341), il faut, par la place laissée à leur pensée, par le respect de leur dignité, par la perception de l'utilité et du sens de leur travail, **favoriser leur « enracinement »**, c'est-à-dire non pas simplement la domination de la matière par leur esprit, mais aussi leur ancrage dans la société et, plus largement, leur inscription dans l'univers. Le concept weilien d'enracinement engage, en effet, d'abord l'idée d'une **société faite de relations interindividuelles dont le principe est le don** : chacun donne de lui-même notamment par son travail, ce qui alimente un sentiment de fraternité qui fait aussi notre humanité. Le concept engage aussi l'idée d'un **rapport au monde qui nous est donné, voire d'un rapport à un Dieu qui nous l'aurait donné** ; un rapport essentiel quand il est question de travail tant la transformation qu'opère celui-ci détermine ce que nous faisons de la Terre qui est notre maison.

Conclusion

« Bien malgré toi, sous la pression d'une dure nécessité. » (Homère, *Iliade*, VI, v. 458). « Que pour chacun son propre travail soit un *objet de contemplation.* » (*La Condition ouvrière,* p. 81). À elles seules, les deux épigraphes du « Journal d'usine » de S. Weil résument l'essentiel de sa pensée sur le travail. « Jetés hors de l'éternité » (p. 348), soumis donc au temps, **les hommes doivent faire avec la nécessité vitale qui les contraint à travailler** et, travaillant, se frotter à la nécessité des lois naturelles qui régissent la réalité qu'ils transforment. Mais c'est **par cette transformation qu'ils habitent le monde en tant qu'humains** : par elle que, dominant la nécessité et coopérant, ils se réalisent pleinement. C'est, du moins, ainsi que le travail devrait opérer. Or le subjonctif de la seconde épigraphe nous rappelle un écart : celui-là même que S. Weil a expérimenté en se confrontant à la « dure nécessité ». En travaillant en usine, la philosophe a effectivement vécu la réalité d'un travail qui « en deux ou trois semaines » (p. 59) renverse le sentiment de sa dignité. Elle a pris la mesure du chemin à parcourir pour faire du travail ce qu'il devrait être : **le levier par lequel l'homme s'enracine c'est-à-dire s'inscrit dans la réalité terrienne, sociale et cosmique qui est la sienne**.

Texte-clé commenté

« Expérience de la vie d'usine », p. 339 à 341, de « Le temps lui a été long... » à « ...pendant qu'ils travaillent. »

Introduction

Le texte est extrait d'un article, « Expérience de la vie d'usine », remanié et publié en 1942 dans la revue *Économie et humanisme*. Or, écrit en 1941 dans la version qui nous est proposée, il reprend une ébauche de lettre rédigée au début de l'année 1936 à destination de J. Romains, l'auteur des *Hommes de bonne volonté*. Dressant un pont entre les trois périodes que couvre *La Condition ouvrière* (avant mai 1936, pendant les grèves de 1936, après 1936), l'article occupe une place décisive dans l'économie de l'ouvrage. S'appuyant à la fois sur son « expérience de la vie d'usine qui date d'avant 1936 » (p. 325), sur son observation des occupations d'usine et sur l'issue du Front populaire, S. Weil y **analyse les ressorts du malheur ouvrier pour mieux en déduire les réformes qu'il faudrait engager**. L'extrait s'insère dans l'analyse de la condition ouvrière : ayant dégagé ce qui alimente le sentiment de servitude des ouvriers, la philosophe y questionne leur rapport au monde et singulièrement à l'usine et aux machines. Il s'agit alors de **remonter à la racine du malheur des ouvriers** : comprendre par quel mécanisme ils se sentent, chez eux, « exilés » afin d'en déduire les conditions d'une amélioration.

1. L'ouvrier est un exilé

A. Un étranger dans un monde de machines

« Le temps lui a été long » : d'entrée, S. Weil attire l'attention sur ce qui est au cœur du travail, la temporalité. Car, **si les hommes travaillent, c'est pour pallier l'écart temporel qui sépare leurs besoins de leur satisfaction**. En théorie, le travail est une médiation qui comble cet écart, mais pour l'ouvrier, il paraît l'accentuer. La pénibilité du travail en usine est, en effet, telle que **la distance à parcourir pour obtenir de quoi vivre semble paradoxalement s'allonger.** Paradoxalement, car le travail investi est une course de vitesse, mais d'une monotonie telle que la conscience doit constamment lutter pour rester éveillée. La pensée subit le temps qu'elle devrait dominer.

Le temps n'est pas le seul paramètre de l'épreuve. S'y ajoute le rapport à l'espace : au lieu où l'ouvrier travaille. **L'usine n'est pas la maison de l'ouvrier** : elle est une terre étrangère habitée par des matérialités (machines et pièces) au service desquelles il est placé. Il est, en cela, dans la position de l'esclave antique, sauf que **ceux qu'il sert ne sont pas des hommes mais des machines**. L'attention que lui prêtent les « chefs » s'attache à le lui rappeler : oscillant entre indifférence à ses souffrances et harcèlement par des ordres arbitraires, elle le renvoie continûment à son insignifiance – au statut d'**une chose qui compte pour « zéro »** (p. 220).

B. Un homme sans propriété

Le sentiment ouvrier d'être un exilé sur une terre de machines est d'autant plus marqué qu'il est **privé de toute possibilité d'appropriation des lieux**. À la suite de Proudhon, S. Weil pense que le travail fonde la propriété, qu'idéalement donc la société devrait être une « organisation » de travailleurs propriétaires. Mais, observe-t-elle, le statut juridique de propriétaire n'est qu'un des moyens de répondre au besoin d'appropriation. La pensée est un autre moyen, en l'occurrence plus accessible, et pourtant refusé à l'ouvrier. Pour s'approprier un lieu, pour l'habiter par la pensée, il faut, en effet, déjà le comprendre. Or **les machines échappent à la compréhension de l'ouvrier, ce qui ajoute à son sentiment d'étrangeté**. Évoluer à sa guise dans l'usine serait un autre moyen de se l'approprier. Mais, passant d'une machine à une autre sous les ordres d'un contremaître, l'ouvrier en est encore empêché.

Le problème est que **le besoin d'appropriation est inhérent à la nature humaine** car, loin de se réduire à l'instinct qui porte l'animal à marquer son territoire, il résulte du besoin de l'esprit de prendre ancrage et de s'affirmer à travers la matérialité. **L'impossibilité de s'approprier ce qui l'environne participe donc au processus de déshumanisation de l'ouvrier**, ce processus qui inverse le rapport entre lui et les choses, au point de le réduire au statut de **simple moyen au service d'une fin : les machines et leurs produits**. Lectrice de Kant, S. Weil sait que la réduction au statut de simple moyen est l'exact opposé du respect qu'impose absolument la dignité de la personne. Contesté dans sa dignité, l'ouvrier est une chose dans un monde de personnes que deviennent les choses.

2. Le travail ouvrier est insensé

A. Une dépense à vide

L'inversion du rapport entre les hommes et les choses est confirmée par l'idée que l'historicité bascule du côté de ces dernières : **« les pièces ont leur histoire », les ouvriers n'en ont pas,** car ils sont cloués au présent réitératif d'une production en série. Mais, travaillant, l'ouvrier ne peut-il pas s'engager dans le processus dialectique qui, de l'esclave hégélien, fait bientôt un maître pleinement humain ? Non, répond S. Weil, car **l'organisation du travail en usine prive l'ouvrier de la possibilité de s'objectiver** : n'intervenant qu'à un stade infime du processus de production, ne faisant qu'assister la machine et ignorant même ce qu'il produit, il ne peut pas imprimer « sa marque » dans la matière, ni donc s'y reconnaître, ni goûter à la satisfaction que procure une telle empreinte de son esprit. **Ce sont les machines qui produisent, ce n'est pas lui.**

Le paradoxe est que **l'ouvrier donne beaucoup de lui-même** : il donne, enseignait déjà Marx, toute la force que son maigre salaire lui permet, chaque jour, de reproduire. Il donne même « sa vie », complète S. Weil, c'est-à-dire toutes ses ressources corporelles et spirituelles. Mais où passent donc ces ressources si l'ouvrier ne se retrouve dans rien de ce qui est produit ? Elles passent dans la force qu'il faut pour répéter, à la bonne cadence, indéfiniment les mêmes gestes, dans le combat qu'il faut engager pour ne pas sombrer dans la somnolence, dans l'effort d'attention au seul présent, dans le ravalement de sa fierté et de tout sentiment. En l'absence de marque objective, **la seule preuve de toute cette dépense est l'épuisement au sortir de l'usine** ; un épuisement qui, faute de retour, donne le sentiment de s'être dépensé « à vide », de **s'être donc livré à un travail insensé**.

B. Une force volée

Il y a, certes, la paie mais son versement est lui-même l'occasion d'une **accentuation du processus de déshumanisation**. La cérémonie de la paie, d'abord : les ouvriers sont alignés comme des bestiaux attendant leur tour pour recevoir leur ration. Rassemblés en « troupeau », ils ne sont pas des personnes singulières qu'on s'apprêterait à reconnaître, mais **un cheptel d'individus indifférenciés** dont l'attroupement pour toucher quelques « sous » renvoie à leur soumission aux besoins animaux. L'obscurité de la paie ensuite : l'impossibilité d'en comprendre le calcul ajoute à l'incompréhension des lieux qui fait de l'ouvrier un exilé dans l'usine. Elle accentue, en outre, le **sentiment d'arbitraire**, donc d'injustice et de soumission au bon vouloir du patron. Plaçant dans l'incapacité de vérifier et de contester, l'incompréhension de la paie conforte dans le sentiment – caractéristique de l'esclavage – de n'avoir aucun droit (p. 150). Elle alimente, en retour, cette « **crainte de déplaire** » qui, portant à se soumettre, est « incompatible avec la dignité humaine » (p. 248).

Le niveau de la paie renforce l'humiliant processus tant il contraste avec l'ampleur de l'énergie déployée, des souffrances endurées et de l'épuisement ressenti. Marx l'expliquait : le salaire ne reflète pas la valeur effectivement ajoutée par le travail de l'ouvrier. Il est, au mieux, calculé pour lui permettre de renouveler la force de travail dont l'usine aura, le lendemain, besoin. **Il y a vol de la force de travail**. Il y a, en cela, une nouvelle fois, humiliation de l'ouvrier. Il y a même pire car, ne témoignant pas du travail qu'il a fourni, **la**

paie ne lui offre même pas un substitut symbolique de « la marque » personnelle que l'organisation du travail l'empêche d'imprimer sur la matière. Elle lui refuse même le sens et la satisfaction indirects que lui procurerait son travail si elle lui permettait de faire davantage que se conserver hors du temps travaillé.

3. L'enracinement nécessaire des ouvriers

A. L'irritabilité des déracinés

S'il n'y a pas de signe qui confirmerait le travail investi, il y en a une multitude qui rappellent à l'ouvrier combien il importe peu dans le monde de machines où il a échoué. À l'instar de la pauvreté telle que S. Weil l'évoque dans ses « Lettres à Victor Bernard » (p. 227), toutes les douleurs physiques, blessures morales et contrariétés sont vécues comme autant de rappels de l'esclavage, de l'insignifiance et de l'exil auxquels l'ouvrier est condamné. **En brisant l'homme, l'usine en fait un être irritable** : une chair à vif sur laquelle le moindre signe provoque une souffrance démultipliée que l'obligation de « se taire » (p. 60) vient renforcer.

La contrainte d'attendre, même sous la pluie, l'heure de l'embauche fait partie de ces signes gratuits mais délibérés. L'attente forcée est un rappel de l'étrangeté de l'ouvrier à l'usine qu'il s'apprête à pénétrer. Elle est un rappel qui, en écho, le rappelle à son esclavage comme « le bruit des chaînes » renvoyait « les forçats d'autrefois » (p. 227) à leur bagne. **Le rappel touche ici à « la racine du mal »** (p. 336) : à l'inversion des rôles entre les hommes et les choses qui fait de l'usine la terre des machines et des ouvriers « des étrangers » et, pire encore, des « exilés ». **Le concept d'exil introduit ici l'idée de condamnation et de mise au ban** : les ouvriers sont, par leur misère, condamnés à l'usine comme un citoyen athénien pouvait être condamné au bannissement. Leur situation engage non pas seulement l'usine, mais bien le pays tout entier dont l'organisation socio-économique conspire à la relégation déshumanisante qu'ils vivent. On comprend alors pourquoi S. Weil en vient à parler de **« déracinés »**, c'est-à-dire d'**hommes privés du pouvoir de s'inscrire dans la société et dans le monde** à la faveur de relations horizontales faites notamment d'échanges des fruits de son travail.

B. L'enseignement de 1936

Les occupations d'usines de 1936 opérèrent comme un révélateur au sens photographique du terme. **L'idée même d'occuper les usines fut, en elle-même, significative** : une grève n'aurait pas suffi ni, d'ailleurs, quelque manifestation dans les rues, car ni l'une ni l'autre n'auraient touché à « la racine du mal », soit à une organisation du travail qui, soumettant les hommes aux choses, fait de l'usine une terre de machines. L'enjeu de ces occupations allait ainsi bien au-delà, pense S. Weil, du seul souci de peser dans les négociations avec le gouvernement de L. Blum et le patronat. Elles procédaient d'une **exigence de retour à l'humanité, c'est-à-dire à un ordre où le rapport entre les machines et les hommes n'est pas inversé.**

Le spectacle de ces occupations, dont témoignent « La vie et la grève des ouvrières métallos » et des lettres à V. Bernard et à A. Detœuf, est comme **un négatif du travail en usine, au sens photographique du mot**. Les paroles et les rythmes humains ont remplacé le bruit et la cadence des machines. La fraternité et la joie ont supplanté l'indifférence et la souffrance. La peur et la docilité ont changé de camp. La fierté l'a emporté sur l'humiliation. **Le temps de ces occupations, les usines sont devenues la maison des ouvriers** (mot que S. Weil met alors au pluriel) : cessant d'y être des étrangers, **ils se les sont appropriées**. Par une ironie amère, il aura donc fallu l'arrêt du travail pour que les ouvriers se sentent « chez eux » sur leur lieu de travail. S. Weil y voit la confirmation d'un profond dysfonctionnement de l'organisation à la fois des usines et de la société. Aussi suggère-t-elle de procéder à des réformes qui, ne se contentant pas de modifier le temps de travail et le niveau des salaires, **permettraient aux travailleurs de s'approprier leur lieu de travail au moment où ils travaillent** et, par extension, de ne pas se sentir, par leur propre pays, relégués sur une terre sans humanité. C'est à la condition d'un tel enracinement qu'ils se sentiront engagés dans le devenir de leur patrie.

Conclusion

Instruite par son expérience en usine, les occupations de 1936 et l'échec au moins partiel du Front populaire, S. Weil confirme dans ce texte ce que, depuis 1934, elle affirmait : le malheur des ouvriers n'a pas pour principal ressort la propriété privée des moyens de production, contrairement à ce que Marx pensait. **La source du problème est à chercher dans l'organisation même du travail**, plus précisément, nous informe cet extrait, **dans l'inversion du rapport entre les machines et les hommes**. Cette inversion est, bien sûr, à l'instigation d'autres hommes, qui utilisent donc les machines comme un instrument d'asservissement et de déshumanisation des ouvriers. Il en résulte un déracinement de ces derniers qui, exilés en terre de machines, se sentent étrangers dans le pays qui les y a relégués. Le remède est dans une réorganisation du travail qui, laissant place à l'intelligence de chacun, lui permettrait de s'approprier les lieux. Il est dans un **ré-enracinement dont le pivot serait le travail et qui, partant de l'usine, s'étendrait à la société et au monde entier**.

Références bibliographiques

Quelques œuvres de Simone Weil
(par ordre d'édition et non de rédaction)

- *La Pesanteur et la Grâce,* Plon, 1947.
- *L'Enracinement, prélude à une déclaration des devoirs envers l'être humain,* Gallimard, 1949.
- *Attente de Dieu,* Vieux Colombier, 1950, comprenant notamment la lettre au Père Perrin du 14 mai 1942.
- *Oppression et Liberté*, Gallimard, 1955, comprenant notamment les *Réflexions sur les causes de la liberté et de l'oppression sociale* (1934).
- *Sur la science,* Gallimard, 1966, regroupant des écrits rédigés entre 1932 et 1942.

Quelques études sur Simone Weil

- Robert Chenavier, *Simone Weil. Une philosophie du travail,* Cerf, 2001.
- Emmanuel Gabellieri, *Penser le travail avec Simone Weil,* Nouvelle Cité, 2017.
- Nadia Taïbi, *La Philosophie au travail. L'expérience ouvrière de Simone Weil,* L'Harmattan, 2009.

Références audiovisuelles

- Charlie Chaplin, *Les Temps modernes,* 1936.
- Jérôme Lambert et Philippe Picard, *Le Siècle des couturières,* 2021 (documentaire).
- Adèle Van Reeth, « Simone Weil, philosophe sur tous les fronts », *Les Chemins de la philosophie*, France Culture, 1, 2, 3 et 4 juillet 2019.
- Aïda N'Diaye, « Simone Weil », *Avoir raison avec…*, France Culture, 2, 3, 4 et 5 août 2021.
- Adèle Van Reeth, « Philosophie du management », épisode 3 : « Simone Weil, penser en travaillant », *Les Chemins de la philosophie*, France Culture, 21 octobre 2021.

Par-dessus bord (version hyper brève), 2003

Michel Vinaver

Étude de l'œuvre

Introduction

« Tout d'un coup, j'ai eu, en un flash, l'idée de *Par-dessus bord.* » Dans un entretien autour de la création de la version intégrale de *Par-dessus bord* au théâtre national de la Colline en 2008, Michel Vinaver évoque ce moment d'octobre 1967 où une illumination est venue concilier ses deux univers : l'entreprise et la dramaturgie.

M. Vinaver compte parmi les grands noms du théâtre français de la deuxième moitié du XXe siècle. Les metteurs en scène se délectent de la riche et inédite matière scénique qu'il couche sur le papier : une écriture insolite du dialogue, sans ponctuation, par répliques croisées, lesquelles s'intercalent souvent entre les enchaînements logiques, non pour brouiller les pistes, mais pour retranscrire ce méli-mélo parfois illisible qu'est la vie. Les répliques de M. Vinaver finissent toujours par retrouver leurs sœurs, reconstituer leur cohérence, retomber sur leurs pieds. Il y a une « patte » Vinaver. S'il soutient, contre toute attente, n'avoir pas de vision de la scène, en revanche, tout ce qui sort de sa plume est dialogue.

Quoi donc de révolutionnaire dans ce flash d'octobre 1967 ? C'est que M. Vinaver séparait jusqu'alors ses deux métiers : d'un côté, cadre déjà supérieur chez Gillette, de l'autre, dramaturge déjà connu des connaisseurs, mis en scène par Roger Planchon, préfacé par Roland Barthes. Surgit alors cette révélation flamboyante d'une pièce sur un sujet dont il maîtrise les arcanes, lui qui les fréquente de l'intérieur. Une pièce sur une puissante entreprise française qui vend du papier toilette. Une pièce avec une profusion abracadabrantesque de personnages, aux rôles des plus sérieux aux plus fantasques, les uns et les autres s'amalgamant parfois. Une pièce avec pour personnage principal le dramaturge de cette même pièce, lui-même cadre moyen de l'entreprise en question, Passemar – celui qui « passe » la pièce. Une pièce de sept heures. Une pièce qui jette « par-dessus bord toutes questions sur sa jouabilité : longueur, nombre d'exécutants, foisonnement des actions et des lieux », ainsi que M. Vinaver le confie lors du même entretien. Une pièce sur le travail.

1. L'œuvre dans son contexte

A. Biographie

M. Vinaver naît à Paris le 13 janvier 1927 d'une famille juive d'exilés russes. À cause des lois antijuives de Vichy, ils quittent la France pour New York, où il finit ses études secondaires. Engagé volontaire dans l'armée française en 1944-1945, il revient aux États-Unis où il étudie la littéraire anglaise et américaine. Son mémoire de fin d'études, qui devait porter sur Kafka, est finalement composé d'un ensemble de nouvelles. Sa vocation littéraire se définit lors de cette période-là. Le 15 avril 1946, il a l'audace de se présenter auprès d'Albert Camus, après une conférence à New York. Se noue une amitié initiatique dans la vie du jeune homme.

Rentré en France, M. Vinaver écrit un roman, *Lataume*, que Camus fait publier en 1948 chez Gallimard, puis un deuxième *L'Objecteur*, en 1950. Pour ce dernier, il reçoit le prix Fénéon. Il obtient ensuite une licence libre de lettres à la Sorbonne avant d'être embauché, en 1953, comme cadre stagiaire chez Gillette France, l'antenne française de la célèbre entreprise de rasoirs. Trois mois plus tard, il est nommé chef de service administratif. Un double tournant s'amorce ainsi dans sa vie, puisque c'est dans cette période que M. Vinaver s'affirme à la fois comme homme d'entreprise efficace et dramaturge de talent.

En 1955, Gillette envoie le jeune Vinaver en Haute-Savoie, au moment où se tiennent les Nuits théâtrales d'Annecy et un stage d'art dramatique amateur organisé par Gabriel Monnet. Celui-ci, pressentant une disposition en la matière, lui propose d'écrire une pièce. Ce fut chose faite, durant ses trois semaines de vacances en été, avec *Aujourd'hui ou Les Coréens*. Montée en octobre 1956 par Roger Planchon à Lyon, puis en février 1957 par Jean-Marie Serreau à Paris, la pièce divise mais fait parler d'elle. Le critique Roland Barthes l'apprécie grandement. C'est la naissance de Vinaver dramaturge.

Ses deux carrières se poursuivent en parallèle sur un rythme soutenu. En 1957-1959, il écrit deux nouvelles pièces : *Les Huissiers* et *Iphigénie Hôtel*, qui ne seront pas créées avant une vingtaine d'années. Entre 1959 et 1966, il est successivement promu P.-D.G. de Gillette Belgique, Gillette Italie et Gillette France. En 1969, un an après son « flash », il sort d'une dizaine d'années de panne. La version intégrale de *Par-dessus bord* naît, avant d'être montée en 1973.

La décennie de 1969 à 1982 voit ses deux carrières progresser avec éclat. Intronisé P.-D.G. de la société S.T. Dupont, acquise par Gillette grâce à ses négociations, il reste à ce poste huit années durant. Entre-temps, il écrit une multitude de pièces, toutes créées dans la foulée par des metteurs en scène de renom : *La Demande d'emploi* (1973), *Dissident, il va sans dire* (1978), *Nina, c'est autre chose* (1978), *Les Travaux et les Jours* (1979), *À la renverse* (1980), *L'Ordinaire* (1983). De 1982 à 1986, il devient délégué général du groupe Gillette pour l'Europe, avant de quitter Gillette et les affaires. L'année 1986 signe aussi le début de la publication de son théâtre complet aux éditions Actes Sud, ainsi que sa nomination comme professeur associé à l'Institut d'études théâtrales de l'université Paris III.

Dorénavant, M. Vinaver est homme de théâtre à temps complet. Parmi les pièces qui connaissent alors un grand succès figurent *Les Voisins* (1984) et *L'Émission de télévision* (écrite en 1988, créée en 1990). Une nouvelle décennie de silence dramaturgique, cette fois employée dans des affaires théâtrales – traductions, enseignement universitaire, direction de la collection « Répliques » pour l'élaboration d'un répertoire contemporain, mise en œuvre d'une méthode de micro-analyse des textes, exposée dans deux ouvrages collectifs, *Écritures dramatiques* – le sépare de sa pièce *King* (1998). Elle narre l'histoire vraie de King C. Gillette : inventeur en 1895 du rasoir jetable, self-made-man devenu multimillionnaire, et par ailleurs héraut d'une société nouvelle où l'argent n'existerait plus. M. Vinaver revient à ses amours d'antan, celles des affaires, des négociations, des occasions, des actions.

Mais la pièce la plus remarquable de cette époque, celle qui confirma la stature d'un dramaturge capable de s'emparer d'un fait d'actualité contemporain, de le rendre dans son authenticité tout en le calibrant en un objet théâtral puissant, c'est *11 septembre 2001*, écrite en anglais avant qu'il ne l'adapte en français, dans les semaines qui suivirent la tragédie. Se croisent la voix d'un journaliste, l'acteur américain Geoffroy Carey, rapportant les événements, et celles d'anonymes pris dans la tourmente, mais aussi celles de G. W. Bush et de Ben Laden. Contant en détail les événements de la catastrophe, la pièce dessine aussi les certitudes qui titubent, celles de l'urgence de l'instant et celles d'une vision d'ensemble du monde. Comme son théâtre, M. Vinaver vit et voit le présent, tout en pensant le tout, le passé et l'avenir. Il clôt son œuvre de dramaturge en 2015, par *Bettencourt Boulevard*. Il s'éteint le 1er mai 2022, à 95 ans.

B. L'œuvre de Michel Vinaver

a. Des débuts romanesques

Les deux romans qui marquent l'entrée de M. Vinaver dans le monde de l'édition dissonent avec son ample production théâtrale. *Lataume* (1950), où abondent violence, humour, absence de relation de cause à effet, éléments fantastiques, images par association libre, atteste une influence surréaliste ou oulipienne. Telle ne sera pas la voie empruntée par la suite. Quant à *L'Objecteur* (1951), de nettes similitudes existent avec *L'Étranger* de Camus, du fait d'un mélange de détachement et de lassitude qu'éprouve le héros face à une certaine absurdité du monde. Le jeune Julien Bême ne s'explique pas ses propres agissements.

Anecdotique donc, cette entrée en écriture ? Certainement pas. Deux constats peuvent en être dégagés. M. Vinaver martèle dans divers entretiens que son penchant naturel d'écrivain l'oriente vers le dialogue. S'essayant au roman, il estime n'avoir rédigé qu'une succession de discours directs. Le roman l'a dirigé vers le théâtre. En outre, ces publications, par le truchement de Camus, furent une passerelle vers la littérature. Selon Simon Chemama : « Camus a fait écrire M. Vinaver, qui doutait de sa vocation d'écrivain, il l'a *autorisé.* » (*Albert Camus – Michel Vinaver. S'engager ? Correspondance 1946-1957*). Le roman l'a légitimé.

Texte-clé

« Graduellement, j'ai abandonné toute écriture autre que le théâtre, sans doute parce que l'écriture théâtrale, elle au moins, n'exige pas au départ le *lié*, ça peut, au départ, n'être pas autre chose que des répliques banales jetées dans le désordre et la discontinuité. Ceci étant, dès qu'on part de là, tout le travail, tout l'effort, tout le processus de création, c'est d'en arriver à ce que quelque chose se forme, se constitue, qui aboutisse à des thèmes, à des personnages, à une histoire, à une cohérence. Et à un objet fini – la pièce. »

Michel Vinaver, *Écrits sur le théâtre I*, Éditions de l'Arche, 1982, p. 124.

b. Le théâtre vinavérien : une langue

Le théâtre de M. Vinaver, c'est avant tout une langue **dépourvue de ponctuation** – en-dehors des points d'interrogation et d'exclamation. C'est lors de l'écriture de *Par-dessus bord* que le dramaturge l'abandonne. Points, virgules et points-virgules ne trouvent donc qu'une place congrue dans son œuvre. Dans ses notes « En cours d'écriture de *Par-dessus bord* » (*Écrits sur le théâtre I*), il l'explique par trois séries de raisons : le jet fluide du langage de tous les jours, la liberté du jeu de comédien et le jaillissement confus de rythmes et d'images que permet la déstructuration des phrases.

À noter qu'une telle liberté était déjà répandue en poésie, depuis Apollinaire et les surréalistes, et commençait à l'être chez plusieurs romanciers – Albert Cohen et Claude Simon par exemple.

Le style de M. Vinaver emploie la **langue courante**. Si la syntaxe surprend, les groupes de mots, expressions, phrases pris isolément demeurent simples. Voici par exemple comment s'amorce le dialogue d'une mère et son fils en ouverture de *Dissident, il va sans dire* : « Hélène : Elles sont dans la poche de mon manteau/ Philippe : Non ni sur le meuble/Hélène : Tu es gentil/Philippe : Parce que tu l'as laissée en double-file ?/Hélène : Alors je les ai peut-être oubliées sur la voiture/ Philippe : Un jour on va te la voler ». Le dramaturge part de **mots ordinaires**, quelconques, dans le désordre, avant de les travailler dans un deuxième temps, de les tisser et d'en élaborer une intrigue. Le langage s'ancre dans une réalité immédiatement reconnaissable par le spectateur, sans négliger lieux communs, préjugés ou encore vulgarité. M. Vinaver revendique son métier d'artiste de la langue : « Je travaille la parole comme un peintre le trait et la couleur, comme un musicien le son. » (*Ibid.*, p. 315).

Les mots possèdent ainsi une **double fonction** chez lui. À la fois outil de communication et matériau brut à pétrir, le langage reste, d'une certaine manière, intact et intelligible. Sa langue évince circonvolutions et lourdeurs. **Peu marquée**, elle paraît aussi **peu recherchée** au premier abord. Mais les enchaînements deviennent abscons, si le lecteur ou le spectateur se déconcentrent, par exemple dans le début du dernier « morceau » de *Nina, il va sans dire* : « Nina : Et c'est toi qui as fait la purée ?/Charles : Merguez purée c'est pas sorcier avec les sachets instantanés/Nina : Un baiser Sébastien/Sébastien : Tu vas bien ?/Charles : Il n'a plus le temps maintenant le soir il rentre tard/Nina : Et vous refaites la maison mais quelle révolution ». Des mets du quotidien, des questions du quotidien, des expressions du quotidien, tout le substrat du dialogue ne se distingue guère d'une situation quotidienne. Pourtant, personne ne répond à la question de Sébastien. Un certain décalage se dessine entre les répliques, somme toute ordinaire, mais déconcertant.

La langue de M. Vinaver ne laisse pas de **dérouter** le lecteur et le spectateur, procédant par **sauts et rebonds**. Les répliques qui ne s'achèvent pas, celles qui restent suspendues jusqu'à ce qu'un autre personnage s'en empare, instaurent des saccades et résonances. Pour se repérer, il faut souvent présumer que deux dialogues se déroulent simultanément, et donc garder en tête l'avant-dernière (voire l'antépénultième) réplique au moment d'écouter la nouvelle. Dans *Les Travaux et les Jours*, ainsi débute le dernier morceau : « Yvette : C'est important le lit dans une maison/Nicole : Le plus important c'est la table/

Yvette : Non le lit/Anne : Ce en quoi j'ai cru toute ma vie un beau jour on vous dit/Jaudouard : La clientèle change/Nicole : D'abord la table une grande table sur laquelle on pourra tout faire/Jaudouard : Elle n'a plus la mentalité d'avant elle est moins portée sur les sentiments ». Yvette et Nicole discutent, Jaudouard monologue, Anne soliloque. Les répliques des uns entrecoupent celles des autres. On visualise ainsi les personnages dans une même pièce, vivant ce moment simultanément, mais chacun à son niveau de verbalisation et d'interlocution.

Pourquoi M. Vinaver procède-t-il ainsi ? Les **dialogues au quotidien**, surtout d'un point de vue extérieur, forment un brouhaha sans nom. Difficile souvent d'écouter les différents propos échangés dans une rue fréquentée. Les prises de parole se hachent et se chevauchent les unes les autres. Et même dans un cadre plus défini, un repas entre amis ou une réunion avec une dizaine de personnes, nous sommes conduits à devoir suivre plusieurs conversations en même temps, et ne perdre le fil d'aucune, sous peine d'encourir les griefs de nos interlocuteurs. Il convient de comprendre, ne serait-ce que sommairement, les paroles dont nous sommes plus ou moins destinataires.

Surtout, **l'alternance entre deux temporalités** marque la complexité des pensées, des remémorations et des anticipations qui prolifèrent dans l'esprit de chacun. Par exemple, dans *La Demande d'emploi*, le père de famille Fage, sans emploi, dialogue simultanément avec son épouse et sa fille d'un côté, et le recruteur Wallace, de l'autre. Le deuxième morceau débute ainsi : « Fage : Physiquement en pleine forme/Wallace : Ça se voit vous êtes de constitution robuste/Fage : Tout est arrangé ma chérie j'ai pu avoir vos deux billets pour Londres/Wallace : Sur le plan nerveux ?/Louise : Elle refuse d'y aller/Fage : Je la hisserai moi-même dans l'avion par la peau du cou ». Dans sa première réplique, Fage s'adresse à Wallace, qui acquiesce aussitôt, et pose une nouvelle question. Mais cette question est précédée d'une autre réplique de Fage qui, elle, s'adresse à son épouse, Louise, laquelle lui répond après la question de Wallace ! Le même personnage sur scène se situe dans deux moments distincts. La pièce entière s'enchaîne ainsi. Que l'entretien d'embauche avec Wallace ait lieu avant ou après les scènes de la vie de famille, il résonne en projection explicative de celles-là. Le spectateur s'immisce plus intimement dans les composantes essentielles de la vie d'un homme, Fage. Ce style dit aussi **l'imprégnation mentale des soucis** à laquelle l'humain est sujet. Pendant que nous discutons, nos pensées transportent parfois notre esprit loin dans les souvenirs ou les anticipations, comme Fage qui songe à Wallace.

En somme, comme le relève Delphine Rey-Galtier, le style de M. Vinaver offre à son spectateur « du temps, des blancs entre les répliques qui s'entrechoquent et passent à autre chose, **du temps pour se questionner au présent et apercevoir les abîmes qui le font chanceler** ».

c. Le théâtre vinavérien : des thèmes et des motifs

– **L'actualité** : Terreau privilégié de M. Vinaver, **l'actualité** ancre ses pièces dans le présent et dans l'histoire. Sans valeur véritablement documentaire – journalistique ou historienne –, elle se fonde cependant toujours sur des faits avérés. Sa première pièce porte pour titre *Aujourd'hui, ou Les Coréens* (1955). La guerre de Corée (1950-1953) était toute fraîche dans les esprits. L'intrigue d'*Iphigénie Hôtel*, pièce écrite en 1959, se déroule les 26, 27 et 28 mai 1958, soit durant les trois jours qui ont ramené le général de Gaulle au pouvoir, à la suite d'une tentative de coup d'État de généraux favorables à l'Algérie française, à Alger, le 13 mai 1958. À la fin, M. Veluze annonce qu'il « s'agit de négocier les modalités de la passation des pouvoirs dans la légalité ».

Trois autres pièces majeures portent sur des faits divers. *L'Ordinaire* (1981) met en scène les survivants d'un accident d'avion dans la cordillère des Andes, *11 septembre 2001* (2001) les attaques terroristes d'Al Qaïda contre le World Trade Center, et *Bettencourt Boulevard* (2015) l'affaire Woerth-Bettencourt. Plus qu'une pièce sur l'actualité, *Par-dessus bord* dépeint une époque, celle de la société de consommation, du développement des médias de masse, du marketing et de la publicité, celle aussi des révolutions culturelles et sociales autour de mai 1968.

– **Quotidien et réalisme** : Le **réalisme du quotidien** emplit toute l'œuvre de M. Vinaver. Il montre le présent indifférencié tel qu'il se déploie sans mise en forme. Les personnages sont saisis dans l'instant, rongés par leurs tourments et espérances pluriels. Le spectateur vit en direct des situations quotidiennes, comme le contremaître qui reçoit un coup d'un ouvrier contre qui il avait formulé des soupçons – « il a répété deux fois je comprends et puis j'ai senti le coup qui arrivait » (*Nina, c'est autre chose*) – ou encore les dîners animés entre voisins (*Les Voisins*), et la logeuse qui se rend au procès de la jeune accusée afin de témoigner affectueusement en sa faveur (*Portrait d'une femme*). Ces séquences apparaissent toujours dans le nœud d'une ou de plusieurs existences, avec le croisement des réalités qu'implique le style vinavérien des dialogues.

Le plus souvent, c'est le **rapport entre travail et vie personnelle** qui préside. Dans *Par-dessus bord*, les épisodes de rencontres entre Margerie et Olivier leur octroient une consistance biographique. « Mon petit beau-frère que j'aime plus qu'il ne m'aime » et « Je suis une Américaine arriviste qui a pénétré dans la famille Dehaze pour mettre le grappin dessus » éclairent les personnalités respectives des deux frères (p. 358). Mais surtout, ces scènes injectent dans l'atmosphère générale la densité supplémentaire d'une profondeur quotidienne. D'où l'intérêt également des échanges entre Alex et Jiji – fille de Lubin, personnage nodal.

À propos de *Par-dessus bord*, M. Vinaver souligne d'ailleurs le lien entre les petites histoires et la période historique : « En cours de travail, j'ai besoin de partir de ce qui est **à l'extrême de la banalité**, d'un **"banalissime"**, par exemple, dans *Par-dessus bord*, du rapport entre un vendeur et un grossiste, ou entre deux employés administratifs qui divergent sur les solutions à adopter par rapport à un niveau de stock trop élevé... C'est à partir de cela que j'arrive à donner des débuts de sens à l'événement historique plus large. » (*Écrits sur le théâtre I*, *op. cit,* p. 197)

Le grand metteur en scène Antoine Vitez, lors de sa présentation de la pièce l'*Émission de télévision*, au théâtre de l'Odéon en 1989, renchérit à ce sujet : « Vinaver nous embrouille avec la vie quotidienne. On a dit, pour qualifier son œuvre, cette expression vulgaire : le théâtre du quotidien, un théâtre du quotidien. Mais non : il nous trompe ; ce n'est pas du quotidien qu'il s'agit, **c'est la grande Histoire** ; seulement, il sait **en extraire l'essence** en regardant les gens vivre. »

– **L'humour :** L'**humour**, chez M. Vinaver, émerge le plus souvent à travers une **ironie** vis-à-vis de situations mal anticipées ou de personnages crédules. Dans certaines séquences ou scènes, une discrète distance se ressent entre le dramaturge et ses protagonistes. « Ironie dans le frottement de réalités d'ordre différent ; ironie manifestée par les minuscules chocs langagiers », selon Anne Ubersfeld (*Vinaver dramaturge*). Une pièce comme *L'Ordinaire*, épopée de la survie anthropophage, file une métaphore économique que le spectateur appréhende nécessairement avec ironie. La Faim et le Système ne font qu'un.

Dès *Les Coréens*, le désarroi des soldats français, quelque peu étriqués d'esprit mais surtout désarçonnés par un environnement hostile, suscite au moins le sourire. Dans la scène 11, trois soldats affrontent des ennemis invisibles, cachés dans la broussaille : « Beaugeron : Exaxerguès, crie-lui de se rendre./Exaxerguès : Oui ? Et si je lui crie de se rendre il va me tirer dedans./Beaugeron : Dis-lui qu'il aura la vie sauve./Exaxerguès : Il s'en fout, de la vie sauve. Et tu crois qu'il comprend le français ? »

L'ironie émane parfois **des propos mêmes des personnages impuissants,** lucides finalement sur leur situation. Par exemple, King admet, dans la pièce éponyme : « La Dépression une chose que je n'avais pas prévue ». Ou encore, les accidentés de la Cordillère des Andes, sur le point de disparaître l'un après l'autre, dans *L'Ordinaire*, formulent de véritables maximes : « Prévoir c'est prévenir/Le management c'est d'abord la prévention ». Comment imaginer de tels propos dans une situation si critique ? Les infinitifs, qui tâchent de prendre un recul solennel sur une question de survie animale, comportent des accents **héroï-comiques**.

Cependant, M. Vinaver réfute toute notion de satire : « Point de moquerie. **La satire, c'est la vision qui surplombe**, et le théâtre que je cherche à faire est à l'opposé du satirique », souligne-t-il dans *Écrits sur le théâtre*. Il refuse la condescendance au profit de la surprise. Il affectionne la notion de « **comique de découverte** », comme il le nomme dans un entretien.

Enfin, indubitablement, la pièce la plus comique de M. Vinaver est *Par-dessus bord*, dont l'ironie transparaît dès les grandes lignes mêmes de l'intrigue : c'est pour du papier toilette qu'une énergie colossale est déployée par autant de personnages, à travers des jeux de pouvoir si subtils et cruels ! La **collision** des différentes tonalités, des discours et des réalités si variées, n'échappe pas au plaisir du spectateur.

– **L'engagement politique et social** : M. Vinaver n'est pas à proprement parler un auteur engagé, ce qui ne le rend pas pour autant indifférent aux causes sociales et politiques, tant s'en faut. Ces causes traversent son œuvre, rarement comme motif central, surtout comme degré de lecture assez limpide pour **interpeler le spectateur**.

Par exemple, *Les Travaux et les Jours* s'insurge en filigrane contre le harcèlement sexuel et moral dans le service après-vente d'une entreprise. Après qu'Yvette a rappelé les difficultés personnelles qu'elle rencontre, notamment la mort de sa mère, Jaudouard, le chef de service, l'avise : « Tu m'as dit oui qu'elle est morte si on a besoin de travailler ce serait pas une mauvaise idée de faire ce qu'il faut pour qu'on veuille vous garder ». Plus loin, Yvette relate sa journée à Guillermo : « Il m'a tutoyée il s'est mis contre moi il m'a dit que j'avais un peu moins d'un mois pour montrer si j'étais capable de m'imbiber je suis amoureuse ». Ne nous méprenons pas : c'est de Guillermo qu'elle est amoureuse. Ce dernier lui conseille de faire le dos rond. Sont à la fois visés par M. Vinaver le comportement des **prédateurs haut placés dans certaines entreprises**, mais aussi **le système entier**, qui ne protège pas les employés précaires.

Outre ce cas précis, M. Vinaver instille dans son théâtre un **recul critique** sur les comportements humains dans certaines situations. Il s'agit bien d'un recul, et non d'une condamnation ou d'une diatribe. *Par-dessus bord* cible notamment les comportements requins ou opportunistes des uns et des autres. L'ironie autour des stratégies marketing sophistiquées verse dans une réprobation de la publicité, qui ne se soucie que de vendre. La pièce d'un dramaturge contemporain majeur, Joël Pommerat, *La Grande et Fabuleuse Histoire du commerce*, comporte les accents d'une telle contemption.

Texte-clé

« Franck : Excusez-moi, mais je me sens pas de vendre pour vendre... Vendre à des gens comme ça, je sais pas comment vous faites, vous.

Andre : On fait notre métier, et notre métier c'est de faire dépenser leur fric aux gens, c'est de contourner tous leurs prétextes... Si on n'était pas là, personne dépenserait son fric. Les gens ont toujours de bonnes excuses si tu les écoutes... Faut les pousser, les gens... C'est ça, notre boulot. »

Joël Pommerat, *La Grande et Fabuleuse Histoire du commerce*, Actes Sud, 2012

Les **entreprises** figurent souvent dans le viseur de M. Vinaver, quoiqu'elles ne soient pas l'objet d'une critique systémique explicite du capitalisme. Relevons par exemple l'appréhension que ressent Fage face au recruteur Wallace dans *La Demande d'emploi*, le cynisme de l'intrigue de *L'Émission de télévision* – l'élaboration d'une émission de téléréalité avec des chômeurs de plus de cinquante ans –, le désarroi des employés de Bronzex dans *À la renverse*.

Enfin, une **critique des conflits** se fait jour dans deux pièces, la toute première et l'une des dernières. *Les Coréens* s'en prend aux décisions et attitudes que les soldats en guerre prennent parfois, à moins que la pièce ne tance plus généralement le principe même de la guerre. Quant à *11 septembre 2001*, difficile de ne pas percevoir, derrière l'horreur humaine et les réflexes si compréhensibles de chacun dans l'urgence, une défiance à l'égard de l'État fédéral américain : « Bush : Nous sommes une nation pacifique/Ben Laden : Ils ont soutenu le boucher contre sa victime l'oppresseur contre l'enfant innocent/Bush : Face à la nouvelle menace d'aujourd'hui la seule façon de maintenir la paix/Ben Laden : Le vent du changement souffle/Bush : Est de poursuivre ceux qui la menacent/Ben Laden : Pour faire disparaître le mal ». M. Vinaver cherche à bousculer certaines **dialectiques trop manichéennes** : ces oppositions naïves entre le bien et le mal, qui gagnent à être présentées et analysées avec plus nuances.

d. De l'écrit à la mise en scène

Contre-intuitivement, M. Vinaver a souvent clamé, au gré d'abondants entretiens et au détour de nombreux essais, que son œuvre ne naît pas d'une passion pour la scène ni même le théâtre en général. « **Je ne suis pas un homme de théâtre, je suis un homme d'écriture** », déclare-t-il sur France Culture le 2 juillet 2013. Le recours à ce genre littéraire le libère dans son geste créateur. Il affirme aussi ne pas disposer « d'imagination de l'espace », ni même du décor, de la présence physique des acteurs, des voix. Charge aux metteurs en scène et aux acteurs de puiser dans ses textes les ressources nécessaires, et de produire un deuxième effort d'imagination. Ces propos surprennent, tant ses dialogues se prêtent à la mise en voix.

En effet, M. Vinaver possède tout de même **certains principes scéniques**. Il refuse notamment les mises en scène spectaculaires. Célèbre pour sa conception de la **« mise de trop »**, ce phénomène qui voit un metteur en scène s'éloigner du texte initial au profit d'une surenchère dans les décors, l'outrance du jeu des acteurs, le luxe et la sophistication. M. Vinaver juge également le vedettariat d'un œil défiant. Selon lui, « **le texte n'a besoin que d'une chose : se faire entendre distinctement sur une scène** » (*Écrits sur le théâtre II*). À partir du texte, il ne faudrait pas que le metteur en scène aille trop loin dans la recherche de sa vision propre. Le texte aurait alors la simple fonction d'accessoire.

Dans les faits, M. Vinaver n'a pas connu que des succès sur scène. Il subit notamment de **cuisantes déconvenues** avec *Les Travaux et les Jours* (1977, mise en scène d'Alain Françon), *À la renverse* (1979, Jacques Lassalle) et même la représentation de *Par-dessus bord* de 1973, par Roger Planchon. Lui ont été reprochés un certain manque de relief, de variété scénique et de souplesse dans le jeu des acteurs.

Par ceux qui n'ont daigné analyser les subtilités de ses propos, M. Vinaver s'est vu reprocher ses contradictions et une certaine mauvaise foi. D'autres ont souligné l'ambition exigeante de promouvoir **un théâtre de la littéralité, de la découverte et du présent**. Le metteur en scène se fait relais de l'auteur. M. Vinaver lui-même, quand il s'est mêlé de la mise en scène, a été qualifié de « chef d'orchestre », du fait de son amour du son, du mot et du rythme.

e. L'écrivain commentateur de son œuvre

M. Vinaver a cette particularité d'être un **auteur polymorphe**, puisqu'il est tour à tour créateur, spectateur, lecteur, metteur en scène, critique, traducteur, adaptateur, professeur à l'Université, responsable éditorial et président de la commission du Centre national du livre – qui finance des projets éditoriaux. Cette polyvalence s'est construite au fil des ans avant d'atteindre son stade final à partir des années 1980. Ses *Écrits sur le théâtre* (1982-1998) fourmillent de théories sur la scène, proposant des lectures historiques du genre et une définition de son propre univers sur scène. Ses *Écritures dramatiques* (2000), elles, élaborent une véritable méthode d'analyse théâtrale, à laquelle s'essayent plusieurs universitaires importants. Selon Catherine Brun, spécialiste de M. Vinaver, **ses textes théoriques sont plus prescriptifs que descriptifs**. Il est le maître qui enseigne à ses acteurs comment ordonner les spectacles.

L'auteur lucide transparaît dans les pièces de M. Vinaver. La figure représentative de Passemar dans *Par-dessus bord* témoigne d'une **juxtaposition multiple**. Passemar, comme son auteur, est à la fois cadre d'entreprise et auteur de la pièce en train d'être jouée, par une **mise en abyme**, mais aussi intellectuel autodidacte, curieux de la mythologie nordique, critique de sa propre pièce, et philosophe.

C. Le contexte historique

Par-dessus bord a été conçu et créé au cœur des **Trente Glorieuses** (1945-1975). Le modèle de la **société de consommation**, apparu aux États-Unis, se répand en France dans quasiment toutes les couches sociales. Du niveau de vie en hausse découle un certain bien-être général de la population.

Outre l'envolée économique, les différents secteurs en Europe se **modernisent**. L'agriculture et l'industrie – comme les usines de papier toilette – progressent dans l'automatisation et la mécanisation.

Toutefois, vers la fin des années 1960, l'industrie endure une **crise majeure**, due à deux causes principales : la perte d'emplois dans le secteur des biens de production et un malaise identitaire chez les ouvriers. La main-d'œuvre est en quête de revalorisation.

À cela s'ajoutent **le réveil de la jeunesse**, révoltée d'être laissée de côté à de nombreux égards, la persistance d'**inégalités sociales** et la remise en question du **consumérisme**. Éclate alors Mai 68 et son lot de manifestations étudiantes, de grèves générales et sauvages, de manifestations qui ébranlent le pouvoir en place. M. Vinaver n'a pu y être insensible alors qu'il était en train d'élaborer *Par-dessus bord*.

Soulignons enfin le contexte belliqueux. La guerre d'Indochine (1946-1954) suivie de la guerre d'Algérie (1954-1962) ont profondément divisé les Français. Les deux conflits, ainsi que la figure respectée mais vulnérable du général de Gaulle, imprègnent l'œuvre de M. Vinaver de l'époque.

D. Le théâtre français après 1945

a. Au début du XXe siècle

Au début du XXe siècle, les metteurs en scène s'engagent pleinement dans des recherches novatrices, tout en tâchant d'entretenir la popularité des spectacles. Jacques Copeau est le premier à s'être dressé contre le théâtre mercantile. Il prônait un **théâtre de qualité littéraire**, où le jeu soit au service du texte. C'est dans cette lignée que Vinaver s'inscrit. Par la suite, le « Cartel des quatre » – Louis Jouvet, Charles Dullin, Gaston Baty et Georges Pitoëff – s'échinent à promouvoir ce théâtre littéraire, tout en le rendant accessible au grand nombre. Jusqu'à la fin de la Seconde Guerre mondiale, le Cartel était le pivot et le cœur de la vie théâtrale à Paris.

b. Le public d'après-Guerre

Dans l'histoire du théâtre français, il y a **un avant et un après Seconde Guerre mondiale**. L'essor économique des Trente Glorieuses accélère l'exode vers les villes. Le taux de scolarisation décolle ; moins d'un Français sur cinq suivait des études secondaires après la guerre, contre quatre sur cinq à la fin du siècle. Un terrain favorable se défriche pour les biens culturels, dont la demande augmente.

En France, les mutations culturelles prennent la forme d'une **décentralisation**. Celle-là vise à ne pas réserver à Paris l'exclusivité de la création, ni à l'État le monopole des aides. Les premiers centres dramatiques nationaux sont créés dès 1946. Installés dans les capitales régionales et dans les pôles majeurs de la banlieue parisienne, ils disposent de salles équipées de régies perfectionnées. De nombreuses autres mesures viennent compléter le dispositif, dont la création de départements universitaires ou encore des « options théâtre » dans les lycées.

Il s'agit de **former le public** en effectuant quelques pas vers lui. C'est dans cette intention que Jean Vilar crée par exemple en 1947 le Festival d'Avignon, et prend les rênes du Théâtre national populaire (TNP) en 1951. Cependant, la concurrence de la télévision, puis d'Internet, nuit au théâtre, proportionnellement assez faible en nombre de spectateurs pour chaque pièce. Certes, il offre une grande diversité de propositions. Mais un **effet de dispersion** l'empêche de gagner véritablement en puissance. Il n'est pas étonnant, d'ailleurs, qu'une pièce de M. Vinaver porte sur une émission de télévision.

c. Le théâtre de l'absurde

L'après-Guerre marque l'émergence novatrice du **théâtre de l'absurde**. Ce terme, emprunté à Camus, qui l'emploie dans son essai *Le Mythe de Sisyphe* (1944), révèle la vanité, l'irrationnalité et le non-sens de la condition humaine. L'absurde dévoile le monde dans son vide tragique derrière tous les repères et routines que l'on estime si solides. Cynique autant qu'incongru, il repose sur des distorsions de langage, des quiproquos, une communication saccadée, étrange, tantôt illogique, tantôt répétitive, dans un décalage parfois subtil avec les situations quotidiennes familières. Le spectateur hésite entre **le rire** et **la compassion**. Une atmosphère parfois inquiétante l'empêche de se fondre complètement dans l'humour, mais celle-là est souvent désamorcée par le peu de vraisemblance de certaines situations.

Le théâtre de l'absurde désigne une tendance, et non une école. Ses auteurs ne se réunissaient pas, ne se concertaient pas, et ne revendiquaient pas une appartenance unique. La critique littéraire s'est chargée de les regrouper sous cette étiquette.

Ses grands représentants sont **Samuel Beckett** (1906-1989) et **Eugène Ionesco** (1909-1994). *La Cantatrice chauve* (1950), *Rhinocéros* (1959) et *Le roi se meurt* (1962) figurent parmi les chefs-d'œuvre du second, à une époque où M. Vinaver commençait à écrire ses premières pièces. Il en va de même des pièces maîtresses de Beckett : *Fin de partie* (1957), *Oh les beaux jours* (1960) et *En attendant Godot* (1952). Cette dernière constitue l'archétype de la pièce absurde, la plus connue et certainement la plus représentative de son esprit.

Cependant, M. Vinaver, lui, ne cherche pas à déconstruire radicalement la forme logique du langage, de la communication, des actions et des décisions des êtres humains. Il saurait donc difficilement être rapproché du théâtre de l'absurde. Mais le milieu en était tellement imprégné à l'époque, qu'il en a sans doute tiré quelque inspiration.

d. L'influence de Berthold Brecht

Une influence plus grande se profile du côté du dramaturge et critique allemand **Berthold Brecht (1898-1956)**. Créateur prolifique, auteur d'une œuvre théâtrale et théorique monumentale, Brecht est célèbre dans tout l'Occident. Il conceptualise le **« théâtre épique »**, censé éveiller l'esprit critique du spectateur et un jeu d'acteur très particulier répondant au principe de **« distanciation »**. L'individu qui incarne un personnage fait comprendre au public qu'il n'est autre qu'un personnage, **interdisant alors toute identification possible**. Il s'agit d'un théâtre didactique et marxiste, qui dénonce le fascisme et l'emprise de la collectivité sur l'individu. Dans chaque pièce, un récit se déroule, entrecoupé de divers intermèdes et commentaires. Le spectateur doit fournir un effort actif pour ne pas perdre le fil de l'intrigue, tout en baignant dans la conscience d'une fiction continue. Dans les pièces de Brecht, le discours politique irrigue forcément les réseaux de sens.

M. Vinaver s'inscrit-il dans cette mouvance ? Cherche-t-il à véhiculer une impression réaliste sur scène ou à faire sentir la fiction ? Au début de sa carrière, M. Vinaver a été qualifié de « Brecht français », du fait de sa proximité avec des intellectuels brechtiens. Le spécialiste de M. Vinaver, David Bradby, analyse avec minutie une telle influence. Il en conclut, dans un article paru dans *Cahiers de l'AIEF,* que l'auteur de *Par-dessus bord* n'appartient pas à la catégorie des auteurs politiques et que sa mise à distance du réel est toute relative. En revanche, « en créant **des structures où plusieurs situations se superposent**, M. Vinaver réalise l'ambition de Brecht. » À travers ce théâtre à points de vue multiples, le dramaturge français ouvre le champ à de riches lectures critiques du réel.

e. Les recherches esthétiques contemporaines foisonnantes

En 1950, Paris comportait 60 salles, contre plus de 150 en 2000. Plus de 1 000 pièces sont jouées par an. Le théâtre poursuit son expansion dans de multiples directions toujours articulées autour des deux pôles dialectiques suivants : **illusion de réalité contre distanciation, mise en scène élaborée et fastueuse contre scénographie dépouillée et simple**. Antoine Vitez parle de **théâtre « élitaire pour tous »**, expression qui apparaît à de multiples reprises dans ses écrits. La première fois qu'il l'emploie, c'est en réponse à un certain... M. Vinaver qui, en 1964 – avant même l'idée de *Par-dessus bord* – écrit, dans un article consacré à Roger Planchon : « Deux nécessités. Et elles se contredisent. D'une part, **instituer un théâtre populaire**, ce qui exige de plaire immédiatement à un public large et hétérogène en lui offrant ce qui d'avance lui est familier ; d'autre part, faire du théâtre **un instrument d'exploration**, ce qui entraîne à **jeter le public dans un état de dépaysement**, lui imposer **l'aventure**. »

2. Focus sur l'œuvre

A. Le lexique du théâtre

a. Lexique général

- La **création** d'une pièce désigne sa première mise en scène.
- Les **didascalies** (indications sur la mise en scène, le jeu des acteurs ou le contexte) peuvent être **externes** (en italique, à l'extérieur des répliques) ou **internes** (contenues dans les répliques).
- Un **monologue** constitue une longue prise de parole destinée à un autre personnage ou au public. Très similaire, le **soliloque**, lui, donne l'impression de n'être adressé à personne, si ce n'est à soi-même. La **tirade** est un monologue particulièrement expressif, solennel et grandiloquent.
- Une **stichomythie** est un enchaînement rapide de plusieurs répliques très brèves.
- Les **apartés** sont uniquement entendus par les spectateurs, qu'ils leur soient adressés ou non. Ils contribuent à **briser le quatrième mur** (qui serait un mur transparent entre la scène et les spectateurs), ce qui signifie s'introduire dans la réalité du public.
- Une **double énonciation** apparaît lorsqu'un seul discours prononcé par un personnage est compris de deux façons différentes (par deux personnages ou par un personnage et le public). Ce phénomène génère une certaine complicité.

- L'**espace scénique** correspond à la scène théâtrale, qui s'offre aux yeux du public. L'**espace dramatique**, lui, s'émancipe de la scène. Il sollicite l'imagination du spectateur par le biais des récits des personnages, qui évoquent des lieux hors-scène et une temporalité différente.

b. Lexique de Michel Vinaver

En tant que professeur d'études théâtrales, M. Vinaver a conçu une **« Méthode d'approche du texte théâtral »**, exposée à la fin de l'ouvrage collectif *Écritures dramatiques*. Elle consiste à analyser des extraits délimités d'œuvres, à partir desquels on peut déduire des faits plus généraux. Sa spécificité réside dans son **refus d'aborder la mise en scène** et sa volonté de « saisir comment le texte fonctionne en tant qu'objet théâtral », enterrant ainsi « la querelle : primauté du texte/primauté de la représentation ». Enfin, cette méthode s'applique non « dans un esprit scientifique », mais « dans **un esprit de bricolage** ». En voici quelques notions importantes :

- M. Vinaver distingue la **micro-action** – le « niveau moléculaire du texte » –, l'**action d'ensemble** – à l'échelle de la pièce – et l'**action de détail**, qui fait le lien entre les deux autres, à l'échelle de la scène ou de la séquence.
- Il dissocie aussi **parole action**, celle qui change la situation, et **parole instrument** de l'action. De même, les didascalies peuvent être **actives** (quand elles indiquent un changement de situation) ou **instrumentales** (afin de mieux comprendre la situation en cours).
- Deux modes de progression dramatique existent : la **pièce-machine**, dont les enchaînements procèdent dans un lien de cause à effet ; la **pièce-paysage**, fondée sur la juxtaposition d'éléments discontinus. *Par-dessus bord* apparaît comme une pièce-machine, dans son économie générale, même si certains éléments n'appartiennent pas à l'intrigue principale.
- M. Vinaver dégage des types de répliques : l'**attaque**, la **défense**, la **riposte**, l'**esquive**, le **mouvement-vers** (rapprochement, attraction), le **récit** et le **plaidoyer** ; ainsi que des types de groupes de répliques : le **duel** (à dominante attaque-défense-riposte-esquive), le **duo** (surtout en mouvement-vers), l'**interrogatoire** et le **chœur**.
- Le **bouclage** désigne la façon dont les répliques se relient les unes aux autres. Ils peuvent être **parfaits** ou **imparfaits**, **serrés** ou **lâches**, voire absents.
- L'**effet-miroir**, ou **écho**, fait résonner une réplique antérieure, parfois éloignée. Quant à la **répétition-variation**, elle reprend des éléments antérieurs en les changeant légèrement. La **fulgurance** produit une forte surprise par rapport aux attentes.
- Enfin, M. Vinaver repère quinze axes dramaturgiques dédoublés autour des deux pôles (pièce-machine/pièce-paysage), qui décrivent le mode

de fonctionnement de la pièce. Sans rentrer dans le détail, relevons que les **thèmes**, selon lui, jouent le rôle de **« tendeurs de l'action »** dans le cas des pièces-machine, alors qu'ils habillent, parent et environnent l'intrigue dans les pièces-paysage. Dans le premier cas, à l'image de *Par-dessus bord*, ils sont essentiels.

B. *Par-dessus bord* : quatre (cinq) pièces, une intrigue en six mouvements

a. Les différentes versions : entre écriture et création

Écrite entre 1967 et 1969, *Par-dessus bord* existe sous quatre formes : une **version intégrale**, publiée par l'Arche en 1972, rééditée deux fois ; **une version « brève »**, écrite en 1970, publiée en 2004 ; une **version « super-brève »**, publiée en 1986 ; et la **version « hyper-brève »**, étudiée ici, écrite en 2002 et publiée en 2003.

À la scène, la pièce a été représentée pour la première fois en France, dans une version écourtée, au TNP le 13 mars 1973, mise en scène par Roger Planchon, avec une scénographie de Hubert Monloup. Elle a été créée dans sa version intégrale en juin 1983 en Suisse, au Théâtre populaire romand à La Chaux-de-Fonds, avec une mise en scène de Charles Joris. Selon Anne Ubersfeld, « la représentation durait huit heures qui passèrent comme un songe ».

À l'occasion de la représentation de la version intégrale de mars 2008 au théâtre de la Colline à Paris (mise en scène de Christian Schiaretti), M. Vinaver déclare : « En entreprenant l'écriture de la pièce, **j'ai jeté par-dessus bord** toutes questions sur sa jouabilité : longueur, nombre d'exécutants, foisonnement des actions et des lieux. Laisser venir ce qui venait comme ça venait. Et puis on verrait. L'œuvre terminée, bien évidemment démesurée, j'ai procédé au fil du temps à une réduction (la version brève), à une réduction de la réduction (la version super-brève), puis à une réduction de la réduction de la réduction (la version hyper-brève). Sans états d'âme. **Ces trois versions ont chacune leur vertu.** Il résulte de ce parcours, au fond, **quatre pièces différentes**. »

La version hyper-brève n'a pas été créée en tant que telle, mais son texte a été élaboré à partir d'une version scénique conduite par Jérôme Hankins et Stéphane Tyssens pour la production de la pièce par la troupe de l'École normale supérieure en 2002.

Une version encore plus brève existe, dont l'auteur n'est pas à proprement parler M. Vinaver. Il s'agit de l'adaptation japonaise de la version « hyper-brève », *La Hauteur à laquelle volent les oiseaux*, par Oriza Hirata, créée en juin 2009 au Japon, traduite par M. Vinaver lui-même (avec Rose-Marie Makino), puis jouée en France en 2010.

Cet **amincissement de l'œuvre initiale** met de côté certains personnages mineurs – comme Me Rendu, notaire, R.P. Motte, dominicain, Étienne Ravoire, oncle de Benoît et Olivier, ou encore Bruno de Panafieu, directeur de l'agence de publicité où travaille Jaloux. Surtout, sont progressivement **raccourcis** tous les dialogues, sans en perdre néanmoins la logique ni la dynamique. Il est intéressant d'examiner tel ou tel passage de l'œuvre intégrale, pour se rendre compte de l'ampleur avec laquelle M. Vinaver a initialement conçu la moindre péripétie ou conversation.

Les créations, représentations et adaptations de la pièce ont globalement reçu un bon accueil du public, ou du moins une reconnaissance critique, signe que le matériau initial produit par M. Vinaver entre 1967 et 1969 constituait un vivier théâtral d'une richesse époustouflante.

b. Les six mouvements de l'intrigue

■ Premier mouvement : « cartes sur table »

L'intrigue se déroule au sein de Ravoire et Dehaze, entreprise familiale, leader français dans la fabrication de papier toilette, mais fragilisée par l'arrivée fracassante des Américains sur le marché européen. Le représentant Monsieur Lubin essaie de vendre le traditionnel mais toujours fabuleux papier toilette en bulle corde à sa clientèle, dont fait partie Madame Lépine. En réaction à la concurrence américaine, le président de Ravoire et Dehaze, Fernand Dehaze, prend l'initiative de concevoir un nouveau produit, Bleu-Blanc-Rouge, censé plaire au patriotisme des usagers. Il en annonce le lancement lors de la fête annuelle. Avec l'aide d'Olivier, son fils légitime, directeur général adjoint et homme de confiance, il espère ainsi sauver l'entreprise du naufrage. On apprend que Passemar, chef du service administration des ventes, est aussi l'auteur de la pièce. Il assiste à des cours de mythologie nordique dispensés par Monsieur Onde au Collège de France.

■ Deuxième mouvement : « Bleu-Blanc-Rouge »

L'opération Bleu-Blanc-Rouge tourne au fiasco. Dans les couloirs, chacun se renvoie la balle. Accusations mutuelles et bisbilles vont bon train. Intrigues et complots se méditent en catimini. Benoît, le fils illégitime de Dehaze, ose toutes les perfidies pour accéder à la présidence de l'entreprise. Il finit par calomnier son frère Olivier auprès de leur père, l'accusant d'intentions malhonnêtes. Après un échange équivoque avec son fils légitime, Fernand finit par croire Benoît. La réaction physique est immédiate : il tombe dans le coma après un infarctus. Pendant ce temps, le spectateur comprend que Margerie, l'épouse de Benoît, préfère son beau-frère Olivier.

■ Troisième mouvement : « la prise du pouvoir »

Benoît s'empare des commandes de l'entreprise, avec la complicité du banquier Ausange, qui assortissait un financement à cette condition-là, au détriment d'Olivier, trop timoré. Les frères finissent par renoncer à l'assistance médicale qui maintient leur père en vie. Entre-temps, dans un bar de jazz de Montparnasse, la fille de Lubin, Jiji, rencontre Alex Klein, pianiste juif. Surpris par le crâne rasé de la jeune fille, qui lui remémore sa propre mère, il lui raconte des anecdotes terribles de l'Holocauste qu'il a vécues lors Seconde Guerre mondiale, à Lvov, en Ukraine. Benoît et Margerie rencontrent aussi Alex. Passemar, lui, continue de se cultiver dans les cours de Monsieur Onde.

Quatrième mouvement : « Mousse et Bruyère »

Tournant de la pièce et de l'aventure de l'entreprise, ce quatrième mouvement comporte son lot de spectaculaire. Deux onéreux conseillers en marketing américains, Jack Donohue et Jenny Frankfurter, entrent en jeu. Recourant à un cynisme scatologique, ils bouleversent la façon de penser des employés de Ravoire et Dehaze. Le papier toilette est avant tout une affaire d'excréments. Benoît promet à son équipe des temps meilleurs, après une phase délicate. Ceux qui ne s'adapteront pas seront écartés. Des remaniements débouchent sur la promotion de jeunes managers dynamiques. Passemar se voit lui aussi offrir, contre son gré, une occasion de promotion : devenir assistant chef de produit. Poussée par la vigueur provocatrice de Jack et Jenny, toute l'équipe marketing imagine le nom du papier toilette du futur, en ouate de cellulose : Mousse et Bruyère. La clé en a été un immense « brainstorm ». Olivier, relégué au poste de chef du personnel, se réfugie dans les bras de Margerie.

Cinquième mouvement : « le triomphe »

Mousse et Bruyère remporte un immense succès. Néanmoins, quelques dissensions se font jour au sein du personnel, par exemple entre Mesdames Alvarez et Bachevski. Les stratégies marketing s'affinent encore, avec la trouvaille d'un slogan. Les employés les plus dynamiques, grisés par le triomphe, se projettent dans un avenir encore plus radieux. Les intrigues se dénouent : Oliver et Margerie envisagent de partir ensemble, Benoît et Jenny de se marier, Alex et Jiji aussi. Surtout, Benoît rencontre Ralph Young, président de l'entreprise concurrente américaine de papier toilette United Paper Company. Ils parlent de fusion. Madame Bachevski, prise au dépourvu par les événements internes, est licenciée. Passemar, lui, retourne à son ancien poste.

Sixième mouvement : « le festin de mariage »

Lubin, qui subit l'affront de se voir proposer un poste de magasinier, quitte Ravoire et Dehaze. Son nouveau gendre, Alex Klein, renforce l'équipe de direction. Olivier part avec Margerie à San Francisco. Madame Bachevski, diminuée par une crise d'hémiplégie peu avant sa retraite anticipée, fait une apparition pathétique au festin de mariage. Benoît annonce qu'il épouse Jenny et que Ravoire et Dehaze est en passe d'être absorbée par United Paper Company. Quant à Passemar, il propose une réflexion finale sur sa propre carrière d'écrivain et de cadre. Après une ultime intervention de Monsieur Onde, le dramaturge conclut : « De sorte que la fin rejoint le commencement » (p. 255).

L'organigramme de **Ravoire et Dehaze**

1er Mouvement

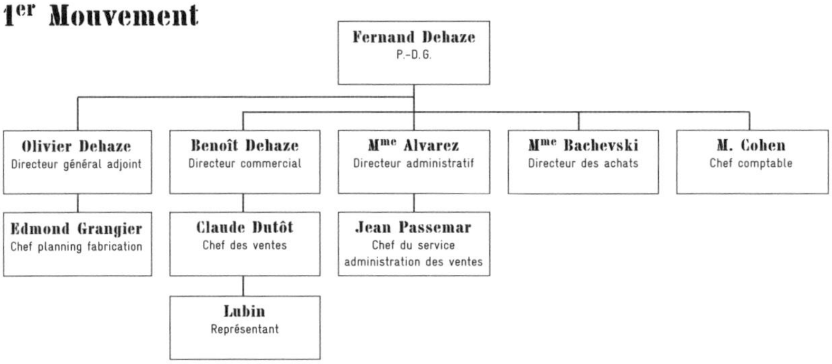

4e Mouvement

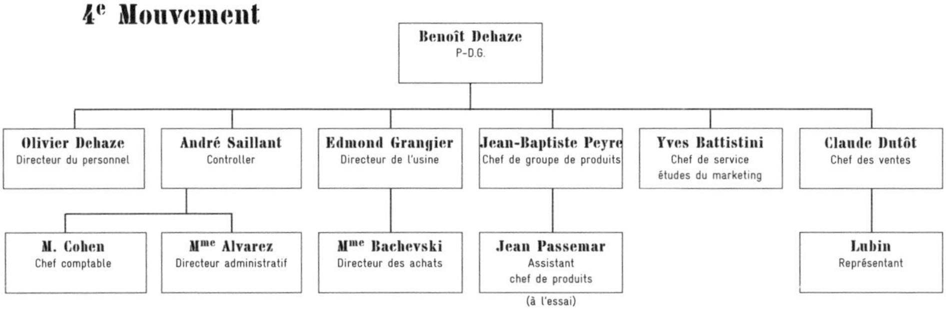

6e Mouvement

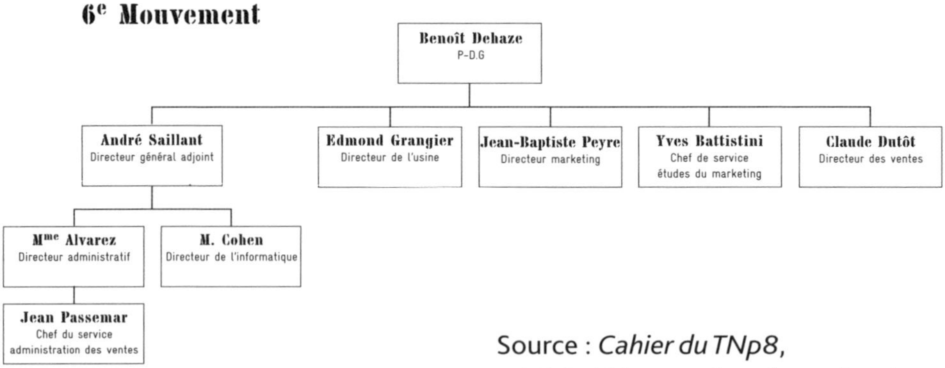

Source : *Cahier du TNp8*,
« Michel Vinaver, *Par-dessus bord* ».

C. *Par-dessus bord* (version hyper-brève) : les intrigues

Quatre fils conducteurs structurent *Par-dessus bord* : **le destin de l'entreprise** ; **l'histoire de la famille Dehaze** ; **l'histoire de la famille de Lubin**, qui inclut donc son gendre Alex, miraculé d'Auschwitz ; la **situation de Passemar**, double de l'auteur et cadre en difficulté dans l'entreprise.

Deux schémas actanciels principaux peuvent être décelés :

1. Le premier présente comme **héros collectif l'entreprise et tous ses employés**.

Destinateurs
Fernand Dehaze, ses fils, et chaque employé en raison inverse de sa responsabilité dans l'entreprise
→ **Objet**
Croissance économique et survie de l'entreprise
← **Destinataires**
L'entreprise ; les Américains (à la fin de la pièce)

↓

QUÊTE
Développer un nouveau produit qui s'impose sur le marché du papier toilette

↑

Adjuvants
Jack et Jenny ; banquiers (Ausange)
→ **Héros**
L'entreprise et tous ses employés
← **Opposants**
Les Américains (au début de la pièce)

2. Le second présente comme **héros Benoît**.

Destinateurs
Benoît et Ausange (voire Margerie?)
→ **Objet**
Prendre le pouvoir dans Ravoire et Dehaze (et en assurer la croissance fulgurante)
← **Destinataires**
Benoît (et, *a posteriori* : Dutôt, Saillant, Peyre)

↓

QUÊTE
Éliminer Dehaze père puis Olivier, imposer Jack et Jenny comme conseillers et s'attirer les faveurs des banques

↑

Adjuvants
Avant tout Ausange, puis tout le reste des employés
→ **Héros**
Benoît
← **Opposants**
Olivier et Madame Alvarez

D. Des influences variées

Dans *Par-dessus bord*, M. Vinaver puise explicitement dans six héritages littéraires : l'épopée, la mythologie, la farce, la comédie, le drame et le théâtre total. Les références évoquées ci-dessous sont explicitement mentionnées par le dramaturge lui-même dans ses notes de travail.

Les épreuves rencontrées par Ravoire et Dehaze, et tous les stratagèmes déployés pour les surmonter forment une véritable **épopée du capitalisme**. Une *Iliade* moderne met aux prises des managers impitoyables, tels des titans. La **guerre des dieux nordiques**, narrée par Monsieur Onde – double fictif de l'historien **Georges Dumézil** – mire ces combats économiques.

L'humour se développe dans **une véritable comédie**, dont la structure est empruntée, selon Passemar lui-même, au dramaturge grec **Aristophane** (Ve-IVe siècles av. J.-C.), avec le festin final (p. 253). Dieux, humains, entreprises, peuples ennemis fusionnent jovialement, comme par exemple dans *La Paix*, ou *Lysistrata*. Le comique en contexte de guerre charrie une critique que ne dissout pas la dérision.

Or, le cœur de l'activité de Ravoire et Dehaze, le papier toilette, ancre la pièce dans la **dégradation carnavalesque** et la **farce**, qui rappellent **Rabelais** et son chef-d'œuvre ***Gargantua*** (1534). L'inconvenance des conseils prodigués par Jack et Jenny fait écho à la scatologie dans laquelle baignent les descriptions du jeune géant, cinq siècles auparavant : « – Revenons, dit Grandgousier, à notre propos./ – Lequel ? dit Gargantua. Chier ?/ – Non, dit Grandgousier, mais torcher le cul. » (chapitre XIII) Déjà une histoire de papier toilette...

Le Roi Lear (1606) de **Shakespeare** poind indéniablement dans la lutte fratricide et parricide des Dehaze. Le fils bâtard (Edmond et Benoît) trahit puis évince le fils légitime (Edgar et Olivier) et son puissant père (Gloucester et Dehaze). Le genre du **drame historique** s'immisce dans la riche variété de la pièce.

Enfin, parsemés aux moments-clés de l'intrigue, les soucis de Passemar, *alter ego* burlesque de l'auteur, font non seulement de *Par-dessus bord* une **œuvre métathéâtrale** (réflexion sur le théâtre au sein même d'une œuvre théâtrale) mais une belle tentative de **théâtre total**. Passemar – ce passeur des mécanismes de la création au public en a-t-il marre ? – orchestre une pièce qui mêle de nombreux arts. À la différence cependant de la conception par Wagner, au XIXe siècle, de l'œuvre d'art totale, *Par-dessus bord* ne vise pas tant la synthèse de tous les arts qu'un éparpillement de quelques arts et genres en son sein.

E. Une pièce engagée

De message limpide, univoque et souverain, ou de véritable thèse, *Par-dessus bord* n'en comporte pas. Mais les tableaux proposés des relations humaines, du capitalisme, du théâtre et de certains épisodes historiques signalent un engagement politique sous-jacent, ou du moins offrent cette lecture aux spectateurs.

Passemar réconcilie Vinaver le dramaturge et Vinaver le cadre d'entreprise en un personnage burlesque et désinvolte dans son art. La double contradiction de l'auteur peu enthousiaste de sa propre pièce et du cadre d'entreprise peu ambitieux suscite un **questionnement critique**. Il tourne en ridicule **les dérives du capitalisme mercantile**, sous le masque de la publicité. Les agitations si sérieuses autour de l'inessentiel mettent en exergue un **dysfonctionnement consumériste majeur**. Le ridicule cependant ne confine pas à la polémique. *Par-dessus bord* n'est pas une pièce à charge.

M. Vinaver cherche avant tout à **battre en brèche le conformisme** et certains **stéréotypes**. Selon Delphine Rey-Galtier, il « maintient la possibilité d'**écrire sans prendre parti** et continue à croire que le sens naît de l'assemblage des fragments, tout en établissant que le monde ne se conçoit pas autrement que par bribes ».

D'aucuns ont fustigé la **présence de l'Holocauste**, référence facile intégrée artificiellement au schéma narratif, qui aurait pu s'en passer. Mais le dramaturge tenait à l'allusion à l'histoire de Leon Wells, Juif polonais qui a survécu à deux emprisonnements dans des camps de concentration avant d'émigrer aux États-Unis et qui a inspiré le personnage d'Alex. Tissant un lien avec un épisode historique tragique, il enrichit encore l'humanité présente dans la pièce. Il serait naïf d'affirmer platement qu'il critique les affres de la Shoah. Il révèle simplement la présence de ses stigmates dans des contextes en apparence éloignés.

F. Que jette-t-on « par-dessus bord » ?

M. Vinaver explique lui-même le titre si commode de sa pièce (à la fois « neutre » et « polyvalent ») : « On jette par-dessus bord :/ – le théâtre./ – la décence (pudeur), le respect, les us et coutumes, les lois et règlements./ – le père (Benoît), le mari (Margerie)./ – la société (Ravoire et Dehaze)./ – la Société (Alex/Jiji)./ – Les cadres (Passemar) et les représentants (Lubin)./ – les méthodes anciennes devenues inopérantes. »

Reste à déterminer le sens de « par-dessus bord ». Est-ce seulement à dire que le dramaturge (ou le spectateur) se débarrasse de ces individus et éléments ? Ou en sortent-ils renforcés ? M. Vinaver nous laisse le soin de nous en faire notre propre idée au cas par cas.

3. Le travail dans *Par-dessus bord*

Tout est **travail** dans *Par-dessus bord*. De l'entrée en fanfare de Lubin, dont l'adjectif « sensationnel » (p. 11) ne dupe pas Madame Lépine, habituée de sa rhétorique de commercial bonimenteur jusqu'aux trois danseurs, au bout du 6e mouvement, qui « ont beaucoup travaillé » (p. 254), ce motif huile tous les mécanismes de la pièce.

Outre les acceptions dérivées ou métaphoriques, quatre approches du travail parcourent *Par-dessus bord*. Le **travail quotidien** en entreprise rythme l'intrigue. La plupart du temps, il s'agit d'un **travail intellectuel**. Il s'insère dans les **grands enjeux économiques** de Ravoire et Dehaze. Enfin, est régulièrement mise en exergue **l'humanité des travailleurs**.

A. Le travail quotidien en entreprise

a. Les tâches régulières dans une hiérarchie

Dans *Par-dessus bord*, **les employés s'affairent**, chacun à son poste. Ici, Dutôt, chef des ventes, appelle des clients (« dites voir nous n'avons pas encore reçu votre commande de réappro en Bleu-Blanc-Rouge », p. 46-47). Là, Battistini, chef de service études de marché, annonce le résultat de la réflexion sur le nouveau produit, Mousse et Bruyère, avant d'apporter des précisions sur la cible prioritaire : « Essentiellement le petites-bourgeoises des villes de plus de vingt mille habitants » (p. 184). Ailleurs, Grangier, chef de planning fabrication, explique une initiative : « J'ai cru être très prudent en programmant une production cent pour cent au-dessus de vos estimations d'expéditions » (p. 198). Ou encore Cohen, chef comptable, s'apprête à régler la note d'honoraires faramineuse des conseillers en marketing dans le 4e mouvement. Les bras lui en tombent, à tel point qu'il demande confirmation à Olivier, directeur général adjoint.

Ces tâches s'inscrivent en effet dans une **hiérarchie**, perceptible par exemple quand Dehaze intime à Dutôt de n'accepter aucun retour de stock : « Vous lui renverrez » ; « Vous lui téléphonerez pour annuler votre accord » (p. 58-59). L'emploi du futur, plus coercitif encore que celui de l'impératif, souligne l'autorité du P.-D. G., laquelle ne tardera pas cependant à s'effriter. Son fils Benoît prendra progressivement la relève, avec son monologue décisif au cœur du 4e mouvement. Avant d'annoncer le détail du changement d'organigramme, il pose une question rhétorique : « l'aventure à laquelle je destine l'entreprise voulez-vous la vivre avec moi ? » (p. 131). La première personne du singulier et le verbe prophétique « destiner » installent le nouvel homme fort au sommet des responsabilités et des décisions de Ravoire et Dehaze. Il teinte tous les remaniements de connotations mélioratives : « énergie », « sang neuf », « pilier ». C'est avec solennité qu'il couronnera le succès des hommes forts de l'entreprise lors du festin de mariage final : Saillant, Peyre et Dutôt. Ce faisant, il assied encore davantage sa mainmise, et définit plus finement les fonctions de chacun.

b. L'ambition au travail

Prise en main par Benoît, Ravoire et Dehaze nourrit d'**immenses ambitions**. La personnalité de celui qui, à l'origine, occupe le poste de directeur commercial, fait basculer l'entreprise dans une autre dimension. Il emploie tous les moyens pour prendre les commandes. La calomnie précipite la fin de son propre père : « Papa il faut que je vous dise un mot méfiez-vous d'Olivier » (p. 61). Il confesse son ambition sans bornes auprès du banquier Ausage : « moi ça me passionnerait de me jeter dans cette aventure-là » (p. 90), lequel déclare à Olivier, concurrent direct de Benoît dans l'entreprise : « il nous faut un méchant bonhomme qui aime mordre » (p. 103). Il entraînera dès lors toute l'entreprise dans ses desseins.

Avant son déclin et la prise de pouvoir de son fils, Fernand Dehaze ne faisait pas preuve d'attentisme. Il déclare auprès du même Ausange « Les Américains cherchent la bagarre eh bien ils l'auront » (p. 25). Dans la réunion de famille initiale, il affirme à ses employés qu'ils travaillent « dans une entreprise qui a l'avenir devant elle » (p. 32). Toutefois, pendant que les affaires empirent, Dehaze reçoit des modèles dans son « atelier-salon » et s'intéresse avant tout aux antiquités, sous la houlette de Toppfer. Il peste bien contre Dutôt, recruté par Benoît, mais n'a **ni la main assez ferme, ni la passion**.

En outre, au sein de l'entreprise, prolifèrent les **petites ambitions**. Dutôt, Grangier, ou encore Cohen, revendiquent un travail bien accompli et renâclent à être incriminés en cas d'échec ou de faute. Sans briguer explicitement des postes meilleurs, ils tâchent de préserver leur dignité et une certaine considération. Lors du changement de direction, Madame Bachevski mettra tout en œuvre pour garder son poste dans l'entreprise. Ses efforts seront vains. Madame Alvarez, elle, au contraire, demeure, malgré ses vitupérations systématiques contre Benoît.

Pour ce qui est de l'ambition, **Passemar détonne**. De prétentions, il n'en exprime guère. Dans le 4e mouvement, il confie à Benoît : « Monsieur la frénésie d'arriver au sommet à tout prix j'avoue qu'elle n'est pas dans mon tempérament » (p. 149). À l'issue de son stage, il finit par s'autosaborder alors même que ses « capacités d'analyse et de synthèse ont été très appréciées » (p. 210). Il perd une occasion d'ascension et retourne à son poste initial.

c. Vie professionnelle, vie personnelle

L'activité professionnelle des employés de Ravoire et Dehaze s'insère dans leur **vie personnelle**. Le spectateur partage par exemple les préoccupations extra-professionnelles de **Lubin**. Dans le 4ᵉ mouvement, il confie à Madame Lépine la corrélation qu'il perçoit entre les deux pans de sa vie : « Si les affaires marchaient comme on voulait ça aiderait à être philosophe quand les choses se détraquent dans votre foyer » (p. 129). L'expression « être philosophe » s'entend dans son sens courant, celui qui conduit à relativiser les déboires. Mais par sa réplique, Lubin fait aussi œuvre de philosophe au sens conceptuel du terme. Il raisonne en général et exprime une réalité humaine. Sa réplique suivante, qui forme le pendant de la première, prend une tournure plus spécifique : « Si tout allait bien à la maison ça permettrait de garder le moral quand on ne prend pas la moitié des commandes qu'on prenait l'année précédente » (p. 129). Il réduit son propre travail à une seule tâche, signe d'humilité, mais aussi d'une mutation de sa maxime à son cas personnel.

On sait la prééminence du rôle que jouent **les fils Dehaze** dans le devenir de l'entreprise familiale. L'intrigue amoureuse secondaire, qui fait passer Margerie des bras de Benoît à ceux d'Olivier, sans compter le badinage prétendument innocent avec le père, éclaire les aspirations et les personnalités des uns et des autres. Benoît ne se contente pas du programme instauré par son épouse : « MARGERIE : Manger travailler dormir/BENOÎT : Faire l'amour/MARGERIE : Deux fois par semaine » (p. 69-70). Seule le captive l'intelligence de Jenny. L'annonce de leur mariage par une stichomythie si vinavérienne témoigne de leur complicité : « BENOÎT : Oui avec Jenny on a décidé/JENNY : De créer la société/BENOÎT : Metahair/JENNY : À responsabilité limitée et de se marier » (p. 247). **L'amour passionnel et le travail passionné fusionnent**.

Olivier et Margerie se projettent surtout dans la vie à deux, **un nouveau départ** à San Francisco, « au cœur du quartier le plus élégant » (p. 197). Ils comptent certes y investir, mais les contours de ce plan demeurent vagues. Dès le 1ᵉʳ mouvement, Margerie annonce à Benoît pourquoi elle aime Olivier : « Il est tout en nuances » ; « Olivier c'est un moule » (p. 45). Des **affinités profondes** les lient, lesquelles instruisent assurément sur les caractères respectifs des deux frères. La rectification facétieuse de Benoît – « Une moule » – n'y change rien.

B. Le travail intellectuel en entreprise

a. Le travail d'imagination

C'est à la force cérébrale que l'essentiel des employés de Ravoire et Dehaze travaillent. L'**imagination** figure au premier rang des qualités de vente. Lubin en manque terriblement auprès de Madame Lépine, à court de stratégies pour la convaincre. Son inspiration se limite à ce fameux adjectif « sensationnel », qu'il emploie même à la fin pour remercier l'entreprise (p. 235).

L'**imagination de toute l'entreprise** est mise à contribution lors du « **brainstorm »** organisé par Jack et Jenny dans le 4e mouvement (p. 153-159). Une telle avalanche « ne peut pas rater » (p. 162). L'impressionnante diversité des 174 noms de marque illustre la richesse de l'imagination collective. Au préalable, Jack avait **interdit l'ironie et la censure**. Chacun devait donc s'engager en toute transparence dans le flot de propositions, qui vont de « Papidou » à « Chanterelle » en passant par « La Voie lactée » et « Suave ». Plusieurs noms s'avèrent d'ailleurs surprenants, dont, notamment, le choix final, « Mousse et Bruyère », qui s'était retrouvé en concurrence avec « Algue et Varech » ! Battistini l'explique avec soin (p. 183). Mais le spectateur peut légitimement se demander s'il doit le prendre au sérieux, ou s'il s'agit d'une facétie du dramaturge. Tout paraît à la fois **si convaincant et si ridicule** !

Ce travail d'imagination correspond à l'élément de résolution de la pièce, qui peut alors se dénouer en **triomphe**. Dans le 5e mouvement, l'élaboration du slogan concrétise le brainstorm précédent grâce au travail, lui-même imaginatif, du concepteur-rédacteur Jaloux (p. 194). Il défend sa trouvaille par une analyse grammaticale fondée sur des effets symboliques et même psychologiques que le slogan produira sur le consommateur. Derrière l'imagination siège une intelligence.

b. Le travail de vision

L'imagination doit s'appliquer à une **vision perspicace** du marché et de l'avenir. Si Jack et Jenny obtiennent la confiance de Ravoire et Dehaze, malgré leur note d'honoraires astronomique, c'est parce qu'ils ont réussi à convaincre Benoît dès leur première rencontre au début du 4e mouvement. La métaphore du chien qui renifle, appliquée à leur audit, traduit l'**intuition** du binôme. S'ensuit un véritable interrogatoire de Benoît par des stichomythies, comme un dialogue socratique qui aboutit à une métaphore fécale (p. 137). De même qu'un individu éprouve des difficultés à déféquer, de même Benoît n'arrive pas à formuler simplement le cœur de métier de l'entreprise. Le langage cru des conseillers, bousculant tous les repères traditionnels de la firme, épouse leur vision du marché. De ce « produit distant abstrait » il faut passer à un produit proche concret.

Inversement, l'initiative de Dehaze père de **« jouer la carte nationaliste »** échoue. Passemar, clairvoyant ou tout simplement auteur de la pièce, donc omniscient, révèle l'échec à venir dès le début : « Ç'a été un fiasco (*silence*) épouvantable » (p. 26). La didascalie crée une suspension de la réplique prononcée par l'acteur, dramatisant ainsi l'adjectif « épouvantable ». Dehaze père court droit au mur, malgré les efforts pathétiques de Lubin, figure de proue des vendeurs de l'entreprise.

c. L'intelligence relationnelle au travail

La gestion efficace des situations courantes exige une **intelligence relationnelle**. Le choix du langage dans les interactions ordinaires participe du travail des employés, quel que soit leur niveau dans la hiérarchie. Par exemple, Dutôt, pour asseoir son autorité sur Passemar, impose un registre vulgaire : « Je m'en torche de vos notes de service moi il me faut la camelote » (p. 18). Cohen, lui, précautionneux quand il s'adresse à Olivier, emploie plusieurs modalisateurs : « Monsieur Olivier je crois nécessaire d'avoir votre accord pour le règlement de cette note d'honoraires » (p. 120). Ou encore, Toppfer sait s'adresser à Dehaze pour susciter sa curiosité, comme la question rhétorique : « savez-vous la découverte que j'ai faite ? » (p. 68)

Chaque dialogue de *Par-dessus bord* donne à voir **la possibilité d'un double discours**, où l'hypocrisie, même très subtile, affleure. Un décalage entre ce que les personnages pensent et disent, ou du moins la présence tangible d'intentions ou allusions masquées, apparaissent nécessaires dans les rapports en jeu dans l'entreprise. Ainsi, Benoît, Grangier et Saillant flattent Madame Bachevski au moment de la remercier (p. 206-207). Cette dernière n'a pas su plaire, malgré sa propre servilité à l'égard de la nouvelle hiérarchie, au contraire de Madame Alvarez, plus stratège, ou plus chanceuse.

Benoît emploie les mots qu'il faut pour insinuer la duplicité de son frère auprès de leur père : « Je ne veux pas croire qu'il vous soit déloyal » (p. 62). La litote renforce la croyance ferme en la probité d'Olivier, que Benoît feint pour aboutir à ses fins. Quelle sournoiserie ! N'est-ce pas le cœur de son travail que de progresser avec une telle intelligence relationnelle ?

C. Les enjeux économiques de l'entreprise

a. D'une direction à l'autre

Les **enjeux économiques** de l'entreprise régissent tout travail des personnages. Sa survie et sa croissance conditionnent le maintien des emplois en son sein. Le passage **d'une direction à l'autre** reconfigure la vie professionnelle de chacun. Or, en la personne des deux frères, deux options se présentent à Ravoire et Dehaze après le décès de Fernand Dehaze. Cette alternative ne met pas seulement aux prises deux individus, mais deux avenirs et deux identités distinctes, que Benoît dépeint à Ausange dans le 3e mouvement. Olivier ferait de l'entreprise « un monument consacré à la mémoire de son père et de son grand-père » là où Benoît chercherait à exploiter le potentiel « immense » de ce marché (p. 90).

L'entreprise familiale de Dehaze – qui n'exclut cependant pas une certaine intransigeance, à l'image du licenciement de Dutôt (p. 60) – où règne une ambiance harmonieuse, permise par le ronron du monopole, se voit remplacer par une **entreprise du sacrifice et de l'ambition**. Sous l'égide de Benoît, les enjeux économiques conduisent tout le monde au « don de soi » (p. 90), au sacrifice toujours plus dur pour ensuite « bondir » tous ensemble (p. 131). Les restructurations des entreprises apparaissent à plusieurs reprises dans l'œuvre de M. Vinaver, et notamment dans cet extrait de *L'Ordinaire*, qui propose aussi une réflexion générale sur les dirigeants.

Texte-clé

« Bob : C'est le devoir de l'homme au sommet de former les hommes qui pourront un jour prendre sa place et mener l'entreprise encore plus haut plus loin

Ton père était un des deux ou trois hommes qui pouvaient espérer accéder un jour à la charge suprême tout cela maintenant est à revoir

Il n'y a pas de devoir plus impérieux pour un chef que de préparer son propre départ personne n'est éternel »

Michel Vinaver, *L'Ordinaire*, Actes Sud, 1986.

b. Un sursaut économique

La remobilisation de l'entreprise, sous l'impulsion de Benoît, prépare ainsi le terrain à un **sursaut économique**. Celui-ci accompli, les employés expriment leur satisfaction, à l'image de Cohen, « plus heureux maintenant que le travail est plus intéressant » (p. 188). Même les personnages qui subiront une mise à l'écart ont bénéficié de l'**émulation de l'entreprise**. « Sur le plan du travail je pète le feu » (p. 160), s'exclame Lubin, de même que Madame Bachevski se sent « en plein boum » (p. 206).

Benoît félicite ses troupes à grands renforts de **métaphores entraînantes**, comme « Claude Dutôt qui a enfoncé l'épée dans les reins de l'adversaire » (p. 242), ou encore Jack et Jenny, « forgerons » de leur réussite (p. 246). L'essor de l'entreprise s'explique autant par un véritable combat mené à bien que par une construction solide.

Au-delà de l'extraordinaire succès de Mousse et Bruyère, qui assure à l'entreprise « le triomphe » (p. 199), comme le souligne Madame Bachevski, c'est toute **une éthique de travail** qui est inoculée par Benoît. À la fin du 5e mouvement, tous paraissent exaltés par l'avenir, au gré des propositions ivres d'optimisme de Grangier, Peyre, Battistini et Dutôt (p. 201-202). Peyre s'approprie d'ailleurs la rhétorique de Benoît pour faire le bilan de l'extraordinaire sursaut de Ravoire et Dehaze : « Une expérience exaltante il y a quelques mois vous souvenez-vous ? Il a fallu le concevoir le nourrir le protéger maintenant il court rien ne pourra l'arrêter » (p. 243). Cette jubilation n'est pas sans rappeler celle de Mouret, dans *Au bonheur des dames*, d'Émile Zola, un siècle plus tôt.

Texte-clé

[Mouret] était revenu à son poste favori, en haut de l'escalier de l'entresol, contre la rampe ; et, devant le massacre d'étoffes qui s'étalait sous lui, il avait un rire victorieux. Ses craintes du matin, ce moment d'impardonnable faiblesse que personne ne connaîtrait jamais, le jetait à un besoin tapageur de triomphe. La campagne était donc définitivement gagnée, le petit commerce du quartier mis en pièces, le baron Hartmann conquis, avec ses millions et ses terrains. Pendant qu'il regardait les caissiers penchés sur leurs registres, additionnant les longues colonnes de chiffres, pendant qu'il écoutait le petit bruit de l'or, tombant de leurs doigts dans les sébiles de cuivre, il voyait déjà le Bonheur des Dames grandir démesurément, élargir son hall, prolonger ses galeries jusqu'à la rue du Dix-Décembre.

Émile Zola, *Au bonheur des dames*, ch. IV, 1883.

c. L'entreprise et l'extérieur

Ravoire et Dehaze, loin de fonctionner en autarcie, s'appuie sur un rapport ténu avec **l'extérieur**. Son succès se fonde sur l'évolution du marché mondial, mais aussi des services externes. Rémunérés pour une seule mission précise, Jack et Jenny n'appartiennent pas à l'entreprise. Leur franc-parler s'explique peut-être ainsi. De même, les banquiers jouent un rôle majeur dans le succès de l'entreprise. Ausange dirige en quelque sorte la prise de pouvoir de Benoît. Les deux hommes finissent par entretenir des liens d'affection – « mon cher » (p. 103) –, même si le banquier se garde bien d'accompagner trop loin l'ivresse du gain de l'entrepreneur : « c'est financièrement impensable » (p. 226). Plus tôt, Olivier, qui lui demandait un geste « au nom de [son] amitié pour papa », essuyait un refus de sa part (p. 78). Les rapports avec l'extérieur demeurent avant tout **économiques**. Si un autre parti ou un sous-traitant n'y gagnent pas financièrement, l'amitié a peu de chances de tenir.

Le rapprochement de Young, à la fin de la pièce, passe aussi par une plus grande familiarité – « Je peux vous appeler Ben ? » (p. 214). Il vient de l'extérieur pour proposer une alliance avec United Paper Company, auréolant ainsi la réussite de Ravoire et Dehaze. Avec elle, l'entreprise américaine apporte « the Youpico spirit » (p. 250), esprit qui transformera encore davantage les habitudes de travail de chacun.

D. L'humanité au travail

a. Entre amitiés ...

Une humanité peuple Ravoire et Dehaze. Le cadre professionnel devient le lieu où se développent des **amitiés**. La tombola du début ancre l'entreprise dans une ambiance familiale, entretenue par les dialogues d'enfants d'employés : « – C'est toi Joëlle/ – Vas-y Joëlle/ – Non c'est Anne-Marie » (p. 30). À la toute fin, Benoît cherchera à perpétuer une telle atmosphère, à travers des mots chaleureux envers Madame Bachevski et Cohen. L'entreprise est amicale... en façade.

Les **amitiés demeurent circonstancielles**, et parfois **superficielles**. Lubin décrète bien vite que Cohen lui est sympathique (p. 161). Ce dernier s'est contenté de répondre « oui » à ses confidences. Nouvelle facétie du dramaturge, dont l'ironie souligne une certaine vacuité des rapports humains. Entre Lubin et Madame Lépine, le lien paraît creux. Elle ne se souvient jamais de son nom (p. 217), mais le regrette tout de même lorsqu'il annonce son départ (p. 237).

Même derrière des affinités profondes se cachent certaines **suspicions**. Olivier laisse entendre que les manigances de Margerie auraient imposé Benoît à la tête de l'entreprise (p. 176-177). En découle un constat amer sur l'humanité : « Comment croire ce que tu dis ? », questionne Olivier ; « Comment te faire croire ? », répond Margerie, dans une formulation maladroite (p. 178). Très tôt, Olivier subodorait « une sorte d'assassinat » (p. 76). Le spectateur peut comprendre les doutes d'Olivier, tant l'opportunisme de Margerie paraît incommensurable : « Daddy quand vous allez mourir qu'est-ce qui va arriver à toutes vos merveilles ? » (p. 50)

b. ... et inimitiés

Par-dessus bord dépeint la précarité des rapports humains en entreprise, au sein de laquelle essaiment les **inimitiés**. Le début du 5e mouvement représente le paroxysme des cancans et coups bas, entre Mesdames Bachevski et Alvarez. La première déplore que la seconde dénigre sans cesse l'actuelle direction (p. 188). La seconde exprime sa honte quand elle voit « cette femme âgée lécher les bottes de tous ces petits chefaillons » (p. 189). Cohen, entremetteur, se délecte de son rôle.

Quant aux **hostilités ouvertes**, elles surgissent surtout en début de pièce, où Grangier déplore « une atmosphère systématique d'incompréhension » (p. 60). Remettant sa démission, refusée par Olivier, il affine son analyse : « C'est la boîte entière qui fout le camp il n'y a plus de boîte monsieur Olivier il n'y a plus que les gens et les gens c'est jamais très joli quand il n'y a plus de boîte pour leur donner le sentiment qu'ils font quelque chose en commun » (p. 61). Le recours aux présents à valeur gnomique (« il n'y a plus ») confère une portée universelle à son propos. Tout en nuances, le dramaturge établit le rôle humain de l'entreprise, structure unifiée autoritaire qui jugule et stimule l'individu, fort de son libre-arbitre, de son amour-propre et de ses ambitions.

c. Plongées psychanalytiques et détours autobiographiques

Cette humanité au travail est scrutée de près par la **psychanalyse** et les incursions dans **la vie passée**. Le psychanalyste Reszani explore la **symbolique fécale** – s'appuyant sur la description freudienne du stade anal – pour mettre à nu deux types de personnalités : les opprimés et les libérés (p. 170). Ce faisant, il propose une grille de lecture des différents personnages au travail. Les premiers seraient coincés dans leurs schémas de pensée – Lubin, Cohen, Olivier –, et les seconds plus audacieux et imaginatifs – Benoît, Margerie, Jack et Jenny.

Outre ces considérations générales, une réflexion sur la **psychologie des personnages** émerge régulièrement. Par exemple Jiji, qui, en général n'aime rien faire (p. 80), constitue le contre-modèle du travailleur diligent, représenté, lui, par son propre père, Lubin, ardent à la tâche. Son comportement s'explique sûrement par son rejet du père, en écho avec le rejet par Benoît de son propre père. Chaque employé se prête à ce type d'analyse, comme Passemar qui livre ses états d'âme directement au public.

Le comportement de Benoît lui-même s'explique suivant un schéma œdipien. Ses confidences à Ausange brossent le portrait d'une mère absente, « extrêmement bien tournée », qui a certainement nourri son imaginaire, et d'une naissance « dérangeant tout le monde » (p. 89). **Tuer le père** n'est que la suite logique de son enfance dévalorisante.

Mais le personnage dont le spectateur côtoie avec le plus d'émotion les tréfonds biographiques est indubitablement Alex, notamment à la fin du 3e mouvement (p. 99-103), puis à la toute fin de la pièce (p. 238). Son récit de la **Shoah** introduit le **tragique** dans la pièce, et une présence palpable du visage le plus effroyable de l'histoire. Son embauche par l'entreprise lui permet enfin d'entrer « dans la vie normale » (p. 239). Récompense des épreuves traversées, d'une finesse sociale et d'intuitions commerciales, cet emploi le destine à un **avenir serein**. Selon Delphine Rey-Galtier : « Il n'y a pas loin à penser que "Mousse et Bruyère", que va vendre Alex, pourrait servir à effacer les traces laissées par l'Histoire. »

Conclusion

Un festival professionnel s'épanouit donc dans *Par-dessus bord*, entièrement centré autour de l'entreprise. Ce foisonnement humain de métiers, d'émois et de joies se déploie grâce au **travail théâtral et artistique**, qui figure au cœur de la pièce, par le biais de Passemar. L'*alter ego* de M. Vinaver justifie ses choix laborieux, tantôt avec pragmatisme – « le marketing mix » (p. 118) –, tantôt avec cynisme – « Ça arrangerait bien mes affaires » (p. 205). Surtout, il crée un avant et un après la pièce, étendant ainsi l'espace dramatique à celui de sa propre vie professionnelle. Son intérêt pour les mythes nourrit sa créativité, et donc son travail d'artiste. Ainsi, *Par-dessus bord* « scelle un dialogue entre l'homme et l'œuvre, le monde de l'entreprise et l'écriture, entre le mythe, l'histoire et le quotidien », selon Delphine Rey-Galtier.

Soulignons enfin **le travail des spectateurs**, qui doivent s'approprier les différents enjeux de la pièce et rétablir certains liens dissolus par les enchaînements différés des répliques et de fréquentes ellipses. Selon le dernier metteur en scène de la version intégrale de la pièce, Christian Schiaretti : « Le théâtre de Michel Vinaver rend le spectateur intelligent, parce qu'il lui donne tous les éléments pour mener sa propre réflexion. »

Texte-clé commenté

Jack et Jenny, sauveurs de Ravoire et Dehaze (4e mouvement, p. 134 à 147 de « *Salle de réunion* » à « [PASSEMAR] ... il ne me déplaît pas ce garçon. »)

Les conseillers en marketing américains, Jack Donohue et Jenny Frankfurter, font une entrée fracassante dans la pièce au début du 4e mouvement, alors que Benoît s'attèle à installer son pouvoir. Ils s'asseyent par terre et intiment au patron de laisser « les monsieur et mademoiselle au vestiaire » (p. 111). Après quelques questions millimétrées, ils exposent un premier diagnostic précis : « Vous vendez un produit distant abstrait » (p. 113) ; et leur analyse générale : le marché du papier toilette se résume à l'output de l'être humain et l'alimentaire à l'input (p. 115). Benoît prononce ensuite un discours solennel, où il exhorte ses troupes au sacrifice et annonce la restructuration de l'organigramme (p. 130 à 132). Passemar signale le passage à une nouvelle partie de la pièce, « relative à la naissance du nouveau produit » et « délicate à réaliser » (p. 132). C'est alors que tous se réunissent autour des deux conseillers dans la salle de réunion.

Dans cette séquence, Jack et Jenny diffusent leur vision, qui infuse au sein de toute l'équipe. Leur emprise sur les autres personnages, y compris Benoît, se fonde sur un langage cru, qui tranche avec l'état d'esprit ambiant, compassé, voire étriqué, trop propre pour une entreprise qui vend du papier toilette. L'aura des conseillers repose sur ce décalage, qui produit une succession de **fulgurances théâtrales**. En endossant un rôle de super-héros, ils amorcent un tournant concrétisé plus tard par la création collective de la nouvelle marque, « Mousse et Bruyère ». Jack et Jenny – à la note d'honoraires excessive (p. 120), mais dont Benoît prédit qu'il s'agira de leur investissement le plus rentable (p. 126) – s'immiscent dans l'imaginaire des personnages et du public. Ce moment de spectacle divertissant et révélateur de réalités humaines si subversives et déconcertantes génère toutefois un doute : seraient-ils en train de se moquer de tout le monde ?

1. La naissance d'une nouvelle vision

A. Jack et Jenny, captivants gourous d'un groupe

Jack et Jenny **captivent le groupe en le brusquant**. Ils prennent les rênes de la réunion sans circonvolutions, avec un langage familier, parfois vulgaire. Les interjections « bon alors », « OK », et les métaphores décontractées – « prendre la température de la boutique » (p. 134) – fixent un cadre auquel les employés sont manifestement peu accoutumés. Jenny les prévient : « Pour commencer vous allez souffrir OK ? » (p. 135) Immédiatement après, Jack lance les hostilités en interrogeant directement Dutôt sur l'essentiel : « le cul ».

Ils prennent l'**ascendant** sur le groupe. Jack et Jenny harcèlent chacun de questions et d'analyses sur un rythme effréné. Adepte d'un certain pragmatisme,

Benoît s'impatiente : « Je ne vois pas trop où cela mène » (p. 142) ; « On tourne en rond » (p. 143). Mais le génie du duo réside dans sa capacité à rebondir. Ici : du « rond » à la « spirale ». Battistini, taquiné, fait les frais de leur montée en puissance. Seule réaction possible : la fuite. Il « sort en claquant la porte » (p. 142). Passemar, qui exécute l'ordre de Jenny, le ramène (p. 146). Cette ultime humiliation scelle **le pouvoir des conseillers**.

Après un jeu de questions-réponses de plus en plus subversif, ils tirent une conclusion qui laisse tout le monde sans voix : « Un immense réservoir érotique existe au fond de chacun il suffit d'ouvrir la vanne » (p. 146). Cette métaphore mécanique réduit l'être humain à une **machine fonctionnelle**.

B. Les barrières et interdits tombent

Jack et Jenny invitent les employés à **s'affranchir de leurs barrières mentales et des interdits codifiés par la société** : « on pourrait se mettre un peu en roue libre » (p. 135). L'emploi du pronom personnel « on » les inclut dans le groupe. Mais très rapidement, ils s'en démarquent par l'usage systématique de la deuxième personne du pluriel. Jack constate : « Bien vous voyez comme vous êtes guindés » ; et Jenny enchaîne : « Conventionnels » (p. 136). L'un surenchérit à partir de la réplique de l'autre, indice de la **complémentarité du binôme**.

Le groupe franchit les différents tabous de la définition du « cul » par des détours physiques – « Une fente dans le corps », « Une fissure » (p. 137) – et métaphoriques – « une grotte » (p. 137), dont on extrait « une tourbe nauséabonde » (p. 138). Est retenue la métaphore de la mine d'or, classique dans le milieu des affaires, où l'on s'échine à flairer les bons filons. Ce n'est pas tant les employés qui se désinhibent que les conseillers qui réussissent à **les emmener dans leur logique pragmatique**. Ils les exercent pour le vaste brainstorm à venir.

Leurs remarques clarifient peu à peu leurs intentions, comme cette longue réplique de Jenny : « La sensation que vous avez pendant que vous chiez Ben si vous vous donnez la peine de concentrer toutes vos forces sur ma question la sensation de la matière formée qui passe à travers l'anus pour enfin s'en détacher » (p. 144). Les mœurs bannissent ce type de description crue d'un phénomène pourtant si ordinaire. Jenny s'appuie sur d'infimes détails réalistes qui projettent les employés dans une vérité sue de tous. Ce constat fait office d'indéniable **révélation**.

2. Un tournant spectaculaire

A. Le comique scatologique

Cette séquence offre une concentration de **pur plaisir du spectacle**. Les échanges autour des excréments cultivent un **festival comique**. Le retour à un besoin humain et l'hygiène nécessaire qui l'accompagne entrent en résonnance avec le comique **scatologique** de Rabelais, cinq siècles plus tôt. Quand Jenny souligne que Battistini est « coupable d'avoir tripoté [sa] merde avec ravissement » (p. 141), le nouveau-né Gargantua surgit dans l'imaginaire : « Il pissait sur ses souliers, il chiait en sa chemise, il se mouchait à ses manches, il morvait dedans sa soupe » (*Gargantua*, ch. VI, 1534). Fort d'un bon sens remarquable, le jeune géant déclare, quelques années plus tard : « Il nous faut donc chier avant de se torcher le cul. » (ch. XIII). N'est-ce pas de cette sublime déduction que Jack et Jenny tirent justement leur inspiration ?

La réunion dirige progressivement le rire vers une apothéose. Du **comique de répétition** pudique (« C'est le derrière », p. 135) vers le plaisir de « chier » (p. 146), les répliques procèdent par **bouclages parfaits et serrés**. Prenons par exemple la stichomythie suivante : « JACK : Dont on extrait quoi ?/ BENOÎT : La houille/DUTÔT : Une houille molle/BATTISTINI : Une tourbe nauséabonde/PEYRE : Des diamants/JENNY : Vous entendez ? Des diamants qui dit mieux ?/PASSEMAR : De l'or noir » (p. 137-138). Des **écoliers** font sagement face à leurs deux maîtres, qui les dirigent à travers des raisonnements logiques jusqu'à obtenir la bonne réponse. La dégradation de Benoît au même rang d'apprenant que ses employés contribue au **carnavalesque** de cette séquence, qui chamboule un temps la hiérarchie.

B. Un premier pas vers le triomphe

Un **tournant dramatique** se joue sous les yeux des spectateurs : le premier pas vers le triomphe. Une tension spectaculaire s'élève et culmine avec l'agacement de Battistini et de Benoît. Mais Jack et Jenny ne la désamorcent pas, tant s'en faut. La paire aiguillonne le groupe toujours plus loin. Les conseillers déplient un scénario qui tient le public en haleine. Dans la version intégrale, la séquence, trois fois plus longue, démultiplie encore cette tension. Les échanges triplent d'amplitude, et le front qui s'oppose au binôme s'étoffe et se durcit. Dutôt, pragmatique, souligne notamment la perte de temps en une ellipse : « Si vous totalisez les heures de salaire de nous tous ici présents plus les honoraires ».

La tension se fonde sur la **nécessité de construire un produit**. Benoît (« Un produit ça ne se bricole pas », p. 52) et Dutôt (« Ça se crée ») le martelaient déjà dans le 2e mouvement. Or, qu'est-ce que la construction d'un produit, aux yeux de publicitaires ? Un nom et un slogan, avant d'être un objet utile. Contrairement aux ingénieurs ou designers, ils construisent avant tout des mots. Et ces mots sont « Mousse et Bruyère » (p. 183). Plus précisément, selon la devise conçue par Jaloux : « MAINTENANT VIRGULE CHEZ NOUS AUSSI IL Y A MOUSSE ET BRUYÈRE » (p. 194). N'est-il pas hilarant que le nom de ce produit, nimbé d'une ambition si subversive, évoque si peu l'interdit et le stupre ?

3. La déjection revalorisée

A. Une réflexion sur le dégoût des excréments

La honte entrave toute conversation ordinaire qui porterait en détail sur la déjection et le plaisir associé. Cette séquence interroge sur **le dégoût que les excréments suscitent**. Quand Jack divulgue la métaphore du trésor, « il aurait suffi qu'une fois vous vous leviez et regardiez entre vos jambes » (p. 138), il invite chaque spectateur à faire de même. À quelle fin ? Au moins pour **bousculer les préjugés** et une certaine symbolique de la fiente. Vingt ans auparavant, les provocations extravagantes d'Antonin Artaud n'en recelaient pas moins un si riche dessein : « Là où ça sent la merde/ça sent l'être. » (*Pour en finir avec le jugement de Dieu*, 1947).

Cette revalorisation de la déjection s'appuie sur la **psychanalyse**. Battistini écope des interprétations agressives des conseillers (Peyre en était victime dans la version intégrale : ses répliques ont simplement été transférées à Battistini, preuve peut-être de la vacuité de ces personnages). L'exégèse par Jenny de la question « C'est fini ? » condense humour, tension dramatique et réflexion freudienne. Quelques scènes plus loin, l'exposé du psychosociologue Rezsanyi approfondit l'analyse : « l'argent est la matière fécale vécue sous une forme qui n'a pas besoin d'être refoulée parce qu'elle a été désodorisée déshydratée rendue brillante » (p. 168). Cette conclusion, reprise comme telle depuis la version intégrale, s'avère prééminente aux yeux de M. Vinaver. Une vision **alléchante** – pourquoi pas ? –, **divertissante** – quel délire sans nom, typique de certains psychanalystes ! – et **vexante** – nous prend-il pour des sots ?

B. Passemar désinvolte ?

Passemar arbore une **désinvolture manifeste**, notamment dans les répliques précédant la réunion : « Et puis il y a l'aspect scatologique tout ce qui est grossier m'est personnellement pénible » (p. 133). Cette fausse prétérition instille une nouvelle couche de comique par la justification des inconvenances à venir. Le dramaturge n'avait pas besoin de tant de précautions. Fort de son rôle d'adresse au public, Passemar anticipe par *captatio benevolentiae* l'éclat des propos de Jack et Jenny : « Comment éviter le déversement de toute cette matière/[...] Nauséabonde je ne vois pas le moyen d'éviter » (p. 133-134). Il prépare un retour aux choses basses et concrètes.

Parmi ses contributions aux échanges didactiques, Passemar dépeint l'anus comme « une vallée dans l'ombre entre deux collines ensoleillées » (p. 137). Une telle **poésie**, à prendre au second degré, peut aussi être mise sur le compte de sa **désinvolture grotesque**. Cette séquence si déterminante pour le devenir de l'entreprise et l'intrigue de la pièce se termine sur les tracas personnels du dramaturge. Sa dernière réplique agence plusieurs phrases mal construites indépendamment les unes des autres, désarticulées par l'habituelle absence de ponctuation. Apparaît alors la proposition laconique : « c'est la suite tout à fait inattendue pour moi de l'entretien que j'ai sollicité auprès de monsieur Benoît » (p. 147). Jack et Jenny, ainsi que le destin de Ravoire et Dehaze, passent au second plan.

En somme, la **portée métathéâtrale** de cette séquence s'inscrit dans la continuité d'une volonté de M. Vinaver de déconstruire et même de critiquer certaines illusions que le théâtre peut générer.

Conclusion

Empreinte d'humour, de rebondissements et d'impudence, cette séquence de théâtre majeure prédispose les employés de Ravoire et Dehaze à se départir de certaines barrières. Ils peuvent dès lors s'engager pleinement dans le glorieux brainstorm qui donnera naissance à Mousse et Bruyère.

Dans la version intégrale, la séquence se clôt sur **les sept lois de marketing** conçues par le binôme et énoncées par Jack – comme les sept branches du chandelier de Moïse, avance-t-il. Ce morceau de choix, souvent cité en référence au chef-d'œuvre de M. Vinaver, parachève le cynisme des conseillers, présentant par exemple l'homme du marketing comme « un voleur et un voyeur » ou encore « un religieux et un guerrier ». Pourquoi avoir abandonné cette tirade ? Ne pas voir si clair dans le jeu des conseillers les rend peut-être plus captivants dans la version hyper-brève.

Références bibliographiques

Œuvres de Michel Vinaver

- *La Demande d'emploi*, Paris, L'Arche, 1973.
- *Les Travaux et les Jours*, Paris, L'Arche, 1979.
- *King*, suivi de *Les Huissiers*, Arles, Actes Sud, coll. « Babel », 2009.
- *Par-dessus bord, version intégrale suivie de son adaptation japonaise*, et Oriza Hirata, *La Hauteur à laquelle volent les oiseaux*, Paris, L'Arche, 2009.
- *Écrits sur le théâtre*, L'Arche, 1998.

Articles et ouvrages sur Vinaver

- Marie-Hélène Boblet, « Le "*theatrum mundi*" de Michel Vinaver », *Esprit*, octobre 2009, p. 31-50.
- Bernadette Bost, « Michel Vinaver, au bord du rire », *Recherches & Travaux*, n° 67, 2005, p. 251-257.
- Catherine Brun, *Michel Vinaver. Une pensée du théâtre*, Paris, Honoré Champion, 2015
- Simon Chemama, *Vinaver, le théâtre de l'immanence*, Paris, Honoré Champion, 2016
- Yvonne Y. Hsieh, « Un "Théâtre total" : *Par-dessus bord* de Michel Vinaver », *The French Review*, février 2002, p. 489-499.
- Delphine Rey-Galiter, *Michel Vinaver*, Lausanne, Ides et Calendes, 2019.

Références audiovisuelles

Les captations vidéo officielles de pièces de Michel Vinaver pèchent par leur rareté – il n'en existe guère que deux. L'une d'entre elles doit impérativement être visualisée, celle de la version intégrale de *Par-dessus bord*, mise en scène par Christian Schiaretti en 2008 au TNP de Villeurbanne. Cette captation de Vartan Ohanian est très éclairante pour une première approche de la pièce.

Une deuxième captation à regarder est celle de la pièce *11 septembre 2001*, mise en scène par Arnaud Meunier en 2011 au théâtre de la Ville de Paris (réalisation : Guy Girard).

Enfin, il est vivement conseillé d'écouter les podcasts suivants de l'émission *À voix nue* de France Culture : « Michel Vinaver, l'intégrale en cinq entretiens » (2013).

PARTIE 3

Étude transversale du thème dans les œuvres

1. La négativité du travail 155
2. Travail et besoins fondamentaux 171
3. La force du travail 187
Conclusion 202

1. La négativité du travail

« Le besoin nous contraint au travail dont le produit apaise le besoin : le réveil toujours nouveau des besoins nous habitue au travail », déclare Friedrich Nietzsche dans *Humain, trop humain* (I, § 611 ; 1878). Par ces mots, le philosophe introduit l'idée que **nous ne travaillerions que par nécessité** : pour satisfaire nos besoins vitaux, lesquels se renouvelant sans cesse nous contraindraient à encore et toujours travailler, nous enfermant dans un cercle qui n'aurait d'autre terme que la mort elle-même. **Cette réalité est dénoncée par Simone Weil** dans la « Condition première d'un travail non servile » quand elle observe que « le travail d'exécution [...] est gouverné par la nécessité » (*La Condition ouvrière,* p. 418-419) : l'ouvrier travaille sans autre mobile que la nécessaire satisfaction de besoins vitaux qui le contraignent à admettre jusqu'à des souffrances inhumaines. Attaché à combler des manques qui se reforment continûment, **le travailleur ressemble aux abeilles des *Géorgiques* de Virgile** qui, mues par une nécessité impérieuse, s'épuisent sans trêve à « réparer les pertes », à combler « les vides » (IV, p. 159). **Il mène une existence de part en part régie par des nécessités organiques**, « Manger travailler dormir », comme s'en désole Margerie Dehaze dans *Par-dessus bord* (2e mouvement, p. 69) de Michel Vinaver.

Parce qu'il faut toujours y retourner, **le travail devient une habitude**, observe Nietzsche. **Or cette habitude fait bientôt du travail un besoin** quand il n'était qu'une contrainte pour satisfaire nos besoins : « Dans les pauses où les besoins sont apaisés et, pour ainsi dire, endormis, l'ennui vient nous surprendre. Qu'est-ce à dire ? C'est l'habitude du travail en général qui se fait à présent sentir ! comme un besoin nouveau, adventice » (*ibid.*). L'existence humaine est, par contrainte, tellement centrée sur le travail que celui-ci la vampiriserait au point de susciter, à son tour, un sentiment de manque lorsque l'individu cesse de travailler. Il lui faudrait donc **retourner au travail non plus seulement pour satisfaire ses besoins vitaux, mais aussi pour mettre fin à « l'ennui »** que la suspension du travail suscite. Le cercle qui nous attache au travail se révèle ici plus infernal encore que précédemment envisagé : nous ne travaillerions pas seulement par besoin organique, mais aussi par besoin de nous occuper, de sorte que nous ne pourrions jamais nous passer de travailler, hors les moments où nous dormons pour pouvoir à nouveau travailler. **Non contents de travailler pour vivre, nous en viendrions ainsi à vivre pour travailler.**

Ce cercle infernal du travail est révélateur de sa négativité, laquelle impose toutefois un examen attentif car, comme le souligne à plusieurs reprises S. Weil dans *La Condition ouvrière*, on ne doit, au minimum, pas confondre, d'une part, la négativité inhérente à la condition humaine et à la nature du travail, et, d'autre part, la négativité inhérente aux conditions contingentes dans lesquelles celui-ci s'exerce. Il convient donc, premièrement, de sonder ce qui ontologiquement nous lie au travail, deuxièmement, de prendre la mesure des souffrances qu'implique nécessairement le travail et, troisièmement, d'interroger la source de celles que nous pourrions éviter.

A. La nécessité ontologique du travail

a. La finitude de l'homme

Qu'il soit scandinave ou romain, pluriel ou unique, le divin s'invite dans chacune des œuvres au programme. Son invocation n'est pas anodine : elle rappelle l'homme à sa réalité, c'est-à-dire à **la finitude de son être – aux limites de ses capacités et à sa mortalité**. Le décor est planté par monsieur Onde, professeur au Collège de France, de la pièce de M. Vinaver : sous l'oreille attentive de Passemar, l'enseignant racontait comment, selon la légende, nous en sommes venus au « désastre » (*Par-dessus bord,* 3e mouvement, p. 96) – comment le rusé Loki obtint d'Hödhr qu'il tue son frère Baldr que sa mère Frigg avait rendu presque invulnérable. Mêlant des éléments inspirés tant des monothéismes (Loki tel le serpent du péché originel ; Baldr et Hödhr tels Abel et Caïn...) que de la mythologie grecque (quasi-invulnérabilité de Baldr telle celle d'Achille ; cécité d'Hödhr telle celle d'Œdipe...), **la légende scandinave fait écho à toutes celles par lesquelles les hommes se sont efforcés de comprendre la dureté de leur réalité**, la tragédie d'un séjour terrestre fait d'efforts et de souffrances qui ne permettront pas d'échapper à la mort.

Texte-clé

« Monsieur Onde : Hödhr prit la pousse de gui et guidé par Loki la lança sur Baldr qui tomba mort sur la terre ce fut le plus grand malheur qu'il y ait eu chez les dieux et les hommes [...].

Ce drame comme il ressort de la structure même du poème est la clé de voûte de l'histoire du monde par cet événement la médiocrité de l'âge actuel est devenue sans remède »

Michel Vinaver, *Par-dessus bord,* 3e mouvement, p. 94-95.

Humains, nous ne sommes que de simples mortels condamnés à nous soumettre aux diktats des dieux : travailler pour vivre et, travaillant, souffrir. « Le Père des dieux lui-même a, souligne Virgile dans les *Géorgiques,* voulu rendre la culture des champs difficile, et c'est lui qui le premier a fait un art de remuer la terre, en aiguisant par les soucis les cœurs des mortels et en ne souffrant pas que son empire s'engourdît dans une triste indolence. » (I, v. 120-128, p. 45.) **Par le terme « mortels », Virgile ne vise pas seulement les humains** : à de multiples reprises, il inclut ces derniers dans un ensemble plus vaste, celui d'animaux ayant en commun la finitude, la soumission aux volontés divines, la fatigue de l'effort, les souffrances du labeur, des maladies et de climats hostiles. C'est ainsi la question du choix des vaches et des juments reproductrices qui le porte à observer qu'aux « plus beaux jours de l'âge des malheureux mortels » succèdent promptement « les maladies et la triste vieillesse, puis les souffrances, et l'inclémence de la dure mort » (III, v. 60-70, p. 115). La considération des abeilles le portera, quant à elle, à observer que « leur vie est sujette aux mêmes accidents que la nôtre » (IV, v. 251, p. 159). **Finis, les humains partagent avec tous les autres animaux la même condition : celles d'êtres que la faiblesse condamne à souffrir et à travailler**, jusque dans l'acte d'enfanter que le poète envisage, en effet, en termes de « travaux » (III, v. 60, p. 115).

La condition humaine apparaît sous le même jour sous la plume de la philosophe chrétienne, S. Weil. À l'instar de Virgile observant qu'« avant Jupiter, [...] la terre produisait tout d'elle-même, librement, sans contrainte » (I, v. 128, p. 45), S. Weil considère que nous avons été chassés du jardin d'Éden où le sol et ses plantes n'opposaient nulle résistance à Adam. **« Nous avons été jetés hors de l'éternité »**, affirme-t-elle dans son « Expérience de la vie d'usine » (*La Condition ouvrière*, p. 348). Or cette sanction divine nous condamna à endurer les douleurs et les vicissitudes du corps, à « traverser le temps, avec peine, minute après minute. » (p. 348). Finis, nous évoluons dans un monde de choses elles-mêmes limitées (cf. p. 428), de là **« cette peine [qui] est notre partage »** (p. 348), cette souffrance à laquelle nul homme ne peut échapper. **Cette peine est notamment celle de la monotonie et de l'ennui**, celle-là même dont, en partie, souffre l'ouvrier en usine. Or, observe S. Weil, « il n'est rien de grand sur cette terre, dans aucun domaine, sans une part de monotonie et d'ennui » (p. 347-348). Même la satisfaction que les plus grands chefs-d'œuvre humains (« une messe en chant grégorien », « un concerto de Bach ») suscitent en est mêlée. **Notre finitude nous condamne à une part irréductible de souffrance que nous devons accepter.**

On dira que l'invocation de dieux relève de la croyance ou de la métaphore, lesquelles ne font pas une vérité. Reste que la biologie nous ramène à la même réalité : **nous sommes des organismes mortels que la fatigue et la souffrance rappellent à leurs limites**, et l'évolutionnisme de nous renvoyer à notre animalité. « Nous devons reconnaître, disait Charles Darwin, que l'homme conserve encore dans son organisation corporelle le cachet indélébile de son origine inférieure. » (*La Filiation de l'homme et la sélection liée au sexe,* II, 21 ; 1869.)

b. La nudité de l'homme

Si spécificité humaine il y a, elle n'est peut-être pas à l'avantage des humains, comme le suggérait déjà le mythe de Prométhée : venu examiner le partage des « qualités » effectué par l'étourdi Épiméthée, Prométhée trouva « les animaux bien pourvus, mais l'homme nu, sans chaussures, ni couvertures ni armes », nous explique ainsi Platon (*Protagoras,* 321c). **L'homme est nu en ce qu'il ne possède pas, par nature, les moyens de se protéger ni même les savoir-faire nécessaires à sa survie.** Il n'a pas d'instincts à la faveur desquels il saurait spontanément ce qu'il a à faire et comment le faire : il n'a pas l'équivalent des « instincts merveilleux dont, nous dit Virgile, Jupiter lui-même a doté les abeilles » (*Géorgiques*, IV, v. 149, p. 153). Par nature, chacune d'entre elles sait quel rôle lui revient (butiner, épaissir le miel, garder la ruche, etc.) et aucune ne songerait à se dérober aux « puissantes lois » (IV, v. 154, p. 154) qui régissent la vie de la communauté. Tout autre est **la situation de l'homme qui, faute d'instincts, doit non seulement travailler mais, déjà, apprendre à travailler**. « Il y a, dit ainsi Darwin, entre les actes de l'homme et ceux des animaux, cette grande différence que l'homme ne peut pas, malgré sa faculté d'imitation, fabriquer d'emblée, par exemple, une hache en pierre ou une pirogue. Il faut qu'il apprenne à travailler. » (*La Filiation de l'homme et la sélection liée au sexe,* I, 3, 1869.)

Cette absence d'instincts qui, dotant chacun d'un savoir-faire, lui assigneraient un rôle qu'il effectuerait spontanément dans l'inconscience de sa soumission à une règle, **explique plus d'un trait du travail ouvrier tel que l'expérimenta S. Weil**. D'abord, l'organisation du travail : une organisation contingente, fruit d'un rapport de force profitable à un patronat soucieux d'augmenter « le rendement » du travail et son propre profit (cf. *La Condition ouvrière*, « La rationalisation », p. 309-319). Ensuite, l'affectation de chaque ouvrier à des gestes simples et répétés ne requérant ni savoir-faire ni habileté (p. 316). Également l'interchangeabilité des travailleurs qui, n'étant faits pour aucune tâche en particulier, peuvent être déplacés d'une machine à une autre comme « des pièces interchangeables » (« Expérience de la vie d'usine », p. 336). Enfin, la tension que vit l'ouvrier qui, faute d'instinct sur lequel se reposer, doit rester vigilant pour suivre la cadence et s'adapter à l'inattendu.

Texte-clé

« Les choses jouent le rôle des hommes, les hommes jouent le rôle des choses ; c'est la racine du mal. [...] Nombreux [...] sont ceux ou celles qui exécutent à toute allure, par ordre, cinq ou six gestes simples indéfiniment répétés, un par seconde environ, sans autre répit que quelques courses anxieuses pour chercher une caisse, un régleur, d'autres pièces, jusqu'à la seconde précise où le chef vient en quelque sorte les prendre comme des objets pour les mettre devant une autre machine ; ils y resteront jusqu'à ce qu'on les mette ailleurs. Ceux-là sont des choses autant qu'un être humain peut l'être, mais des choses qui n'ont pas licence de perdre conscience, puisqu'il faut toujours pouvoir faire face à l'imprévu. »

Simone Weil, *La Condition ouvrière,* « Expérience de la vie d'usine », p. 336-337.

Animal, naturellement moins bien doté que les autres animaux, susceptible d'être utilisé comme une chose, **l'homme est d'autant plus blessé par son dénuement qu'il en est conscient**. Il en résulte, en effet, **une humiliation** que souligne S. Weil. Humiliation de n'être pas traité à la hauteur de son humanité, certes, mais humiliation aussi de se découvrir moins supérieurs aux autres animaux qu'on ne s'en était persuadé. C'est un des sens de l'échange scatologique entre les conseillers en marketing, Jack et Jenny, et des chefs de Ravoir et Dehaze de *Par-dessus bord* de M. Vinaver. Les rappelant à la réalité prosaïque de leur production de papier hygiénique, les deux commerciaux éveillent la « gêne » et « la honte » (4e mouvement, p. 143) d'être un animal qui « chie » et – pire qu'un animal – d'y trouver du plaisir depuis tout petit : « C'est ça mon intuition les enfants / Que chier est un plaisir / Et pour beaucoup de raisons un plaisir interdit » (p. 341). Les directeurs et les employés de Ravoir et Dehaze doivent se frotter à la réalité qui fait leur fonds de commerce : **l'homme est un animal faible et « dépravé »** (Jean-Jacques Rousseau, *Discours sur l'origine et les fondements de l'inégalité parmi les hommes*, I, 1755) qui n'assume même pas d'être ce qu'il est.

c. L'indifférence de la nature

Notre dénuement est d'autant plus grand que nous faisons face à une nature qui n'a aucun égard pour nous. « Tout est contre nous, disait Alain ; mais disons mieux, tout est indifférent et sans égards ; la face de la terre est broussaille et pestilence sans l'œuvre d'homme ; non point ennemie, mais non point favorable. » (*Propos sur le bonheur*, XXVI ; 1928.) L'homme n'est pas seulement dénué de savoir-faire instinctifs, il fait face à une nature qui n'a que faire de lui : elle ne lui donne pas spontanément ce dont il a besoin contrairement au jardin d'Éden hors duquel, disions-nous, il a été « jeté ». Il en résulte, pour l'homme, **la nécessité de s'adapter à la réalité naturelle** : épouser, explique l'ancienne élève d'Alain, le « mélange d'uniformité et de variété » caractéristique de la nature, comme nous le rappelle « la succession absolument uniforme en même temps que variée et continuellement surprenante des jours, des mois, des saisons et des années » (*La Condition ouvrière*, « Expérience de la vie d'usine », p. 348). De l'indifférence de la nature résulte aussi **un sentiment de solitude** que S. Weil évoque dans une « Lettre ouverte à un syndiqué » [texte hors programme] ; une solitude qu'elle compare, d'ailleurs, à celle que ressent l'ouvrier dans l'usine et la société : « Citoyen d'une grande ville, ouvrier d'une grande usine, tu étais aussi seul, aussi impuissant, aussi peu soutenu qu'un homme dans le désert, livré aux forces de la nature. La société était aussi indifférente aux hommes sans argent que le vent, le sable, le soleil sont indifférents. » (*La Condition ouvrière,* p. 359.)

Attentif aux techniques que requiert le travail des champs, Virgile rend compte, à plusieurs reprises, de cette indifférence de la nature qui impose à l'homme de s'adapter à elle. Dès le début du chant I, il prévient : **avant de se mettre à**

travailler la terre et à cultiver, il faut étudier « les vents, la nature variable du climat, les traditions de culture et les caractères des lieux, et ce que donne ou refuse chaque contrée. » (*Géorgiques*, I, v. 50-55, p. 41.) Il faut, poursuit-il, **connaître et s'adapter aux « lois » et aux « conditions éternelles** que la nature a, dès le début, imposées à des lieux déterminés » (I, v. 60, p. 41-42). Une étude des terrains est ainsi engagée dans le chant II pour déterminer lesquels seront propices à tel élevage, telle espèce arboricole ou telle vigne. « Difficiles », « méchantes », « mince » « inculte » : les adjectifs alors employés par Virgile révèlent combien maintes terres seront peu favorables aux attentes de l'homme s'il ne prend pas le temps de les étudier, combien même elles l'exaspéreront (« le laboureur irrité », II, v. 208, p. 86) avant qu'il ne s'emploie à les préparer.

Pour « reconnaître » un terrain, pour déterminer quelle culture et quel élevage lui conviendront, Virgile conseille, dans le chant II, d'y « creuser profondément un puits » (II, v. 230, p. 87). Or l'acte de creuser est aussi évoqué par M. Vinaver, mais cette fois métaphoriquement : pour évoquer le travail du philologue enseignant. Échangeant avec Passemar, monsieur Onde comparait, en effet, son travail à celui d'une « taupe creusant ses galeries sans jamais faire surface » (*Par-dessus bord,* 3e mouvement, p. 82). Par là, il suggérait que, **telle la nature qui nous environne, notre esprit et les textes mythologiques ne nous livrent pas spontanément la lumière**. Si du sens est, bel et bien, débusqué dans les textes (compréhension), voire créé par notre esprit (interprétation), c'est au prix d'un effort comparable à celui qu'investit l'agriculteur pour obtenir de la terre ses meilleurs fruits.

Texte-clé

« Passemar : Quand je vous écoute toutes sortes de choses se relient cela irradie

Monsieur Onde : Quelle ironie lorsque je me retourne en arrière la seule constante c'est ce sentiment de cheminement dans le noir avec peut-être une lueur falote intermittente mais qui ne s'est jamais laissé entièrement souffler je n'ai jamais douté que tout système mythologique signifie quelque chose aide la société qui le pratique à s'accepter à être fière de son passé confiante dans son présent et son avenir »

Michel Vinaver, *Par-dessus bord*, 3e mouvement, p. 82.

Les limites des capacités humaines, le défaut d'instincts livrant quelques savoir-faire et l'indifférence de la nature font, nous disent les trois œuvres au programme, du travail une nécessité. L'homme ne peut pas survivre sans travailler. Il ne peut, de plus, pas travailler sans un travail préalable : il doit apprendre à travailler. **Nécessaire à plus d'un titre donc, son travail n'est pas un choix. En cela, il est foncièrement négatif**, une négativité que renforce l'impossibilité de s'y adonner sans peiner.

B. La souffrance, une composante essentielle du travail

a. Le sentiment d'hostilité de la nature

En disant « Tout est contre nous ; mais disons mieux, tout est indifférent », Alain n'avait pas tort de se corriger : dénuée de conscience et de volonté, la nature ne nous veut ni mal ni bien. Seulement, l'indifférence qu'elle oppose à nos besoins et la résistance que rencontrent nos efforts pour en obtenir quelque chose sont telles que **nous avons le *sentiment* que, cruelle, elle nous est hostile** et fait tout pour rendre notre séjour terrestre pénible, cela jusqu'à détruire sans crier gare les fruits de décennies voire de siècles de travail humain. « Il y a les éléments qui semblent se rire de toute contrainte humaine, la terre qui tremble, se déchire, ensevelit tout ce qui est humain et œuvre de l'homme », observe Sigmund Freud dans *L'Avenir d'une illusion* (III ; 1927). « Forte de ces pouvoirs, ajoute-t-il, **la nature [...] nous remet sous les yeux notre faiblesse et notre détresse, auxquelles nous pensions nous soustraire grâce au travail culturel.** » Le contraste entre les efforts déployés et la persistance des obstacles et des menaces est métaphoriquement exprimé par la maquette de Jaloux, l'agent publicitaire de *Par-dessus bord* de M. Vinaver : « la famille française typique et idéale » est, au premier plan, « réunie dans le petit jardin sauvage qui est comme une oasis » (5e mouvement, p. 194). Le lieu fait penser au jardin d'Éden, mais un jardin conquis à la faveur du travail du père, « cadre ou ingénieur ». Au second plan, « à travers les fenêtres », on aperçoit toutefois « une barre d'immeubles » exprimant « l'aspect lugubre de l'existence » (*ibid.*). La sordide barre dit toute **la vanité de nos efforts, la facticité du bonheur que l'on s'aménage, la persistance des épreuves et des menaces**, à commencer par celles, naturelles, de la maladie et de la mort.

En s'inscrivant dans une perspective religieuse, Virgile et S. Weil donnent, certes, un sens à la résistance et aux menaces naturelles. Mais celles-ci n'en restent pas moins *ressenties* comme autant de témoignages de l'hostilité de la nature à notre égard. Cette hostilité est, d'ailleurs, effective pour Virgile, dont les *Géorgiques* pointent à maintes reprises tous les **risques auxquels, conformément aux volontés de Jupiter, sont exposés les travailleurs des champs.** Dès le chant I, le poète signale, par exemple, que les efforts déployés par le laboureur et les bœufs ne protégeront pas la terre de « l'oie vorace », ni des « grues de Strymon », ni de « l'endive aux fibres amères », ni même des « méfaits de l'ombre » (v. 118-120, p. 45). Qu'ils soient serpents, loups, mer, vent, mauvaises herbes ou oiseaux, une foule d'ennemis se dressent contre le travailleur, au point que **Virgile parle de « guerre assidue »** (v. 155, p. 47) et en vient à penser les outils des « rudes campagnards » en termes d'« armes » (v. 160, p. 47). **Virgile lui-même semble mener une guerre avec le langage** pour parvenir à chanter avec éclat les humbles réalités de la nature. S'apprêtant à traiter de certains élevages, il utilise, en effet, le verbe « vaincre » comme si l'écriture poétique était une bataille qui, elle aussi, a ses ennemis et doit forger ses armes.

Texte-clé

« Mais le temps fuit, et il fuit sans retour, tandis que séduits par notre sujet nous le parcourons dans tous ses détails. C'est assez parler des grands troupeaux ; reste la seconde partie de ma tâche : traiter des troupeaux porte-laine et des chèvres au long poil. C'est un travail ; mais espérez-en de la gloire, courageux cultivateurs. Je ne me dissimule pas en mon for intérieur combien il est difficile de vaincre mon sujet par le style et de donner du lustre à de minces objets. »

Virgile, *Géorgiques,* III, v. 284-293, p. 127.

En parlant de fuite du temps, Virgile inscrit aussi le travail du poète dans **une seconde bataille : celle de chaque homme avec cette donnée naturelle qu'est le temps** dont le cours irréversible contraint à se dépêcher, à se soucier de la vitesse autant que de sa tâche, à tomber même dans l'obsession du rendement. Cette obsession était celle de Taylor, nous dit S. Weil dans « La rationalisation » : « Son grand souci était d'éviter toute perte de temps dans le travail. » (*La Condition ouvrière,* p. 313.) Si l'obsession du père de « l'organisation scientifique du travail » était intimement liée au souci d'augmenter les profits, elle procédait aussi d'une réalité humaine ô combien naturelle : notre temporalité. **Fini, notre temps de vie nous inscrit dans une course angoissée à l'idée de « manquer de temps »** pour accomplir chaque tâche et, plus gravement, pour vivre avant que la mort ne nous emporte. La conscience de notre temporalité introduit en nous **une tension à laquelle le travail nous confronte** et qui explique en partie l'enjeu des réformes engagées par le Front populaire en 1936. Se sachant promis à la mort sans savoir quand elle surviendra, **l'homme est, en effet, tiraillé entre deux exigences : le besoin de travailler pour vivre et le souci de vivre tant qu'il est encore temps.**

b. La souffrance de l'aliénation animale

« La faim » (p. 269), « les sous » (p. 270) « la fatigue » (p. 271), l'angoisse de ne pas parvenir à dormir (p. 271)… : dans « La vie et la grève des ouvrières métallos », S. Weil égrène les souffrances dont est fait leur quotidien. **Tout, dans l'organisation du travail, les ramène à leurs besoins vitaux**, et l'incertitude de leur satisfaction en fait doublement une obsession. Car manger et dormir est indispensable non seulement pour vivre, mais aussi et d'abord pour pouvoir travailler afin de survivre. « La faim jointe à un dur travail physique, c'est une sensation poignante », observe la philosophe (*La Condition ouvrière,* p. 270), comme est poignante l'épreuve de celle qui doit « forcer encore plus » faute d'être parvenue à dormir « par excès de fatigue » (p. 271). C'est « l'horreur », dira S. Weil dans la « Condition première d'un travail non servile ». **C'est l'horreur parce que cela réduit tous les faits et tous les temps de l'existence à la seule préoccupation animale : survivre.** Cela fait de la vie un incessant rappel de notre dépendance à l'égard de nos besoins vitaux – de cette aliénation que connaissent tous les animaux.

Texte-clé

« Exister n'est pas une fin pour l'homme, c'est seulement le support de tous les biens, vrais ou faux. Les biens s'ajoutent à l'existence. Quand ils disparaissent, quand l'existence n'est plus ornée d'aucun bien, quand elle est nue, elle n'a plus aucun rapport au bien. Elle est même un mal. Et c'est à ce moment même qu'elle se substitue à tous les biens absents, qu'elle devient en elle-même l'unique fin, l'unique objet du désir. Le désir de l'âme se trouve attaché à un mal nu et sans voile. L'âme est alors dans l'horreur. »

Simone Weil, *La Condition ouvrière,*
« Condition première d'un travail non servile », p. 419.

Cette aliénation ne concerne pas seulement nos besoins vitaux : **nos pulsions sexuelles sont également concernées**, comme en atteste les *Géorgiques* de Virgile, dont le chant III souligne la force du désir amoureux. Chez toutes les espèces animales, « l'amour est le même » dit-il (III, v. 342, p. 124) : aussi indomptable et impétueux chez l'homme que chez « la lionne », « la tigresse », ou « les chevaux ». Ce désir s'impose à nous avec tant de force que, tel le Léandre de la mythologie, nous le suivons au péril de notre vie : « Que n'ose point un jeune homme lorsque le dur amour fait circuler dans ses os son feu puissant ? » (III, v. 259, p. 125.) Il ose beaucoup sans doute, mais, répondrait S. Weil, **il tente aussi beaucoup pour surmonter cette aliénation**. « L'homme est l'animal qui n'accepte pas simplement le donné naturel, qui le nie », disait Georges Bataille dans *L'Érotisme* (1957). Il est l'être qui ne se satisfait du naturel ni en lui ni autour de lui ; qui, par le travail, transforme donc « le monde extérieur naturel » et, par l'éducation, se transforme lui-même. « Il refuse par exemple de donner à la satisfaction de ses besoins animaux ce cours libre, auquel l'animal n'apporte pas de réserve. » **Le travail et l'éducation conspirent ainsi à une même entreprise : nous arracher à l'ordre naturel que nos besoins nous rappellent**. On comprend dès lors **la souffrance des hommes dont le travail ne fait, au contraire, qu'aiguiser ce rappel.**

En investissant le concept freudien de **« sublimation »**, le psychosociologue Reszanyi de *Par-dessus bord* investit, lui aussi, cette idée d'un désir humain de dépasser les besoins et les pulsions animaux aliénants. La sublimation consiste, en effet, à transformer ces derniers en exigences supérieures qui serviront de moteur à des réalisations culturelles, c'est-à-dire non naturelles. « Le jeu le don la propriété l'usage des armes » (4ᵉ mouvement, p. 357) sont ainsi des sublimations des pulsions sexuelles que connaît l'enfant durant son stade anal, des pulsions narcissiques le portant à percevoir ses excréments comme « sa création ». Dans la mesure où il transforme la matière ou façonne des concepts, **le travail relève d'un tel processus puisqu'il sublime la pulsion en une création supérieure**, proprement humaine. Encore faut-il toutefois que la nature du travail laisse précisément une place à la création. **Ceux qui exécutent ne créent pas, donc sont privés d'une telle sublimation**. La distinction établie par Reszanyi entre « les opprimés » et « les libérés » (4ᵉ mouvement, p. 358) est parlante : si, travaillant, tous se débattent avec leurs besoins et leurs pulsions, seuls certains parviennent à sublimer leur aliénation.

c. L'épreuve de la discipline

« Un bon papier c'est comme un bon service des ventes ça résiste et ça fait son travail / Un bon service administratif est un service qui suit le mouvement madame Alvarez et qui se laisse oublier. » (*Par-dessus bord,* 1ᵉʳ mouvement, p. 20-21.) Cet échange entre le directeur administratif, madame Alvarez, et le chef des ventes, Dutôt, est symptomatique de la soumission et de la discipline qu'impose le travail à la plupart des humains. Un bon travailleur, ça endure, ça obéit et ça se soumet à la loi commune en passant sous silence ses souffrances et en refoulant ses aspirations. Une des grandes utilités du travail se fait ici jour, **une utilité sociale** qui explique, selon Nietzsche, « les infatigables discours » qui le glorifient : **par la discipline et la soumission, le travail étouffe l'individualité**, cette part singulière de chaque être qui pourrait troubler l'uniformité du groupe et l'ordre de la société. « Au fond, dit Nietzsche, on sent aujourd'hui, à la vue du travail – on vise toujours sous ce nom le dur labeur du matin au soir –, qu'un tel travail constitue la meilleure des polices, qu'il tient chacun en bride et s'entend à entraver puissamment le développement de la raison, des désirs, du goût de l'indépendance. » (*Aurore*, III, § 173 ; 1881.)

La discipline et l'obéissance sont-elles, en elles-mêmes, mauvaises ? Non, répond S. Weil, dans ses « Lettres à Victor Bernard » : « J'ai au plus haut point le respect de la discipline dans le travail, et je méprise quiconque ne sait pas obéir. » (*La Condition ouvrière*, p. 242.) Toute organisation sociale a besoin de règles communes et d'une autorité pour les faire respecter. **Des ordres sont nécessaires**, surtout quand il s'agit de produire ensemble quelque chose. **« Mais il y a ordres et ordres »**, précise S. Weil (p. 240) : ceux qui procèdent d'un rapport d'autorité et ceux qui procèdent d'un rapport de pouvoir. **L'ordre devient un instrument de pouvoir quand, usant de la peur et de l'arbitraire, celui qui le prononce réduit l'autre à une totale soumission**, lui contestant jusqu'à l'usage de ses facultés proprement humaines.

Texte-clé

> « Je ne puis accepter les formes de subordination où l'intelligence, l'ingéniosité, la volonté, la conscience professionnelle n'ont à intervenir que dans l'élaboration des ordres par le chef, et où l'exécution exige seulement une soumission passive dans laquelle ni l'esprit ni le cœur n'ont part ; de sorte que le subordonné joue presque le rôle d'une chose maniée par l'intelligence d'autrui. »
>
> Simone Weil, *La Condition ouvrière,* « Lettres à Victor Bernard », p. 240.

La subordination disciplinaire que condamne S. Weil ressemble fort à celle qu'admire pourtant Virgile en observant « les mœurs des abeilles ». Leur discipline semble, en effet, « admirable » tant individuellement que collectivement. Discipline individuelle, d'abord, en ce « qu'elles ne se laissent pas aller à l'accouplement, qu'elles n'énervent pas languissamment leur corps au service de Vénus » (*Géorgiques,* IV, v. 197, p. 156). Discipline collective, ensuite, en ce qu'elles se soumettent entièrement à leur roi, au point d'effacer en elles toute part d'individualité : « Tant que ce roi est sauf, elles n'ont toutes qu'une seule âme » (v. 212, p. 157). Elles le servent, elles le protègent, elles le vénèrent, tandis qu'il « surveille leurs travaux » (*ibid.*). **La relation est ici de pouvoir : de celles, dirait S. Weil, que l'homme ne peut supporter qu'à la condition d'éteindre sa conscience et son intelligence**, soit de renoncer à son humanité et accessoirement de n'être plus capable de la vigilance que requiert le travail.

Confrontant à la résistance de la nature, à l'irréductibilité des besoins vitaux et à la nécessité d'une discipline, **le travail ne va pas sans une part de souffrance qui en accentue la négativité**. Incompressible, celle-ci serait supportable si, toutefois, ne s'ajoutaient pas des souffrances contingentes que s'imposent les hommes.

C. Des souffrances contingentes que s'infligent les hommes

a. L'humiliation

Il y a chez les humains une fascination de la ruche : la tentation d'égaler son organisation disciplinaire en soumettant le grand nombre au pouvoir d'un seul. Si Virgile admire le fonctionnement disciplinaire des abeilles, s'il admet la soumission des hommes aux dieux qu'il leur faut honorer (*Géorgiques*, I, v. 338, p. 58), on ne saurait dire qu'il succombe à la tentation de prendre la ruche pour modèle. Sa désolation au regard des maux que s'infligent les hommes, en se détournant notamment des charrues au profit de la guerre (I, v. 498-514, p. 69), et son incitation à ne pas se laisser persuader par de mauvais conseils (II, v. 315, p. 92) en font, au contraire, l'apôtre d'un travail autonome et éclairé.

L'attention et le respect qu'il porte au travail des champs sont, d'ailleurs, en rupture avec l'institution de l'esclavage de l'Antiquité car, comme l'explique Hannah Arendt dans *La Condition de l'homme moderne* (1958), **l'esclavage avait pour fondement un profond mépris du travail** et était avant tout motivé par la volonté de s'en libérer pour ne pas être soumis aux nécessités de la vie.

L'esclavage antique ne se confond ainsi pas avec l'oppression de la classe ouvrière telle que la dénonce S. Weil : il ne vise pas le rendement ni le profit financier, mais juste à épargner au maître le sentiment de sa dépendance à l'égard de ses propres besoins. Il n'en reste pas moins que, **dans les deux cas, le travail devient synonyme d'humiliation** car, en usant du travailleur comme d'un animal ou d'une chose, il le rabaisse en deçà de son humanité : il bafoue sa dignité. « La dégradation de l'esclave était un coup du sort, un sort pire que la mort, car il provoquait une métamorphose qui changeait l'homme en un être proche des animaux domestiques », affirme ainsi Hannah Arendt (*op. cit.*, III). Quant à l'oppression, S. Weil témoigne de ses effets : « J'ai eu, moi, tout le mal du monde à conserver ma dignité [...] parce que toujours les conditions d'existence l'effaçaient et tendaient à me ravaler à la bête de somme. » (*La Condition ouvrière,* « Lettres à Victor Bernard », p. 216-217.)

Les techniques de management que connaît notre époque ne sont pas en reste. En témoigne Margerie Dehaze qui, sur l'oreiller, confie à son mari la puanteur de ce que sont devenus les sympathiques « garçons américains » avec lesquels, jadis, elle couchait : des « petits managers qui ne pensent plus à autre chose que manage their business ». Et Margerie de mettre en garde son mari : « toi tu deviens tous les jours un peu plus manager un peu plus con » (*Par-dessus bord*, 2e mouvement, p. 69). Et, de fait, Benoît Dehaze se montre, sinon « con », du moins **« puant » de froideur et de manipulation dans son rapport à ses employés**. « À partir de ce soir vous ne faites plus partie de la maison » (1er mouvement, p. 60), déclare-t-il, par exemple, abruptement à Dutôt ; « nous avons décidé de vous offrir le loisir et le repos » (5e mouvement, p. 206) annonce-t-il, cette fois hypocritement, à madame Bachevski. Il use de son personnel comme d'instruments bientôt obsolètes, dénués de tout droit à l'erreur, mais flattés sur un ton paternaliste qui ira droit au cœur de madame Bachevski.

Texte-clé

« Madame Bachevski : Je ne sais plus où donner de la tête mon jardinet où poussent de beaux haricots ma tapisserie qu'on vous ouvre le ventre qu'on vous ôte les entrailles on vous recoud mais il y a un vide là-dedans j'ai jamais rien caché jamais rien refusé toujours donné alors je me suis donnée à la société merci à monsieur Benoît de m'avoir invitée merci merci pour tout ce que vous avez fait merci à vous tous merci pour tout »

Michel Vinaver, *Par-dessus bord,* 6e mouvement, p. 245.

Les mots et la confusion de l'employée congédiée disent, à la fois, l'humiliation du travailleur qu'on utilise et qu'on jette et **la honte de vivre cette humiliation**, cette honte qui porte à dire « merci merci » à celui-là même qui vous a « remercié ».

b. L'affaissement de la pensée

La « docilité de [la] bête de somme résignée » est, confirme S. Weil, source d'une souffrance morale « dont aucun ouvrier ne parle : ça fait trop mal même d'y penser » (*La Condition ouvrière*, « Trois lettres à Albertine Thévenon », p. 59). C'est une souffrance que le travailleur refoule dans quelques « zones interdites où la pensée ne s'aventure pas et qui sont couvertes soit de silence soit de mensonge » (« Expérience de la vie d'usine », p. 341). **« Muet », le malheur de l'ouvrier prolonge ainsi, jusque dans le temps non travaillé, l'empêchement de la pensée**. Il le prolonge, car l'obsession du rendement a déjà pour effet de faire obstacle à toute authentique pensée. Dépossédé de toute initiative, réduit à « un travail tout à fait machinal, où on ne demande que de la rapidité » (« Lettre à Simone Gibert », p. 67), mais contraint à la vigilance pour suivre la cadence, l'ouvrier doit garder sa pensée éveillée sans rien avoir d'autre à penser que la rapide répétition des mêmes gestes. **Il doit, en somme, penser sans penser**, car une authentique pensée crée du sens, anticipe et décide ; car, aussi, « penser, c'est aller moins vite » (p. 67). Temporellement et matériellement empêché de penser, l'ouvrier se l'interdit, d'ailleurs, lui-même, les rares moments où il le pourrait pour échapper à la monotonie ; cela pour ne pas avoir à se confronter à la situation humiliante qui est la sienne. Alors **il tombe dans « une sorte de stupeur » plus animale qu'humaine, synonyme de torpeur**.

Texte-clé

> « Le dégoût envahit l'âme, au cours d'une longue période de travail monotone. [...] Si la pensée veut éviter cette monotonie, imaginer du changement, donc un ordre soudain, elle ne peut pas voyager du moment présent à un moment à venir sans passer par une humiliation. Ainsi la pensée se rétracte. Ce repliement sur le présent produit une sorte de stupeur. »
>
> Simone Weil, *La Condition ouvrière,* « Expérience de la vie d'usine », p. 331-333

« Évidemment ce n'est pas la peine de s'attendre chez les gens de l'usine à la moindre initiative » (*Par-dessus bord*, 1er mouvement, p. 20). Sans le comprendre, madame Alvarez confirme ce que S. Weil dénonçait : la subordination et l'empêchement de penser sont, dans l'usine, tels que les ouvriers ne sont pas sources de proposition. Seulement, cette perte n'est pas le seul fait des travailleurs de l'usine : elle se rencontre aussi chez ceux qui, pourtant appelés à prendre des décisions, se laissent emporter par **la somnolence, l'indifférence et la perte de bon sens que génèrent la spécialisation et la répétition indéfinie du même travail**. Dans son *Cours de philosophie positive*, Auguste Comte le signalait déjà : **les professions intellectuelles ne sont elles-mêmes pas à l'abri de l'affaissement de l'esprit qu'engendre, à terme, tout « automatisme humain »** : « l'emploi exclusif et continu d'un cerveau humain à la résolution de quelques équations » a, par exemple, pour effet d'« inspirer une désastreuse indifférence pour le cours général des affaires humaines, pourvu qu'il y ait sans cesse des équations à résoudre » (tome V, 5e leçon ; 1839). On comprend alors le vertige qui s'empare de Passemar quand, réveillé par un échec, il prend la mesure du temps qu'il lui reste à travailler : « Je me vois mal durer encore combien ? Vingt-trois ans ? [...] Dans le même trou vingt-trois ans » (*Par-dessus bord*, 5e mouvement, p. 211)

Les « rudes campagnards » de Virgile connaissaient, eux aussi, la monotonie de tâches qui reviennent avec les saisons. En témoignent « les chansons » par lesquelles « la compagne » du cultivateur s'efforce de « [charmer] l'ennui d'un long labeur » (*Géorgiques,* I, v. 293, p. 56). Reste que cette monotonie et cet ennui sont d'une autre nature que ceux d'aujourd'hui. Ils relèvent, en effet, de ceux qui, disions-nous avec S. Weil, sont inhérents à notre condition, soit à notre séjour sur une terre offrant un « mélange d'uniformité et de variété » (*La Condition ouvrière,* « Expérience de la vie d'usine », p. 348). « Le travail du paysan obéit par nécessité à ce rythme du monde » (p.348) : il porte le travailleur à épouser un « rythme » qui, calé sur celui du monde, reste humain. Il en va tout autrement du **travail de l'ouvrier ou de l'employé qui, pressés d'aller vite, doivent suivre une « cadence »** (*La Condition ouvrière,* p. 337 ; *Par-dessus bord*, 4e mouvement, p. 131) **qui n'a rien d'humain**. Ajoutons à cela la possibilité pour le paysan de faire une pause quand il le juge nécessaire, de penser ce qu'il fait, de rêvasser même pendant qu'il laboure ou « taille des torches » (*Géorgiques,* I, v. 293, p. 56), et nous nous rendrons compte combien **l'organisation moderne du travail est seule responsable de l'affaissement de l'esprit que S. Weil condamne**.

c. Les raisons des souffrances contingentes

En vertu de quel processus les hommes en sont-ils venus à ajouter aux souffrances nécessaires du travail des souffrances contingentes ? Plusieurs éléments d'explication sont avancés dans les œuvres de S. Weil et de M. Vinaver. **La division du travail**, d'abord, mais pas n'importe laquelle : celle « qui assigne à l'un le soin de pousser la varlope, à l'autre celui de penser l'assemblage » (*La Condition ouvrière,* « Lettres à Victor Bernard », p. 236). **L'obsession du rendement**, ensuite, qui porta Taylor à soumettre les gestes contraints des ouvriers à la surveillance constante de leurs chefs et qui incitera Ford à introduire le travail à la chaîne dans le but non de « travailler mieux » mais de « faire travailler plus »

(« La rationalisation », p. 317). Une telle obsession a pour effet de placer le travailleur dans la position du loup piégé par « le fil magique » qu'évoque monsieur Onde dans la pièce de M. Vinaver : « Bien entendu le loup ne peut se dégager plus il se défend plus le fil se tend » (*Par-dessus bord*, 5e mouvement, p. 188). Donc, enfin, l'introduction de **machines (magiques ?) dénuées de souplesse** qui impose à l'ouvrier qu'il s'adapte à elles, qu'il les serve et non qu'il s'en serve sans même en comprendre le fonctionnement ; des machines qui font de lui un étranger à ce qu'il produit. S'ajoute **la recherche effrénée du profit** qui, dans l'économie libérale, galvanise l'obsession du rendement ; une recherche qui, dans *Par-dessus bord*, porte le chef comptable, monsieur Cohen, à concevoir un autre « fil magique » : « un système de coûts standard avec un dispositif automatique pour le contrôle des écarts » (p. 189).

Tandis que monsieur Cohen songe aux moyens d'améliorer les chiffres et que Passemar se souvient des paroles de monsieur Onde, mesdames Bachevski et Alvarez interviennent successivement, faisant état de leur mésentente et de leur mépris réciproque. Les mots alors employés et le chevauchement même des paroles dans l'ensemble de la pièce sont symptomatiques de l'état des relations humaines au sein de l'entreprise. On n'y dialogue pas : on s'épie et on parle sans écouter. On y vit dans **un climat d'inimitié ou de camaraderie feinte** qui, affaiblissant chacun, précipite tous les personnages dans le « fil magique » dressé par le nouveau P.-D.G. Ce défaut de fraternité, facteur d'affaiblissement et donc de dégradation de la condition ouvrière, marqua S. Weil lors de son expérience en usine. **« De vraie fraternité, je n'en ai presque pas senti »**, écrit-elle à Albertine Thévenon (*La Condition ouvrière,* p. 54). « **La solidarité fait défaut** dans une large mesure », ajoute-t-elle dans sa « Lettre à Nicolas Lazarévitch » (p. 64). Ce constat est une désillusion pour S. Weil qui, certes, se l'explique notamment par une organisation du travail qui isole et harasse au point de ne pas donner droit au luxe des sentiments (cf. p. 269) ; de là sa joie éphémère au regard de la fraternisation dont les grèves de 1936 furent l'occasion (cf. p. 277).

Qu'il s'agisse des modes d'organisation du travail, des outils d'oppression, des obsessions qui les motivent ou des relations entre travailleurs, tous les facteurs qui conspirent à ajouter à la souffrance nécessaire du travail une souffrance « intolérable » (*La Condition ouvrière,* « Lettres à Victor Bernard », p. 242) sont le fait de l'être humain et de l'être humain seulement. En cela, **la réflexion sur le travail mène à interroger non plus seulement la finitude et le dénuement naturels de l'homme, mais aussi sa dimension morale** ; cela d'autant que l'oppression moderne fait suite à d'autres formes de servitude, l'esclavage antique aussi bien que le servage médiéval ou les traites négrières. Les mots de Virgile lui-même interrogent, lui qui achève ses *Géorgiques* en louant « le grand César », *alias* Octave Auguste, « [lançant] ses foudres guerrières contre l'Euphrate profond, et, vainqueur, [donnant] des lois aux peuples soumis » (IV, v. 560-562, p. 177). Le goût de l'asservissement et l'individualisme habitent-ils le cœur des hommes ou ne sont-ils que des travers contractés par la civilisation ? La question doit être posée tant elle engage jusqu'à nos façons de travailler.

Les trois œuvres au programme portent à parler d'une double négativité du travail : nous travaillons par nécessité et, travaillant, nous souffrons nécessairement. À cette double négativité s'en ajoute une troisième dont font état les écrits de S. Weil et de M. Vinaver : **travaillant, les hommes se font souffrir mutuellement, que ce soit par l'indifférence, par l'individualisme ou par l'oppression**. Dès lors, une question se pose : peut-on lever cette part de souffrances contingentes de façon à rendre le travail, sinon heureux, du moins supportable ?

2. Travail et besoins fondamentaux

L'être humain doit travailler. Tout travailleur aspire à un certain revenu, en vue d'acquérir des biens et d'avoir recours à des services nécessaires à la vie. **Le niveau de vie apparaît comme l'enjeu majeur du travail.** Mais cette motivation première n'est pas la seule.

Le psychologue Abraham Maslow (1908-1970) a développé une représentation de la hiérarchie des besoins humains selon cinq catégories, présentées sous la forme d'une pyramide. Par ordre décroissant de nécessité, il s'agit des **besoins physiologiques, de sécurité, d'amour et d'appartenance, d'estime et d'accomplissement de soi**. Même si l'ordre et le lien entre les différents paliers ont été âprement discutés, la théorie de Maslow a exercé une grande influence. Sa pyramide sert couramment de grille d'évaluation professionnelle du confort et du bonheur.

Selon cette dernière, le travail se présente comme un facteur majeur d'épanouissement de l'être humain. Véritable raison de vivre, il charpente **l'identité personnelle et sociale de l'individu, lui assurant reconnaissance et stabilité**. D'une certaine façon, c'est la vraie vie qui se joue au travail. Le type d'emploi, sa pénibilité, les responsabilités qu'il implique, semblent décisifs pour la plénitude du travailleur.

Ces valeurs et objectifs se retrouvent dans l'**entreprise**, entité phare du monde du travail. S'il lui arrive de malmener les existences d'employés auxquels les décisions et le sort de l'organisation échappent, elle peut aussi communiquer une force galvanisante. La répartition des tâches nourrirait dans certains cas un sentiment d'utilité. Chacun y trouverait alors sa place. De plus, l'entreprise grise les individus dans la **quête de la croissance et du profit, à tel point qu'elle exerce une puissante fascination symbolique, qu'elle nourrisse l'admiration ou la rancœur**.

A. Du besoin aux vertus de l'effort

L'être humain doit se nourrir, faute de quoi il périt. Le travail, du plus humble manœuvre au plus opulent entrepreneur, s'impose comme une activité humaine essentielle.

L'on subvient à ses besoins physiologiques individuels et, par extension, à ceux de la société. La souffrance engendrée par un tel effort s'avère donc productive et profondément humaine. Ce n'est qu'au-delà de certaines limites qu'elle dégrade l'humanité.

a. Travailler pour subvenir à ses besoins

À partir du XVIIIe siècle, la finalité du travail, en tant que production, se situe ailleurs qu'en lui-même. L'individu fournit une énergie susceptible de transformer la nature brute en un produit utilisable **par autrui**. De cette conception dérivent tous les métiers, même fort éloignés de cette origine productive.

L'être humain est **contraint de travailler**. S. Weil le rappelle fréquemment. Dans son article « Condition première d'un travail non servile », elle paraphrase au discours direct un lieu commun : « parce qu'on a besoin de gagner sa vie » (p. 419). Le pronom personnel « on », qui dérive étymologiquement de *homo*, « l'homme », englobe ici toute l'humanité. Gagner sa vie, par le travail ou non, constitue un **impératif auquel nul ne saurait déroger**, sous peine de plonger dans une précarité parfois fatale. **L'horizon de la faim et de l'indigence** traverse toute *La Condition ouvrière*. Une baisse de productivité dans les usines signifie la dégradation des moyens de subsistance. Dès sa première lettre à Albertine Thévenon, S. Weil constate : « Faire son travail avec irritation, ce serait le faire mal, et se condamner à crever de faim. » (p. 53) ; et dans la troisième : « Ces soirs-là, je sentais la joie de manger un pain qu'on a gagné. » (p. 59).

Les *Géorgiques* de Virgile gravitent de même entièrement autour d'un souci alimentaire. Les quatre chants reviennent sur les moyens de pourvoir à ses besoins physiologiques avec efficacité et opulence. Le premier livre évoque le repos des laboureurs l'hiver, qui « jouissent d'ordinaire du fruit de leurs travaux, en donnant tour à tour de gais festins entre eux » (p. 56). Ces « gais festins » rappellent *Par-dessus bord*, où la nourriture apparaît aussi à plusieurs reprises. Lors de la fête annuelle de l'entreprise, plusieurs répliques de convives portent sur ce sujet. « Y'a plus d'éclairs au café ? » (p. 27) illustre les préoccupations ordinaires de l'assistance, prompte à manger plus qu'à écouter les différents discours. **L'opulence alimentaire, en miroir de la réussite économique en cours et à venir, rappelle le but initial du travail.**

Ce besoin primaire justifie le travail acharné. Dès le chant I des *Géorgiques*, le poète fait allusion à la vengeance de Jupiter contre Prométhée. Le « Père des dieux » a rendu la terre difficilement cultivable, en même temps qu'il a transmis aux humains l'art d'y parvenir. **L'adversité pousse les hommes à se dépasser en efforts et à déployer toute leur intelligence à la tâche.** Ainsi, « tous les obstacles furent vaincus par un travail acharné et par le besoin pressant en de dures circonstances » (I, p. 47).

L'**abnégation au travail** caractérise une grande partie des employés de Ravoire et Dehaze. Le personnage de Lubin incarne le commercial qui ne ménage pas son énergie, usant de tous les stratagèmes pour persuader madame Lépine d'acquérir un stock important de marchandises. Il essuie plusieurs déconvenues, avant de constater, auprès de cette dernière : « C'est surtout qu'on se laboure le crâne pour comprendre » (p. 129). La métaphore agricole résonne avec Virgile. Le geste si éreintant de labourer devient une allégorie du travail déterminé.

Le **courage** de l'ouvrier constitue un véritable leitmotiv chez S. Weil, qui l'érige en ressource principale des plus démunis. Dans la lettre du 3 mars 1936 à Victor Bernard, elle souligne que « le courage et l'indifférence aux souffrances et aux privations », comme attributs des « âmes fortes », ne suffisent pas aux ouvriers de son temps, contrairement aux esclaves stoïciens (p. 228). Seuls la peur et « l'appât des sous » permettent de suivre les cadences terribles. **Le travail forcené associe donc vaillance et besoin alimentaire pur**.

Dans *Par-dessus bord*, le **fruit du long travail** des conseillers en marketing Jack et Jenny, qui dure presque toute la pièce, met en exergue, non sans cynisme, le parallèle entre l'*output* et l'*input*, à savoir la nourriture et la défécation (p. 114). **Le papier hygiénique devient la métaphore ironique d'un retour à l'essentiel**. M. Vinaver se plaît à le souligner dans divers entretiens autour de sa pièce.

b. Le travail comme solidarité avec autrui

À l'image du papier hygiénique, le résultat du travail est utile à la société. Ce qu'un travailleur produit ou fournit, un autre travailleur l'acquiert. De là dérivent tous les métiers, complémentaires les uns des autres. Cette solidarité relève d'une nécessité fondamentale. **L'existence même du travail réside dans le bénéfice qu'en tire autrui.**

Une solidarité générale de l'humanité rassemble les travaux épars en une unité. Les quatre chants des *Géorgiques* parcourent les domaines et les champs spatio-temporels où l'être humain doit faire preuve d'union. Les vers 193 à 256 du chant I (p. 56-57) reviennent sur les différentes saisons, non seulement pour dispenser les conseils adéquats à chacune d'entre elles, mais pour embrasser la totalité du cycle. Le poète pense l'univers régi par le « Soleil d'or » et divisé en cinq zones pour inclure toute l'humanité. Chaque individu travaille pour vivre mieux grâce au travail des autres.

Dans *Par-dessus bord*, le moment collectif le plus saisissant est celui du « brainstorm », dans le 4e mouvement. Chacun contribue à trouver le nom de la nouvelle marque de papier hygiénique. Selon Jack et Jenny, les maîtres d'œuvre, qui s'adressent avec familiarité au nouveau patron, Benoît : « Jack : Parce qu'un brainstorm / Jenny : Ne peut pas rater » (p. 162). La seconde, complétant la réplique du premier, renforce la complémentarité du binôme. **L'entreprise entière a engendré la nouvelle marque, « Mousse et Bruyère », qui assurera la prospérité de presque tous.**

Une solidarité si harmonieuse se dessine chez S. Weil comme **idéal à atteindre**. Son article « La condition ouvrière » dépeint le bonheur d'une société où les trente heures de travail hebdomadaires seraient en vigueur. Par l'impératif de la première personne du pluriel, « imaginons » (p. 393), elle fait appel à l'humanité des patrons pour les instaurer. Le bonheur qu'elle conjecture porte non seulement sur le temps libre, mais sur un **travail meilleur**, celui où les ouvriers pourraient « faire d'autres gestes que ceux imposés par des ordres. »

Texte-clé

> « Le laboureur fend la terre de son areau incurvé : c'est de là que découle le labeur de l'année ; c'est par là qu'il sustente sa patrie et ses petits-enfants, ses troupeaux de bœufs et ses jeunes taureaux qui l'ont bien mérité. Pour lui, point de relâche, qu'il n'ait vu l'année regorger de fruits, ou accroître son bétail, ou multiplier le chaume cher à Cérès, et son sillon se charger d'une récolte sous laquelle s'affaissent ses greniers. »
>
> Virgile, *Géorgiques*, II, v. 513-518, p. 103.

De l'utilité du travail, entendu comme activité rémunérée, dépend son existence. Un travail inutile n'existe pas, puisqu'il sert à quelqu'un. Du moins, ne travailler pour rien signifierait ne pas être rémunéré. L'expression existe métaphoriquement (« Tout ce travail pour rien ! »), mais elle retient une acception large du travail, celle de tout l'effort fourni. Tous les emplois de *Par-dessus bord* se présentent comme profitables à l'entreprise et à la société, s'ils sont pourvus par des personnes compétentes. Dès le 1er mouvement, des rôles indispensables se dessinent : ceux de Lubin, de madame Lépine, de madame Alvarez, de Dutôt, de Grangier et de Passemar (à la fois le dramaturge et le chef du service d'administration des ventes). Les rapports avec l'usine ainsi que la transmission des informations et les initiatives des uns et des autres figurent au cœur d'un dialogue tendu, jusqu'à ce que Dutôt conseille à madame Alvarez de « suivre le mouvement » et de « se laisser oublier », conformément à sa définition d'un « bon service administratif » (p. 21).

L'écriture des *Géorgiques* repose sur l'urgence de prodiguer des conseils **afin que le travail de la terre profite au plus grand nombre**. Des traités d'agriculture existaient certes déjà. En cela, Virgile ne comble pas un vide scientifique. C'est surtout son souffle poétique qui emporte et embrasse l'humanité, pour la prévenir de pertes vitales. À la toute fin du poème, l'abattement du berger Aristée, qui pleure la mort de ses abeilles et se plaint d'avoir travaillé pour rien, reflète ce que Virgile ne souhaite en aucun cas pour l'humanité (p. 163-164). Sa souffrance n'est pas celle du travail aliénant, mais du travail infructueux.

Les ouvriers, dont S. Weil dépeint la vie avec compassion, savent qu'un patron et une entreprise ont besoin de leur travail. Ils produisent des pièces, qui servent à leur entreprise et, par répercussion, à des consommateurs. Simple force manuelle dans le système du travail industriel, « on ne [leur] demande que des pièces, on ne [leur] donne que des sous. » (p. 206). Et pourtant, la philosophe laisse entendre dans son appel aux ouvriers de Rosières qu'il pourrait leur arriver de s'intéresser à leur tâche, éprouver une satisfaction du travail bien fait, de l'exécution de gestes sans avoir à se « casser la tête » (p. 207).

Reste néanmoins que la réalité exhibe plutôt un ouvrier distant du fruit de son travail et de ceux qui en jouissent : **« L'ouvrier ne sait pas ce qu'il produit, et par suite, il n'a pas le sentiment d'avoir produit, mais de s'être épuisé à vide »** (p. 340).

c. Une souffrance féconde

Pour assouvir ses propres besoins et ceux de la société, l'individu souffre au travail. Mais avant que la souffrance inhumaine ne l'aliène, une souffrance humaine le contente, et même le stimule.

Les obstacles poussent l'homme à se perfectionner. Le début du chant I des *Géorgiques* attribue à Jupiter la décision de « rendre la culture des champs difficile » (p. 45) et de mettre les besoins de l'humanité à l'épreuve, pour la pousser au progrès. « Son but était, en exerçant le besoin, de créer peu à peu les différents arts. » (I, p. 45-46.) La technique se développe par une souffrance féconde, soit une souffrance positive.

Les défis économiques auxquels l'entreprise Ravoire et Dehaze fait face forcent son progrès. Le succès découlera de la reconfiguration douloureuse des équipes et des stratégies. Dans la réunion du 4e mouvement de *Par-dessus bord*, Benoît, qui vient de prendre les commandes, constate : « En ce moment nous raclons le fond et nous allons le racler encore un peu plus durement pendant quelque temps » (p. 130-131). L'entreprise souffre, et, par répercussion, les employés souffrent, comme madame Bachevski, licenciée (p. 206). Mais dans les deux cas, l'horizon de la souffrance s'éclaircit immédiatement. Ravoire et Dehaze rebondira (p. 131), et la retraite de madame Bachevski s'annonce « magnifique », selon Benoît (p. 206).

Après l'effort, le réconfort : une fois la souffrance au travail endurée, les légitimes distractions se savourent mieux. Dans son appel aux ouvriers de Rosières, S. Weil ne part pas du principe systématique que les ouvriers souffrent tous moralement et souhaitent s'exprimer à ce sujet. Elle admet qu'un état d'esprit tout naturel en sortant de l'usine serait de ne plus vouloir y penser, auquel cas « on n'a rien de mieux à faire qu'à se détendre » (p. 206). À leur rôle réducteur d'exécutants de consignes est intimement associée leur nature humaine : « À part ça, vous êtes des hommes. » La philosophe humanise les souffrances des ouvriers, qui, au travail, ne se vident ni de leurs pensées, ni de leurs âmes.

Au reste, S. Weil sort édifiée de son immersion au cœur de la souffrance ouvrière. La conclusion de sa lettre à Boris Souvarine revient sur le douloureux quotidien partagé avec les ouvriers (p. 75). Les souffrances, elle les vit, mais ne les ressent pas comme siennes : « Que moi, personnellement, je les subisse ou non, cela m'apparaît comme un détail presque indifférent. » (p. 76.) **La philosophe saisit cette souffrance comme occasion de connaissance humaine** : « Ainsi, le désir de connaître et de comprendre n'a pas de peine à l'emporter. » Cependant, sa ténacité reposait avant tout sur l'absence de nécessité vitale. Son travail à l'usine n'était pas son gagne-pain.

En outre, **la malchance et les coups du sort ouvrent le champ au questionnement philosophique**. Le travail accompli en vain crée une souffrance, avec laquelle l'humain apprend à composer. À la fin du chant III des *Géorgiques*, la mort d'un taureau « dans de suprêmes gémissements » afflige son frère (v. 517, p. 139). Le laboureur ne saurait être consolé par la nature environnante. S'engage alors une réflexion générale sur le gain de tels efforts apparemment réduits à néant. Le poète s'exclame, dans ce qui ressemble à une question rhétorique : « Que leur servent leur labeur et leurs bienfaits ? que leur sert d'avoir retourné avec le soc de lourdes terres ? » (v. 525-526, p. 140). La réponse évidente serait « à rien ». L'advenue de la mort et la souffrance de la perte ramène l'humain à de trop humaines interrogations métaphysiques.

Certes, de telles possibilités de réflexion s'avèrent restreintes chez les ouvriers de S. Weil. La charge éreintante de travail paralyse leurs facultés de penser : « Le premier effet du malheur est que la pensée veut s'évader ; elle ne veut pas considérer le malheur qui la blesse. » (p. 328.) La personnification de la pensée et du malheur mettent en jeu l'humanité de l'ouvrier, qui cherche à survivre mentalement. Néanmoins, avec optimisme, la philosophe tâche de stimuler **la formulation d'idées, de sentiments et de réflexions** par les ouvriers. L'appel aux ouvriers de Rosières illustre la richesse de pensées qu'elle estime latente chez eux.

Les passes délicates des employés de Ravoire et Dehaze les conduisent à **se remettre en question**. Au début du 1er mouvement apparaît celui qui s'interroge le plus sur son propre double rôle : Passemar. Dès sa première réplique, une véritable tirade, il inscrit sa propre pièce dans une réflexion sur le travail. Il revient sur sa propre entrée dans l'entreprise et justifie sa fonction d'auteur – et metteur en scène – de la pièce (p. 16-17). Or, tout est parti du suicide « sans raison apparente » d'un ancien employé, que Passemar a remplacé. **La souffrance engendre l'inventivité**.

B. Le travail comme facteur d'épanouissement personnel

Après le minimum vital, le travail engage un autre besoin fondamental : l'épanouissement. La question « Que faites-vous de votre vie ? » en insinue deux autres : « Quel métier exercez-vous ? » et « Quel emploi occupez-vous ? » **Voie vers la plénitude, le travail s'oppose à l'oisiveté, réprouvée si elle se prolonge.** Raison de vivre valable, forgeant l'identité de l'individu, le travail incarne, d'une certaine façon, la « vraie vie ».

a. Le travail, raison de vivre

Nombreux sont ceux pour qui l'activité professionnelle innerve la vitalité au quotidien. D'aucuns diront que le travail est leur raison de vivre.

Nos vies se construisent autour de notre profession. À la fin de *Par-dessus bord*, le licenciement déguisé de Lubin sonne comme un drame. Le travail, c'est toute sa vie : « Je suis né vendeur il me faut la route le contact avec la clientèle le goût de la victoire chaque fois que j'enlève une commande » (p. 219). La tournure impersonnelle « il faut » dote son rapport au travail d'une nécessité vitale. La solennité de sa tirade touche le spectateur, qui a suivi l'enthousiasme avec lequel il s'active pour vendre ses produits à madame Lépine tout au long de la pièce. Un sentiment profond de satisfaction l'anime, même quand les affaires marchent moins bien dans le 4ᵉ mouvement : « Sur le plan du travail je pète le feu la faute n'est pas la mienne si les ventes baissent vous le savez » (p. 160).

De même, le mode de vie des cultivateurs, selon Virgile, dans le chant II des *Géorgiques*, les prédispose à la plénitude : « Ô trop fortunés, s'ils connaissent leurs biens, les cultivateurs ? Eux qui, loin des discordes armées, voient la très juste terre verser de son sol une nourriture facile. » (v. 558-559, p. 99) L'apostrophe lyrique, associée à l'adverbe d'intensité excessive « trop », souligne le **bonheur presque insolent dont jouissent les cultivateurs**, en comparaison avec les soldats en guerre. Dans l'idéal, tel devrait aussi être le cas des ouvriers. L'usine possède un potentiel d'épanouissement à chaque niveau. Dans son appel aux ouvriers de Rosières, S. Weil laisse entendre qu'il est possible que, malgré la frénésie du rythme imposé, ils puissent ressentir « la joie du travail, la fierté de l'effort accompli » (p. 207).

L'enthousiasme doit régir le travail. Dans sa troisième lettre à Albertine Thévenon, S. Weil décrit l'usine idéale comme « un endroit où on se heurte durement, douloureusement, mais quand même joyeusement à la vraie vie » (p. 57). L'adverbe « joyeusement » signale que l'enthousiasme, si ce n'est le bonheur, figure à l'horizon, malgré la souffrance physique endurée. Cette dernière ne compromet pas la force morale. Dans la pièce de M. Vinaver, un personnage remplit même cette fonction d'insuffler de l'enthousiasme aux employés de l'entreprise : Dutôt. Son nom suggère d'ailleurs qu'il est le premier à entrer en jeu pour mettre en marche les troupes.

Un authentique enthousiasme meut les abeilles des *Géorgiques*. Dans le chant IV, le poète s'émerveille : « Transportées alors **de je ne sais quelle douceur de vivre**, elles choient leurs couvées et leurs nids. » (v. 55-56, p. 148.) L'adjectif indéfini « je ne sais quelle » traduit bien le latin *nescio* (« je ne sais pas »). Le poète manifeste ainsi sa surprise à l'égard d'une telle quiétude. Tout comme les êtres humains dans une société harmonieuse, les abeilles coulent des jours heureux, elles qui s'affairent pourtant sans relâche. Il en va de même de Cohen, dans le 5e mouvement de *Par-dessus bord* : « Je vous dirai que je suis plus heureux maintenant le travail est plus intéressant » (p. 188).

Le travail confère un sens à la vie. C'est ainsi qu'il convient peut-être de comprendre la gloire à laquelle Virgile fait régulièrement allusion. Dans le chant III, au sujet du difficile élevage des moutons et des chèvres, le poète s'anime : « C'est un travail ; mais espérez-en de la gloire, courageux cultivateurs ! » (v. 288, p. 127.) En latin, la formule tient en un vers, saisissant : « *hic labor, hinc laudem fortes sperate coloni.* » *Laudem* renvoie à la fois à la gloire liée à une valeureuse action d'éclat et aux louanges.

Lors du discours qui entame la restructuration de l'entreprise familiale, au 3e mouvement de *Par-dessus bord*, Benoît exhorte les employés au « don de soi » (p. 90). Se donner, c'est aussi s'adonner sans frein à une raison de vivre. **Le don de soi positif s'envisage comme l'engagement total de sa propre vie sans la détruire.** S. Weil s'est donnée elle-même : « J'ai beaucoup souffert de ces mois d'esclavage, mais je ne voudrais pour rien au monde ne pas les avoir traversés. » (p. 56.) Est-ce seulement au nom de la connaissance que la philosophe se réjouit de son expérience ? Une satisfaction plus profonde se profile.

Pour autant, un être dont l'esclavage ne se compterait pas en mois, mais en années, traverserait-il cette épreuve avec autant de philosophie ?

b. Identité au travail, identité sociale.

Selon le philosophe Jürgen Habermas, **les sociétés occidentales sont « fondées sur le travail »** (*Dictionnaire philosophique de la modernité*, 1985), dans le sens où ce dernier définit la place de chacun, à travers des **mécanismes d'attentes et de légitimation**. Le travail construit l'identité de l'individu, par le biais de l'estime de soi et du regard d'autrui, sources d'épanouissement.

Le regard d'autrui sur son travail élabore l'identité de l'individu à travers le mécanisme de reconnaissance sociale. Dans sa lettre du 16 mars 1936 à Victor Bernard, S. Weil déplore que jamais les ouvriers « n'ont droit à une récompense morale de la part d'autrui, ou d'eux-mêmes : remerciement, éloge, ou simplement satisfaction de soi » (p. 234). Bien plus que la répétitivité et l'intensité des gestes, bien plus que le rapport de dépendance financière avec le patron, là réside tout le malheur des ouvriers, selon elle. **L'estime de soi est consubstantielle de l'identité de l'individu.** Chaque ouvrier devrait pouvoir faire visiter l'usine à sa famille afin de nourrir l'estime de soi : « Tout ouvrier serait heureux et fier de montrer l'endroit où il travaille à sa femme et à ses enfants. » (p. 345.)

La famille sillonne d'ailleurs toute l'intrigue de *Par-dessus bord*. Du père Dehaze, l'entreprise passe aux fils – au cours d'une transition houleuse et équivoque : « une sorte d'assassinat » (p. 76), commente Olivier. Il est aussi régulièrement question de la famille des employés, comme celle de Lubin, dont la fille Jiji apparaît à plusieurs reprises. Surtout, l'entreprise, au début de la pièce, apparaît elle-même comme une famille, puisque Dehaze décrit la fête annuelle comme une « réunion de famille » (p. 32). Rien de plus familial encore que la fin de la pièce – dont la dernière réplique de Passemar formalise l'écho avec le début : « De sorte que la fin rejoint le commencement » (p. 255). En effet, le festin de mariage rend hommage aux anciens membres de l'entreprise. Il se clôt sur l'apparition de Young, qui souligne l'esprit de famille, « the Youpico spirit » de United Paper Company (p. 250). **Le travail, c'est la famille, la famille, c'est le travail, lesquels échafaudent et nourrissent la personnalité et l'identité de tout un chacun.**

Au reste, **les affinités pour tel type de travail ont partie liée avec l'identité de l'individu**. Dans le chant II des *Géorgiques*, le poète fait grand cas de la personnalité de l'éleveur : « Si tu as plutôt le goût d'élever du gros bétail et des veaux, ou les petits des brebis, ou des chèvres qui brûlent les cultures... » (v. 195-196, p. 85.) L'éleveur se devra de choisir un terrain en conséquence. La plupart des personnages de la pièce de M. Vinaver exhibent également leurs affinités professionnelles, à commencer par Lubin et Dutôt, ainsi que les patrons. Chez S. Weil, le goût des ouvriers pour la tâche accomplie n'existe que dans une réalité rêvée, tant ils n'ont pas le choix. Pour développer un réel intérêt pour leurs tâches, il faudrait qu'ils connaissent clairement la finalité de leurs gestes (p. 345).

Au-delà des goûts, **le talent du travailleur joue dans l'accomplissement de son travail**. Dans *Par-dessus bord*, Passemar reconnaît le talent de manager de son nouveau patron, Benoît, à travers une métaphore : « Vous avez ouvert la fenêtre on respire » (p. 147). À la fin de la pièce, ce même Benoît n'hésite pas à qualifier Alex de « génie » (p. 228).

c. Le travail, au contact de la vraie vie.

À la question de savoir quelles sont les seules préoccupations des Romains de son temps, Juvénal répond « *panem et circenses* » dans sa *Satire X*, au Ier siècle. Ce que l'on traduit par « du pain et des jeux » renvoie à des activités peu sérieuses, par opposition à des enjeux collectifs majeurs, mais aussi au travail. **Si l'on range**

les loisirs et distractions du côté de la futilité, le labeur, lui, se placerait du côté de la « vraie vie ».

Le travail, c'est le **monde du concret**. S. Weil fait part de ce constat à Simone Gibert : « J'ai le sentiment, surtout, de m'être échappée d'un monde d'abstractions et de me trouver parmi des hommes réels – bons ou mauvais, mais d'une bonté ou d'une méchanceté véritable. » (p. 68.) Le vrai travail ôte toute duplicité chez l'humain. **L'ardeur de la tâche forge l'empire de la transparence**, fût-elle parfois déplorable – la philosophe fait par exemple allusion à la jalousie des ouvrières (p. 54). Les *Géorgiques* proposent une démonstration de travail concret, au contact d'une vie élémentaire, de la germination à la récolte, de la naissance des bêtes à leur abattage, une vie en proie à la rudesse des éléments et des coups du sort. La métaphore des armes des « rudes campagnards » (p. 47), dans le chant I, assimile le travail de la terre à une bataille, aussi éreintante et noble qu'une joute épique.

Dans la pièce de M. Vinaver, rien de plus concret que ce papier toilette, comme le martèlent Jack et Jenny. À plusieurs reprises, ils insistent pour ancrer le produit dans le champ scatologique. Dans leur audit, ils reprochent à Benoît de vendre « un produit distant abstrait », « sans aucune vibration affective » (p. 113). **Le commerce et la publicité misent sur le terre-à-terre pour connaître le succès.** À un autre niveau, certains employés incarnent ce concret, comme lorsque Olivier s'adresse à Cohen : « Vous êtes un peu le patriarche ici le roc il est important que les gens qui tous vous respectent voient bien que vous n'avez pas perdu confiance Cohen » (p. 101).

L'activité, par opposition à l'oisiveté, achève de compléter ce tableau de l'épanouissement laborieux. Toujours dans sa lettre à Simone Gibert, S. Weil énonce une véritable maxime : **« La réalité de la vie, ce n'est pas la sensation, c'est l'activité – j'entends l'activité et dans la pensée et dans l'action. »** (p. 69.) Il s'agit d'agir, et non simplement ressentir, encore moins de subir. La paresse est animale, selon Virgile, qui dépeint les Scythes, « ces barbares qui mènent une vie tranquille et oisive », comme des bêtes qui se terrent et tendent des pièges pour chasser (III, p. 132). Leur oisiveté les empêche de s'accomplir en tant qu'êtres humains, du moins de gagner en ce raffinement dont Rome se targuait. Et dans *Par-dessus bord*, que penser de Jiji qui, elle, assume d'aimer ne rien faire (p. 80) ? Personnage marginal, elle ne contribue en rien à l'activité féconde de l'entreprise. Alex, son mari, lui, entre « dans la vie normale » lorsqu'il est embauché (p. 239).

Enfin, la **tragédie de l'absence d'activité** brise l'individu, à cause du bouleversement profond de son équilibre personnel. Dans sa lettre du 3 mars 1936 à Victor Bernard, S. Weil narre les péripéties dans lesquelles s'engagent les chercheurs d'emploi : « C'est une expérience où on laisse une bonne partie de sa fierté. » (p. 221.) La **perte de l'honneur** laisserait-elle plus de traces que la perte du gagne-pain ? Sans hiérarchiser les désarrois, notons que le licenciement de madame Bachevski, dans la pièce de M. Vinaver, a sonné son glas. Après la triste prémonition de Passemar – « On dit que le taux de mortalité des gens à partir du moment où on les met à la retraite grimpe d'une façon vertigineuse » (p. 208) –, elle est effectivement victime d'une hémiplégie (p. 232). Au vu de tous les efforts déployés pour conserver son poste, elle apparaît comme une héroïne tragique qui lutte en vain contre son destin.

C. L'entreprise, emblème du travail qui galvanise l'être humain

L'entreprise réunit des personnes et des capitaux pour la production de biens et de services, échangés sur un marché concurrentiel à des fins de rentabilité. Cadre dramatique, lieu scénique et moteur de l'intrigue, l'entreprise occupe tout *Par-dessus bord*. De même, des entreprises possèdent les usines où se jouent l'expérience et la réflexion de S. Weil dans *La Condition ouvrière*. En revanche, dans les *Géorgiques*, l'entreprise n'existe que par analogie avec son sens moderne, en supposant que chaque domaine évoqué par le poète fasse l'objet d'échanges et de concurrence, notamment par la métaphore de la ruche.

Or, l'entreprise galvanise l'être humain, quoique les jeux et les tensions qui la traversent soient impitoyables. La répartition des tâches contribue à lui faire se sentir à la place qui lui sied, dans une course au profit toujours plus ardente, où l'entreprise exerce finalement une fascination qui dépasse largement sa nature initiale.

a. La répartition des tâches

Dans une structure parfois immense comme l'entreprise, une **satisfaction naît de se sentir à sa place, de contribuer à son niveau à l'effort collectif**. La répartition des tâches devient un pilier rassurant, au-delà même de la logique économique.

Le 1er mouvement de la pièce de M. Vinaver expose la hiérarchie et les fonctions qu'occupent les différents employés-personnages. Le spectateur est rapidement plongé au cœur de leurs relations professionnelles, faites de coopération, mais aussi de dissensions. Passemar résume l'année écoulée : « cette année on s'est vraiment bien amusés comme chaque année d'ailleurs » (p. 26). L'épanouissement collectif dans la tâche transparaît chez les abeilles du dernier hant des *Géorgiques*, chacune dans son rôle : « c'est un effervescent travail » (IV, v. 169, p. 154). L'apiculteur s'évertue, lui, à protéger et à vérifier la bonne activité des abeilles. **Une harmonie émane de l'organisation de l'entreprise.**

Chez S. Weil, telle devrait être la dynamique de l'usine. Elle « pourrait combler l'âme par **le puissant sentiment de vie collective** – on pourrait dire unanime – que donne la participation au travail d'une grande usine » (p. 329). Dans celle-ci, « on ne se sent pas petit comme dans une foule, on se sent indispensable ». L'octroi aux ouvriers de responsabilités, ou ne serait-ce que de certaines gratifications comme le droit de grève, ou encore de visite de l'usine par les familles, permettrait à l'usine de remplir ce qui devrait être sa vocation première : **l'estime du travail de chacun**.

Texte-clé

> « DEHAZE : Dutôt les bêtises dont vous parlez c'est vous qui les avez signées
>
> DUTÔT : Je crois monsieur le président que les bêtises viennent de plus haut
>
> DEHAZE : À partir de ce soir vous ne faites plus partie de la maison je demanderai à Cohen de préparer votre compte
>
> GRANGIER (*dans le bureau d'Olivier*) : Monsieur Olivier je vous donne ma démission [...]Une atmosphère systématique d'incompréhension le service des ventes accepte des reprises en pagaille sans que mes services en soient même avertis [...] C'est la boîte entière qui fout le camp il n'y a plus de boîte monsieur Olivier il n'y a plus que les gens et les gens c'est jamais très joli quand il n'y a plus de boîte pour leur donner le sentiment qu'ils font quelque chose en commun »
>
> Michel Vinaver, *Par-dessus bord*, p. 60-61.

La répartition des tâches évolue nécessairement dans une entreprise. Le nœud de l'intrigue de *Par-dessus bord* n'est autre que la restructuration de Ravoire et Dehaze. L'entreprise court le risque de s'écrouler, comme le constate Grangier (p. 61). Ainsi : « Je procède à un apport de sang neuf dans la maison », déclare Benoît (p. 131). Chez Virgile, à la tête de la ruche, « les nouveaux rois » prennent leurs responsabilités pour guider les essaims (p. 146), un peu comme Benoît et Olivier. Dans le chant III des *Géorgiques*, les conseils sur l'élevage des bovins et chevaux répondent à un renouvellement biologique nécessaire. Il s'agit de « remplacer par la reproduction une génération par une autre » (p. 114). Le népotisme de Ravoire et Dehaze force la comparaison avec Virgile.

Dans *La Condition ouvrière*, des évolutions doivent être apportées par la grève, ou par des discussions avec les patrons. Il est, en effet, des **répartitions de tâches insupportables**, maintes fois brossées et décryptées par S. Weil. Le simple ouvrier obéit au doigt et à l'œil des contremaîtres, sans se plaindre, sous peine de compromettre son avenir. **Au bas de l'échelle, il fait et se tait**. « La nécessité perpétuelle de ne pas déplaire » (p. 273), souffrance ultime des travailleurs précaires, dirige chacune de leurs attitudes. Selon la philosophe, instaurer un début de dialogue permettrait à l'ouvrier de se sentir plus profondément investi dans son rôle.

b. La course grisante au profit

Engagée dans une course au profit, l'entreprise implique tous ses employés à cette fin. En dépendent sa survie, sa viabilité et sa croissance. L'entreprise doit générer un chiffre d'affaires satisfaisant.

Une entreprise collective, au sens propre comme figuré, tend vers **une finalité commune, qui galvanise dirigeants et employés.** L'objet de la quête dans le schéma actantiel de *Par-dessus bord* est la croissance de l'entreprise, au cours d'une lutte économique de grande ampleur à laquelle tous prennent part. Les indices de l'engouement collectif foisonnent. La prédiction de Benoît, dans le 4e mouvement, en est représentative : « Dans moins de cinq ans Margerie la bonne vieille affaire paternelle vaudra dix à quinze fois ce qu'elle vaut aujourd'hui » (p. 124). L'entreprise, comme l'humain, croît ou périt.

Les abeilles des *Géorgiques* forment une entreprise façonnée par « les **instincts merveilleux** » dont Jupiter les a dotées (IV, v. 149-150, p. 153). Les « puissantes lois » et les « pactes conclus » (IV, v. 154 et 158, p. 154) désignent un engagement qu'elles contractent envers la communauté. Les abeilles mettent toute leur abnégation au service de la croissance de l'entreprise.

Chez S. Weil, la **prise de conscience réciproque par les ouvriers et les patrons des enjeux décisifs de leurs activités professionnelles** respectives unirait leurs forces au bénéfice de l'entreprise et de la société. Notamment, « un des plus puissants [stimulants], dans tout travail, est le sentiment qu'il y a quelque chose à faire et qu'un effort doit être accompli » (p. 344). De même, il faudrait que « les ouvriers connaissent et comprennent les nécessités auxquelles la vie de l'usine est soumise » (p. 210-211). La philosophe juge cependant cet idéal irréalisable.

La course au profit possède aussi des relents de guerre. Dans le dernier mouvement de la pièce de M. Vinaver, une fois l'objectif ultime atteint et Dutôt promu directeur des ventes, il admet, modeste : **« Un général ne peut rien faire sans ses troupes »** (p. 242). Cette métaphore belliqueuse rassemble toute l'entreprise autour d'un combat commun, telle une armée liguée contre un ennemi féroce.

La bataille que se livrent les rois des abeilles, chez Virgile, s'apparente à une **guerre économique**. Le poète la narre selon les codes du combat épique : « s'acharnant à ne pas céder jusqu'au moment où le terrible vainqueur a forcé l'un ou l'autre parti à plier et à tourner le dos » (IV, v. 83-84, p. 149). L'apiculteur apparaît alors comme le juge de paix – comme le seraient par exemple les banquiers dans la pièce de M. Vinaver ! – qui décide de l'issue de la bataille et sacrifie le plus faible des rois. « Laisse le meilleur régner seul dans sa cour. » (IV, v. 90, p. 150.) Par comparaison avec cette injonction des *Géorgiques*, si Olivier, dans *Par-dessus bord*, trouve son compte, c'est bel et bien Benoît qui remporte la victoire et que le banquier laisse régner seul.

C'est un autre combat, directement lié à l'environnement concurrentiel, que se livrent patrons et ouvriers dans *La Condition ouvrière*, pour une finalité tout de même commune. Par exemple, dans « La rationalisation », S. Weil s'attarde sur la vie de Taylor. Son ascension de simple ouvrier vers des postes à responsabilité illustre les **luttes constantes entre les différents niveaux de hiérarchie**, et l'autorité qu'il a dû exercer sur ses anciens camarades pour poursuivre son propre chemin.

La guerre économique use de toutes les armes pour parvenir à ses fins. **Commercialiser un produit futile, ou du moins un produit faussement neuf**, ne pose aucun problème, du moment qu'il se vend. Dans le 2e mouvement de *Par-dessus bord*, Dutôt et Benoît soutiennent un point de vue radical sur ce qu'est un produit (p. 51-52) : le Bleu-Blanc-Rouge ne saurait être un produit tant qu'une réflexion sur le nom ne sera pas menée en profondeur. C'est là qu'entreront en jeu Jack et Jenny, avec leur vision de l'*output*, qui n'a, en réalité, aucune légitimité à se hisser au niveau de l'*input* (p. 115) ! Cette métaphore mécaniste de l'être humain verse dans la satire de la publicité usant de toutes les ruses rhétoriques pour vendre. N'est-ce pas le propre de la « nécessité fausse », qui faisait l'objet de toute la défiance de S. Weil ?

Texte-clé

« Seul est nécessaire à produire ce qu'il est nécessaire de consommer ; ajoutons-y encore l'utile et l'agréable, à condition qu'il s'agisse de véritable utilité et de plaisirs purs. À vrai dire, la justice ne trouve pas son compte dans le spectacle de milliers d'hommes peinant pour procurer à quelques privilégiés des jouissances délicates ; mais que dire des travaux qui accablent une multitude de malheureux sans même procurer aux privilégiés grands et petits de vraie satisfaction ? »

Simone Weil, *La Condition ouvrière*, « La condition ouvrière », p. 391.

c. Une fascination symbolique pour l'entreprise

L'entreprise acquiert un tel prestige qu'elle fascine. Allégorie de la réussite, de l'aisance économique, et d'une éthique de la rigueur et de la coopération, l'entreprise est dotée d'une **aura symbolique**.

Aux yeux de l'employé et de l'humanité, **l'entreprise rayonne comme abstraction puissante et mystérieuse**. L'analogie que M. Vinaver, à travers Passemar, tisse implicitement entre le mythe des Ases et des Vanes et les combats entre entreprises couronnent ces dernières d'un halo mythique (p. 34-35). Un parallèle peut aussi être décelé dans la tragédie de Baldr, tué par Loki pour des raisons dérisoires et mesquines. Selon monsieur Onde, « par cet événement la médiocrité de l'âge actuel est devenue sans remède » (p. 95). L'entreprise, malgré toutes ses petitesses, exercera toujours sur le petit employé – par exemple, madame Bachevski – un charme indéfectible.

En un sens bien antérieur du terme, comme simple « action de mettre en œuvre », le poète Virgile mène lui aussi une entreprise fascinante dans les *Géorgiques*. Son œuvre irradie des siècles d'humanité d'une poésie riche et évocatrice. En quoi serait-elle une entreprise ? **Elle invite l'être humain à optimiser ses progrès techniques, afin que chacun en tire profit**. Mais cette entreprise littéraire relève du symbole. Elle évoque et invoque par la voix d'un seul, dont la présence tangible demeure aussi mystérieuse que celle d'une entreprise : « moi, Virgile, florissant aux soins d'un obscur loisir » (IV, p. 177).

Peut-être la tendance à l'inertie militante des ouvriers que S. Weil a connus a-t-elle ainsi trait à un respect prononcé de l'entreprise. **Une fascination pour ce qui dépasse l'individu le tétaniserait au moment de passer à la rébellion.** Naturellement, la peur de la précarité domine. Mais l'absence totale d'initiative de la masse interroge la philosophe. Dans sa lettre à Nicolas Lazarévitch, elle déplore : « On se plaint des normes, du manque de travail, de bien des choses, mais ce sont des plaintes, et voilà tout. Quant à l'idée de résister tant soit peu, elle ne vient à personne. » (p. 64.)

Le **dévouement** à l'entreprise ne s'explique d'ailleurs pas seulement par un intérêt professionnel, ni même humain. Madame Bachevski en est un cruel exemple, elle qui a cherché coûte que coûte à s'accrocher à son poste. Au moment de son licenciement, Benoît le souligne : « Vous avez été un serviteur dévoué et ardent de la maison » (p. 207). Ce remerciement n'est pas de pure forme, puisque, dans les scènes précédant cette annonce, la dame s'employait à rester fidèle à sa hiérarchie et à l'entreprise, fidélité qui lui fut finalement fatale.

Le dévouement peut aller de pair avec une véritable **vénération**, à l'image de celle des abeilles pour leur roi, dans les *Géorgiques*. « Tant que ce roi est sauf, elles n'ont toutes qu'une âme. » (IV, v. 212, p. 157.) Tantôt ce roi personnifie la collectivité, tantôt il ressemble à un patron que l'on respecte et protège. S'il meurt, les abeilles s'abandonnent à l'anarchie, outrepassent les lois et perdent leur unité, comme une entreprise qui se dissout.

De dévouement, chez les ouvriers, à l'époque de S. Weil, il semble n'y en avoir véritablement qu'en **contexte de grève**. Cette dernière porte à son paroxysme une collaboration qui n'était qu'incomplète, en tout cas moins humaine, jusqu'alors. En particulier, l'occupation de l'usine est synonyme de joie, parce que les ouvriers se l'approprient. La philosophe souligne « la joie, pendant l'occupation des usines, de posséder l'usine par la pensée, d'en parcourir les parties, la fierté toute nouvelle de la montrer aux siens et de leur expliquer où on travaille » (p. 343). **Cette prise de pouvoir symbolique rend sa pareille à l'omnipotence symbolique de l'entreprise.**

Finalement, M. Vinaver n'est-il pas celui qui, le mieux, rend hommage à la puissance symbolique de l'entreprise, lui qui entrelace préoccupations de dramaturge, de metteur en scène et de chef d'entreprise, et donc **art théâtral** et **art entrepreneurial** ?

Texte-clé

« Passemar : [...] Dans la crise actuelle il faut bien admettre que le seul théâtre qui fasse des recettes est un théâtre qui répond à la demande d'un public qui est le public de la société de consommation alors il faut lui offrir le produit qu'il désire, c'est-à-dire le marketing mix qui fait tilt chez Ravoire et Dehaze c'est le mot qui est dans toutes les bouches depuis quelques semaines [...] »

Michel Vinaver, *Par-dessus bord*, 4e mouvement, p. 118.

Outre les besoins vitaux auxquels le travail tente de subvenir, les trois œuvres en laissent entrevoir diverses qualités constructives. C'est que l'individu y déploie une force, qui le sublime vers une mutation psychologique, esthétique et métaphysique.

3. La force du travail

Le **travail est une valeur à laquelle on rattache une vertu,** une efficience que Virgile décrit dans ce vers **comme un pouvoir total et absolu : « Travail acharné [vient] à bout de tous les obstacles »** *(« Labor omnia uicit / improbus »,* I, v. 123-156, p. 46-47.) Le travail n'est pas seulement ce qui terrasse, avilit et rabaisse l'être au rang de la « bête de somme résignée », image récurrente sous la plume de S. Weil ; il apparaît également comme **source de résilience, de rédemption de l'être en ce qu'il questionne son humanité même.** Le « vide mental » (p. 63) pourtant évoqué par S. Weil devient paradoxalement ouverture sur la pleine conscience d'être au monde car, machines de chair, les travailleurs sont des « choses autant qu'un être humain peut l'être, mais des choses qui n'ont pas licence de perdre conscience » rappelle la philosophe de *La Condition ouvrière* (p. 337).

De l'abaissement naît donc la transcendance mais dans quelle mesure les auteurs du corpus se rejoignent-ils sur ce constat ? Et à quelles conditions le travail peut-il élever l'homme ? Peut-on concilier science, machinisme et « besoins de l'âme » selon la formule de S. Weil ? La vertu première du travail ne serait-elle pas de questionner l'humanité dans le pouvoir qui est le sien de transfigurer et l'être et le monde ?

A. La force du travail : transformer la face du monde et des êtres

a. Le monde du travail : une transformation concrète, de surface...

Dans le second livre des *Géorgiques* (II, v. 182-215, p. 86), Virgile montre **combien l'action du travailleur modifie le visage de son pays, ses paysages** : « Telle encore cette terre, d'où le laboureur irrité a fait disparaître une forêt, abattant des bocages longtemps inutiles et arrachant jusqu'au bout de leurs racines les antiques demeures des oiseaux [...]. »

Pour S. Weil, **la transformation opère d'abord sur le corps même du travailleur :** dans un autre ouvrage (*Attente de Dieu,* cité p. 24. de l'introduction de l'édition Folio Essais), la philosophe explique que le travail a imprimé, pour toujours, « la marque de l'esclavage » sur le corps. Dans ses « Lettres à Victor Bernard », elle décrit cette transformation, recourant à la **métaphore animalière pour souligner l'importance de la métamorphose physique :** « Un jour je me suis rendu compte que quelques semaines de cette existence avaient suffi à me transformer en bête de somme docile. [...] Les conditions d'existence [...] tendaient à me ravaler à la bête de somme. » (p. 216.) Dans ses « Trois lettres à Albertine

Thévenon », S. Weil évoque la grande fatigue (« physiquement aussi, sombrer, en dehors des heures de travail, dans une demi-somnolence est une grande tentation », p. 53) qui la plonge dans un état de torpeur lui ôtant jusqu'à la force d'écrire (« c'est l'effort d'écrire, simplement, qui était trop lourd », p. 55). Les multiples brisures de son corps, ses « maux de têtes » incessants (p. 56), sont autant de signes d'une métamorphose qui est aussi intérieure.

La pièce de M. Vinaver décrit les mutations et **les changements qui ont affecté le monde du travail** : la collection de tabatières du P.-D.G., Fernand Dehaze, évoque « la belle ouvrage » des manufactures du XVIIIe siècle, le vieux patron lui-même, Fernand Dehaze incarne une ère déjà révolue : « On ne retrouvera plus un homme pareil / profondément humain », (2e mouvement, p. 71) ; de fait, son fils Benoît montre un visage de patron plus dur et plus brutal : madame Bachevski est révoquée – « liquidée » dira Passemar – en une journée. Dans le 5e mouvement, Lubin dénonce la gestion brutale de l'entreprise : « On mène à l'abattoir ses anciens représentants parce que le bâtard s'est entouré d'une bande de fumiers qui tueraient leur propre mère si ça pouvait servir leur carrière ». (p. 218). L'entreprise évolue en effet à l'américaine avec Jack et Jenny : Olivier redéfinit d'ailleurs **le nouveau rôle du patron** : « Le propre du chef est de savoir faire évoluer ses hommes » (p. 52) ; en ce sens, il apparaît comme le **moteur même de tout le processus évolutif.** Dans le 1er mouvement, l'interrogation de Passemar sur la portée de ces changements résume ainsi l'argument sur lequel repose toute la pièce.

Texte-clé

> « PASSEMAR : Mon propos est simplement ceci l'absorption de la moyenne entreprise où je suis moi-même un cadre moyen par une puissante société américaine est-ce un bien ? Est-ce un mal ? Je ne sais pas j'aimerais y voir plus clair... »
>
> Michel Vinaver, *Par-dessus bord,* 1er mouvement, p. 33.

Les mutations provoquées par le travail affectent donc les structures – de l'usine, de l'entreprise –, les conditions matérielles, les corps et jusqu'à l'esprit et la manière de penser des hommes.

b. ... mais qui est aussi mutation intérieure, psychologique et morale

Le travail influe sur l'humeur. Virgile montre que le travail affecte les sentiments des paysans : loin d'être frustes et insensibles, les **laboureurs oscillent entre la joie** – celles des fêtes des moissons décrites par le poète à la fin du livre II (v. 379-413, p. 95-96), qui nous montre les « paysans Ausoniens [...] riant à gorge déployée » – **et la peine** – celle du laboureur qui « s'en va, tout triste, dételer l'autre bœuf affligé de la mort de son frère et laisse sa charrue enfoncée au milieu du sillon » (III, v. 515-550, p. 139).

La transformation est donc d'ordre intérieur ; dans ses « Trois lettres à Albertine Thévenon », S. Weil se décrit ainsi **brisée moralement** : « travailler en usine. Ça a voulu dire que toutes les raisons extérieures (je les avais crues intérieures, auparavant) sur lesquelles s'appuyaient pour moi le sentiment de ma dignité, le respect de moi-même ont été en deux ou trois semaines radicalement brisées sous le coup d'une contrainte brutale et quotidienne » (p. 59). **Le travail en usine modifie sa personnalité : « J'y ai laissé ma gaieté, dans cette existence ; j'en garde au cœur une amertume ineffaçable »** (p. 61). « L'amertume » – sentiment mêlé de rancœur, de ressentiment et de désillusion – est mentionnée à plusieurs reprises, notamment p. 234. Dans « La vie et la grève des ouvrières métallos » (p. 273), S. Weil évoque les douleurs de l'âme. « Son âme, on l'emporte à l'atelier. Il faut tout le temps la faire taire » (p. 33). « Le **corps est parfois épuisé, le soir, au sortir de l'usine, mais la pensée l'est toujours, et elle l'est davantage »**, écrit-elle page 333.

Dans la pièce de M. Vinaver, au 2e mouvement, **Margerie ironise d'ailleurs sur cette transformation qui touche les êtres dès qu'ils entrent dans le monde du travail** : « Aussitôt quittée l'université, ils devenaient des petits managers puants qui ne pensent plus à autre chose que manage their business alors je suis partie » (p. 69). Ainsi, aux yeux de Margerie, le travail est ce qui abîme l'être.

c. De la résignation à la reconquête de soi : l'avilissement comme source de résilience

Pourtant, la nature dégradante du travail a une action dialectique. Dès le chant I des *Géorgiques*, **Virgile évoque les origines du travail qu'il associe au sacré**.

Texte-clé

> « Le Père des dieux lui-même a voulu rendre la culture des champs difficile, et c'est lui qui le premier a fait un art de remuer la terre, en aiguisant par les soucis les cœurs des mortels et en ne souffrant pas que son empire s'engourdît dans une triste indolence. »
>
> Virgile, *Géorgiques*, I, v. 91-156, p. 45.

Étude transversale

Le travail n'est donc pas qu'un fléau, un mal voulu par Jupiter car la difficulté de la tâche invite en effet l'homme au dépassement de soi : « en aiguisant les soucis », Jupiter offre aux humains la possibilité de développer leur intelligence pour résoudre des problèmes concrets et faire du travail de la terre un « art » ; de plus, le travail éloigne **l'homme de l'ennui, d'une « triste indolence »**. De même, **en dépit des souffrances vécues, S. Weil ne regrette paradoxalement pas son expérience en usine, ni l'abaissement subi car l'abaissement conduit à une prise de conscience.** La souffrance engendrée par l'avilissement, l'humiliation, la conscience de compter pour zéro, de n'avoir aucun droit, devient source de dépassement et opportunité de reconquérir son être. S. Weil déclare ainsi : « J'ai beaucoup souffert de ces mois d'esclavage, mais je ne voudrais pour rien au monde ne pas les avoir traversés. Ils m'ont permis de m'éprouver moi-même et de toucher du doigt tout ce que je n'avais pu qu'imaginer. **J'en suis sortie bien différente de ce que j'étais quand j'y suis entrée – physiquement épuisée mais moralement endurcie** » (p. 56). La seconde lettre à Victor Bernard montre que cet **abaissement est lié à la perte de la dignité de l'être** et que la transformation opérée par le travail sur les êtres est une métamorphose brutale.

Texte-clé

« Que vous répondre sinon vous répéter – si pénible que soit cet aveu – que j'ai eu, moi, tout le mal du monde à conserver le sentiment de ma dignité ? À parler plus franc, je l'ai à peu près perdu sous le premier choc d'un si brutal changement de vie, et il m'a fallu précisément le retrouver. Un jour je me suis rendu compte que quelques semaines de cette existence avaient presque suffi à me transformer en bête de somme docile, et que le dimanche seulement je reprenais un peu conscience de moi-même. »

Simone Weil, *La Condition ouvrière*, « Lettres à Victor Bernard », p. 216.

Ainsi, **être atteinte dans sa dignité, au plus profond de son être,** est sans conteste ce qui **donne à la philosophe l'envie de poursuivre le combat, le dialogue** avec le directeur technique des usines Rosières, pour réfléchir à **de nouvelles modalités de travail**.

En évoquant les mutations et les tribulations de l'entreprise Ravoire et Dehaze, M. Vinaver montre que **l'évolution de l'entreprise bouleverse la vie** conjugale de personnages qui prennent un **nouveau départ, dans leur vie de couple et dans leur vie professionnelle,** les deux espaces paraissant inextricablement liés. Margerie a quitté son époux Benoît pour Olivier et s'apprête à donner naissance à une nouvelle entreprise : « Demain à l'aube Olivier et moi on embarque sur le *France* pour les États-Unis [...] on va monter dans le cœur de San Francisco sous le signe de la Pompadour un institut de beauté comme un défi français à toutes ces usines sans âme où la beauté est débitée à la chaîne » (p. 240-241). De même, Olivier décide de convoler en noces avec Jenny, de « créer la société / Métahair / À responsabilité limitée et de se marier » (p. 247). Et si le personnage de Lubin, représentant à qui on propose un poste de magasinier, incarne une forme de déclassement, s'il quitte l'entreprise, c'est pour resurgir finalement sous une autre forme, celle de son successeur, son gendre Alex : « Lubin demeurera dans nos pensées Lubin ne disparaît pas entièrement puisque son gendre crée chez nous le service merchandising où il aura à déployer tout son talent » (6e mouvement, p. 237). La **pièce s'achève donc sous la forme du happy end** conventionnel de toute bonne comédie : tout est bien qui finit bien. Le dénouement évoque des **mariages, en forme de chassés-croisés et maintes promotions internes** : « André Saillant devient directeur général adjoint en remplacement de mon frère démissionnaire [...] Et Jean-Baptiste Peyre / directeur du marketing » (p. 24.), etc. **Le dénouement signe bien la résolution de l'intrigue principale et de toutes les intrigues secondaires mais reste ouvert : le travail semble enclencher un cycle vertueux, l'entreprise, partant, le capitalisme, renaît toujours de ses cendres, tel le phénix** mais que dire de ce mélange des genres ? Le couple ne repose plus sur le seul sentiment amoureux partagé, il semble une association d'intérêts, et l'art de la « Pompadour » – l'entreprise de Margerie et Olivier – est celui de la courtisane, allégorie moderne du marketing, qui fait du neuf avec du vieux, recycle les vieilles lunes sous couvert d'un humanisme à la française, marque de fabrique d'une entreprise qui n'a jamais rien de philanthrope. Le travail, cependant, ouvre la voie d'une possible élévation et émancipation de l'être : ne conduit-il pas M. Vinaver, P.-D.G. de Gillette, au personnage de Passemar « chef du service administration des ventes » et double de l'auteur, amateur, comme lui, de pièces de théâtre et « tenté par le théâtre total » (p. 259) ?

B. Le travail comme facteur d'élévation et de libération de l'être

a. Don de soi dans la dignité

Les *Géorgiques* réhabilitent le travail agricole délaissé par les Romains : il s'agit, comme le précise l'introduction de M. Rat, de **« remettre les travaux des champs en honneur »**. Les derniers vers du chant I dénoncent le ravage des guerres incessantes et rappellent ainsi que « la charrue ne reçoit plus l'honneur dont elle est digne [...] » ; le travail seul est activité noble et digne de l'homme pour Virgile. L'avilissement du travail et au travail est dénoncé par S. Weil, qui condamne le travail taylorisé incompatible avec les formes de dépassement de soi et de transfiguration : il faut, selon elle, **compenser le déséquilibre dû à un développement purement matériel de la technique par**

un développement spirituel. Il s'agit donc de ne pas avilir le travail qui doit demeurer conciliable avec le sentiment de dignité de l'être. Aussi S. Weil imagine-t-elle une usine idéale, dans laquelle le travail répondrait à la véritable vocation de l'homme.

Texte-clé

> « L'usine pourrait combler l'âme par le puissant sentiment de vie collective – on pourrait dire unanime – que donne la participation au travail d'une grande usine. Tous les bruits ont un sens, tous sont rythmés, ils se fondent dans une espèce de grande respiration du travail en commun à laquelle il est enivrant d'avoir part. C'est d'autant plus enivrant que le sentiment de solitude n'en est pas altéré. Il n'y a que les bruits métalliques, des roues qui tournent, des morsures sur le métal ; des bruits qui ne parlent pas de nature ni de vie, mais de l'activité sérieuse, soutenue, ininterrompue de l'homme sur les choses. »
>
> Simone Weil, *La Condition ouvrière*, « Expérience de la vie d'usine », p. 329.

Cette usine idéale n'est pas celle de Charlie Chaplin dans *Les Temps modernes,* film que S. Weil convoque à plusieurs reprises dans son ouvrage comme symbole de cette dénaturation de l'ouvrier : la « *eating machine* », la « machine à manger » (p. 287), est d'abord celle qui a dévoré la dignité de l'homme, d'un Charlot détruit et acculé à la folie par la cadence infernale du travail. M. Vinaver aborde cette **question du don total de soi durant la phase d'activité puis du vide ressenti ensuite** dans une vie tout entière consacrée – au sens quasi religieux du terme – au travail : « mais il y a un vide là-dedans j'ai jamais rien caché jamais rien refusé toujours donné alors je me suis donnée à la société merci à monsieur Benoît », déclare madame Bachevski (p. 245). Le travail a donné son sens à la vie, mais le dramaturge met en garde contre le **risque du déséquilibre : lorsque le travail disparaît, le sens même de la vie disparaît avec lui**. C'est donc une employée malade, victime d'« une hémiplégie deux mois après alors qu'elle était en parfaite santé » (p. 232) et symboliquement coupée en deux par la maladie, une moitié d'elle-même étant morte, qui réapparaît à la fin de la pièce...

b. Plaidoyer pour des conditions de travail plus humaines, pour « un travail non servile »

Les conditions propices à une élévation spirituelle ne sont pas à chercher dans l'esprit du travailleur mais, paradoxalement, dans les conditions matérielles, et S. Weil s'interroge sur les conditions d'un **« travail non servile »** (p. 418).

Texte-clé

> « Vous m'avez dit – je répète vos propres termes – qu'il est très difficile d'élever les ouvriers. Le premier des principes pédagogiques, c'est que, pour élever quelqu'un, enfant ou adulte, il faut d'abord l'élever à ses propres yeux. C'est cent fois plus vrai quand le principal obstacle au développement réside dans des conditions de vie humiliantes. »
>
> Simone Weil, *La Condition ouvrière*, « Lettres à Victor Bernard », p. 213.

Dans ses « Lettres à Victor Bernard », elle envisage donc une **solution** qui n'est pas la suppression de toute forme de subordination mais « un passage progressif de la subordination totale à un certain mélange de subordination et de collaboration, **l'idéal étant la coopération pure** » (p. 231). Dans « Expérience de la vie d'usine » (p. 341), S. Weil évoque les effets pervers de la diminution du temps de travail. « Faire du peuple une masse d'oisifs qui seraient esclaves deux heures par jour » n'est pas souhaitable car « nul n'accepterait d'être esclave deux heures ». La solution est **que l'action ait du sens** pour le travailleur, qui doit avoir une vue d'ensemble – et non parcellaire – de l'organisation du travail dans l'usine ; en somme il faudrait susciter en lui la **fierté d'un travail accompli car il répond à des « besoins sociaux »** (p. 346). Il faut **repenser le rapport entre l'homme et la machine** et transformer les machines : intelligence et réflexion doivent rester du côté de l'homme, non de la machine. Il faut également **repenser le rapport entre les hommes afin que l'ouvrier ne se sente pas comme étranger, en exil sur son lieu de travail,** ce qui implique non de subir, mais de dominer le temps. S. Weil propose d'imiter en cela le rythme de travail du paysan, qui reste en harmonie avec « le rythme du monde ». L'ouvrier doit pouvoir s'approprier véritablement ce temps : le temps serait habitable par l'ouvrier si on lui conférait la possibilité, par la planification, de se projeter et d'organiser lui-même son travail (p. 348). La finalité n'est pas la quête d'un improbable bonheur : il s'agit « non seulement de construire des objets, mais de ne pas détruire des hommes. Non pas de les rendre dociles, ni même de les rendre heureux, mais seulement de ne contraindre aucun d'eux à s'avilir » (p. 351).

C'est précisément cette **harmonie du rythme de travail du paysan avec le rythme de la nature** que Virgile évoque lorsque, dans le premier chant, il recommande au cultivateur de s'adapter au rythme des saisons et des conditions climatiques : paradoxalement, se plier aux caprices de la pluie et faire des travaux d'intérieur, ce n'est pas s'asservir, c'est avoir au contraire la certitude de ne pas être soumis ensuite à une cadence pénible, car « le cultivateur chez lui [...] peut faire à loisir bien des ouvrages qu'il lui faudrait plus tard hâter par un ciel serein » (I, v. 259-261, p. 54).

c. Une « nouvelle méthode de raisonner » : un raisonnement en acte

Dans une « Lettre à Simone Gibert », S. Weil **dénonce le travail mécanique, le machinisme et notamment la rationalisation introduite par Taylor car le travail en série dégrade l'homme** : « le tragique de cette situation, c'est que le travail est trop machinal pour offrir matière à la pensée, et que néanmoins il interdit toute autre pensée. Penser, c'est aller moins vite », écrit-elle (p. 67). Le **geste machinal paraît inconciliable avec toute forme de pensée**.

Pourtant, S. Weil n'imagine pas mettre les machines au rebut. Son ambition est aussi de montrer qu'une nouvelle manière de raisonner est possible, une **« *Nouvelle méthode de raisonner* qui soit absolument *pure* – et à la fois intuitive et concrète »** comme elle l'écrit page 189. Bien que la section « L'usine, le travail, les machines » ne soit pas au programme, son titre montre que, dans la vie de S. Weil, l'activité manuelle est constamment liée au travail intellectuel d'analyse et d'introspection dans un « journal », chronique quotidienne d'une ouvrière au travail partageant son ressenti, ses impressions. Quand en 1934, jeune agrégée, S. Weil décide de se faire embaucher comme ouvrière, le prétexte qui motive l'expérience n'est pas uniquement le sujet de recherche choisi (« préparer une thèse de philosophie concernant le rapport de la technique moderne, base de la grande industrie, avec les aspects essentiels de notre civilisation, c'est-à-dire d'une part notre organisation sociale, d'autre part notre culture » (*La Condition ouvrière*. Introduction, p. 21) ; c'est aussi « mettre en tout domaine [ses] idées à l'épreuve du contact avec les faits », **toujours mettre en conformité ses actions et sa pensée.** On comprend mieux alors le **nouvel idéal de travailleur** (nouveau, bien qu'il soit en réalité emprunté aux Anciens, à la pensée grecque) qu'elle propose dans un « Fragment de lettre » daté de mai 1936 et inséré dans sa correspondance avec Victor Bernard ; elle se choisit un nouveau pseudonyme, **« Cléanthe »**, et se justifie : « c'est le nom **d'un Grec qui combinait l'étude de la philosophie stoïcienne avec le métier de porteur d'eau** » (p. 245).

La dernière section au programme, « Condition première d'un travail non servile » (p. 418), est la démonstration que le **travail non servile peut introduire une « attention »** pleine et entière, semblable à celle que le croyant met dans sa prière (p. 426). **Au contact du travail, l'ouvrière-philosophe développe toute une mystique chrétienne**.

Texte-clé

« La gymnastique scolaire exerce une attention inférieure, discursive, celle qui raisonne ; mais menée avec une méthode convenable, elle peut préparer l'apparition dans l'âme d'une autre attention, celle qui est la plus haute, l'attention intuitive. L'attention intuitive dans sa pureté est l'unique source de l'art parfaitement beau, des découvertes scientifiques vraiment lumineuses et neuves, de la philosophie qui va vraiment vers la sagesse, de l'amour du prochain vraiment secourable ; et c'est elle qui, tournée directement vers Dieu, constitue la vraie prière.

De même qu'une symbolique permettrait de bêcher et de faucher en pensant Dieu. »

Simone Weil, *La Condition ouvrière*, « Condition première d'un travail non servile », p. 430.

Loin de la « pensée recroquevillée », le travail élève la pensée et l'âme chez la philosophe du travail et philosophe chrétienne.

Mais voit-on les laboureurs et les paysans de Virgile penser et raisonner dans les champs/chants des *Géorgiques* ? Assurément car, de fait, c'est la **confrontation à la mort qui suscite chez les paysans la réflexion métaphysique et eschatologique.** Témoin, le berger Aristée, personnage clé du chant IV des *Géorgiques,* désespéré par la mort des abeilles perdues « par la maladie et par la faim » et qui ne peut se contenter de cette explication factuelle : **la mort de sa ruche questionne le sens de sa vie et de sa destinée même,** comme l'indique la présence du mot interrogatif « pourquoi » qui ouvre sa plainte. « Ma mère, Cyrène ma mère, toi qui habites les profondeurs de ce gouffre, pourquoi m'as-tu fait naître de l'illustre race des dieux (si du moins comme tu le dis, Apollon de Thymbra est mon père), puisque je suis en butte à la haine des destins ? » (IV, v. 321-324, p. 163). **En perdant sa ruche, Aristée perd son travail, son honneur** (« Voici que l'honneur même de ma vie mortelle, qu'à grand-peine et après avoir tout tenté m'avait procuré l'ingénieuse surveillance de mes récoltes et de mes troupeaux, je le perds à présent », IV, v. 317-350, p. 163-164). La **mort de la ruche est une destruction totale et inexplicable de l'être, qui remet en cause la raison de sa présence sur cette terre et ses origines même**, car la parenthèse souligne une filiation dangereusement hypothéquée par un « si » qui suggère qu'elle peut être mensongère : Aristée, dans une forme de reniement, va jusqu'à remettre en cause l'amour même que lui porte sa mère, l'accusant de le haïr, ce qui pousse d'ailleurs cette dernière à intervenir.

La structure de la pièce de M. Vinaver est une autre illustration de ce raisonnement en acte ; l'ouverture du 4e mouvement (p. 109) est un dialogue à fleurets mouchetés entre madame Lépine, grossiste en droguerie et Lubin, représentant spécialisé dans le placement du produit phare de l'entreprise, le papier toilette. « Une offre sensationnelle madame Lépine **nous avons pensé à vous** », assure-t-il, mais l'interlocutrice ne se laisse pas amadouer par une stratégie marketing usée jusqu'à la corde. « Moi il m'arrive quelquefois de penser à vous comme hier soir justement quand je comptais mon stock », réplique madame Lépine, qui sait pertinemment que **penser à l'autre n'a rien de la relation altruiste.** Penser à l'autre, c'est d'abord, selon **« les tables de la loi du marketing »** pour reprendre une expression de M. Vinaver, parvenir à tisser un lien qui le valorise, ici pour faire croire à madame Lépine qu'elle n'est pas une cliente comme une autre mais une cliente privilégiée – donc **pour séduire l'autre et annihiler en lui toute forme de pensée** afin qu'il consomme machinalement. L'ambition est alors de **rappeler le spectateur-lecteur à cet exercice de libre pensée** qui fait de lui un homme et non pas seulement un consommateur. La **mise en abyme – le théâtre dans le théâtre** – montre une action dramaturgique qui ne cesse de se réfléchir, de se penser, notamment à travers le personnage de Passemar, autoportrait de l'auteur. **Le travail de l'écrivain est donc constamment inscrit en creux** dans la représentation d'un monde pragmatique où le travail manuel semble dominer.

C. Du travail de l'ouvrier au travail de l'écrivain, œuvrer à transfigurer le monde

a. Le travail : tout un « art », la beauté du geste

La véritable valeur du travail est dans la transformation produite. On a coutume de distinguer le travail de l'artisan et celui de l'artiste. **L'activité de l'artiste serait libre, gratuite, fondée sur le seul plaisir**, **quand l'activité de l'artisan serait au contraire liée à une contrainte, à une nécessité triviale** – celle de gagner son pain – et lui obtiendrait, en retour, une **rémunération compensatrice du temps consacré** à l'activité en question. Pourtant, les deux activités, l'une étant considérée comme plus noble que l'autre, dérivent d'un même substantif latin, *ars, artis*, qui désigne d'abord, dans le dictionnaire de Gaffiot, « le talent, le savoir-faire, l'habileté, les connaissances techniques », la notion de production artistique étant mentionnée à la toute fin de l'article. Chez Virgile, l'occurrence du mot « art » intervient dès l'ouverture du chant I, consacré au « labourage » : « **Quel art fait les grasses moissons.** » Le poète décrit ainsi tous les gestes à maîtriser pour que la terre devienne fertile. Mais au-delà du savoir-faire ancestral, c'est la beauté du geste même que le poète célèbre : « C'est pour toi que j'entreprends de célébrer l'art antique qui a fait ta gloire », écrit Virgile (II, v. 150-182, p. 84), rappelant que la gloire de la nation est liée à cet « art antique » qu'est l'agriculture. Les œuvres au programme invitent aussi à **considérer que le travail**

peut être un art, que les figures de l'artisan, de l'ouvrier ou du cultivateur, de l'artiste, loin de s'opposer, se rejoignent : tous ont la même appétence pour le beau. Dans la section « Condition première d'un travail non servile », S. Weil explique ainsi que « le peuple a besoin de poésie comme de pain » mais que cette poésie n'est pas la poésie « enfermée dans les mots » ; il faut que « la substance quotidienne de sa vie soit elle-même poésie » (p. 424). Or, seul **le travail non servile offre ce pouvoir supérieur, celui de la transfiguration.**

Chez M. Vinaver, le travail a modifié le visage de l'entreprise familiale des Ravoire et Dehaze, entreprise dont on nous décrit le déclin dans les deux premiers mouvements : faute d'avoir lancé correctement la production de « Super-Douceur » et d'avoir renouvelé ses méthodes de travail, l'entreprise périclite. Benoît désigne le responsable, qui n'est autre que Fernand Dehaze, « PDG de Ravoire et Dehaze » comme l'indique la distribution de la pièce et son propre père qu'il décrit page 46 : **« Aveugle comme il est l'or dans ses mains s'est transformé en sable et le sable lui file entre les doigts. »** C'est **parce que ce patron n'a pas été un bon alchimiste, qu'il n'a pas su transmuer de la boue – des excréments et du papier toilette – en or,** que les comptes de l'entreprise sont dans le rouge et que le risque de la faillite apparaît. Au terme de la longue « séance de travail » décrite dans le 4e mouvement, les Américains Jack et Jenny vont révolutionner l'entreprise grâce à la « puissance de la méthode » d'un « brainstorm » (p. 162) qui tient tout à la fois de la liste rabelaisienne – celle de « l'invention d'un torchecul » de François Rabelais (*Gargantua*, chapitre XIII ; 1534) – et du cadavre exquis surréaliste – puisqu'il s'agit de dire « ce qui [...] passe par la tête pas de censure personne n'ironise OK ? » (p. 153) –, mais qui agit comme **une véritable alchimie, comme une transfiguration**.

Texte-clé

« – Le Duvet
– Lichen
– Algue et Varech
– Mousse et Lichen
– Mousse et Varech
– Moussette
– Chêne et Fougère
– Mousse et Bruyère
– Vallon boisé
– Hyménée
– Lys

– Blanchelaine
– Blanchefleur
– Germinal »

Michel Vinaver, *Par-dessus bord,* 4e mouvement, p. 155-156.

Le nom du produit, « Mousse et Bruyère », justifie le titre du 4e mouvement et devient l'emblème du savoir-faire, de la renaissance de l'entreprise, montrant qu'**un acte trivial et qu'un objet prosaïque – le « torchecul » rabelaisien – deviennent poétiques par l'action même du langage, de ces mots qui sont la matière première de l'artiste**. La quête du nom du produit retranscrite dans cette liste de mots sortis d'esprits désinhibés devient acte poétique, échappée dans la nature... (« Brise douce / Douce étoile », p. 156-157) et dans la culture par le jeu d'intertextualité (« Germinal », « Desdémone », « Ophélie », « Ariane », « Nymphéas » », p. 156-157). M. Vinaver fait sonner les mots, introduit la musicalité dans une curieuse juxtaposition de répliques où se déconstruit le langage : allitérations et assonances rythment l'énumération « Lichen / Algue et Varech / Mousse et lichen / Mousse et Varech / Moussette » (p. 155-156). La transformation du travail est une transfiguration car **le travail a partie liée à l'« art », l'art de fabriquer un produit, l'art, aussi, de mieux faire l'homme peut-être.**

b. Un nouvel humanisme : le travail, révélateur de l'homme

Bien que le travail soit rude et pénible, que le monde du travail soit sans merci pour les hommes, **aucun des trois auteurs ne fait l'éloge de l'*otium*, de l'oisiveté ou du loisir,** ce que propose pourtant en 1880 Paul Lafargue dans son éloge paradoxal, *Le Droit à la paresse*. Dans notre corpus, le **travail demeure une valeur fondatrice de l'humanité quand il est pleinement associé à l'idée de création.** Chez Virgile, le travail du laboureur qui cultive son champ œuvre sous le regard des dieux ; il demeure **une activité noble et par laquelle conquérir son humanité**. « Tels sont les instruments que tu auras soin de te procurer longtemps d'avance, si tu veux mériter la gloire d'une campagne divine » (I, v. 156-186, p. 48) – d'une campagne « protégée par les dieux », précise la note du traducteur M. Rat. **Le travail introduit un questionnement de nature anthropologique sur ce qu'est l'homme**.

Dans *La Condition ouvrière*, S. Weil montre que **l'expérience du travail en usine est une expérience double comme action et réflexion.** Sa « Lettre à Simone Gibert » (p. 69) montre que le concept fonctionne comme critère anthropologique : « Car la réalité de la vie, ce n'est pas la sensation, c'est l'activité – j'entends l'activité et dans la pensée et dans l'action. Ceux qui vivent de sensations ne sont, matériellement et moralement, que des parasites par rapport aux **hommes travailleurs et créateurs qui seuls sont des hommes. »** Cette vision du monde rejoint d'ailleurs la vision du premier homme des temps bibliques, dans la Genèse : l'homme, créature de dieu dans le récit créationniste est jeté sur la terre « pour travailler » (*« ut operaretur »*), pour prolonger l'œuvre d'un Dieu démiurge, créateur. Ainsi S. Weil est-elle constamment dans l'éloge du travail, particulièrement du travail manuel source de nombreuses joies. Dans sa première lettre à Auguste Detœuf, directeur et administrateur d'Alsthom, elle évoque cette **vision valorisante d'un travail qui sait rester humain.**

Texte-clé

« J'ai toujours eu au contraire un vif penchant pour le travail manuel (quoique je ne sois pas douée à cet égard, c'est vrai) et notamment pour les tâches les plus pénibles. Longtemps avant de travailler en usine, j'avais appris à connaître le travail des champs : foins – moisson – battage – arrachage des pommes de terre (de 7 h du matin à 10 h du soir...), et malgré des fatigues accablantes j'y avais trouvé des joies pures et profondes. Croyez bien aussi que je suis capable de me soumettre avec joie et avec un maximum de bonne volonté à toute discipline nécessaire à l'efficacité du travail, pourvu que ce soit une discipline humaine. »

Simone Weil, *La Condition ouvrière*, « Lettres à Auguste Detœuf », p. 283.

Par le travail, l'homme produit son humanité même et le travail interroge cette humanité.

La tirade de Jack à la fin du 4e mouvement de *Par-dessus bord* en est une illustration étourdissante : au terme d'un « brainstorm » qui a libéré l'esprit de toutes les instances d'ordinaire inhibitrices, Jack désigne le slogan et la ligne de l'entreprise : « notre axe pourrait être à peu près ceci mais oui il est agréable de chier et Ravoire et Dehaze peut rendre ça encore plus agréable », rappelant par la même occasion quelques visions humanistes, de saint Augustin à Nietzsche, dans un raccourci saisissant.

Texte-clé

« JACK : [...] le consommateur est une grand bouche et un grand cul faut que ça entre et faut que ça sorte par où ça sort c'est ça qui nous intéresse Saint Augustin a dit entre les urines et les matières fécales nous sommes nés dans quelques centimètres carrés tout se concentre la souffrance et l'extase et la saleté on sort de là et ça sort de nous et on s'essuie l'homme est un animal qui s'essuie Nietzsche a dit l'homme est un animal qui fait des promesses tout se tient promettre c'est être constipé avec le passé [...] il faut entrouvrir la porte à un défoulement notre axe pourrait être à peu près ceci mais oui il est agréable de chier et Ravoire et Dehaze peut rendre ça encore plus agréable ».

Michel Vinaver, *Par-dessus bord,* 4e mouvement, p. 184-185.

« *Inter faeces et urinam nascimur* » : « nous naissons entre les excréments et l'urine », écrit en effet Augustin. **Le comique scatologique de la pièce de M. Vinaver entraîne le lecteur dans une redéfinition de l'homme – « l'homme est un animal qui s'essuie ».** Or la redéfinition, qui convoque quelques pensées illustres, d'Augustin à Nietzsche, rappelle que l'homme n'est que « misère et grandeur » selon la formule de Pascal, que l'ignominie première nous ramène toujours quelque part à la « bête » pascalienne, mais que le travail est aussi l'occasion d'une sublimation au sens artistique du terme. M. Vinaver nous pousse à réfléchir : à la fin du 6e mouvement, la tirade du président d'United Paper Europe, Ralph Young – au nom prédestiné –, évoque **la naissance d'une humanité nouvelle : « l'esprit Youpico, « l'homme Youpico », être caricatural** au « regard clair » au « maintien assuré » (p. 250), pur produit marketing. Nous comprenons aussi que la fusion-acquisition de l'entreprise Ravoire et Dehaze avec Young conduit à une **nouvelle ère d'aliénation et de servage :** « la société que nous achetons ça n'est pas les machines ni les bâtiments ni les produits it's the people ce sont les gens c'est vous tous que nous voulions c'est vous que nous avons ». Le franglais omniprésent dans le discours de Young est bien le signe que la petite entreprise familiale a perdu son âme (« vous bénéficierez de notre know-how dans les domaines du research and development et du financial planning et du marketing on prendra les grandes décisions ensemble », p. 250), qu'elle s'est dénaturée dans le travail. **De quelle humanité est-il donc question dans ce monde du travail ?** Dans un monde profondément transformé, transfiguré, défiguré par le travail, l'univers devient un monde de signes à savoir interpréter.

c. Le travail de transfiguration : un monde de signes à interpréter

Les paysages virgiliens sont autant de paysages à déchiffrer, selon l'usage des Anciens qui ne cessent d'observer et d'interroger le ciel : « Et pour que nous puissions connaître à des signes certains les chaleurs, et les pluies, et les vents précurseurs du froid, le Père lui-même a déterminé ce qu'annonceraient les phases de la lune, quel signe marquerait la chute des autans, quels indices souvent répétés engageraient les cultivateurs à tenir leurs troupeaux plus près des étables. » (I, v. 321-354, p. 59) **Le monde entier devient espace textuel et métaphorique qui exige du laboureur une tâche double : travailler la terre à l'araire, certes mais, pour la bien travailler et recueillir le fruit de son labeur, savoir d'abord lire le grand livre du monde, recueillir les signes et les présages** d'un changement des conditions météorologiques et climatiques, d'une présence divine. Il s'agit donc de transformer la vie quotidienne en une métaphore de signification divine.

Dans la « Condition première d'un travail non servile » (*La Condition ouvrière*, p. 424), S. Weil note : « le peuple a besoin de poésie comme de pain », évoquant déjà quelques pages auparavant « les besoins de l'âme » (p. 411). Dans *Par-dessus-bord*, la question posée crûment par Jack, « Claude qu'est-ce que c'est le cul ? » (p. 135), convoque une multitude **d'images et de réponses métaphoriques et poétiques dans un enchaînement de répliques s'élevant progressivement d'un bas corporel** cher à Rabelais à un **feu d'artifice de saillies et de traits d'esprit d'une véritable transfiguration du « cul »** – hommage littéraire peut-être au célèbre « Sonnet du trou du cul » de Rimbaud et Verlaine. Le « postérieur de l'individu », transmué d'abord en « vallée dans l'ombre entre deux collines ensoleillées », « mine » dont on extrait « une tourbe nauséabonde » mais surtout « des diamants », devient mine d'or pour le P.-D.G. qui va s'enrichir en vendant du papier toilette, et mine aussi pour M. Vinaver qui va dynamiter l'univers de l'entreprise et celui du théâtre.

Car la peinture du monde de l'entreprise n'est pas l'unique objet de la pièce ; M. Vinaver **aborde aussi la question du travail de l'écrivain, à travers le personnage de Passemar, que la mise en abyme montre en train d'écrire la pièce** *Par-dessus bord*. Comme l'auteur s'en explique dans un entretien accordé lors de la création de sa pièce par Christian Schiaretti, en 2007-2008, au théâtre de la Colline, *Par-dessus bord* contient donc sa propre genèse. Il explique ainsi avoir mobilisé les grands genres – tragédie et comédie – dans sa pièce et précise aussi **l'intertextualité sous-jacente : l'épopée homérique, l'*Iliade*, à même d'expliquer que le monde du travail soit aussi constamment un champ de bataille**, car le capitalisme est à ses yeux un « cannibalisme » qui se régénère en se nourrissant de ceux qui le constituent.

Virgile évoque lui aussi son travail de poète et fait régulièrement intrusion dans ses chants.

Texte-clé

« Au travail donc, ô cultivateurs ! apprenez les procédés de cultures propres à chaque espèce ; adoucissez, en les cultivant, les fruits sauvages [...]. Et toi, viens à mon aide et parcours avec moi la carrière commencée, ô ma gloire, ô toi à qui je dois la plus grande part de ma renommée, Mécène, déploie nos voiles et vole sur la mer libre. Je ne souhaite pas de tout embrasser dans mes vers ; non, quand j'aurais cent langues, cent bouches et une voix de fer. Viens à mon aide et longe le bord de la côte ; les terres sont à la portée de nos mains : je ne retiendrai pas ici par des fictions de poète ni par de vains ambages et de longs exordes. »

Virgile, *Géorgiques*, II, v. 22-54, p. 75.

La même strophe réunit donc, sous l'égide du travail, l'activité des laboureurs, que Virgile exhorte à poursuivre et perfectionner leur ouvrage, **et le travail du poète, ses difficultés d'écriture,** ainsi que les espoirs qu'il fonde en Mécène, son riche protecteur.

Ainsi, la **force du travail opère une transformation du monde et des hommes, transmutation propice à une réflexion** sur ce qui fait la grandeur ou la misère du travailleur. **L'humanité ne se forge pas dans le loisir mais dans le travail**. Au-delà de l'idée d'accomplissement et d'épanouissement de l'être, le travail est le propre de l'homme, ce par quoi il peut produire son humanité, **aussi longtemps que ses conditions de travail ne l'avilissent pas et lui permettent de conserver au contraire, comme l'écrit S. Weil, « le sentiment de la dignité humaine »** (p. 242). Les travailleurs de notre corpus sont donc des êtres complets, qui agissent et qui pensent car travailler est une pensée en actes et les paroles même sont des actes dans la pièce de M. Vinaver.

Le travail unit donc les contraires et fonctionne comme alchimie secrète – or ne dit-on pas de l'artisan doué qu'il a de « l'or dans les mains » ? Laboureur ou poète, ouvrier chez Rosières ou P.-D.G. possèdent ce pouvoir de transmutation et de transfiguration du monde. Virgile, S. Weil et M. Vinaver **transmuent donc le travail, activité aride et rébarbative, en un concept philosophique et plus encore, en une poétique** qui prend la forme d'une pensée religieuse et mystique chez S. Weil.

En guise de conclusion

Nécessaire, le travail est ainsi vécu comme une malédiction : l'effet douloureux d'un châtiment divin, comme le rappelle S. Weil dans *La Condition ouvrière.* « Cette peine est notre partage. » (p. 348.) Aggravé par les hommes eux-mêmes, le travail présente alors sa face sombre comme **outil d'aliénation œuvrant à l'exploitation, à la déshumanisation et à l'asservissement de l'homme.**

Mais le **travail est aussi ce qui questionne l'humanité et révèle le « sentiment de la dignité »** cher à S. Weil. C'est par **le travail que l'être détruit ou produit son humanité et c'est aussi par le travail qu'il peut transformer le monde**. Le film *Rosetta* (1999) des frères Dardenne, représentants du cinéma social européen, interroge cette question en filmant, caméra à l'épaule, la rage de Rosetta le jour de son licenciement : elle n'est pas licenciée pour faute, elle a toujours bien fait son travail, mais renvoyée parce que son CDD n'est pas renouvelé. Le film montre alors Rosetta, animal traqué, qui combat pour sa survie, pour conserver son travail, sa dignité, son humanité, mais aussi et surtout sa place dans la société, car Rosetta « tient encore à la société par une chose, c'est son travail », disent les frères Dardenne.

En outre, le **travail décrit dans les œuvres du programme est un travail manuel, certes** – dans les ruches et les champs, à l'usine ou dans l'entreprise –, **mais c'est aussi un travail intellectuel, qui, sacralisé, ouvre sur le divin** : dieux antiques du temps de Virgile, expérience de vie en usine transmuée en expérience mystique pour S. Weil, qui développe une pensée humaniste et chrétienne, récits mythologiques et eschatologiques de monsieur Onde, professeur au Collège de France, dans la pièce de Vinaver…

Le travail, alors, est finalement celui de l'écrivain qui lit, se nourrit de ses prédécesseurs et des œuvres artistiques illustres de son temps dans ce qu'Italo Calvino nomme, en 1984, ***La Machine littérature*** dans l'essai du même nom. Car les œuvres font également **entrer le lecteur dans la genèse, la fabrique même de la littérature à travers maintes mises en abyme et références intertextuelles. Au bout de la chaîne** – n'est-il pas d'usage de parler de « chaîne du livre » dans le monde éditorial ? –, **une tâche incombe donc au lecteur, véritable cheville ouvrière de cette fabrique de littérature** : celle de lire, lire entre les lignes pour retrouver la trame intertextuelle de l'ouvrage, décoder et interpréter tous les signes et les symboles d'un texte qui est d'abord, selon son sens étymologique latin, *textus*, « tissu », « trame », afin de faire son miel de tous ces textes lus à la manière de l'abeille laborieuse que nous décrit Virgile.

PARTIE 4

Méthode et conseils

Le résumé 207

1. Nature de l'exercice 207
2. Les cinq règles d'or du résumé 208
3. Comment compter les mots ? 208
4. Le travail préparatoire 210
5. Rédiger le résumé 211
6. Quelques conseils de rédaction 212
7. Exercice pas à pas : résumé d'un texte type CCINP 213

La dissertation 218

1. Nature de l'exercice 218
2. Le travail préparatoire 220
3. L'introduction 221
4. Le développement 223
5. La conclusion 225
6. Quelques conseils de rédaction 226
7. Exercice pas à pas 227

→

La synthèse de textes 239

1. Nature de l'exercice 239
2. Le travail préparatoire 241
3. Rédiger l'introduction 243
4. Rédiger le développement 243
5. Rédiger la conclusion 244
6. Quelques conseils de rédaction 244

L'oral 247

1. Nature de l'exercice 247
2. Les grandes épreuves orales : X, Mines-Ponts, ESM, École de l'Air, Mines-Telecom 248
3. L'épreuve de l'entretien seul 255
4. Vingt questions possibles le jour J 256
5. Savoir déjouer quelques pièges : à ne pas faire ou à ne pas dire ! 257
6. Six conseils pour le jour J et les précédents 258

Le résumé

1. Nature de l'exercice

A. Qu'est-ce qu'un résumé ?

Le résumé est un exercice technique de reformulation synthétique d'un texte : résumer un texte, c'est en extraire les informations essentielles en préservant les relations qu'elles entretiennent, de façon à produire un texte plus court, cohérent et sémantiquement équivalent au texte de départ.

Les textes d'idées, supports de cet exercice, sont toujours liés au thème de l'année et doivent être restitués au dixième avec une marge de 10 %.

B. Quelles sont les normes ?

- Pour Centrale-Supélec, le texte comprend 1 200 mots environ et est à résumer en 200 mots avec une marge de 10 %.
- Pour CCINP, le texte comprend entre 700 et 900 mots et est à résumer en 100 mots avec une marge de 10 %.

C. Quelles sont les compétences évaluées ?

- La capacité à **comprendre** le sens global d'un texte argumentatif, à en **repérer la structure**, à saisir le mouvement de la pensée de l'auteur.
- La capacité à en **restituer** les idées de manière nuancée, en les **reformulant**, en montrant comment elles s'articulent et en respectant l'équilibre de l'ensemble.
- La capacité à **écrire une page de français intelligible**, un texte ponctué et qui respecte les règles usuelles de la grammaire, de l'orthographe, de la syntaxe.

2. Les cinq règles d'or du résumé

1. **Restituer fidèlement la pensée de l'auteur**, ses arguments essentiels, sans porter de jugement de valeur ; **respecter également le système énonciatif choisi par l'auteur** – si le pronom dominant est « je », il faut le conserver.

   L'astuce : les tournures « *l'auteur dit que/pense que* » sont absolument interdites.

2. **Produire un résumé logiquement articulé**, sans bouleverser l'ordre des idées et bien matérialiser le plan ou mouvement du texte en regroupant les paragraphes et en les reliant par des mots de liaison.

   L'astuce : évitez le résumé en un seul paragraphe monobloc ; à l'inverse, évitez aussi le résumé émietté en une dentelle de six ou huit paragraphes.

3. **Reformuler les idées et s'interdire toute reproduction,** même partielle, du texte.

   L'astuce : bannissez le montage de citations, de copier-coller ; conservez, en revanche, le mot-clé du thème.

4. **Respecter scrupuleusement le format prescrit et présenter un décompte rigoureux** à l'aide d'une barre verticale tous les 20 ou 50 mots, selon la consigne indiquée dans le libellé.

   L'astuce : lisez bien la consigne qui indique la marche à suivre ; n'oubliez pas de compter les mots et de placer les barres de décompte car des pénalités sanctionnent ces oublis.

5. **Présenter et rédiger avec soin une page de français intelligible**. L'en-tête de l'épreuve type Centrale-Supélec, par exemple, comporte cette phrase : « Il est tenu compte, dans la notation, de la présentation, de la correction de la forme (syntaxe, orthographe), de la netteté de l'expression et de la clarté de la composition ».

   L'astuce : procédez à trois relectures attentives du résumé, la première pour vérifier la ponctuation et la lisibilité de la graphie, la seconde pour vérifier les accords et les homophones usuels, la troisième pour vérifier l'orthographe d'usage, notamment la présence des accents.

3. Comment compter les mots ?

A. Qu'est-ce qu'un mot ?

On appelle mot « **l'unité typographique limitée par deux blancs, par deux signes typographiques, par un signe typographique et un blanc ou l'inverse** » selon la définition qu'en donne le Bulletin Officiel n° 27/07/83.

Un pourcentage, une date, un sigle, un nom propre (prénom et patronyme) équivalent à un mot.

B. Quelques exemples de décomptes à mémoriser

– « c'est-à-dire » : 4 mots ;
– « j'espère » : 2 mots ;
– « après-midi » : 2 mots ;
– « Julien Sorel » : 1 mot ;
– « 1988 » : 1 mot ;
– « XIXe » : 1 mot ;
– « l' » : 1 mot.

Mais :

– « aujourd'hui » : 1 mot ;
– « socio-économique » : 1 mot, le mot « socio » n'ayant pas de sens à lui seul ;
– « a-t-il » : 2 mots car le « t » n'a pas de signification propre, c'est une lettre euphonique employée pour éviter un hiatus.

C. Pourquoi faut-il que le compte soit bon ?

Le comptage des mots est une opération primordiale ; les différents rapports de jury ironisent en effet sur les négligences et erreurs de décompte de la part de préparationnaires scientifiques !

> *« Dans le décompte des mots par cinquantaine, les barres sont parfois mal placées et le total peut être inexact (ne sait-on plus compter quand il s'agit de mots ?) »*, indique le rapport du jury Centrale en 2018.

L'erreur est d'autant moins pardonnable que les règles de décompte sont explicitement et systématiquement rappelées dans l'en-tête de l'épreuve type CCINP.

> Le rapport de jury CCINP de la session 2020 stipule ainsi : *« Il est aussi nécessaire de bien respecter les consignes.* ***Tout dépassement du nombre de mots autorisé pour le résumé (soit de 90 à 110) est sanctionné, de même que toute tentative de fraude dans le décompte. »***

4. Le travail préparatoire

A. Première lecture, première prise de contact avec le texte (5-7 minutes)

Effectuez d'abord une **première lecture du texte** pour en cerner la signification globale, la tonalité et jauger la difficulté de l'ensemble et de certains passages.

Détachez les paragraphes qui correspondent à **l'introduction** et à **la conclusion en les groupant par une accolade** au crayon de bois.

B. Seconde lecture active et premiers repérages sur le texte (15 minutes)

Procédez ensuite à une **relecture active, surligneur et stylo en main**. Il s'agit de **révéler le schéma logique du texte** qui nécessite de repérer :

◆ **Le sujet** (ce dont on parle), et l'angle particulier choisi pour aborder le thème au programme.

◆ **La ou les thèses en présence** : distinguez toujours nettement la thèse du locuteur (l'idée générale qu'il s'efforce de transmettre dans le texte) des thèses autres ou adverses. Observez attentivement le début, la partie médiane et la fin de l'extrait où la thèse de l'auteur est bien souvent formulée ouvertement.

◆ **Le système énonciatif dominant** : le plus souvent, il s'agit de la troisième personne du singulier ou du pluriel, mais l'utilisation de l'indéfini « on » l'emploi de la première personne du singulier ou du pluriel doivent faire l'objet d'une analyse précise. Il faut toujours respecter le système énonciatif.

◆ **Les arguments essentiels, les grandes idées qui viennent étayer la thèse** : ils peuvent être soulignés ou surlignés durant ce travail de relecture active.

◆ **Les mots de liaison, les paragraphes de progression autocommentée** (qui fonctionnent comme chapeaux introducteurs, transitions ou récapitulations), car ils permettent de déceler le **plan ou mouvement du texte, ce schéma logique qu'il faut mettre en relief**.

◆ **Repérez les exemples entre crochets et identifiez leur statut** : si l'exemple est purement illustratif d'un argument, il peut être éliminé. À l'inverse, si l'exemple semble introduire une idée nouvelle, s'il s'agit d'une référence à un auteur, présente à plusieurs reprises dans le texte, il faut le conserver pour sa valeur argumentative.

Durant cette première phase de lecture active, n'hésitez pas à **placer dans la marge les reformulations** qui vous viennent à l'esprit, à **regrouper les**

paragraphes par des accolades et à **délimiter les grandes parties en indiquant un titre qui fonctionnera comme repère.**

5. Rédiger le résumé

A. L'épineuse question de la gestion du temps

Pour CCINP comme pour Centrale-Supélec, la durée totale de l'épreuve de français-philosophie est de 4 heures ; le résumé étant suivi d'un exercice de dissertation, il faut lui consacrer un temps raisonnable mais sans excès.

Pour CCINP, on ne doit pas consacrer plus de 55 minutes au résumé, noté sur 10 points sur un total de 30 points. Pour Centrale-Supélec, le résumé doit comporter 200 mots, le texte est plus long et plus ardu : consacrer 1 heure 20 au résumé semble un bon compromis, car la copie est évaluée dans sa globalité.

B. Le premier jet du résumé, le premier décompte (15 minutes)

Reformulez en consacrant à chaque temps fort du raisonnement un paragraphe, le tout sans excéder quatre paragraphes. Durant tout ce travail, **gardez le texte en regard mais ne succombez pas à la tentation du copier-coller !**

Le brouillon doit être lisible, puisqu'il va être retravaillé ; il doit notamment comporter un premier décompte clair.

Au terme de ce premier jet, il n'est pas rare d'avoir 10 ou 15 mots excédentaires que le travail d'ajustement fera disparaître. En revanche, **un dépassement de 30 ou 40 mots au-delà ou en deçà de la fourchette autorisée doit vous alerter** : n'auriez-vous pas commis une erreur d'appréciation sur certains éléments secondaires, sur certains exemples ? Un retour au texte et une vérification s'imposent pour éliminer ce qui est accessoire et mieux hiérarchiser encore la matière.

C. Recopier le résumé au propre (8-10 minutes)

Écrivez très lisiblement, sans raturer, en espaçant bien les mots et **en évitant de les couper en fin de ligne,** ce qui est une source d'erreur potentielle de décompte. **Placez correctement les barres des séparateurs sans employer de signes fantaisistes,** mettez le décompte cumulatif, placez le total en bas du résumé.

Vérifiez au minimum une fois votre décompte et relire deux fois au moins.

6. Quelques conseils de rédaction

A. Gagner en concision et en clarté

Il s'agit là de reprendre le premier jet du résumé, de trouver des reformulations moins gourmandes afin d'économiser une douzaine de mots excédentaires en soignant la clarté du propos.

> Le rapport de jury CCINP session 2020 précise : ***« Le résumé étant une contraction, la concision de la formulation est une exigence impérieuse, pourvu que l'économie de mots soit au service de la clarté [...] Les fautes de langue peuvent valoir une pénalité allant jusqu'à 2 points sur 20. »***

B. Quelques astuces et permutations à mémoriser

◆ Remplacez les expansions avec subordonnées relatives ou nominales par des expansions adjectivales. Exemple : « Ces femmes qui ont du courage » (6 mots) devient « Ces femmes courageuses » (3 mots).

◆ Remplacez les phrases négatives par des phrases affirmatives. Exemple : « Les hommes ne savent pas comment ne pas être en souffrance au travail » (13 mots) devient « Les hommes ignorent comment travailler sereinement » (6 mots).

◆ Employez l'impératif pour rendre l'exhortation ou la volonté. Exemple : « Il faut encourager... » (3 mots) devient « Encourageons ! » (1 mot).

◆ Jouez sur les constructions verbales, supprimer les verbes pronominaux, les constructions indirectes et privilégier les constructions directes. Exemples : « L'homme se sert de sa main comme d'un outil » (11 mots) devient « L'homme utilise sa main comme outil » (7 mots). « Il en appelle à son sens des responsabilités » (8 mots) devient « Il le responsabilise » (3 mots).

◆ Remplacez les tournures passives par des tournures actives. Exemple : « La situation a été comprise par les technocrates » (8 mots) devient « Les technocrates ont compris la situation » (6 mots).

◆ Remplacez les locutions conjonctives par des conjonctions. Exemple : « Il perd du temps, étant donné qu'il n'est pas organisé » (12 mots) devient « Il perd du temps puisqu'il n'est pas organisé » (10 mots).

◆ Remplacez les énumérations par le terme générique correspondant. Exemple : « Calculer les risques de mortalité, anticiper le nombre de malades, veiller à limiter le nombre de contaminations est devenu un réflexe des autorités de tutelle » (25 mots) devient « Le principe de précaution est désormais la norme » (8 mots).

◆ Remplacez les périphrases par des groupes nominaux simples. Exemple : « Les choses de la vie quotidienne » (6 mots) devient « Les choses quotidiennes » (3 mots).

7. Exercice pas à pas : résumé d'un texte type CCINP

◆ Vous résumerez le texte en 100 mots à plus ou moins 10 %.

◆ Vous indiquerez impérativement le nombre total de mots utilisés et vous aurez soin d'en faciliter la vérification en plaçant un trait vertical tous les 20 mots.

◆ Des points de pénalité seront soustraits en cas de non-respect du nombre total de mots (à plus ou moins 10 %) utilisés.

Les arguments et autres éléments essentiels du texte ont été mis en gras.

§1 **Écrivains et savants sont des citoyens** ; il est donc évident qu'ils **ont le devoir strict de participer à la vie publique. Reste à savoir sous quelle forme et dans quelle mesure**.

§2 Hommes de pensée et d'imagination, il **ne semble pas qu'ils soient particulièrement prédestinés à la carrière proprement politique ; car celle-ci demande, avant tout, des qualités d'hommes d'action.** Même ceux dont c'est le métier de méditer sur les sociétés, même l'historien et le sociologue, ne me paraissent pas beaucoup plus aptes à ces fonctions actives que le littérateur ou le naturaliste ; **car on peut avoir le génie qui fait découvrir les lois générales** par lesquelles s'expliquent les faits sociaux dans le passé **sans posséder pour cela le sens pratique** qui fait deviner les mesures que réclame l'état d'un peuple donné, à un moment déterminé de son histoire. De même qu'un grand physiologiste est généralement un médiocre clinicien, un sociologue a bien des chances pour faire un homme d'État fort incomplet. **Sans doute, il est bon que les intellectuels soient représentés dans les assemblées délibérantes ; outre que leur culture leur permet d'apporter dans les délibérations des éléments d'information** qui ne sont pas négligeables, ils sont **plus qualifiés que personne pour défendre, auprès des pouvoirs publics, les intérêts de l'art et de la science. Mais pour s'acquitter de cette tâche, il n'est pas nécessaire qu'ils soient nombreux dans le Parlement**. D'ailleurs, on peut se demander si – sauf dans quelques cas exceptionnels de génies éminemment doués – il est possible de devenir député ou sénateur, sans cesser, dans la même mesure, de rester écrivain ou savant tant ces deux sortes de fonctions impliquent une orientation différente de l'esprit et de la volonté !

§3 **C'est donc surtout, à mon sens, par le livre, la conférence, les œuvres d'éducation populaire que doit s'exercer notre action**. Nous devons être, avant tout, des conseilleurs, des éducateurs. **Nous sommes faits pour aider nos**

contemporains à se reconnaître dans leurs idées et dans leurs sentiments beaucoup plutôt que pour les gouverner ; et dans l'état de confusion mentale où nous vivons, quel rôle plus utile à jouer ? **D'autre part, nous nous en acquitterons d'autant mieux que nous bornerons là notre ambition.** Nous gagnerons d'autant plus facilement la confiance populaire qu'on nous prêtera moins d'arrière-pensées personnelles. Il ne faut pas que, dans le conférencier d'aujourd'hui, on soupçonne le candidat de demain.

§4 On a dit pourtant que la foule n'était pas faite pour comprendre les intellectuels, et c'est la démocratie et son soi-disant esprit béotien que l'on a rendus responsables de l'espèce d'indifférence politique dont savants et artistes ont fait preuve pendant les vingt premières années de notre Troisième République. **Mais ce qui montre combien cette explication est dénuée de fondement, c'est que cette indifférence a pris fin dès qu'un grand problème moral et social a été posé devant le pays**[1]**.** La longue abstention qui avait précédé venait donc tout simplement de ce que toute question, de nature à passionner, faisait défaut. Notre politique se traînait misérablement dans des questions de personnes. On se divisait sur le point de savoir qui devait avoir le pouvoir. Mais **il n'y avait pas de grande cause impersonnelle à laquelle on pût se consacrer, point de but élevé** auquel les volontés pussent se prendre. On suivait donc, plus ou moins distraitement, les menus incidents de la politique quotidienne, sans éprouver le besoin d'y intervenir. **Mais dès qu'une grave question de principe a été soulevée, on a vu les savants** sortir de leur laboratoire, les érudits quitter leur cabinet, **se rapprocher de la foule,** se mêler à sa vie, et l'expérience a prouvé qu'ils savaient s'en faire entendre.

§5 L'agitation morale que ces événements ont suscitée **n'est pas éteinte et je suis de ceux qui pensent qu'elle ne doit pas s'éteindre ; car elle est nécessaire. C'est notre accalmie d'autrefois qui était anormale et qui constituait un danger.** Qu'on le regrette ou non, la période critique ouverte par la chute de l'ancien régime n'est pas close, il s'en faut ; il vaut mieux en prendre conscience que de s'abandonner à une sécurité trompeuse. L'heure du repos n'a pas sonné pour nous. Il y a trop à faire pour qu'il ne soit pas **indispensable de tenir perpétuellement mobilisées, pour ainsi parler, nos énergies sociales. C'est pourquoi je crois la politique suivie dans ces quatre dernières années préférable à celle qui a précédé.** C'est qu'elle a réussi à **entretenir un courant durable d'activité collective, d'une certaine intensité.** Certes, je suis loin de penser que l'anticléricalisme suffise à tout ; j'ai même hâte de voir la société s'attacher à des fins plus objectives. **Mais l'essentiel** était de **ne pas nous laisser retomber dans l'état de stagnation morale** où nous nous sommes trop longtemps attardés.

Émile Durkheim, « L'élite intellectuelle et la démocratie »,
***Revue bleue*, 5e série, t. 1, 1904, pp. 705-706.**

1. Durkheim fait allusion aux vifs débats qui ont entouré la préparation de la loi de 1905 établissant la séparation de l'Église et de l'État.

A. Première prise de contact avec le texte (5-7 minutes)

Durkheim aborde ici la question du rôle des élites, thème mis en évidence par les données du paratexte et les attaques des paragraphes 1 et 2.

Le système énonciatif montre que le locuteur, représentant de l'élite intellectuelle de son temps, s'implique dans un argumentaire qui vise à définir la mission des hommes de science et des littérateurs : participer aux grands débats politiques de leur temps afin d'être les remparts d'une démocratie toujours menacée.

B. Seconde lecture active et premiers repérages sur le texte (15 minutes)

Introduction – Le problème du rôle des élites dans la vie de la cité (§ 1 du texte = § 1 du résumé)

Scientifiques et hommes de lettres sont des citoyens à part entière : ils doivent donc participer à la vie de la cité mais sous quelle forme et dans quelles limites ?

Première partie du développement – Leur représentation doit demeurer minoritaire (§ 2 et 3 du texte = § 2 du résumé)

Argument 1 :

Les intellectuels, par nature, n'ont pas vocation à assumer un rôle politique, et ce, pour deux raisons :

- « car celle-ci (c'est-à-dire la carrière politique) demande, avant tout, des qualités d'hommes d'action » ;
- « car on peut avoir le génie [...] sans posséder pour cela le sens pratique ».

Ces deux raisons n'en forment qu'une : l'élite intellectuelle, en dépit de sa largeur de vues, est dépourvue de cette fonction active, de ce sens pragmatique, propre de l'homme d'action.

Argument 2 :

Mouvement de concession introduit par « Sans doute » : « il est bon que les intellectuels soient représentés dans les assemblées délibérantes », leur participation à l'assemblée est légitime.

Argument 3 :

Le connecteur d'addition « Outre que » introduit la compétence des intellectuels et des hommes de science : leur savoir apporte un éclairage, une expertise dans les débats et leur permet de défendre les intérêts liés à leurs domaines respectifs.

Argument 4 :

Leur fonction de représentation doit rester minoritaire : « Mais pour s'acquitter de cette tâche, il n'est pas nécessaire qu'ils soient nombreux dans le Parlement ».

Thèse explicite du locuteur :

Déduction logique (« C'est donc surtout, à mon sens »...) et mise en relief de la mission des élites, éclairer les masses, non les guider : « Nous sommes faits [...] les gouverner ». Le rôle des élites est donc limité et il y va de leur crédibilité auprès des masses.

Deuxième partie du développement – L'élite sait s'engager dans la vie de la cité quand l'heure est grave (§ 4 du texte = § 3 du résumé)

Présentation de la thèse adverse portée par l'indéfini ironique « On a dit pourtant » : il existerait un clivage entre la masse et l'élite qui, au début de la Troisième République, se serait désengagée de la vie de la cité.

Réfutation de la thèse adverse : la conjonction adversative « Mais » souligne le rejet de cette interprétation (« ce qui montre [...] c'est... »).

Argument 1 :

Explication des faits : le silence des élites s'explique par l'absence de sujet grave, de « grande cause », de « but élevé » dans une vie politique marquée par de basses querelles de personnes.

Argument 2 :

Le locuteur introduit une **dernière preuve tangible du bien-fondé de son interprétation** (« Mais dès qu'une grave question de principe a été soulevée ») et **souligne la concomitance entre gravité du problème de société et implication d'une élite jusque-là désengagée**. Son constat de la participation des élites aux débats de la loi de 1905 est une nouvelle illustration de l'idée.

Récapitulation – Appel à rester mobilisé (§5 du texte = § 4 du résumé)

Le connecteur grammatical de conséquence « C'est pourquoi » **réaffirme la thèse précédemment évoquée du locuteur : nécessité de l'engagement des élites** qui doivent rester vigilantes, mobilisées, **car leur apathie constituerait une menace pour la démocratie**, système toujours marqué par la fragilité.

C. Version définitive du résumé au propre

Les élites doivent s'investir dans la vie de la cité mais comment ?

Les intellectuels sont inaptes à la politique, **/(20)** qui implique du pragmatisme. Certes, leur savoir étaie les débats, mais leur représentation doit rester minoritaire. Leur rôle est prioritairement **/(40)** d'éclairer, non de commander le peuple.

On croit à tort que la démocratie a creusé un fossé entre la **/(60)** masse et l'élite ; pourtant, l'élite a su se mobiliser dans les grands débats de société et se mêler **/(80)** à la masse. Poursuivre notre engagement intellectuel est, à mon sens, vital car notre démobilisation mettrait la démocratie en danger. **/(100)**

100 mots

La dissertation

1. Nature de l'exercice

A. Quel est le type de sujet ?

Le sujet de dissertation des différents concours est formé de deux parties :

◆ **Une citation ou l'énoncé d'une idée** dont l'auteur et la source sont précisés (elle est extraite du texte à résumer quand l'épreuve comporte aussi un exercice de résumé).

N.B. : La pensée de l'auteur cité n'est pas supposée être connue. Il faut donc s'appuyer sur ce que dit **précisément** la citation et, le cas échéant, sur le texte pour bien en saisir le sens.

◆ **Une consigne** appelant à questionner la citation ou l'idée « à la lumière » des œuvres au programme. Exemples :

- « Vous discuterez cette analyse du philosophe Éric Weil à la lumière des trois œuvres inscrites à votre programme cette année. » (Banque PT, 2020.)
- « En quoi ce propos éclaire-t-il la conception de la démocratie des œuvres du programme ? » (Épreuve commune ENS-ENPC, BCPST, 2020.)
- « Dans quelle mesure votre lecture des épreuves du programme vous permet-elle de souscrire à ce jugement de Friedrich Hayek ? » (Épreuve commune INP, 2020.)

◆ Le candidat est ainsi invité à interroger le bien-fondé de la citation ou de l'idée retenue en s'appuyant sur sa connaissance des œuvres du programme et, en retour, à questionner ces dernières au regard de ce qu'elle dit.

B. Que signifie disserter ?

L'étymologie du verbe « disserter » est instructive : il vient du latin *dissertare,* dérivé du latin *disserere*, qui introduit à la fois l'idée d'enlacement et l'idée de distinction. Il s'agit d'établir des liens, de **relier** des concepts, des arguments, des références et des exemples, tout en ayant le souci de **discerner** ce qui doit l'être.

La dissertation est, en somme, **un exercice de tissage** consistant à dresser un tout cohérent (la tapisserie finale) à partir d'éléments disparates (fibres textiles diverses). **Les fibres**, ce sont les concepts, les arguments et les exemples empruntés aux œuvres du programme, voire à d'autres auteurs, ou conçus par vous-même. Mais ces fibres ne constitueront un tout cohérent et solide qu'à la faveur d'**une trame** les reliant et les distinguant avec intelligence. Cette trame est l'œuvre de votre propre pensée qui doit donc tisser un motif en reliant subtilement et stratégiquement ses idées et références. **Le motif** est le chemin emprunté pour aboutir à un positionnement final clair et fondé par rapport à la citation ou à l'idée retenue par le sujet.

C. Pourquoi disserter ?

Le chemin, qu'il s'agit de tracer, n'a lieu d'être que parce que le propos, sur lequel le sujet interroge, ne va pas de soi. Avant de dresser votre trame et de prévoir votre motif, vous devrez donc **identifier ce qui fait problème** dans la citation ou l'idée retenue, soit problématiser le sujet (voir « 2. Le travail préparatoire », p. 224).

Le rôle de la dissertation sera alors de résoudre, pas à pas, le ou les problèmes soulevés, cela en procédant à son examen et en confrontant des perspectives qui fassent progresser ce dernier. Le positionnement final attendu apportera ainsi une **solution claire au problème initialement posé**, solution fondée – légitimée – par l'argumentaire qui aura été déployé.

Les 5 écueils à éviter

1er écueil : négliger de problématiser le sujet

Le problème dégagé du sujet est la raison d'être de la dissertation qui doit conduire à une solution. En l'absence de problème(s), la dissertation se réduit à un exercice formel d'illustration et d'information dont on ne saisit ni l'intérêt, ni les enjeux.

2e écueil : tenter de reproduire une dissertation faite pendant l'année

La dissertation est axée sur un sujet précis irréductible à un autre sujet. Une tentative de reproduction vous entraînera fatalement dans un hors-sujet, lequel sera lourdement sanctionné.

3e écueil : réduire la dissertation à une juxtaposition de références

La dissertation n'est pas une récitation de connaissances. Ces dernières ne sont fructueuses que si elles font avancer l'examen du problème, à la faveur des liens établis entre elles. Les références aux œuvres doivent ainsi être logiquement reliées de façon à nourrir un dialogue constructif entre elles et la citation du sujet.

4e écueil : n'aboutir à aucune solution

Planifié en amont, le chemin que trace la dissertation doit conduire à une perspective claire, non pas échouer dans l'irrésolution, ni dans un relativisme n'assumant aucune position (« cela dépend... », « il y a des cas où... et des cas où... »).

5e écueil : céder à l'emportement

Trancher en faveur d'une position claire ne signifie pas perdre tout sens de la nuance. La dissertation doit faire preuve de discernement : établir des distinctions entre concepts voisins, nuancer les rapprochements entre les œuvres, conduire à une solution mesurée évitant les *a priori*, les amalgames, les aveuglements idéologiques ou passionnels. Il faut, en d'autres termes, ne céder à aucune forme d'hubris, c'est-à-dire de démesure. Le dialogue constructif établi entre les œuvres et la citation du sujet exclut, par exemple, de présenter cette dernière comme « absurde » ou « scandaleuse ».

2. Le travail préparatoire

Le temps imparti pour faire sa dissertation varie d'un concours à un autre : certains accordent 4 heures (X-ENS, par exemple) ou 3 heures (A-BCPST, par exemple) pour le seul exercice de la dissertation, quand d'autres (Centrale-Supélec, par exemple) attendent qu'un résumé et une dissertation soient composés en 4 heures. Le temps consacré au travail préparatoire doit être ajusté en conséquence. Mais, dans tous les cas, **une préparation au brouillon s'impose à raison de 1 heure 30 au minimum.** Cette préparation passe par six étapes :

A. Analyser le sujet

Il faut s'attacher à **bien saisir ce qu'affirme la citation** ou l'idée retenue **et à en prendre la mesure**. Cela implique d'être attentif à la fois à son sens global, aux concepts qu'elle mobilise, aux liens logiques qu'elle établit entre eux, aux significations qui en résultent et à ses implicites (suggérés, par exemple, par la ponctuation ou l'ordre d'une énumération). À la faveur de cette analyse, **reformulez la citation pour vous-même.**

B. Problématiser le sujet

Il s'agit de déceler ce qui fait problème, ce qui ne va pas de soi dans le propos de l'auteur de la citation, au regard de votre propre réflexion sur le thème et de votre connaissance des œuvres du programme. Il s'agit donc de **troubler l'apparente évidence de la citation**, ce que vous ferez en commençant par lui adresser des objections et en la confrontant à des perspectives différentes. Efforcez-vous ensuite de vous resserrer sur **un ou deux problèmes majeurs** concentrant l'essentiel des difficultés identifiées. La problématique peut alors être formulée sous la forme d'une ou deux questions retenant les concepts clés de la citation et centrées sur les rapports logiques qu'elle établit entre eux. Elle doit intégrer **une ou deux raisons majeures de douter de la citation**.

C. Se positionner

Déterminez la position qui sera défendue, la solution à laquelle la trame du développement devra conduire. Cette position doit être claire dans votre esprit, au risque sinon de vous égarer en cours de route.

D. Dresser le plan du développement

Prévoyez l'itinéraire qui permettra d'atteindre la destination finale, soit la solution défendue. Commencez, pour cela, par déterminer l'orientation de chaque grande partie (trois de préférence : voir « 4. Le développement », p. 227). Puis prévoyez les étapes intermédiaires (sous-parties) par lesquelles chacune passera. Identifiez enfin **les références qui pourront être faites aux œuvres** du programme dans chaque sous-partie.

E. Rédiger l'introduction

Au vu de son importance, l'introduction doit être préparée au brouillon, en suivant la démarche indiquée ci-dessous (« 3. L'introduction »). Posant le problème qu'examinera la dissertation, elle en est, en effet, **le fondement.** Il importe donc qu'elle soit attentivement pensée et soignée.

F. Rédiger la conclusion

Votre positionnement final et votre itinéraire étant fixés, vous pouvez, dès ce stade, **préparer votre conclusion au brouillon** en respectant les consignes indiquées en 5, p. 229. Cela vous évitera de la rédiger dans la précipitation, voire de la bâcler si vous êtes à court de temps et d'énergie en fin d'épreuve. Cela vous permettra, en outre, de veiller à ce que votre conclusion réponde bien au problème posé en introduction.

3. L'introduction

Essentielle dans l'économie de la dissertation, l'introduction est très codifiée. Aussi les correcteurs apprécieront-ils que vous passiez par les étapes suivantes.

A. Une amorce

Ouvrez l'introduction par une citation, une idée ou un constat permettant de mener logiquement à la citation du sujet en en manifestant déjà l'intérêt et l'enjeu, voire ce qu'elle a de paradoxal. **L'amorce doit donc avoir un lien avec ce que dit le sujet**, qu'elle tende à le confirmer ou à l'infirmer. Vous ne pouvez donc pas mobiliser une même amorce pour tous les sujets de dissertation au prétexte qu'ils ont en commun le thème au programme. Évitez, par ailleurs, de choisir pour amorce une citation d'une des œuvres au programme. Cette citation vous sera plus utile dans le développement. Évitez aussi les citations extrêmement connues qui risquent de se retrouver dans bon nombre de copies. Votre travail doit positivement se singulariser.

B. Le sujet et sa reformulation

À la faveur de l'amorce, **retranscrivez la citation du sujet dans son intégralité**, en ayant soin d'en préciser l'auteur et la source (titre et date). Cela peut être fait soit d'un seul bloc, soit en distinguant les grands moments de la citation en procédant à son analyse.

La citation introduite, vous devez **reformuler, avec vos propres termes, ce que dit la citation.** Vous manifesterez ainsi que vous vous en êtes approprié le sens.

C. La problématique

Introduisez le ou les problèmes que la citation pose à vos yeux. Ce problème a été identifié lors de votre travail préparatoire. Veillez à le mettre en place en explicitant bien ce qui ne va pas de soi dans la citation, ce qui peut être fait en pointant la ou les raisons d'en douter. **La problématique ne doit pas venir de nulle part** : elle doit naître d'une confrontation à la citation.

D. Les œuvres au programme

Précisez **le titre, la date et le nom des auteurs des œuvres au programme**, à la lumière desquelles le problème précédemment posé sera examiné. Cette précision peut être apportée soit dans un ordre chronologique, soit dans un ordre logique en indiquant le lien de chaque œuvre avec le sujet. Il est, bien sûr, **impératif d'orthographier correctement le nom des auteurs et le titre des œuvres**. À défaut, vous jetez d'entrée un discrédit sur votre copie.

E. L'annonce du plan

Annoncez les grandes parties de votre développement de façon que l'orientation de chacune ressorte ; de façon aussi à manifester leurs articulations logiques (« cependant », « toutefois »...) ou chronologiques (« d'abord... », « ensuite... », « enfin... »). **Le plan ainsi annoncé vous engage**. Il sera donc important de le respecter au moment de rédiger votre développement, et cela d'autant que la conclusion prévue au brouillon se fonde sur cette prévision d'itinéraire.

Des indispensables : les connecteurs

Les différentes étapes de l'introduction s'enchaînant logiquement, il est important d'y **mobiliser des connecteurs manifestant la progression logique de votre propos**. Pensez à en user et à les varier. Par exemple, les adverbes et les locutions adverbiales « pourtant », « cependant, « toutefois », « par contre », « en revanche »... expriment aussi bien l'opposition que le seul adverbe « mais ». Utilisez alors le plus adéquat.

Les connecteurs devront identiquement être utilisés dans le développement.

4. Le développement

A. Quel type de plan adopter ?

Comme le considérait Hegel, la pensée progresse en rencontrant des objections l'obligeant à dépasser ses insuffisances, ses contradictions et ses apories. Elle progresse de façon dialectique en un mouvement ternaire : affirmation, négation, dépassement de la négation. Il est ainsi fortement recommandé d'emprunter **un plan dialectique au sens hégélien du terme** : la première partie défend une perspective, la deuxième la critique, la troisième dépasse la contradiction à la faveur d'une position finale.

Comme le suggère l'étymologie grecque du terme dialectique, *dialegein*, **le plan dialectique procède ainsi comme un dialogue** : la pensée y progresse à travers (*dia*) l'échange de paroles (*legein* signifie parler). Vous vous attacherez ainsi à instaurer un dialogue entre l'auteur de la citation, les œuvres du programme et vous-même :

- la 1re partie validera le propos de l'auteur ;
- la 2e partie lui adressera des objections, voire défendra une thèse adverse ;
- la 3e partie dépassera le désaccord en proposant une perspective finale.

Ce troisième moment est indispensable : le parcours n'est fructueux que s'il permet de dépasser le désaccord observé. Pour les concours (Centrale-Supélec et ENSEA – filière ATS) qui tolèrent un plan en deux parties, vous veillerez donc à ce que la fin de la deuxième partie ou la conclusion opère le dépassement attendu.

B. Comment « rebondir » en troisième partie ?

La troisième partie doit nous sortir de l'embarras annoncé par la problématique et confirmé par le désaccord entre les première et deuxième parties. Cet embarras ne sera pas surmonté si vous vous contentez d'une perspective finale tiède tentant de ménager la chèvre et le chou, donc ne tranchant pas. Les correcteurs apprécieront les copies dont la dernière partie opère un effectif dépassement instruit par l'itinéraire antérieurement suivi.

Pour faciliter ce rebond, soyez stratégique : **réservez vos arguments, vos références et vos concepts les plus forts pour la troisième partie** au moment de la construction de votre plan.

> **Des plans astucieux pour bien « rebondir »**
>
> Si le sujet le permet, empruntez un des types de plan dialectique suivants :
>
> - **le plan par réhabilitation** consistant, en troisième partie, à réhabiliter un concept péjorativement connoté dans la citation du sujet ;
> - **le plan par dégradation** consistant, en troisième partie, à « dégrader » (proposer une vision négative) un concept valorisé par la citation du sujet ;
> - **le plan régulateur** consistant, en troisième partie, à faire un usage régulateur d'un concept dont la deuxième partie aurait dénoncé l'absence de fondement rationnel. Faire un usage régulateur d'un concept consiste à l'introduire sur le mode du « comme si », comme fait Kant à propos de la notion de finalité de la nature : un concept inacceptable quand il s'agit de *connaître* l'évolution naturelle, mais que l'on peut réinvestir sur le mode du « comme si » pour *penser* (saisir le sens) ce que l'évolution a fait de nous.

C. Quels « ingrédients » introduire dans chaque partie ?

Idéalement, le plan dialectique voudrait que chaque partie se divise en trois sous-parties. L'idéal ne doit toutefois pas constituer un corset : prévoyez entre deux et quatre sous-parties en veillant à ce que les trois parties restent équilibrées.

Chaque partie défend une perspective : un positionnement clair par rapport à la citation du sujet. **Chaque sous-partie développera donc un argument en faveur de la perspective défendue.** Un argument peut consister dans la conceptualisation d'une notion du sujet, c'est-à-dire dans la défense d'une conception de cette dernière. Il importe, en effet, de **travailler sur les concepts en jeu** dans le corps du développement : vous progresserez d'autant mieux d'une partie à une autre que vous réviserez la conception, initialement proposée, de certaines notions.

Chaque argument avancé doit faire l'objet d'un double travail :

- être explicité et expliqué ;
- être appuyé ou illustré par une référence à chacune des œuvres au programme, en veillant à les faire dialoguer entre elles.

Vos références aux œuvres doivent être précises et s'appuyer sur une bonne connaissance de ces dernières. Un travail de mémorisation des noms des protagonistes des œuvres littéraires est indispensable. Les citations doivent, quant à elles, être explicitées, ce qui implique de ne pas se contenter de les apprendre par cœur : il faut lire et relire les œuvres pour les comprendre.

À la fin de la première et de la deuxième partie, ménagez un « bilan-transition » consistant, d'une part, à faire le point sur l'apport de la partie au regard du sujet, d'autre part, à opérer une transition logique vers la partie suivante (en pointant, par exemple, une insuffisance de la position défendue).

Le bon usage des œuvres du programme

Vous n'obtiendrez pas la moyenne si vous négligez ou marginalisez une des œuvres au programme. Les trois doivent faire l'objet d'une mobilisation équilibrée.

Vous serez pénalisé si vous n'instaurez pas un dialogue entre les œuvres. Dans chaque sous-partie, ne vous contentez donc pas d'enchaîner les références comme on enfile des perles.

Les correcteurs apprécieront que vous fassiez preuve de nuance dans le rapprochement des œuvres. Leur convergence en direction d'une même idée n'en efface pas les différences. Chacune est porteuse d'une pensée singulière et s'ancre dans un contexte non moins singulier.

5. La conclusion

Le rôle de la conclusion est avant tout de **répondre au problème posé dans l'introduction** : de nous dégager de l'embarras qu'il avait fait naître. Deux choses seront donc impérativement attendues :

- **un rappel synthétique de l'itinéraire emprunté dans le développement** : non pas un résumé, mais un rappel des grandes articulations de son propos ;
- **un énoncé clair de la solution finalement apportée au problème** posé en introduction, en veillant à ce qu'elle ait la forme d'un positionnement explicite par rapport à la citation.

Une authentique ouverture

Les correcteurs apprécieront que s'ajoute une ouverture, à condition que cette dernière en soit vraiment une : qu'elle naisse de la solution finalement défendue et qu'elle ouvre sur un problème ne relevant pas du sujet lui-même. Les jurys déplorent que les questions d'ouverture ne soient souvent que la problématique initialement attendue ou une question qui aurait dû être examinée dans le développement.

6. Quelques conseils de rédaction

A. L'expression

a. L'orthographe

La maîtrise de l'orthographe, de la syntaxe et de la ponctuation est un impératif. Si vous vous savez, à cet égard, fragile, prenez, pendant l'année, l'habitude quotidienne d'écrire pour vous-même et de vous relire ensuite afin de vous familiariser avec l'acte d'écrire. Pendant l'épreuve, relisez-vous à mesure que vous avancez (sous-partie par sous-partie) et prévoyez un temps de relecture finale.

Le titre des œuvres citées doit être systématiquement souligné. Usez des guillemets pour les titres d'articles, de chapitres, de poèmes, et bien sûr pour les citations.

b. L'utilisation du pronom

Le locuteur de la copie ne dit pas « je » mais « nous » car, à la faveur des arguments avancés, son propos est censé n'être pas réductible à un point de vue totalement subjectif. *N.B.* : Les adjectifs et les participes passés qui se rapportent à ce « nous », dit « de modestie », s'accordent au singulier. Le pronom personnel « je » ne sera utilisé que s'il renvoie au moi de chacun, à l'instar de la formule cartésienne « je pense donc je suis ».

c. Les expressions à éviter

Vous éviterez les expressions du type « depuis toujours », « de tout temps », « depuis la nuit des temps » : votre propos doit s'appuyer sur l'essence des choses interrogées, non sur des constantes historiques voire préhistoriques supposées. De là l'importance du travail sur les concepts qui ausculte la nature de ces choses.

Vous éviterez les expressions du type « évidemment », « naturellement », « bien sûr » : votre dissertation s'attachant à résoudre un problème et à fonder une position, elle exclut les pseudo-évidences. N'entretenez donc pas l'impression que certaines idées vont de soi.

B. La présentation de la copie

Votre écriture doit être lisible et votre copie soignée : les correcteurs seront d'autant mieux disposés à son égard qu'ils auront pu la lire sans peine, voire avec plaisir.

La structure de votre copie doit être formellement repérable à la faveur de sauts de lignes et d'alinéas cohérents :

- Écrivez une ligne sur deux si la copie de concours est à petits carreaux.
- Sautez une ligne supplémentaire entre l'introduction et la conclusion, entre les grandes parties, puis entre la troisième partie et la conclusion.
- Ne sautez pas de ligne au sein d'une même partie (hors le saut d'un petit carreau), mais marquez le changement de sous-partie par des alinéas.

Les bons outils

- **Utilisez une encre foncée.** Les correcteurs ne doivent pas être contraints de se placer à dix centimètres d'un projecteur pour deviner ce que vous avez écrit.
- **Habituez-vous à vous passer du correcteur blanc.** Certains concours l'interdisent en raison de la numérisation des copies.
- **Munissez-vous d'une montre si toutefois le concours l'autorise.** Vous ne pourrez pas compter sur votre téléphone portable pour vous repérer dans le temps. Or, la bonne gestion de ce dernier fait partie de l'épreuve. Pendant l'année, fixez-vous, d'ailleurs, des repères temporels adaptés à la durée de chacune. **Vous ne pourrez pas rattraper le temps en glissant un brouillon dans votre copie.**

7. Exercice pas à pas

« Dans l'enfance, il y a du lâché, du gratuit, de l'aventure. Mais à mesure qu'on vieillit, tous les coups portent ; plus rien n'arrive qui ne précipite l'âme dans sa destinée, qui ne l'emballe, qui ne l'expédie dans son sens. »

Jacques Rivière, *Carnets,* 1914-1917, éd. Fayard, 2001.

Votre lecture des œuvres au programme (*Émile ou De l'éducation* de Rousseau, *Contes* d'Andersen et *Aké, les années d'enfance* de Wole Soyinka) vous permet-elle de souscrire à ce propos de Jacques Rivière ?

A. Analyser la citation

a. Une idée principale

Jacques Rivière (1886-1925) identifie l'enfance par contraste (« mais ») avec le devenir de l'adulte et en termes mélioratifs : par nature, l'enfant présenterait des atouts qu'il perdrait quand il gagne en âge (« à mesure qu'on vieillit »).

Ces atouts feraient de lui un être libre, c'est-à-dire un être qui n'est pas (encore) emporté par la nécessité d'une trajectoire déjà engagée (« sa destinée », « son sens »).

b. Ce que disent les termes

◆ **« Dans l'enfance », « on vieillit »...** : l'impersonnel de la formulation indique une vérité générale. L'idée a une portée universelle : durant son enfance, tout humain goûterait à une liberté qu'il perdrait en mûrissant.

◆ **« Il y a du lâché, du gratuit, de l'aventure »** : la citation n'est pas restrictive. J. Rivière ne dit pas que l'enfance se réduit à la liberté, mais que cette dernière en est une composante spécifique.

◆ **« Lâché », « gratuit », « aventure » ; « sa destinée », « l'emballe », « dans son sens »** : tous les termes utilisés pour identifier l'enfance et le devenir de l'adulte mettent l'accent sur la liberté du jeune âge, une liberté pensée en termes d'ouverture, d'irresponsabilité et donc de légèreté :

- L'enfance est un temps d'indétermination (« du lâché »), d'expériences sans mobiles ni enjeux (« du gratuit ») et d'exploration (« de l'aventure »). Elle est un temps d'expérimentations sans conséquences. Elle est, en cela, synonyme d'insouciance et de légèreté.
- Le devenir de l'adulte est, au contraire, marqué par l'incidence de chaque choix et de chaque acte : chacun ancre irréversiblement l'individu sur une voie définitive (« sa destinée », « son sens ») et, ce faisant, le façonne, le configure (« l'emballe »). La légèreté et l'insouciance ne sont alors plus de mise.

c. Reformulation de la citation

Âge d'expérimentations sans mobiles ni conséquences, l'enfance est notamment le temps d'une liberté, synonyme d'insouciance et de légèreté, que l'individu perd en mûrissant car alors tout ce qu'il fait façonne sa forme et l'ancre dans une voie irréversible.

B. Problématiser le sujet

a. Arguments en faveur de l'affirmation de J. Rivière

◆ L'enfant n'a pas de passé : il est une page blanche ouverte sur tous les possibles.

◆ L'enfant est sous la protection des adultes : il n'a pas de responsabilités, pas même celle de subvenir à ses propres besoins.

◆ L'enfance est un temps d'apprentissage qui autorise l'erreur, cela d'autant plus qu'on apprend en se trompant.

◆ L'enfance est le temps du jeu, lequel est synonyme de gratuité : doté de ses propres règles, le jeu suspend le cours de la vie ordinaire sur laquelle il n'a aucune incidence.

◆ Ignorant, irresponsable et indifférent au regard d'autrui, l'enfant ose ce que l'adulte s'interdit : il explore et il tente sans crainte des jugements ni des conséquences.

b. Fragilisation de la citation : recherche de contre-arguments

◆ L'enfance est-elle vraiment un temps d'indétermination ? En puissance, l'enfant n'est-il pas déjà tout ce qu'il deviendra ?

◆ La dépendance de l'enfant à l'égard des adultes ne le prive-t-elle pas de toute liberté ?

◆ L'enfance est-elle réellement synonyme de « gratuité » ? Les actes et les choix de l'enfant ne sont-ils pas déjà motivés par des intentions et des désirs, dont celui de plaire à ses éducateurs ?

◆ L'enfant est-il avide d'explorer tous les possibles ? N'est-il pas freiné par la peur et l'instinct de survie ? Sa crainte n'est-elle pas accentuée par son ignorance ?

◆ L'adulte perd-il nécessairement le pouvoir d'essayer, de se reprendre, de changer de voie et de se métamorphoser ? Pleinement conscient, n'est-il pas plus à même que l'enfant d'échapper à la fatalité d'une trajectoire ?

c. Problématique déduite de la confrontation de ces arguments

L'enfance se distingue-t-elle vraiment du devenir de l'adulte par l'insouciance et la légèreté que confère la liberté d'essayer sans craindre quelque conséquence irréversible ? L'ignorance et le défaut de conscience de l'enfant ne font-ils pas de lui, au contraire, davantage la proie de la peur et du déterminisme ?

C. Se positionner

Nous renverserons le propos de J. Rivière en mettant l'accent, d'une part, sur la faiblesse et la dépendance de l'enfant, d'autre part, sur la maîtrise que l'on gagne en grandissant.

D. Dresser le plan du développement

Le positionnement choisi porte à adopter un plan par réhabilitation du devenir de l'adulte (et donc par dégradation de l'enfance).

1. Oui, l'enfance est une période de libres expérimentations dont l'insouciance et la légèreté se perdent avec le temps.

A. De l'enfance à la vieillesse, on passe de la liberté de l'informe à la rigidité d'une forme

- Le passage de l'enfance à l'âge adulte est une perte : « Il est arrivé malheur à la mission d'Aké » : *Aké...*, I, p. 16.
- Informe, l'enfant est ouvert sur un nombre infini de possibilités qu'il ne faut pas hâtivement étouffer : *Émile,* I, p. 63.
- L'enfant renferme des ressources insoupçonnées : la métaphore de la pierre précieuse dans « Le Crapaud » des *Contes,* p. 340.

B. De l'enfance à la vieillesse, on passe, de plus, de l'audace insouciante à la prudence craintive

- Tel le crapaud, l'enfant est audacieux : *Contes,* « Le Crapaud », p. 339-340.
- Il n'a pas peur de prendre des risques et de se faire mal : *Émile*, II, p. 148.
- Il est d'autant plus audacieux qu'il bénéficie d'une « immunité » : *Aké...*, VIII, p. 239.

C. De l'enfance à la vieillesse, on passe, en outre, de l'exploration de maints possibles à l'ancrage irréversible.

- Grandir est prendre forme : métaphore des chaussures dans *Aké...*, XV.
- De l'enfance à la vieillesse, les possibilités se réduisent : *Émile,* II, p. 319.
- La prise de forme est une perte, comme l'enseigne la mésaventure de la petite sirène des *Contes*.

Transition : Mais l'ouverture de l'enfant sur maints possibles n'est-elle pas obstruée par la peur que l'étrangeté du monde ne manque pas de lui inspirer ?

2. Pourtant, le défaut de conscience et l'ignorance font de l'enfance une période frileuse qui contraste avec l'audace que l'on gagne en mûrissant.

A. L'indétermination de l'enfant est synonyme d'une impuissance que seul l'âge permet de surmonter.

- L'agonie et la mort de Folosade : *Aké...*, VII.
- La faiblesse de l'enfance : *Émile,* I, p. 55.
- Le malheur du vilain petit canard des *Contes* pendant la première période de sa vie.

B. Le défaut de conscience et l'ignorance de l'enfant le plongent, en outre, dans une peur qui fait obstacle à l'audace.

- L'enfant craint tout : *Émile*, I, p. 116.
- La bergère des *Contes* est rapidement gagnée par la peur.
- L'audace de Wole suivant la fanfare rencontre des limites : *Aké...*, III.

C. Ce que vit l'enfant en peu d'années détermine, de surcroît, bien plus son devenir que ne le fera toute autre période de sa vie.

- L'éducation décide de l'avenir : *Émile,* I, p. 55.
- D'où le risque d'une précipitation : *Aké*..., IX, p. 272.
- Un risque dont « Le Sapin » des *Contes* se fait l'écho.

Transition : N'est-ce donc pas à l'issue de l'enfance, soit quand ses facultés sont développées, que l'individu peut vraiment expérimenter et librement s'inventer ?

3. En fin de compte, durant l'enfance, l'individu subit son devenir tandis que la maturité lui apporte le pouvoir de le réinventer notamment en l'interprétant.

A. La vieillesse rapproche plus qu'elle n'éloigne de l'enfance car elles ont en commun une faiblesse qui empêche d'être maître de son devenir.

- Tel l'enfant, le grand-père de Wole est spectateur : *Aké*..., VII, p. 182-192.
- Les grands-mères des *Contes* sont les adultes les plus proches des enfants.
- La vieillesse est un retour à la faiblesse de l'enfance : *Émile,* I, p. 91.

B. Le passage de l'enfance à l'âge adulte ouvre, par contre, le champ des possibles, car l'enfant est un monomaniaque n'apercevant qu'une voie : grandir.

- Rousseau sous-estime à tort l'impatience de grandir de l'enfant.
- Le jeune Wole, dans *Aké*..., est, à cet égard l'antithèse d'Émile.
- Maints personnages des *Contes* sont également des antithèses d'Émile : la petite sirène, le sapin, le crapaud, Kay...

C. Le passage de l'enfance à l'âge adulte est d'autant plus synonyme d'ouverture du champ des possibles qu'à la faveur de son autonomie et de sa raison, l'adulte a le pouvoir de réorienter et de réinterpréter son devenir.

- L'avenir est ouvert pour Émile au sortir de l'enfance : *Émile,* II, p. 325.
- L'enfance exerce des facultés dont seul l'adulte pourra vraiment jouir : *Contes*, « Ce qu'on peut inventer ».
- L'éducation est une condition préalable à l'autonomie : *Aké*..., XII et XIII.

E. Rédiger l'introduction

[Amorce :] En 2017, la philosophe française Chantal Delsol consacrait un ouvrage à une « petite philosophie de l'enfance » sous le titre principal *Un personnage d'aventure.* Explicite, le titre annonçait l'idée que le trait distinctif de l'enfant est son caractère aventurier, soit sa propension à explorer le monde sans la retenue qui le gagnera en grandissant. **[Le sujet et sa reformulation :]** C'est là une idée que défendait déjà Jacques Rivière quand, dans ses *Carnets* des années 1914-1917, réédités aux éditions Fayard en 2001, il déclarait que « dans l'enfance, il y a du lâché, du gratuit, de l'aventure » tandis qu'« à mesure qu'on vieillit, tous les coups portent ; plus rien n'arrive qui ne précipite l'âme dans sa destinée, qui ne l'emballe, qui ne l'expédie dans son sens ». Par ces mots, l'homme de lettres français affirmait qu'âge d'expérimentations sans mobiles ni conséquences, l'enfance est notamment le temps d'une liberté, synonyme d'insouciance et de légèreté, que l'individu perd en mûrissant car alors tout ce qu'il fait façonne sa forme et l'ancre dans une voie irréversible. **[La problématique :]** Seulement, cette conception de l'enfance fait peu cas de la faiblesse, de la dépendance, de l'ignorance et conséquemment de la peur qui caractérisent l'enfant : autant de défauts qui portent à douter qu'elle se distingue du devenir de l'adulte par l'insouciance et la légèreté que conférerait la liberté d'essayer sans craindre quelque conséquence irréversible. L'ignorance et le défaut de conscience de l'enfant ne font-ils pas de lui, en effet, davantage la proie de la peur et du déterminisme ? **[Les œuvres et le plan :]** C'est à la lumière des livres I et II de l'*Émile ou De l'éducation* (1762) de Jean-Jacques Rousseau, des *Contes* (1835-1873) de Hans Christian Andersen et d'*Aké, les années d'enfance* (1981) de Wole Soyinka que nous examinerons ce problème. Cela en reconnaissant, d'abord, que l'enfance est une période d'expérimentations dont l'insouciance et la légèreté se perdent avec le temps ; puis en remarquant que, craintif, l'enfant n'a pas l'audace qu'il gagnera en mûrissant ; enfin en soutenant que le pouvoir de réorienter et de métamorphoser son devenir est bien plus le fait de l'âge adulte que de l'enfance.

F. Rédiger la conclusion

[Rappel de l'itinéraire :] Le caractère informe, le défaut de conscience et l'ignorance même de l'enfant semblent, à première vue, lui conférer une audace légitimant qu'on le perçoive, à l'instar de Chantal Delsol, comme « un personnage d'aventure » et qu'à la suite de Jacques Rivière, on pense l'enfance en termes d'insouciance et de légèreté, soit d'une liberté qui se perdrait avec le temps. Une telle idée ne prend, cependant, pas la mesure de la peur paralysante que génèrent l'indétermination, la semi-conscience et l'absence de connaissances de l'enfant ; une peur qui le dissuade d'oser ce que l'adulte ne tardera pas à tenter. **[Solution apportée :]** Il semble ainsi plus pertinent d'affirmer que c'est après l'enfance et avant la vieillesse que, fort des facultés exercées pendant l'enfance, l'individu est le plus à même de librement essayer des voies et de les métamorphoser : d'être un authentique aventurier. **[Ouverture :]** Seulement, l'adulte n'est-il pas, de ce fait, plus sujet à la dispersion que ne l'est l'enfant lui-même : plus susceptible de s'égarer ?

G. Rédiger le développement

[Nous signalons en gras les grandes parties (**I**) et les bilans-transitions (**T**), mais ces marques ne devront pas figurer dans votre copie.]

[I] « Il est arrivé malheur à la mission d'Aké » : cette phrase de W. Soyinka (*Aké…*, I, p. 16) marque le basculement entre l'enfance et l'âge adulte. La perception même de l'adulte ne voit que des ruines là où l'enfant voyait un terrain d'aventures infinies. Il en va de l'individu comme de la perception d'Aké : les voies se réduisent à une seule à mesure qu'il grandit. Informe, l'enfant est, en effet, ouvert sur un nombre infini de possibilités. Il dispose en cela d'une liberté qu'il importe de préserver, d'où la mise en garde de Rousseau contre toute éducation qui se hâterait de lui donner une forme particulière, qui réduirait donc prématurément le nombre de possibles et, partant, sa liberté. « Qu'on destine mon élève à l'épée, à l'église, au barreau, peu m'importe. Avant la vocation des parents, la nature l'appelle à la vie humaine. » (*Émile,* I, p. 63.) Par ces mots s'exprime le souci rousseauiste de ne pas immobiliser l'enfant dans une forme professionnelle – qui plus est choisie par les parents – car ce serait éteindre nombre de ses potentialités et, ce faisant, réduire le terrain d'aventures que constitue l'existence. Dans « Le Crapaud » des *Contes* d'Andersen, la métaphore de la pierre précieuse logée dans la tête de l'animal en apparence laid (p. 340) exprime l'idée des ressources insoupçonnées que recèle l'enfant ; des ressources qui ne se révéleront que si on lui en laisse le temps, si donc on ne l'enferme pas prématurément dans un rôle déterminé. Ce conte répond, en un sens, à l'idée aristotélicienne d'une monstruosité des enfants (*Des parties des animaux,* IV, x, 687a, 8-9) : l'enfant a peut-être l'allure monstrueuse d'un « nain », mais cette monstruosité abrite un trésor, une puissance de métamorphose, des potentialités sans lesquelles l'adulte à venir ne serait pas ce qu'il deviendra.

Il faut être un jeune crapaud, soit un enfant ne mesurant pas les dangers, pour avoir l'audace de sortir et de s'éloigner du puits à l'abri duquel sa famille s'est installée. Si, après avoir migré, cette dernière a « l'intention de rester là » (p. 339), dans le confortable puits, le jeune crapaud se montre insatiable d'ascension et de découverte : « allons plus loin ! », « il faut que je monte encore plus haut ! » (p. 342) s'exclame-t-il, faisant part de « l'excitation » et de « l'ardent désir » qui l'animent (p. 342). Comprenant cette audace enfantine, Rousseau a soin de placer Émile en pleine nature pour qu'elle s'y exprime et contribue à son développement. « Qu'on le mène journellement au milieu d'un pré. Là, qu'il coure, qu'il s'ébatte, qu'il tombe cent fois le jour, tant mieux : il en apprendra plus tôt à se relever. » (*Émile*, II, p. 148.) Les risques pèsent peu face au jouissif apprentissage que l'enfant fait alors de sa liberté. Cet apprentissage lui est, au demeurant, nécessaire car c'est par lui que l'enfant découvre les dangers et ses propres limites, développe ses forces et, peu à peu, devient prudent.

Limitant son audace, la prudence qu'il acquiert alors est la rançon de son désir de devenir grand ; une rançon à la mesure de la responsabilité qu'il conquiert, une responsabilité paradoxale puisqu'elle limite sa liberté. C'est ce qui, dans le chapitre VIII d'*Aké...*, arrive à Dipo, le petit frère de Wole, qui grandissant perd « son immunité » (p. 239), soit son droit à l'erreur et à la faute, soit encore la liberté de l'irresponsabilité.

Une autre restriction attend le grand frère, Wole, au moment de partir pour le Lycée National ; une restriction voulue et métaphoriquement exprimée par le cadeau de Mme Kuti : la paire de chaussures que lui avait, jusque-là, refusée son père car « pour lui, mettre des chaussures aux enfants, c'était le moyen infaillible de les gâter. » (*Aké...*, XV, p. 424). Par ce présent, Soyinka suggère qu'arrive un moment dans le devenir de l'individu où la prise de forme ne peut pas ne pas avoir lieu. Ce moment se présente à l'âge de onze ans pour Wole : quand, précisément, il quitte l'enfance ; quand, chaussant ses chaussures, il épouse une voie dont il n'aura pas l'audace de s'écarter, tels les parents du crapaud des *Contes* d'Andersen ayant troqué l'aventure (« c'étaient des immigrés » p. 339) contre le luxe d'un puits. De l'enfance à la vieillesse, on se bonifie peut-être et on gagne en aisance, mais on passe des multiples et enthousiasmantes promesses du printemps aux restes arides de l'automne. « Telle est la source du charme qu'on trouve à contempler une belle enfance préférablement à la perfection de l'âge mûr », dit ainsi Rousseau (*Émile,* II, p. 319) qui, sans contester les capacités des vieux, leur préfère le pouvoir que possède encore l'enfant : « choisir » son devenir. La réduction exponentielle du nombre de possibles à mesure qu'on grandit et vieillit est clairement exprimée par « La Petite Sirène » des *Contes* d'Andersen. Elle qui, enfant, rêvait du « monde d'en haut », y prend certes la forme d'une femme mais y perd ses plus précieux attributs (queue et voix) pour n'être bientôt plus qu'une « transparente » « fille de l'air » condamnée à trois cents ans d'épreuve, privée du beau prince qu'elle convoitait. (p. 79-80).

[T] À la faveur de l'inconscience et de l'indétermination de l'enfant, l'enfance est donc bien un temps de liberté synonyme d'expérimentations audacieuses ouvertes sur un nombre indéfini de possibles que le devenir de l'adulte réduira à la forme et à la voie qui se seront imposées. Mais cette ouverture de l'enfance n'est-elle pas obstruée par la peur que l'étrangeté du monde ne manque pas de lui inspirer ?

[II] Dans le chapitre VII d'*Aké...*, les souffrances, le « corset de plâtre » (p. 189), puis la mort de Folosade, la petite sœur de Wole, rappellent combien l'enfance est synonyme de faiblesse et à la merci des adultes. Folosade est-elle tombée des mains de « la servante » ? En ne dissipant pas le doute, Soyinka suggère que, par sa faiblesse, l'enfant est exposé à une multitude de dangers, qu'ils soient volontaires ou accidentels, humains ou naturels. Cette faiblesse et cette vulnérabilité de l'enfance sont soulignées par Rousseau dès le début de l'*Émile* : « Nous naissons faibles, nous avons besoin de forces ; nous naissons dépourvus de tout, nous avons besoin d'assistance ; nous naissons stupides, nous avons besoin de jugement. » (I, p. 55) ; et Rousseau de rappeler combien « tout le premier âge est maladie et danger : la moitié des enfants qui naissent périt avant la huitième année. » (I, p. 76). Certes, depuis 1762, la mortalité infantile a considérablement baissé, mais la faiblesse de l'enfant demeure puisque « [ses] besoins passent [sa] force » (II, p. 254), puisque donc il dépend des adultes et qu'informe, il est malléable. On comprend, en ce sens, pourquoi à la suite de Rousseau, Hannah Arendt soulignera dans *La Crise de la culture* que l'enfant doit être protégé du « monde public » : il doit pouvoir se développer à l'abri du tumulte de ce dernier. Cet « abri sûr pour grandir sans être dérang[é] » est précisément ce qui manqua au vilain petit canard des *Contes* d'Andersen, qui, certes, eut le courage de quitter la basse-cour qui le malmenait, mais dut attendre de devenir adulte pour cesser d'être la proie des railleries et du rejet. Tant qu'il n'eut pas, à ses propres yeux, la forme achevée d'un cygne, le vilain petit canard ne connut pas la libre et heureuse insouciance qui, pour J. Rivière, est pourtant caractéristique de l'enfance : « Je ne rêvais pas de tant de bonheur quand j'étais un vilain petit canard ! » (p. 138).

L'enfant goûte d'autant moins à l'insouciance que, faible, il se sent menacé même par ce qui ne présente aucun danger. Tout ce qui est nouveau fait peur. Or tout est nouveau pour l'enfant dont la crainte est ainsi accentuée par sa méconnaissance du monde dans lequel, aurait dit Heidegger dans *Être et Temps*, il se trouve « jeté ». Rousseau, lui-même, le souligne : « [l'enfant] se sent si faible qu'il craint tout ce qu'il ne connaît pas. » (*Émile*, I, p. 116). De là le conseil de l'habituer à « voir des objets nouveaux » et à côtoyer des créatures, telles les araignées, qui n'inspirent la peur qu'à ceux qui, enfants, n'y ont pas été habitués. La méconnaissance et consécutivement la peur sont ce qui explique le repli de la bergère des *Contes* d'Andersen (« La Bergère et le Ramoneur ») : elle qui rêvait du « vaste monde » est soudain saisie d'effroi quand elle s'y trouve confrontée ; cela au point de vouloir retourner à l'abri d'un monde privé : au monde protégé de l'enfance. « C'est beaucoup trop ! dit-elle. Je ne peux pas supporter cela ! Que ne suis-je encore sur la petite console sous la glace ! Je ne serai pas heureuse tant que je n'y serai pas retournée ! » (p. 193). Une même crainte et un même désir s'emparent de Wole dans le chapitre III d'*Aké*... Son audace y rencontre, en effet, rapidement ses limites. Enivré par la fanfare, il la suit mais s'égare et, reprenant ses esprits, n'a bientôt qu'un seul mot à la bouche : « Je veux rentrer chez moi. » (p. 96.) L'audacieuse liberté de l'enfant se révèle ici à la hauteur de ses faibles forces : elle est vite stoppée par son ignorance et sa dépendance.

Cette liberté est d'autant plus restreinte que, contrairement à ce que dit J. Rivière, l'enfance n'est pas le temps d'une aventure sans conséquences. « Tout ce que nous n'avons pas à notre naissance et dont nous avons besoin étant grands, nous est donné par l'éducation », déclare Rousseau dans l'*Émile* (I, p. 55). On ne saurait mieux souligner l'impact considérable de tout ce que vit et apprend l'enfant sur l'ensemble de sa vie. S'il est un temps où « tous les coups portent », il s'agit de l'enfance et non pas de l'âge mûr car c'est pendant les premières années qu'a lieu la prise de forme, que donc tout « emballe » l'être et, ce faisant, « l'expédie dans son sens ». L'enjeu de ce que vit l'enfant pour son devenir est tel que Rousseau et le grand-père de Wole Soyinka s'accordent pour dénoncer la précipitation des éducateurs qui, voyant déjà « l'homme dans l'enfant » (*Émile*, préface, p. 46), ne laissent pas à ce dernier le temps de se développer à son rythme ni d'épouser la forme qui lui convient. Ces éducateurs l'enferment pour toujours dans une forme qui n'est pas la sienne, car ce qui se fait pendant l'enfance ne sera pas défait. Ils procèdent comme Essay avec son fils Wole, au grand regret de son grand-père qui, désolé, observe qu'« Ayo ne croit pas qu'il faille laisser les enfants mûrir dans leur corps avant de forcer leur esprit. » (*Aké*..., IX, p. 272). Père aurait préféré qu'Essay épouse la règle d'éducation négative que Rousseau énonçait dans le livre II de l'*Émile :* « La plus importante, la plus utile règle de toute l'éducation ? Ce n'est pas de gagner du temps, c'est d'en perdre. » (p. 180). Père aurait, en d'autres termes, préféré qu'Essay s'inspire des paroles du soleil du « Sapin » des *Contes* d'Andersen, car lui aussi mettait en garde contre l'aveugle précipitation qui porte les enfants eux-mêmes à vouloir gagner du temps. Inconscient de ce qui se joue pendant l'enfance, le sapin ne comprend pas qu'il faut se garder de tout empressement : « Sois content d'être jeune ! dirent les rayons du soleil, sois content d'être en pleine croissance, de cette vie, toute jeune, qui est en toi ! » (p. 140).

[T] Si, tel le sapin d'Andersen, l'enfant rêve bien de « pousser », il ne s'agit que d'un rêve de liberté qui s'évanouit quand, effectivement confronté au monde, l'enfant ouvre les yeux et prend peur. Ce qu'il expérimente durant son enfance engage, en outre, bien plus son devenir que tout ce qu'il fera à l'avenir. Car c'est bien pendant cette période qu'il développe des capacités qui engagent sa vie entière. N'est-ce donc pas à l'issue de l'enfance, soit quand ses facultés sont développées, que l'individu peut vraiment expérimenter et librement s'inventer ?

[III] S'il n'a pas perdu tout pouvoir éducatif, comme le révèle l'épisode des incisions faisant de Wole « un vrai Akin » (*Aké*..., IX, p. 282), le grand-père paternel est, dans *Aké*..., plus spectateur qu'acteur des changements de son monde. Il déplore mais n'infléchit pas les choix éducatifs de son fils, Ayo. Il incarne une culture – la culture yoruba – qui assiste impuissante à l'envahissement de la culture occidentale via la présence britannique et le développement de la société de consommation. Il est, en cela, très proche de l'enfant Wole observant « le CHANGEMENT » aller et venir au gré d'il ne sait quels caprices (*Aké*..., VII, p. 182-192). Il est très proche aussi du narrateur d'*Aké*... constatant, dans le chapitre X, la disparition des odeurs et le triomphe d'un bruit venu d'un autre monde : « un pot-pourri d'orchestres électroniques et le fracas rauque de clochettes annonçant des soldes de produits importés. » (p. 286). À l'instar du grand-père de Wole, la figure de la grand-mère est centrale dans les *Contes* d'Andersen. De « La Petite Sirène » à « La Reine des Neiges », elle est l'interlocutrice principale des enfants ; cela parce qu'elle est le plus souvent cantonnée à l'univers de l'enfance : elle conseille, elle rassure, mais elle ne quitte pas les lieux où grandit et que quitte l'enfant quand il est devenu grand. C'est que la vieillesse et l'enfance ont en commun le défaut de forces qui permettent aux adultes de multiplier les expériences et de changer. La vieillesse est, en ce sens, un retour à l'enfance : un retour à la faiblesse qui, selon Rousseau, caractérise cette dernière. On comprend dès lors pourquoi l'auteur de l'*Émile* suggère une inversion à venir des rapports entre l'élève et son gouverneur. Quand celui-ci sera devenu vieux, c'est effectivement lui qui sera faible et donc dépendant de son protégé : « le gouverneur prend intérêt à des soins dont il doit recueillir le fruit, et tout le mérite qu'il donne à son élève est un fonds qu'il place au profit de ses vieux jours. » (*Émile,* I, p. 91).

Faibles et dépendants, les enfants et les vieux ne sont pas libres car « l'homme vraiment libre ne veut que ce qu'il peut, et fait ce qu'il lui plaît. » (II, p. 160). Mais si les vieux ne peuvent que se résigner à n'être plus libres, les enfants désirent conquérir leur liberté. De là le désir distinctif de l'enfance tel que l'envisage Hegel : « le désir de devenir grand » (*Principes de la philosophie du droit*, III) ; un désir impatient que Rousseau sous-estime alors même qu'il insiste pour accorder à l'enfant (dès l'âge de l'*infans*) la part de liberté dont il est capable. Rousseau ne voit pas que l'enfant cherche moins à « jouir de son enfance » (*Émile*, II, p. 325-326), en usant de la part de liberté à sa portée, qu'à en sortir au plus vite pour être pleinement libre. Il ne prend pas la mesure de l'impatience enfantine qui fera dire à Alain que ne désirant « rien de plus que ne plus être enfant (...) l'enfant demande secours. Il veut être tiré vivement du jeu. » (*Propos sur l'éducation,* III). W. Soyinka – du moins l'enfant qu'il fut – donnera raison à Alain. Le jeune Wole est, en effet, l'antithèse d'Émile, pressé qu'il est de franchir les étapes : aller à l'école, apprendre à lire, dévorer tous les livres, enseigner à son tour et bientôt intégrer le Lycée National. Il ne voit qu'un possible : devenir grand ; cela parce qu'il pressent que c'est à l'âge adulte que les possibles sont en nombre infini. Maints personnages d'Andersen sont également des antithèses d'Émile ; de la petite sirène à la bergère, en passant par le sapin et par Kay, tous ont en commun un même empressement : devenir grands. Ils confirment, en cela, ce qu'affirmait Hegel : les enfants ne sont ni insouciants ni prompts à agir sans motifs car, « insatisfaits d'être ce qu'ils sont », ils éprouvent le désir impérieux d'« appartenir au monde des grandes personnes qu'ils devinent supérieur au leur. » (*Principes de la philosophie du droit,* III).

Rousseau lui-même l'affirme : la liberté n'est pas le fait de l'enfance, mais le but vers lequel l'éducation doit tendre. « Préparez de loin le règne de sa liberté et l'usage de ses forces », prévient-il ainsi dès le livre I de l'*Émile* (p. 116). Son souci de former un homme plutôt que d'en faire un soldat, un pasteur ou un avocat (*Émile,* I, p. 63), s'inscrit dans cette perspective car est vraiment libre celui qui, n'ayant « plus besoin d'autre guide que lui-même » (I, p. 85), a le pouvoir d'emprunter la voie qu'il veut. Contrairement à ce qu'avance J. Rivière, « l'homme fait » (I, p. 85) que deviendra Émile n'est ainsi pas emporté par la nécessité d'une « destinée » : sa voie est encore à inventer. Au sortir de l'enfance, devenu « enfant fait » (II, p. 317), Émile est, d'ailleurs, déjà plus armé pour l'avenir que tous les autres enfants car toutes ses facultés ont été exercées : « Dans tout ce qui est à portée de l'enfance, il juge, il raisonne, il prévoit mieux qu'eux tous. » (*Émile,* II, p. 325). Il peut s'élancer dans maintes directions : déjà jouir d'une liberté que le temps de l'enfance ne pouvait que préparer. En exerçant les facultés de l'enfant, on prépare, en effet, son accession aux pouvoirs de perception, d'invention et d'interprétation qui enrichiront sa vision du monde et démultiplieront les possibilités qui s'offriront à lui. C'est, d'ailleurs, ce qu'enseigne la guérisseuse à l'apprenti écrivain de « Ce qu'on peut inventer » des *Contes* d'Andersen. Ses « lunettes » et son « cornet acoustique » (p. 350) sont des métaphores des facultés humaines (sensibilité, imagination, raison, langage) quand on les a exercées ; des facultés dont le jeune écrivain du conte se trouve dépourvu faute d'une éducation qui les aurait patiemment développées en lui. Seule une telle éducation permet de devenir autonome, c'est-à-dire d'acquérir le pouvoir de se conduire en se fixant ses propres règles sans être enfermé par d'autres sur une voie déjà tracée. Le mouvement des femmes dans les chapitres XII et XIII d'*Aké*... est instructif : Mme Ransome-Kuti incarne le pouvoir adulte de prendre en mains son devenir et de le réorienter. Le souci féministe d'alphabétiser les femmes pauvres (les *arósо*) est lui-même révélateur : il confirme qu'il faut être instruit pour être autonome. Il faut passer par un temps d'éducation qui est celui de l'enfance. Un temps qui prépare mais qui n'est pas encore celui où, maître de son devenir, on peut se choisir, se raviser et se réorienter : user de sa liberté. L'enfance est le temps de la dépendance et de l'impatience, pas de la liberté ni de l'insouciance.

La synthèse de textes

Concours Pré-Master de l'EDHEC

1. Nature de l'exercice

A. Quel est l'esprit de la synthèse de documents ?

Certains concours, d'entrée en écoles de commerce, pour la plupart, comportent une épreuve de synthèse d'un dossier composé majoritairement de textes. Si variés soient les documents, il s'agit de dégager une problématique précise qui rend compte de leurs enjeux communs. Le devoir doit être structuré dans un plan qui hiérarchise et approfondit les réponses à la problématique.

Le seul exercice de synthèse spécifiquement ouvert aux étudiants de CPGE scientifiques compte pour le concours Pré-Master de l'EDHEC (ancien AST1, mais dont les modalités ont changé depuis plusieurs années !). Elle porte sur un dossier de presse de six textes au maximum, à composer en trois heures. L'ensemble du dossier fait environ quinze pages.

Il existe bien une « Analyse et Synthèse de documents techniques et scientifiques » dans le concours APPRENTISSAGE (écoles d'ingénieurs agronomes et vétérinaires). Mais celle-là, qui requiert avant tout des connaissances techniques précises, relève d'une méthode trop spécifique pour être traitée ici.

Les conseils ci-dessous concernent essentiellement l'épreuve du concours Pré-Master.

B. Qu'est-ce que la synthèse ?

a. Quelles sont les consignes ?

La synthèse de textes du concours Pré-Master de l'EDHEC, doit comporter 500 mots (avec une tolérance de plus ou moins 10 %, donc de 450 à 550 mots) et respecter les consignes suivantes :

- mettre une barre tous les 50 mots pour le décompte des mots ;
- indiquer dans la marge le décompte progressif tous les 50 mots (« 50 », « 100 », « 150 », etc.) ;
- indiquer, à la fin de la synthèse, le nombre total de mots.

Aucune appréciation personnelle n'est tolérée. Les adjectifs à caractère énonciatif, qui peuvent valoriser ou dévaloriser les textes, sont donc à éviter. La maîtrise et la qualité de l'expression écrite, la qualité orthographique seront appréciées et prises en compte dans l'évaluation.

b. Pourquoi une synthèse ?

Une synthèse mobilise votre capacité à comprendre rapidement un texte, à en dégager la thèse et les arguments essentiels pour les mettre en relation avec d'autres textes ou documents iconographiques et à les articuler autour d'une problématique.

Chercher une telle problématique à partir de supports parfois disparates constitue le cœur de nombreux métiers, lors de comptes rendus brefs, efficaces et précis auprès de collègues, clients, supérieurs... Et tout n'est qu'une question de méthode pour exceller en la matière.

c. Comment est-on évalué ?

Les critères spécifiques d'évaluation de la synthèse du concours Pré-Master de l'EDHEC plus spécifiques sont les suivants : « Une synthèse n'est pas une succession de résumés de plusieurs textes : elle implique l'élaboration d'un texte dont la formulation est personnelle et propre au candidat, en restituant des idées, positions ou affirmations qui ne sont pas les siennes. Il faut donner en raccourci la pensée d'un auteur, sans le trahir, sans le dénaturer. »

Outre ces exigences particulières, il s'agit de :

- montrer que l'on a compris les textes et leurs thèses spécifiques ;
- rapprocher les argumentaires entre les textes différents ;
- mettre en évidence les oppositions ;
- trouver la problématique la plus pertinente ;
- proposer une structure homogène et progressive ;
- construire un tout cohérent ;
- reformuler les textes, ne citer que rarement ;
- respecter scrupuleusement l'orthographe et la syntaxe de la langue française ;
- rédiger avec clarté, précision et logique.

Les 5 écueils à éviter

1er écueil : ne pas faire de plan

Des paragraphes clairs et délimités par la typographie doivent apparaître dans votre rédaction.

2e écueil : recopier ou citer les documents

Votre maître-mot : la reformulation !

3e écueil : oublier un document

Il faut faire un sort à chaque document, même ceux qui semblent se distinguer du reste du dossier.

4e écueil : intégrer des données extérieures au dossier

Le dossier constitue le seul et unique support de votre synthèse. Tout au plus pouvez-vous vous aider de votre bon sens et de certaines connaissances pour créer des liens entre les documents.

5e écueil : ne pas suivre l'ordre des textes

Les textes ont été agencés d'une certaine façon à dessein. Ne le perdez pas de vue, au moment d'organiser vos idées. Il s'agit d'une exigence spécifique au concours EDHEC. En général, les synthèses invitent plutôt à brasser les documents.

2. Le travail préparatoire

A. Quelles étapes suivre ?

- Survolez activement les textes et paratextes.
- Lisez chaque texte en en notant précisément les thèses, les arguments, la tonalité et le plan.
- Formulez la question d'ensemble dont tous les textes sont porteurs.
- Trouvez un plan en deux ou trois parties qui répartisse de façon logique les textes, sans en changer pour autant l'ordre.
- Trouvez un titre d'ensemble concis mais qui englobe tous les enjeux majeurs.
- Rédigez le devoir entier au brouillon.
- Recopiez-le au propre.

B. Dans quel ordre les suivre ?

Gardez en tête que les parties du plan sont des réponses possibles à la problématique. Cette dernière se doit d'être plus englobante que les parties, et en aucun cas se contenter de reprendre les titres des parties (et réciproquement). Il peut donc s'avérer plus simple de trouver la problématique après avoir élaboré un plan.

Il est aussi possible de trouver son plan très tôt, lors de la prise de connaissance des textes. Un premier survol donne déjà une idée d'un thème commun. Et dès la lecture du deuxième texte, il se peut que des intuitions surgissent, que l'on insère dans son plan sans hésiter. Le tout est d'ajuster son plan par la suite en le raturant.

C. Trouver un titre thématique

Ni trop large, ni trop précis, le titre doit englober tous les textes, et en particulier leurs thèses respectives. Évitez les phrases ou les groupes verbaux. Vous pouvez opter pour des énumérations et les deux points.

Le rapport de jury du sujet 2019 du concours Pré-Master de l'EDHEC comporte un exemple de copie ayant obtenu la note de 18/20. Le titre de la synthèse était le suivant : « Croire, voir, savoir : relations et causalités. »

D. Trouver une problématique

La problématique s'appuie directement sur le titre thématique. Elle en met en exergue les enjeux sous la forme d'une question, qui n'appelle pas une réponse univoque et simple, mais des pistes d'investigation. Le plan explore ces pistes que la problématique ouvre.

Ainsi, dans la copie du rapport de jury de 2019, la problématique choisie était : « Quels liens existe-t-il entre croyance et observation ? »

E. Dresser le plan

Les idées directrices de vos parties doivent être limpides. Aucune approximation ne saurait constituer un axe de réflexion ferme.

La synthèse de textes du concours Pré-Master, sans sous-parties, se contente de regrouper les enjeux des textes tels qu'ils s'enchaînent. N'y passez donc pas trop de temps !

Le bon sens s'avère donc précieux pour faire basculer un texte dans une partie ou l'autre. Il est tout à fait possible de revenir par la suite sur l'un des premiers textes, ou anticiper un texte ultérieur, par comparaison avec les autres. Il s'agit surtout d'épouser la logique du dossier de textes.

La copie du rapport de jury de 2019 suit le plan suivant, en deux parties : 1) Les croyances influencées par d'autres facteurs que l'observation. 2) Croire, une condition nécessaire pour observer.

Ainsi, si la répartition des documents vous semble dialectique, n'hésitez pas à dresser votre plan en conséquence.

3. Rédiger l'introduction

L'introduction de la synthèse du concours Pré-Master de l'EDHEC suit trois étapes :

- accroche/amorce, soit sous la forme d'un exemple pris du corpus, soit sur le thème général abordé dans ce dernier ;
- précisions et définitions d'éléments du thème et de l'amorce, qui conduisent naturellement à la problématique ;
- formulation de la problématique ;

Ces étapes doivent être systématiquement reliées par une certaine cohérence syntaxique, ou des connecteurs logiques.

Pour une synthèse de 500 mots, faites une introduction de 50 à 60 mots.

Certaines étapes de la méthode de l'introduction varient fortement selon le type de synthèse. Dans la plupart d'entre elles, contrairement au concours de l'EDHEC, il faut annoncer le plan.

4. Rédiger le développement

La reformulation des documents est fondamentale. Il ne faut reprendre d'expressions telles quelles qu'exceptionnellement. Des astuces existent pour reformuler, soit grâce à des synonymes, soit par des périphrases, ou encore à l'aide de dérivations du verbe au nom commun, par exemple.

Rédigez au présent de l'indicatif, avec des tournures possibles au passé composé et au conditionnel.

Comptez rigoureusement vos mots pour proposer des paragraphes homogènes. Restez le plus proche possible du nombre exact de mots prescrits. Ne dépassez jamais la marge autorisée, faute de quoi les pénalités vous coûteront cher.

N'anticipez pas sur les idées prévues dans la suite de votre plan : le risque est de se retrouver bloqué ou d'avoir l'impression de se répéter.

Pour la synthèse du concours EDHEC, il est recommandé de tout rédiger au brouillon avant de recopier au propre.

Dans tous les cas, il est vivement conseillé de veiller à ne pas faire d'erreurs d'orthographe au brouillon, en se disant qu'on aura bien le temps de se relire...

5. Rédiger la conclusion

Plus brève encore que l'introduction, la conclusion récapitule le raisonnement suivi dans le développement, avant de proposer une ouverture. Les ouvertures peuvent prendre des tournures variées, mais doivent répondre à deux contraintes : se situer dans la continuité logique du devoir et prolonger la réflexion sans redondance. Ne soyez pas tentés de formuler une considération plus personnelle ou biaisée. Restez neutre, comme partout ailleurs.

6. Quelques conseils de rédaction

A. Entre précision et élégance

La qualité de rédaction comporte deux dimensions majeures : la **précision** et l'**élégance**. Il faut être capable d'écrire exactement ce que l'on souhaite exprimer, dans ses nuances les plus infimes. Pour ce faire, il convient d'employer le vocabulaire et les formulations les plus riches et agréables à lire. Élégance et précision progressent à mesure que l'on acquiert un vocabulaire abondant et varié. Ce travail régulier fait feu de tout bois : on s'efforce de retenir les nouveaux termes que l'on lit, et l'on lit le plus possible en diversifiant les supports.

B. Interrogations directes et indirectes

Que vous formuliez une problématique ou tout autre type de question, il est de très mauvais goût de vous tromper dans la syntaxe de l'interrogation…

Quand vous commencez par un pronom interrogatif, vous inversez le sujet et le verbe et vous mettez un point d'interrogation : « Dans quelle mesure la crise sanitaire **a-t-elle** transformé le monde **?** » / « Pourquoi l'indépendance des journalistes **est-elle** essentielle **?** » / « En quoi l'identité des individus **est-elle** plurielle **?** »

Quand vous commencez par un verbe interrogatif, vous n'inversez pas le sujet et le verbe et ne mettez pas de point d'interrogation : « Nous nous demanderons dans quelle mesure la crise sanitaire a transformé le monde. » etc.

Mais dans ce deuxième cas de figure, afin que la fluidité de la rédaction soit assurée, sans « on » ou « nous », il vaut peut-être mieux abandonner toute tournure interrogative : « Seront évoquées les raisons pour lesquelles l'indépendance des journalistes est essentielle. »

Ce qu'il faut éviter

Tout effort consenti pour éviter d'employer les termes ou tournures suivants constitue un pas vers l'élégance et la précision du propos, et même sa concision :

- Ça (et même « cela » ...).
- Chose.
- Dire (l'auteur dit...).
- Faire.
- Montrer que.
- Parler de.
- Les verbes « être » et « avoir » quand ils ne sont pas auxiliaires : des verbes consacrés existent la plupart du temps.
- Texte (mentionner le genre du texte plutôt).
- Aspect.
- Il y a (s'efface facilement)
- Nous voyons / apercevons /. percevons (idem).
- Nous pouvons voir / apercevoir / percevoir (idem).
- Nous remarquons / constatons... (idem).
- Même remarque pour les « on ».
- Ne pas abuser de « permettre ».

C. Le spectre des répétitions

Les répétitions, si elles sont subtiles, permettent de structurer un texte logiquement. En trop grand nombre, elles courent le risque de l'alourdir. Les reprises sont alors d'un grand secours. **Veillez à ce que le mot que vous reprenez soit clairement identifiable, faute de quoi vous courez le risque d'être confus.**

a. Les reprises pronominales

- **Pronom personnel**. Exemple : « Les églises sont des édifices religieux. **Elles** accueillent les croyants qui viennent prier. »
- **Pronom relatif**. Exemple : « Le chanteur, **qui** possède un talent hors normes, se fait acclamer par la foule. »
- **Pronom démonstratif**. Exemple : « Les élèves vont à l'école tous les jours. **Ceux-là** sont parfois évalués par des contrôles. »
- **Pronom possessif**. Exemple : « Ce n'est pas son téléphone portable. Il a oublié **le sien** chez lui. »
- **Pronom adverbial**. Exemple : « Elle a dormi chez sa meilleure amie hier soir. Elle **y** retournera demain. »

b. Autres formes de reprises

- La **synonymie** : on remplace un terme par un autre, qui n'est toutefois que rarement un strict synonyme… Exemple : « Il a pris le **virage** à cent à l'heure. Le **tournant** lui a été fatal. »
- La **dérivation** : des mots de même famille sont utilisés, mais dans des classes grammaticales différentes. Exemple : « Il **reprend** le travail demain. J'espère que sa **reprise** se fera en douceur. »
- L'**hyperonymie** : terme général, qui représente une catégorie plus large. Exemple : « Le peintre Claude Monet a vécu dans l'Oise. **Cet artiste** s'est illustré par ses *Nymphéas*. »
- La **périphrase** : une expression plus longue remplace le terme initial. Exemple : « Il a du mal avec l'orthographe en français. Parfois, on peut même constater qu'il malmène **la langue de Molière**. »

L'oral

1. Nature de l'exercice

A. L'oral aux concours

L'oral entre, pour une part importante, dans la réussite des concours, à tel point que les épreuves orales sont souvent ce que l'on nomme, dans le jargon du préparationnaire, le **« deuxième concours »**. Il convient donc de ne pas négliger la préparation orale, qui, aussi paradoxal que cela puisse paraître, doit se préparer en même temps que les écrits.

Si peu d'écoles proposent une véritable épreuve de français-philosophie, **nombre d'entre elles ont mis au point une épreuve d'entretien de personnalité ou de motivation, à l'instar des écoles de commerce.** Les épreuves sont très variées : autant d'écoles, autant de modalités d'approches.

Pour éviter les confusions qui seraient du plus mauvais effet le jour J, **il est donc impératif de prendre connaissance des notices** et, **lorsque les admissibilités sont connues, de consulter régulièrement le site de l'école** retenue pour découvrir les caractéristiques de son implantation locale, la particularité de son offre de formation, de ses associations, voire pour entrer en contact avec le BDE.

B. Quelles sont les compétences évaluées lors d'une épreuve orale ?

L'impression que vous renvoyez :

- Soignez votre apparence : respectez le « *dress code* », oubliez basket et jean troué !
- Adoptez une tenue naturelle.
- Soyez dans le contrôle émotionnel, masquez les signes visibles de votre nervosité.
- Surveillez votre posture, votre gestuelle (bras, jambes, mains, accessoires…) ce langage non verbal… qui dit aussi beaucoup de vous.

Le pouvoir de conviction, de persuasion :

- Acceptez le contact ; dites « Bonjour Monsieur/Madame », saluez courtoisement.
- Regardez et soutenez le regard de l'auditoire, ne lisez pas vos notes.
- Sachez argumenter, convaincre son interlocuteur.
- Conservez un visage mobile, expressif, sans grimacer à l'extrême.

La maîtrise de la qualité de l'expression :

- Utilisez un niveau de langue correct et supprimez familiarités, tics de langage et interjections intempestives.
- Soignez l'élocution qui doit être claire et agréable à écouter.
- Mobilisez un vocabulaire précis et riche.
- Évitez les phrases inachevées.

La voix doit être audible et ferme ; veillez à bien articuler, parlez d'une voix forte malgré le masque et le mètre de distanciation !

Votre débit doit être fluide, ni accéléré ni monocorde ; ménagez de courtes pauses mais limitez les longs silences.

Il s'agit donc de **savoir communiquer** mais, plus encore que de démontrer l'étendue de son savoir, il faut révéler **ce savoir-être** qui **fait de vous le candidat désirable.**

L'épreuve orale n'a pas d'autre finalité que de **vérifier l'adéquation de votre candidature avec l'esprit de l'école.**

2. Les grandes épreuves orales : X, Mines-Ponts, ESM, École de l'Air, Mines-Telecom

Voici quelques-unes des épreuves parmi les plus connues des oraux d'admissibilité.

A. L'épreuve orale de français à l'École polytechnique/ESPCI

a. Déroulement de l'épreuve

- **Support :**

  Textes d'idées sans rapport avec le programme de l'écrit. Les textes vont de l'Antiquité au XXIe siècle, de la littérature ou de la philosophie la plus classique à des œuvres ou essais contemporains ; ils portent sur les arts, les sciences humaines (histoire, sociologie, économie politique, anthropologie), les idéologies religieuses et politiques, ou encore sur certaines questions de société impliquant le droit, les sciences et les technologies et ils sont **choisis pour leur « intérêt général »**, ce sont des textes « ouverts » (cf. notice 2022). La longueur de l'extrait correspond en moyenne à une feuille A4 et le candidat a le droit de garder le texte et ses notes durant sa prestation.

- **Coefficient :**
  - pour les filières MP/ PC : 8 ;
  - pour les filières PSI : 6.
- **Durée de l'épreuve :**
  - 45 minutes de préparation ;
  - 30 minutes de passage, décomposé en trois temps.

Cette épreuve est « un exercice de lecture et de réflexion critique » qui invite à démontrer des *« compétences en termes de compréhension fine et d'analyse argumentative »* selon le rapport de jury de la session 2019. Le jury est composé d'une seule personne. L'épreuve comporte donc les trois étapes suivantes :

- **Un résumé de l'extrait précédé d'une courte introduction de présentation descriptive du texte** (nom de l'auteur, titre, date de parution). Introduisez clairement le résumé par une courte phrase : « Je vais maintenant procéder au résumé du texte ». Le résumé, qui doit être écrit, ne doit pas être lu platement mais donner au contraire une impression de naturel, d'improvisé. Le débit ne doit pas être trop rapide ; on peut marquer une courte pause entre les grandes parties du résumé afin de souligner sa structure (2-3 minutes au maximum).
- **Une dissertation, un exposé illustré de références culturelles diverses**. La problématique doit être liée à la thèse, à l'idée centrale du texte. Proscrivez un plan à la binarité trop marquée, préférez-lui un plan en trois parties, plan progressif par gradation ou plan analytique (constat/causes apparentes/causes profondes ou bien constat/causes/solutions, remédiations). Les références aux œuvres du programme sont interdites. (12-13 minutes.)
- **Un entretien comportant des questions de vérification de la compréhension** littérale d'un mot, d'une expression ou visant à rectifier une erreur d'interprétation, à évaluer la compréhension globale du texte, à approfondir la réflexion. (10-12 minutes).

b. Astuces pour intégrer Polytechnique

X = N – 2 ?

L'épreuve nécessite un solide bagage culturel, celui d'un bon bachelier qui a mémorisé ses cours de français et de philosophie et maîtrise parfaitement la chronologie ! « Nous insisterons aussi sur la maîtrise de la chronologie, essentielle à la rigueur de la pensée : pour de futurs polytechniciens, situer Luther et Calvin au siècle des Lumières est plus qu'une simple erreur ; il s'agit d'une aberration intellectuelle. » (Extrait du rapport de la session 2021.)

À éviter :

- **Le préfabriqué et le recyclage** : *Guernica, Germinal, La liberté guidant le peuple, 1984,* l'absurde, autant de références et de poncifs qui vont faire fuir votre jury ! Vos références doivent être plus originales et de première main.
- **Les stratégies d'enfermement** : conservez une certaine neutralité, ne faites pas montre d'esprit de système, et ne vous transformez pas non plus en chantre des nouvelles technologies ou en pasionaria du développement durable. Ouvrir au contraire, montrer la diversité des points de vue.
- **La stratégie du moulin à paroles**, les prestations « *bavardes* », « *prolixes* », « *débordantes* » – selon le rapport du jury de la session 2019 –, qui nuisent à la maîtrise et à la précision du propos et pénalisent le candidat. Le jury préfère un candidat modeste qui sache gérer ce temps d'échange.

B. L'épreuve orale à Mines-Ponts

a. Déroulement de l'épreuve

- **Support :**

  Texte contemporain de réflexion d'une longueur de 700 mots environ sans lien avec le programme ; **mise à disposition d'un dictionnaire et autorisation d'annoter le texte**.

- **Coefficient pour les filières MP, PSI, PC** : 6.
- **Durée de l'épreuve :**
  - 30 minutes de préparation ;
  - 30 minutes d'un passage, décomposé en trois temps.
- **Jury** : composé d'une seule personne.

L'épreuve comporte les trois étapes suivantes :

- **Analyse de la stratégie argumentative du texte** : dans une **courte introduction**, présentez l'auteur, le contexte, le thème, le fil directeur (ou thèse) et les grandes étapes du plan-mouvement. Le développement doit ensuite mettre en évidence les thèses en présence, les arguments et exemples mobilisés, ainsi que leur enchaînement – le tout, repérages précis à l'appui. Relever quelques procédés rhétoriques ou stylistiques (sans sombrer dans l'écueil du catalogue) qui renforcent l'argumentation. Concluez et employez une phrase de transition pour indiquer le passage à la seconde partie de l'épreuve (5 à 7 minutes).

◆ **Exposé personnel, argumenté et structuré sur l'un des aspects ou des enjeux majeurs du texte,** mini-dissertation orale dont le sujet est choisi par le candidat. L'introduction justifie l'ancrage du sujet dans le texte, analyse les mots-clés, soulève une problématique et annonce un plan. La structure du développement doit être équilibrée, étayée d'arguments et d'exemples précis qui manifestent la culture générale du candidat. La conclusion apporte une réponse à la problématique initiale et formule des hypothèses ou interrogations plus larges (12 à 15 minutes).

◆ **Entretien : temps de retour sur la prestation, questions visant également à évaluer l'ouverture d'esprit et les qualités de communication** du candidat (10 minutes).

b. Astuces pour intégrer Mines-Ponts

Gérer l'oral comme une mini épreuve type CCINP. L'analyse de la structure logique du texte correspond au travail effectué en amont du résumé et l'exposé personnel à une mini-dissertation.

Pratiquer le 50/50 : diviser le temps de préparation en deux :

◆ Dès la première lecture du texte, surlignez deux ou trois expressions frappantes (groupes nominaux ou courtes phrases) qui abordent des enjeux essentiels du texte, qui vous « parlent » et à partir desquelles vous avez suffisamment de connaissances pour développer un exposé. Vous sélectionnerez après l'étude du texte le thème qui vous semble finalement le plus porteur.

◆ Consacrez 15 minutes de préparation à l'analyse du texte, analyse à effectuer directement sur le texte, à l'aide du code couleur utilisé pour le travail préparatoire du résumé. Les temps forts de l'argumentaire seront ainsi directement balisés sur le texte, dont vous avez pris soin de numéroter les lignes de cinq en cinq.

◆ Lors des 15 dernières minutes : ciblez, parmi les deux ou trois expressions surlignées dans le texte, le sujet ni trop pointu ni trop large qui vous permettra ensuite de dérouler un plan détaillé clair, support de votre prise de parole.

C. L'épreuve orale de français de l'ESM, l'école spéciale militaire de Saint-Cyr

a. Déroulement de l'épreuve

◆ **Support :**

Un texte de longueur moyenne de 25 à 30 lignes ou deux textes courts portant sur le même thème ; texte contemporain, du XIXe siècle à nos jours (œuvres littéraires, articles, essais), argumentatif ou qui évoque de grands débats politiques ou sociaux, les grandes questions de l'homme et de la société. **Deux dictionnaires**

(noms communs et noms propres) sont à la disposition du candidat, qui peut également annoter le texte.

- **Coefficient pour les filières MP, PSI, PC** : 4.
- **Durée de l'épreuve :**
  - 30 minutes de préparation ;
  - 25 minutes d'un passage décomposé en deux temps.
- **Jury** : composé d'une seule personne.

L'épreuve comprend deux étapes :

- **Une explication de texte. L'enjeu est d'analyser et d'interpréter** :
  - L'introduction contextualise, indique le thème de l'extrait et le problème soulevé.
  - Le candidat propose ensuite la lecture expressive d'un extrait, à son choix.
  - Il énonce ensuite sa problématique, son fil directeur et annonce son plan ; il choisit sa démarche d'analyse (étude linéaire / lecture analytique / commentaire organisé). Le développement doit souligner les enjeux du texte, relever, interpréter sa part d'implicite.
  - La conclusion met en exergue les éléments saillants du texte et propose un rapprochement avec une autre œuvre (15 minutes environ).
- **Un entretien,** temps de dialogue qui revient sur certains aspects de l'analyse et élargit la réflexion en posant des **questions de culture générale** (10 minutes environ).

b. Astuces pour intégrer l'ESM

- L'épreuve de l'explication de texte ne s'improvise pas ; il faut s'y préparer sérieusement durant les deux années de classe préparatoire.
- Révisez vos programmes de lycée : mouvements littéraires, culturels, artistiques et esthétiques et grands repères historiques – notamment la succession des régimes en France aux XIXe et XXe siècles.
- Évitez un double écueil pendant l'explication de texte : le catalogue de procédés de style et la paraphrase plate du texte.
- Durant **l'entretien, ne relâchez ni la posture ni la correction de la langue** et du propos.

D. L'épreuve orale de l'École de l'Air et de l'Espace

a. Déroulement de l'épreuve

L'épreuve d'entretien et de culture générale a pour but d'évaluer la personnalité du candidat, d'apprécier son niveau de culture générale, ses qualités d'expression, ses facultés d'analyse et de synthèse, d'apprécier son savoir-être et son degré de motivation pour exercer une carrière d'officier dans l'armée de l'air.

- **Coefficient pour les filières MP / PC / PSI** : 22.
- **Durée de l'épreuve** :
  - 30 minutes de préparation sur un sujet tiré au sort parmi deux proposés.
  - 45 minutes. **Le candidat se présente puis présente le sujet tiré au sort en indiquant sa problématique** ; son exposé dure environ 10 minutes. Il devra ensuite répondre **à une série de questions**. Les réponses doivent être développées de manière convaincante ; le temps de réflexion étant réduit, les erreurs ne pourront être effacées, elles doivent être rectifiées, compensées. La note est le reflet de l'impression produite : vos paroles disent qui vous êtes...
- **Jury** : composé dans sa grand majorité d'officiers en activité dotés d'une solide expérience.

b. Astuces pour intégrer l'École de l'Air et de l'Espace

- Ayez une bonne connaissance du fonctionnement et de l'organisation de l'armée de l'air et de l'espace, connaître ses missions, les moyens de l'AAE (avions, radars, bases aériennes, etc.). Connaître les opérations extérieures en cours.
- Lisez la presse, tenez-vous quotidiennement informé de l'actualité.
- Adoptez un style sobre et surtout pas négligé ; montrez-vous dynamique, curieux.
- Sachez répondre à la question : « Pourquoi êtes-vous ici ? ».

E. L'épreuve de l'entretien avec support technique de Mines-Telecom : nouvelle épreuve session 2021

Le concours ouvre les portes de **17 grandes écoles publiques** réparties sur tout le territoire : EIVP, ENTPE, École de géologie de Nancy, ENM, ENSTA Bretagne, ENSSAT Lannion, ENSG Géomatique, Telecom Nancy, Mines de Saint-Étienne, Télécom Saint-Étienne, IMT Mines d'Alès, Télécom Sud Paris, IMT Lille Douai, IMT Mines Albi Carmaux, ENSII, Télécom physique de Strasbourg, Institut Mines-Telecom Business school.

a. Déroulement de l'épreuve

- **Objectifs** : **il ne s'agit pas d'un test de connaissances, ces dernières ne seront jamais suffisantes pour agir dans la vie professionnelle : l'ingénieur rencontrera quantité de problèmes mal posés dont la solution n'est pas unique**. Pour les résoudre, il devra donc commencer par les préciser, puis il imaginera diverses solutions avant d'en choisir une et de la mettre en œuvre. Ce sont ces capacités et vos connaissances que cet oral va évaluer et qu'il vous appartiendra de développer par la suite quand vous aurez rejoint votre école.

- la curiosité ;
- l'ouverture d'esprit ;
- la capacité à réfléchir rapidement, à rebondir, à convaincre ;
- la créativité ;
- l'autonomie ;
- la capacité à dialoguer.

◆ **Supports : une combinaison de documents iconographiques.** Pour la première partie de l'épreuve, vous tirez au sort, sur une tablette, deux cartes avec une image ou un pictogramme, l'une indiquant une technologie, l'autre une problématique actuelle. Si la technologie vous est inconnue, vous aurez le droit de demander un second tirage. Le tirage d'une troisième carte est ensuite demandé après l'exposé du candidat sur les deux premières cartes.

◆ **Coefficient pour les filières MP/ PC / PSI :** 7 ; la note de 04/20 est éliminatoire.

◆ **Durée de l'épreuve : 25 minutes**.

◆ **Jury** : composé de deux personnes (un enseignant des écoles, un ancien diplômé ayant une expérience professionnelle).

L'épreuve comporte deux parties :

- **Dans un premier temps, à partir du premier tirage, vous aurez 5 minutes de réflexion (surveillé dans la salle) pour développer un exposé de 5 minutes** et évaluer les possibilités qu'une technologie spécifique peut offrir afin de répondre à une problématique actuelle, à un grand enjeu du monde contemporain, par exemple en imaginant un produit ou un service qui utilise cette technologie et réponde à cette problématique. À l'issue de votre exposé, vous tirerez une troisième carte vous donnant un contexte concret d'application de votre idée. **Vous devrez alors imaginer en 1 minute environ comment votre proposition s'adapte à ce contexte d'application, et la proposer au jury en 2 minutes au maximum.**
- **Deuxième temps de l'épreuve : dialogue avec le jury.** Le candidat peut être invité par les membres du jury à développer certains aspects de la réflexion menée à partir des cartes. En répondant aux questions du jury, le candidat sera amené à exposer son parcours, ses motivations, son projet de formation et d'évolution professionnelle.

b. Astuces pour intégrer les écoles du groupe Mines-Telecom

◆ Il faut avoir réfléchi à qui l'on est, à ce que l'on veut mais aussi s'intéresser au monde dans lequel on vit : on évalue votre ouverture sur la société et sur les autres, votre capacité à réagir et à interagir.

◆ Soyez dynamique, spontané, être à l'écoute et ouvert au dialogue ; on évalue votre capacité à élaborer une pensée, à l'exposer, à la défendre, à la moduler en fonction des échanges.

◆ Soignez la qualité de votre communication (expression, argumentation, capacité à convaincre).

◆ Ayez une bonne connaissance du métier d'ingénieur. On évalue votre culture scientifique, vos motivations et qualités personnelles pour la profession.

3. L'épreuve de l'entretien seul

A. Durée et modalités de l'entretien

L'entretien dure en **général de 25 à 30 minutes**. Le **jury est le plus souvent constitué de deux personnes,** un professionnel et un membre du corps professoral.

B. Les enjeux de l'entretien

Outre les compétences évoquées plus haut (« Quelles sont les compétences évaluées lors d'une épreuve orale ? », p. 251), les attendus sont :

◆ la **cohérence** et la **rigueur** de votre argumentation ;

◆ votre **capacité à communiquer** sur vos centres d'intérêt, avec dynamisme et conviction ;

◆ votre **spontanéité**, votre capacité à sortir des postures « toutes faites » ;

◆ votre **aptitude à l'écoute**, au dialogue, à l'interaction ;

◆ votre **curiosité**, votre ouverture sur le monde et sur les autres, vos connaissances générales ;

◆ votre **motivation** pour le cursus et les métiers d'ingénieur.

C. Comment réussir son entretien ?

◆ Participez si possible aux **simulations d'entretiens** organisées dans votre CPGE.

◆ **Mettez en pratique l'injonction socratique du « connais-toi toi-même »** : soyez capable de citer **trois traits saillants de votre personnalité**, ainsi que **trois défauts** qui seront heureusement compensés par **trois qualités majeures**.

◆ **Sortez de votre bulle de préparationnaire, tenez-vous informé de l'actualité, des grands débats** ; n'hésitez pas à vous **faire des fiches** sur la question du Brexit, la dette, les conséquences (économiques, sociales, financières, psychologiques) de la pandémie, le développement durable et l'économie circulaire, l'ubérisation de la société, la cybersécurité (les rançongiciels), l'évolution des relations franco-africaines, etc.

4. Vingt questions possibles le jour J

Voici **vingt questions usuelles et incontournables** auxquelles il faut savoir répondre le jour J.

1. Quel est votre principal trait de caractère ?

2. Sur quel sujet êtes-vous intarissable ?

3. Citez trois qualités et trois défauts qui vous caractérisent.

4. Qui rencontre-t-on dans votre panthéon personnel ?

5. Quelle est votre conception du métier d'ingénieur ?

6. Qui a obtenu le prix Nobel de physique/de chimie cette année ?

7. Quelle est votre expérience du monde du travail et de l'ingénierie ?

8. De quelle réalisation personnelle êtes-vous fier/fière ?

9. Elon Musk est-il un modèle pour vous ?

10. Parlez-nous de circonstances dans lesquelles vous avez déjà pris des responsabilités ou d'une expérience marquante qui vous a appris quelque chose sur vous-même.

11. Qu'aimeriez-vous faire progresser chez vous ?

12. Comment fonctionne une éolienne ?

13. Imaginez que vous ayez un blason : quelles seraient vos couleurs et quelle serait votre devise ?

14. Quels sont vos engagements en dehors du temps scolaire ?

15. Quelle association de notre école a retenu votre attention ? Pourquoi ?

16. Quelles sont les grandes menaces pour l'humanité dans les années à venir ?

17. Que pensez-vous pouvoir apporter à notre école ?

18. Que vous a apporté votre passage en classe préparatoire ?

19. Dans dix ans, idéalement, où êtes-vous et que faites-vous ?

20. Avez-vous une question à nous poser ?

5. Savoir déjouer quelques pièges : à ne pas faire ou à ne pas dire !

Pièges à éviter	Conseils
Vous êtes entré dans la salle, vous avez pris place sur la chaise vide qui vous tendait les bras, vous avez tranquillement posé votre sac, votre veste de costume sur le dossier et vous entendez alors le jury vous dire perfidement : « Vous pouvez vous asseoir. ». Grand moment de solitude…	Vous n'avez plus qu'à vous excuser platement… L'année prochaine, vous saurez qu'il faut attendre derrière la chaise d'être invité à prendre place.
Le jury vous semble fort sympathique, il vous met à l'aise : cool !	Ne tombez pas dans le piège, ne commencez pas à tutoyer votre interlocuteur, ne relâchez pas votre langage. Supprimez les expressions : « on part sur », « je suis en mode…, genre… », « au niveau de », « sérieux ? », « grave ! », « ouais », « au final », « impacter ». Veillez à employer des tournures négatives complètes : « j'sais pas » est à remplacer par « je ne sais pas ». Supprimer les prononciations approximatives : « c'est quéque chose », « et pis voilà ».
Tel l'Arrias de La Bruyère, vous prétendez être un « homme universel », vous avez « tout lu », « tout vu », parcouru la planète en tous sens.	Évitez la stratégie de l'enfumage, on sait que vous n'avez que 20 ou 21 ans, on ne vous en voudra pas de ne pas tout connaître sur tout. On n'attend pas de vous que vous soyez un puits de science, mais que vous sachiez entrer dans la discussion.
Votre nez s'allonge comme celui de Pinocchio, vous mentez en vous composant un personnage qui ne vous correspond pas.	Après une quinzaine de minutes d'échange, le risque est grand de vous perdre dans vos mensonges ; le naturel que vous avez voulu chasser revient au galop, les masques tombent. Restez sincère, restez vous-même.
Vous vous trompez, vous bafouillez, votre cou se couvre progressivement de plaques rouges…	Excusez-vous, respirez longuement et reprenez : « Nous disions donc que… ». Pensez au chemisier col montant ou au foulard pour dissimuler ces taches rouges qui manifestent votre stress.
Vous n'avez pas bien géré votre temps, on vous interrompt brusquement : « Votre temps est écoulé. »	Inutile de jouer les prolongations et de vous rouler par terre, un autre candidat attend son tour dans le couloir. Passez bien plutôt directement à la petite conclusion que vous avez pris soin de préparer.

6. Six conseils pour le jour J et les précédents

1. **Les jours précédents** : gérez bien votre anxiété, soignez votre hygiène de vie, faites du sport, pratiquez quelques exercices de respiration, n'abusez ni des excitants ni des tranquillisants.

2. **Arrivez la veille** et faites un premier repérage des lieux qui vous permettra de mieux appréhender la journée du lendemain.

3. **Le jour J : jetez un œil sur la presse** qui est à disposition dans le hall d'accueil. Repérez ce qui fait la une de l'actualité, car certains examinateurs s'en inspirent. Participez aux présentations en plénière car elles permettent d'avoir des informations sur l'école et ses particularités.

4. **Exprimez-vous avec conviction, développez clairement vos idées** ; il s'agit de savoir argumenter.

5. **Écoutez attentivement les questions du jury sans jamais l'interrompre et répondez précisément aux questions sans chercher à les éluder.**

6. **Appuyez-vous sur vos expériences, votre parcours, donnez des exemples concrets de ce que vous avez fait,** faites partager ce qui vous passionne.

Bon courage et… « que la force soit avec vous ! »

PARTIE 5

Sujets et corrigés

Sujets de résumés 261

Sujet 1 : résumé CCINP 261

Sujet 2 : résumé Centrale 262

Sujet 3 : résumé CCINP 265

Corrigés des résumés 267

Sujet 1 267

Sujet 2 267

Sujet 3 268

Sujets de dissertations 269

1. Sujets avec corrigés entièrement rédigés 269

Sujet 1 : ENS/X/ESPCI 269

Sujet 2 : CCINP 269

Sujet 3 : Centrale-Supélec 269

2. Sujets avec plans détaillés 270

Sujet 4 : Agro-Véto 270

Sujet 5 : CCMP 270

→

Sujet 6 : Centrale 270

Sujet 7 : CCMP 271

Sujet 8 : ATS 271

Corrigés des dissertations 272

1. Dissertations entièrement rédigées 272

Sujet 1 : ENS/X/ESPCI 272

Sujet 2 : CCINP 276

Sujet 3 : Centrale-Supélec 280

2. Plans détaillés 284

Sujet 4 : Agro-Véto 284

Sujet 5 : CCMP 287

Sujet 6 : Centrale 291

Sujet 7 : CCMP 294

Sujet 8 : ATS 296

Sujets de résumé

Sujet 1 : résumé CCINP en 100 mots (+ ou – 10 %)

La France est une sorte d'œuvre. Je souhaiterais que notre histoire, au lieu de considérer surtout la succession des incidents et des accidents politiques, et les événements (qui ne sont à mes yeux que les crêtes et les écumes de la surface des choses), eût pour objet essentiel l'étude et l'intelligence de la suite des transformations de tous genres qui ont fait de cette terre ce qu'elle est, et de ses habitants ce que nous sommes. Sans doute, l'histoire de notre langage, celle des lois et des coutumes, celle de l'esprit public et de ses fluctuations sont des parties essentielles de ce dessein, auquel on pourrait donner la forme suivante : comment vivait-on en tel siècle ? – ou plutôt : comment pouvait-on vivre en l'an 1000, en l'an 1200 ou 1500 ? Quelles différences entre ces états de vie successifs, en tels points de France ?

Mais le langage, les lois, les mœurs – ou si l'on veut les désirs, les idées, les volontés, les conventions, – et en somme, les possibilités de concevoir ou d'agir – dépendent grandement des rapports directs de l'homme avec les choses : c'est-à-dire, du pouvoir de transformation. Nous le voyons bien aujourd'hui. Nous assistons à un accroissement brusque et démesuré de l'empire de l'homme sur la nature donnée. Nos usages, nos vies en sont prodigieusement affectés. On ne voit pas ce qui échappera à la réaction qu'exercera de plus en plus sur les êtres la puissance qu'ils ont acquise et acquerront sur les choses. Mais cette action devenue si sensible a toujours existé, sous forme lente et continue. L'immense travail interne, dont je parlais tout à l'heure, s'analyse en une quantité d'activités particulières, et la moindre réflexion fait apparaître toute l'importance des valeurs professionnelles, des expériences capitalisées, de la multiplication et du perfectionnement des métiers dans la constitution de notre être national. Nous supposons des milliards d'heures de labeurs spécialisés. Ceux qui ont déboisé, défriché, ensemencé, amendé le sol ; ceux qui ont découvert mines, carrières et gisements ; ceux qui ont capté, dirigé, distribué des eaux ; ceux qui ont bâti ; ceux qui ont forgé, ceux qui ont tracé les routes, creusé les canaux, jeté les ponts ; et ceux qui, de leurs mains et de leurs pensées, ont créé des valeurs, changé en richesses des matières qui étaient viles et négligeables : ceux-là sont les véritables fondateurs ; et non seulement fondateurs de la cité visible, mais encore, ils lui ont fait son esprit.

Certains prétendent qu'il existe une relation immédiate et comme symétrique entre la main de l'homme et son cerveau. Les articulations si riches, les mouvements si prompts, la sensibilité si bien distribuée de cette main, le nombre de ses emplois, l'instrument « universel » qu'elle est pour nous, et jusqu'à la quantité de métaphores que nous tirons de ses actes pour désigner des actes de l'esprit, donnent de la force à cette opinion indémontrable. Quant à moi, même fausse, je la trouve très bonne à méditer. Je m'assure que l'intelligence doit toujours se référer au système d'actes que nous savons ou pouvons accomplir, que sa fin est quelque industrie, et que la pratique de quelque métier lui donne des habitudes ou lui inspire des analogies très précieuses. Je dis maintenant que l'esprit français doit beaucoup à tous ces cultivateurs, vignerons, artisans, ouvriers des métaux ou du bois, créatures et créateurs de leur pays. Considérez en France cette quantité de chefs-d'œuvre locaux qui s'y remarquent. Songez à tant d'architectures, aux travaux d'art les plus parfaits du monde, aux meubles, aux étoffes précieuses, aux faïences et aux ferronneries ; énumérez ces crus célèbres dont la liste est une sorte d'armorial, et qui doivent aux soins et à l'expérience autant qu'à la nature ; visitez les cultures savantes des fleurs destinées aux parfums, des fruits soigneusement surveillés, préservés : rose et jasmin de Grasse et de Vence, chasselas délicatement ciselé de Thomery ; n'oubliez même pas les peines et les merveilles de l'art d'écrire notre langue, la seule dans laquelle subsiste encore un peu le souci de peser les mots, d'ordonner les pensées, d'accuser les formes du discours, comme si nous étions encore à l'époque fabuleuse où les esprits étaient sensibles et où le temps ne comptait pas...

Paul Valéry, *Regards sur le monde actuel*, N.R.F, Gallimard, 1945.

Sujet 2 : résumé Centrale en 200 mots (+ ou – 10 %)

Depuis le néolithique, l'accroissement de la productivité, en vue d'améliorer matériellement la vie, au-delà de la simple survie, prendra le devant de la scène économique. Dans la première phase de l'histoire des civilisations, cette priorité s'est traduite par des systèmes d'oppression des masses réduites en esclavage au profit d'une élite de guerriers et de prêtres. Le travail y était déconsidéré, activité primaire de survie, activité vile par excellence, dont témoigne son étymologie latine, le *tripalium*, instrument de torture constitué de trois pieux en croix permettant de ligoter des suppliciés. Pour les Grecs de l'Antiquité, travailler est tellement dégradant qu'il n'y a pas de mots correspondants. Les grandes activités humaines, comme la physique, l'astronomie, sont des arts. Les besoins primaires passent au second plan, même si la nécessité oblige à mobiliser l'essentiel de la force humaine pour les assouvir au profit d'une minorité qui peut ainsi se permettre d'être oisive. Un travailleur est en fait un esclave, un « outil animé » écrira Aristote, qui ne peut être libre. C'est ce que pense aussi Cicéron à Rome pour qui celui qui vend sa force laborieuse se réduit lui-même en esclavage. Cette économie de rareté, qui dépasse l'objectif de la simple subsistance, va aboutir au mode de production capitaliste, focalisé sur la production et l'accumulation matérielles, dont le travail, dans sa dernière phase, deviendra la valeur centrale.

Le mot pour désigner le travail proprement dit n'apparaît qu'au XVe siècle, à la fin du Moyen Âge. Et c'est seulement à partir du XVIe siècle, nous dit Dominique Méda, qu'il va progressivement devenir un « facteur de production », une valeur de plus en plus centrale justifiant la distribution des revenus, et bientôt la distribution des statuts dans la société bourgeoise en gestation. C'est un renversement étonnant qui s'opère : le sacre du travail.

Dans l'Antiquité, celui qui doit travailler pour vivre ne peut être libre. À l'opposé du nouveau slogan fédérateur, qui sonne comme un oxymore, du travail-libérateur ; le travail est érigé à la hauteur d'un principe moral qui, d'après Voltaire, réussit le prodige de déjouer « l'ennui, le besoin et le vice ». Cette vision remonte au christianisme. Dans le monde biblique, l'effort laborieux est loin d'être positif puisqu'il fait partie de la punition de l'homme déchu du paradis. « Tu mangeras ton pain à la sueur de ton front », avertit la Genèse. Avec le christianisme, la malédiction de l'effort laborieux prendra une connotation positive et rédemptrice. Par le travail, l'homme peut se racheter, écrit saint Augustin, par ailleurs initiateur de la notion de péché originel. Selon saint Thomas d'Aquin, le travail permet aussi d'éliminer l'oisiveté. C'est peut-être là le cœur du renversement. Tandis que le travail devient une valeur positive, constitutive de l'essence de l'homme de bien qui accomplit modestement et laborieusement l'œuvre divine, l'oisiveté, le temps libre, attribut de l'homme libre, du citoyen grec, va être dégradée en valeur négative, source du mal, valeur diabolique en somme.

Ce renversement moral de facture chrétienne, catholique en particulier, du sens de l'opposition travail-oisiveté va jouer un rôle majeur dans le décollage industriel de l'Europe face au reste du monde. Le sens négatif qui sera désormais celui de l'oisiveté va conditionner le développement du comportement ascétique, que Max Weber a très justement distingué du comportement mystique. Le mystique attend de se mettre à l'unisson du divin. Il se laisse emporter. Il est oisif. L'ascète est au contraire laborieux à l'extrême. Il cherche à ne pas garder la moindre minute à lui dans laquelle pourraient se glisser de diaboliques tentations. Pour cela il organise sa journée dès l'aube, et même un peu avant, jusqu'au soir : prières, exercices spirituels, et surtout services à la communauté, sans discontinuer. Il rationalise à l'extrême son comportement : division systématique de son effort en vue de la rédemption.

L'ascétisme a fait des monastères les premières grandes unités de production rationnelle d'Occident, précurseurs de nos usines modernes. Les immenses domaines des monastères ont pris une grande part au défrichage des forêts européennes, laissant le champ libre à l'agriculture intensive. À cet ascétisme hors du monde, « extramondain » selon l'expression de Weber, celui des communautés monacales retirées de la vie civile, va succéder l'ascétisme dans le monde, intramondain, celui des entrepreneurs protestants. Le pieux père de famille protestant va se comporter comme un ascète dans le monde des affaires. Offrant tous ses efforts et sa réussite économiques à Dieu. Le succès du type du puritain austère, thésaurisateur et investisseur, qui a poussé à la dernière extrémité le rejet des loisirs, exacerbant l'amour du travail, qui se comporte comme un moine ascète dans le monde civil, va être déterminant dans le décollage industriel de l'Occident. Et plus encore dans le développement industriel du nord de l'Europe majoritairement protestante. À ce productivisme ascétique se joint un respect scrupuleux des engagements contractuels, qui va accentuer la confiance des acteurs économiques. [...]

Le travail n'est plus seulement un « facteur de production » mais il est devenu une richesse en soi. C'est le sens du mot « emploi » : le travail non plus comme nécessité vitale, emprisonnement, effort contraint, mais comme atout, source de tous les bienfaits, de la réussite. Non plus honte mais fierté. L'emploi donne un sens à l'existence, et, inversement, le chômage est l'expression honteuse de la déchéance. Celui qui n'a pas d'emploi devient proprement anormal, voire immoral. Mais comme il ne faut pas abuser des bonnes choses, le capitalisme a dû, pour se perpétuer et se développer, limiter cette frénésie laborieuse qui a emporté dès le XIXe siècle les hommes, les femmes, les enfants, les vieillards, jusqu'à l'épuisement dans « des manufactures où la journée était de seize heures », alors que « les forçats des bagnes ne travaillaient que dix heures, les esclaves des Antilles neuf heures en moyenne » [L.-R. Villermé, *Tableau de l'état physique et moral des ouvriers dans les fabriques de coton, de laine, et de soie*, 1848].

Le droit au travail transforme par magie l'effort indésirable en emploi. C'est-à-dire en prérogative hautement désirable. Sur cette base, le patron peut apparaître comme un généreux bienfaiteur. Il peut retirer son offrande à tout moment si l'heureux bénéficiaire qu'est l'employé ne s'en montre pas digne. Mais pour que ce chantage au chômage reste un levier efficace, le *droit au travail*, équivalant au droit à la dignité, voire au bonheur, doit être accompagné du *droit du travail*. Dans un sens, et même s'il n'y eut pas d'alternative jusqu'au début du XXIe siècle – puisqu'il fallait bien que quelqu'un fabrique les produits destinés à la consommation –, les syndicats qui ont défendu bec et ongles le droit au travail ont fait le jeu du capitalisme, c'est-à-dire des propriétaires des moyens de production.

Raphaël Liogier, *Sans emploi. Condition de l'homme postindustriel*,

Sujet 3 : résumé CCINP en 100 mots (+ ou – 10 %)

Il n'est peut-être pas inutile d'ajouter quelques mots sur le statut social des mendiants : car celui qui les a côtoyés journellement et a pu constater que ce sont des êtres humains comme vous et moi ne peut s'empêcher d'être frappé par la curieuse attitude que la société adopte à leur égard. Pour les braves gens, dirait-on, il y a une différence essentielle entre les mendiants et les « travailleurs » normaux. Ils forment une race à part, une classe de parias, comme les malfaiteurs et les prostituées. Les travailleurs « travaillent », les mendiants ne « travaillent » pas. Ce sont des parasites, des inutiles. On tient pour acquis qu'un mendiant ne « gagne » pas sa vie au sens où un maçon ou un critique littéraire « gagnent » la leur. Le mendiant n'est qu'une verrue sur le corps social, qu'on tolère parce que nous vivons dans une ère civilisée, mais c'est un être essentiellement méprisable.

Pourtant, à y regarder de plus près, on s'aperçoit qu'il n'y a pas de différence fondamentale entre les moyens d'existence d'un mendiant et ceux de bon nombre de personnes respectables. Les mendiants ne travaillent pas, dit-on. Mais alors, qu'est-ce que le travail ? Un terrassier travaille en maniant un pic. Un comptable travaille en additionnant des chiffres. Un mendiant travaille en restant dehors, qu'il pleuve ou qu'il vente, et en attrapant des varices, des bronchites, etc. C'est un métier comme un autre. Parfaitement inutile, bien sûr – mais alors bien des activités enveloppées d'une aura de bon ton sont elles aussi inutiles. En tant que type social, un mendiant soutient avantageusement la comparaison avec quantité d'autres. Il est honnête, comparé aux vendeurs de la plupart des spécialités pharmaceutiques ; il a l'âme noble comparé au propriétaire d'un journal du dimanche ; il est aimable à côté d'un représentant de biens à crédit – bref c'est un parasite, mais un parasite somme toute inoffensif. Il prend à la communauté rarement plus que ce qu'il lui faut pour subsister et – chose qui devrait le justifier à nos yeux si l'on s'en tient aux valeurs morales en cours – il paie cela par d'innombrables souffrances. Je ne vois décidément rien chez un mendiant qui puisse le faire ranger dans une catégorie d'êtres à part, ou donner à qui que ce soit d'entre nous le droit de le mépriser.

La question qui se pose est alors : pourquoi méprise-t-on les mendiants ? Car il est bien vrai qu'on les méprise universellement. Je crois quant à moi que c'est tout simplement parce qu'ils ne gagnent pas « convenablement » leur vie. Dans la pratique, personne ne s'inquiète de savoir si le travail est utile ou inutile, productif ou parasite. Tout ce qu'on lui demande, c'est de rapporter de l'argent. Derrière tous les discours dont on nous rebat les oreilles à propos de l'énergie, de l'efficacité, du devoir social et autres fariboles, quelle autre leçon y a-t-il que « amassez de l'argent, amassez-le légalement, et amassez-en beaucoup » ?

L'argent est devenu la pierre de touche de la vertu. Affrontés à ce critère, les mendiants ne font pas le poids et sont par conséquent méprisés. Si l'on pouvait gagner ne serait-ce que dix livres par semaine en mendiant, la mendicité deviendrait tout d'un coup une activité « convenable ». Un mendiant, à voir les choses sans passion, n'est qu'un homme d'affaires qui gagne sa vie comme tous les autres hommes d'affaires, en saisissant les occasions qui se présentent. Il n'a pas plus que la majorité de nos contemporains failli à son honneur : il a simplement commis l'erreur de choisir une profession dans laquelle il est impossible de faire fortune.

George Orwell, *Dans la dèche à Paris et à Londres* (1933),
traduit de l'anglais par Michel Pétris,

Corrigés des résumés

Sujet 1

La France est notre ouvrage. L'Histoire, purement événementielle, devrait en faire l'étude.

Certes, il faut connaître les mutations **/20** des mœurs mais ne résultent-elles pas de l'interaction de l'homme avec son environnement ? L'homme a toujours **/40** été le maître de la nature. Le visage de la nation est le fruit d'un travail collectif continu et **/60** réparti entre tous. Les artisans de jadis sont donc les vrais bâtisseurs de l'identité de la nation.

Si la **/80** main est notre outil, le prolongement de notre intelligence, alors nous devons notre patrimoine national aux mains des travailleurs manuels. **/100**

100 mots.

Sujet 2

Depuis l'âge de la pierre polie, la productivité est accrue pour vivre mieux, et non plus seulement survivre, et l'esclavage se développe. Sous l'Antiquité, le travail est perçu comme activité dégradante ; conformément à son étymologie latine, celui qui travaille n'est qu'un instrument animé. Le capitalisme **/50** dérive de ce désir de gagner en productivité.

Mais à partir du xve siècle, un retournement s'opère : le mot « travail » entre dans la langue et prend une acception positive. Glorifié, le travail devient la vertu cardinale d'une société marchande, au contraire de l'oisiveté, stigmatisée, car le christianisme **/100** confère au travail un pouvoir de rédemption capable aussi d'éloigner l'homme de tous les vices. L'inversion du couplage travail-loisir favorise le développement industriel européen notamment grâce au protestantisme ; la règle monacale ascétique se propage ensuite à toute la société civile, facteur de production propice au développement **/150** industriel de l'Europe du Nord.

Ainsi naît la valeur travail, symbole de réussite pour celui qui désire travailler, puisque le chômage est dégradant. Mais, pour réfréner cet engouement collectif pour le travail au XIXe, le capitalisme doit légiférer sur le temps de travail, se doter d'un code du **/200** travail qui transforme paradoxalement le syndicalisme en défenseur du capitalisme.

210 mots.

Sujet 3

La société considère communément que les mendiants, parasites, n'exercent pas un véritable métier. Malgré les conditions pénibles de leur **/20** activité, dehors, dans le froid, ils ne sont pas perçus comme des travailleurs.

Pourtant, leur tâche n'est pas plus **/40** inutile que d'autres. De plus, ils font en général preuve de bien plus de qualités morales que d'autres **/60** professions. Ils ne font de mal à personne.

En réalité, le mépris dont ils pâtissent tient à ce qu'ils **/80** ne gagnent pas assez d'argent. La société respecte les plus aisés. Les mendiants sont donc simplement des individus qui **/100** n'ont pas choisi une filière lucrative.

107 mots.

Sujets de dissertations

1. Sujets avec corrigés entièrement rédigés

Sujet 1 : ENS/X/ESPCI

Selon la sociologue Dominique Méda, le travail est « emporté par une logique qui le dépasse infiniment et fait de lui un moyen au service d'une autre fin que lui-même. Il ne peut pas dès lors être le lieu de l'autonomie et de l'épanouissement ».

Dominique Méda, « VI. L'utopie du travail libéré », *in* Méda Dominique (dir.) *Le Travail. Une valeur en voie de disparition*, Flammarion, 2010, p. 149-179.

Vous commenterez et discuterez ce propos en vous appuyant sur des exemples précis empruntés notamment aux œuvres du programme.

Sujet 2 : CCINP

Dans un article de 2018, le psychiatre et sociologue Christophe Dejours affirme : « S'il y a du plaisir dans le travail, il ne peut que venir dans un second temps, par transformation de la souffrance en plaisir. »

Christophe Dejours, « VII. Travail vivant et accomplissement de soi », *in* Pierre Musso (éd.), *Qu'est-ce qu'un régime de travail réellement humain ?*, Hermann, 2018, p . 97-112.

Dans quelle mesure votre lecture des œuvres du programme vous permet-elle de souscrire à ce propos ?

Sujet 3 : Centrale-Supélec

« Et l'Esclave ne peut travailler pour le Maître, c'est-à-dire pour un autre que lui, qu'en refoulant ses propres désirs. »

Alexandre Kojève, *Introduction à la lecture de Hegel*, Gallimard, 1947.

Vous examinerez la pertinence de ce propos en le confrontant aux trois œuvres du programme.

2. Sujets avec plans détaillés

Sujet 4 : Agro-Véto

« L'époque moderne s'accompagne de la glorification théorique du travail et elle arrive en fait à transformer la société tout entière en une société de travailleurs. Le souhait se réalise donc, comme dans les contes de fées, au moment où il ne peut que mystifier. C'est une société de travailleurs que l'on va délivrer des chaînes du travail, et cette société ne sait plus rien des activités plus hautes et plus enrichissantes pour lesquelles il vaudrait la peine de gagner cette liberté. »

Hannah Arendt, *Condition de l'homme moderne*,
1958, Éditions Calmann-Lévy, 1983.

En quoi cette affirmation vous permet-elle d'approfondir votre réflexion sur le travail et votre lecture des œuvres au programme : les *Géorgiques* de Virgile, *La Condition ouvrière* (pages 49 à 76 et 205 à 351, pages 389 à 397, pages 418 à 434) de Simone Weil et *Par-dessus bord*, version hyper-brève, de Michel Vinaver ?

Sujet 5 : CCMP

« Il est tout aussi faux de s'imaginer que si Adam et Ève étaient demeurés au Paradis, ils n'auraient rien fait d'autre que d'être assis ensemble, chanter des chants pastoraux, et contempler la beauté de la nature. L'ennui les eût torturés tout aussi bien que d'autres hommes dans une situation semblable.

L'homme doit être occupé de telle manière qu'il soit rempli par le but qu'il a devant les yeux, si bien qu'il ne se sente plus lui-même et que le meilleur repos soit pour lui celui qui suit le travail. »

Emmanuel Kant, *Réflexions sur l'éducation* [1803],
trad. de l'allemand par A. Philonenko, Vrin, 1993, p. 110-111.

Vous direz dans quelle mesure cette citation éclaire ou renouvelle votre lecture des œuvres inscrites cette année à votre programme : les *Géorgiques, La Condition ouvrière* (pages 49 à 76 et 205 à 351, pages 389 à 397, pages 418 à 434.) et *Par-dessus bord*, version hyper-brève.

Sujet 6 : Centrale

« Travailler, c'est faire face à tout ce qui varie, à tout ce qui n'est pas prévu d'avance. »

François Daniellou, « 1. Plongée », *in* Laurence Théry (éd.),
Le Travail intenable. Résister collectivement à l'intensification du travail,
La Découverte, 2010, p. 31-37.

En faisant jouer cette formule dans les œuvres du programme, vous direz dans quelle mesure une telle confrontation donne sens à ce propos et éclaire ou renouvelle votre lecture des trois textes.

Sujet 7 : CCMP

« Fou celui-là qui prétend distinguer la culture d'avec le travail. Car l'homme d'abord se dégoûtera d'un travail qui sera part morte de sa vie, puis d'une culture qui ne sera plus que jeu sans caution, comme la niaiserie des dés que tu jettes s'ils ne signifient plus ta fortune et ne roulent plus tes espérances. »

Antoine de Saint-Exupéry, *Citadelle*, Gallimard, 1948.

Vous direz dans quelle mesure cette citation éclaire votre lecture des œuvres inscrites cette année à votre programme : les *Géorgiques, La Condition ouvrière* et *Par-dessus bord* (version hyper-brève).

Sujet 8 : ATS

N.B. : Le programme des ATS (hors ATS-Bio) comporte *La Condition ouvrière* de Simone Weil et *Par-dessus bord* (version hyper-brève) de Michel Vinaver, non les *Géorgiques* de Virgile.

« Fi d'avoir un prix pour lequel on cesse d'être une personne pour devenir une vis ! »

Nietzsche, *Aurore*, III, § 206 ; 1881.

Vous discuterez cette phrase exclamative de Nietzsche en vous appuyant, de manière précise, sur les œuvres au programme.

Corrigés des dissertations

1. Dissertations entièrement rédigées

Sujet 1

Introduction

Est autonome celui qui se dirige par ses propres lois et prend ses décisions sans devoir être aidé, influencé ou gouverné par autrui. L'autonomie, qui ne requiert pas de tiers, a partie liée avec l'épanouissement, sentiment profond et durable d'accomplissement personnel. L'être épanoui vit sa vie avec un bonheur et une fierté qui émanent de ses propres initiatives et réussites, souvent professionnelles. Or, selon Dominique Méda, le travail est « emporté par une logique qui le dépasse infiniment et fait de lui un moyen au service d'une autre fin que lui-même. Il ne peut pas dès lors être le lieu de l'autonomie et de l'épanouissement ». La finalité première du travail réside dans le revenu que l'on en tire et le niveau de vie qu'il permet d'atteindre. À côté des loisirs et de la vie familiale, il constitue un moyen d'assurer sa subsistance et de construire une certaine image. S'il est pris dans « une logique qui le dépasse infiniment », c'est que ses conditions d'exercice échappent largement à l'individu. Rares sont ceux qui peuvent faire fi du monde du travail, système qui cadre les initiatives personnelles. Pour autant, le réduire à « une autre fin que lui-même » fait courir le risque d'omettre toute sa signification psychologique et sociale. Travailler uniquement pour d'autres buts que le travail lui-même le dévalorise considérablement, surtout à l'horizon du bonheur. L'épanouissement de l'humain se situerait-il donc à l'écart de l'activité professionnelle ? Nous examinerons ce problème à la lumière de *La Condition ouvrière* (1934-1942), de Simone Weil, des *Géorgiques* (Ier s. av. J.-C.), de Virgile, et de *Par-dessus bord* (2003), de Michel Vinaver, en suivant trois étapes : le travail apparaît tout d'abord bien comme le lieu de la contrainte et de la dépendance. Cependant, ne construit-il pas en son sein la plénitude de l'individu ? Surtout, le manque de prises sur le monde du travail ouvrirait la voie à une finalité majeure, celle de l'ambition et du défi, recherchés comme tels.

(I) Le travail astreint l'individu à des obligations, de sorte qu'il apparaît comme le lieu de la contrainte et de la dépendance à un système.

(A) L'individu, pris dans la logique du besoin physiologique et d'un certain niveau de vie, appréhende le travail comme un **devoir**. Il est un moyen de gagner son pain. S. Weil revient souvent sur la détresse des ouvriers dont la survie se joue à des détails. Dans « La vie et la grève des ouvrières métallos », elle relate la faim qui menace de tenailler les malchanceux qui n'ont pas pu travailler autant qu'il le fallait pour vivre confortablement. « Pas la sous-alimentation, qui peut, elle, se produire en permanence, même sans coup dur – la faim. » C'est aussi un besoin vital que chante Virgile dans les *Géorgiques*, celui que le travail de la terre pourra combler de ses vivres. De même, la nourriture figure en leitmotiv de *Par-dessus bord*, du festin d'ouverture au festin final, mais aussi à travers la métaphore de l'*input* (les aliments) et de l'*output* (les excréments) formulée par Jack et Jenny.

(B) L'individu n'est pas seulement acculé par la nécessité de travailler : il appartient à un **système**, avec lequel il doit composer. Les personnages de *Par-dessus bord* ne prennent jamais leurs décisions librement. Du respect de la responsabilité de chaque employé dépend l'efficacité de Ravoire et Dehaze. Dans le 2e mouvement, Grangier déplore « une atmosphère systématique d'incompréhension », expliquant les dysfonctionnements de l'entreprise. Il s'agit de s'ouvrir à une altérité, sur laquelle repose notre propre travail. Chez Virgile, le berger Aristée dépend de ses abeilles, sans lesquelles une tragédie se profile ; de même pour les éleveurs dont les bêtes meurent de maladie. Enfin, qui de plus imbriqué dans un système que les ouvriers de la *Condition ouvrière* ? Gare à ceux qui ne se plient pas aux exigences des patrons et des divers contremaîtres.

(C) L'individu en arrive parfois à subir une **dégradation** par le travail. Dans une lettre à Jacques Lafitte, S. Weil fait la description minutieuse de l'altération de la dignité ouvrière par la monotonie et la rapidité de la cadence des tâches. La suite « placer la pièce – serrer un étau – mouvoir un levier – retirer la pièce » semble aux antipodes et d'une quelconque autonomie, et d'un quelconque épanouissement possible. Pour réhabiliter la dignité du forçat, il faudrait inverser ce qui incombe respectivement à la machine et à l'homme. La fin du chant III des *Géorgiques*, dépeignant les affres des maladies du bétail, interroge la vanité d'un travail dont le fruit est réduit à néant. À voir ses efforts stériles, la fierté de l'humain se dégrade. Que dire de Madame Bachevski, dans la pièce de M. Vinaver, victime d'une hémiplégie peu après avoir été remerciée ? Frappée de déchéance, elle dépérit.

(T) Le travail ne trouve donc souvent pas de seule finalité en lui-même. Ses impératifs le débordent. Sa nature et ses circonstances aliènent parfois l'être humain. L'autonomie dans l'exercice de son métier se limite alors à l'illusion d'une maîtrise de certaines décisions. Pourtant, l'épanouissement comme enjeu humain se nourrit du travail.

(II) Le travail construit en son sein la plénitude de l'individu.

(A) Nul facteur de **valorisation sociale** ne détrône le travail. L'identité personnelle va de pair avec l'identité professionnelle. Dans le dernier chant des *Géorgiques*, le berger Aristée, marri d'avoir vu ses abeilles périr par la maladie, implore Cyrène. Il clame avoir ainsi perdu « l'honneur même de [sa] vie mortelle ». La loyauté, valeur proche de l'honneur, que Dehaze père évoque auprès de Cohen, dans *Par-dessus bord*, nourrit aussi l'identité professionnelle de l'individu. S. Weil insiste sans cesse sur l'honneur de l'ouvrier. L'extirper de la répétitivité des tâches et l'ouvrir à la connaissance de certains enjeux patronaux contribueraient à son bien-être. Pourrait alors se dessiner la plénitude, ce sentiment d'une vie complète, équilibrée entre les relations humaines, les passions et loisirs, ainsi que les activités rémunératrices.

(B) Au demeurant, l'**énergie** et la bonne volonté que le travail incite à déployer participent de l'équilibre personnel. Lubin dans la pièce de M. Vinaver fait montre d'un tel zèle à de nombreuses reprises avec Madame Lépine. Comment imaginer qu'il puisse se comporter ainsi sans travail, lequel, admet-il, est toute sa vie ? De même, quelle énergie que celle des agriculteurs, éleveurs et apiculteurs chez Virgile : « Tout ce mal que les hommes et les bœufs se sont donné pour retourner la terre » ! D'ailleurs, S. Weil confie à Auguste Detœuf que les travaux des champs, si éreintants soient-ils lors de journées de quinze heures, stimulent en elle une énergie et une bonne volonté, que le travail à l'usine n'est pas près de faire émerger. Le type de travail importe au plus haut point.

(C) La plénitude repose ainsi sur la **prise en main** par l'individu de **son propre travail**. Si personne n'est maître de soi-même, l'exercice d'un certain libre arbitre dote de satisfaction le quotidien professionnel. S. Weil formule régulièrement le projet ambitieux d'une plus grande responsabilité des ouvriers. Voilà pourquoi elle célèbre – notamment auprès de Victor Bernard – la grève comme une revalorisation de soi, un gain de fierté qui contribue à l'épanouissement de ceux qui furent avant tout serfs. Les personnages de *Par-dessus bord* briguent tous une certaine maîtrise, à l'image de Dutôt qui souhaiterait pouvoir motiver des troupes choisies par ses soins. Les incursions de Passemar l'auteur visent, elles, à justifier ses choix, comme pour légitimer le travail dont il est le principal décisionnaire. Chez Virgile, l'opposition que le poète établit entre le travail de la terre et le travail à la guerre souligne la plus grande maîtrise que ce premier implique.

(T) Le travail, catégorie essentielle de la plénitude de l'individu, ne le libère pas pour autant de la dépendance d'un système, et n'est pas la seule clé de son épanouissement. Il pousse surtout l'humain à se lancer et à se dépasser.

(III) Le travail est le lieu du défi et de l'ambition.

(A) **La prise de risque** est inhérente au travail. L'entreprise Ravoire et Dehaze, menacée par la concurrence américaine, se voit contrainte d'oser une restructuration majeure. Le défi relevé par la direction, en particulier Benoît, implique un sacrifice à la hauteur de son ambition. Le nouveau patron avertit ses équipes : « nous raclons le fond et nous allons le racler encore un peu plus durement pendant quelque temps ». Le cultivateur et l'éleveur des *Géorgiques* doivent aussi composer avec les aléas climatiques ou épidémiques. S'engager dans de telles activités suppose d'accepter l'augure de la catastrophe. Pour ce qui est de S. Weil, son article sur la rationalisation retrace l'histoire de l'ascension audacieuse de Taylor. Il n'a pas hésité à se placer en porte-à-faux de ses collègues pour se hisser dans les échelons. Et le travail de philosophe ouvrière comporte de même sa part de risque, à la fois physique et moral.

(B) Le travail stimule les **rêves**, horizon où l'on se projette. S. Weil elle-même inscrit sa démarche dans la quête d'une amélioration du sort des ouvriers, par le biais d'une compréhension meilleure de l'être humain. À chaque constat dépité correspond une ébauche de solution crédible, dont elle rêve. Les fantasmes d'expansion de l'entreprise et d'ascension dans l'entreprise parcourent également *Par-dessus bord*. Selon Benoît, le potentiel de croissance de l'entreprise est illimité. Passemar lui-même au début de la pièce s'estime en posture favorable : « j'ai l'impression que je ne suis pas mal placé pour la succession ». Le poème didactique de Virgile invite aussi à un onirisme ambitieux. Le lecteur, transporté dans la poésie, rêve à un univers harmonieux.

(C) Le travail serait finalement le lieu de l'**utopie**, soit un non-lieu. Si les utopies pensent leur propre monde du travail idéal, l'individu pense son travail utopique idéal inaccessible. À maintes reprises, S. Weil admet que ses propositions sont irréalisables. Elles appartiennent à un autre univers, un autre monde – qui n'existerait pas. À Victor Bernard, elle déclare souhaiter « collaborer d'en bas » avec le patron, mais admet aussitôt formuler « une chimère », métaphore mythologique du fantasme irréel. Le lieu des *Géorgiques* n'existe-t-il pas seulement dans l'esprit de Virgile ? Ses vastes invocations aux dieux nimbent la réalité agraire d'une aura mythologique et mystique. Et le parallèle mythologique que suggère l'intérêt de Passemar pour les récits de Monsieur Onde dans *Par-dessus bord* n'est-il pas là pour souligner que le spectacle de l'entreprise n'est rien d'autre qu'un mythe ?

Conclusion

La finalité du concept de travail fluctue, en phase avec les mutations de la société. Travailler ne se réduira jamais à travailler, puisque tant d'autres composantes bâtissent l'autonomie et l'épanouissement d'une vie. De là cependant à affirmer que la logique du travail le dépasse infiniment ? Ce lieu de l'ambition et du défi n'est-il finalement pas, au contraire, la finalité qui couronne la richesse de l'existence ? Il semble en tout cas pris dans un jeu éternel, « de sorte que la fin rejoint le commencement », comme l'affirme le tout-puissant Passemar en clôture de *Par-dessus bord*.

Sujet 2

Introduction

Innombrables sont les formes sous lesquelles le plaisir se présente, selon l'individu, l'événement ou la situation. Il se distingue d'un côté de l'ordinaire, de la peine et de la souffrance, et, d'un autre côté, du bonheur. Le plaisir éphémère se jauge à l'échelle d'un moment tandis que le bonheur s'apprécie dans la durée. Or, selon Christophe Dejours, « s'il y a du plaisir dans le travail, il ne peut que venir dans un second temps, par transformation de la souffrance en plaisir ». Le travail, cette activité dont la finalité ne se réduit pas aux moyens de subsistance, s'oppose avant tout aux loisirs et à l'oisiveté. Travailler, c'est fournir un effort contraignant, qui parfois confine à la souffrance. Cet effort tend à valoriser l'individu, par une satisfaction intime et sociale, au point même de façonner son identité. Mais Christophe Dejours arrime sa réflexion au plaisir ponctuel, sensation agréable au moment du travail. Selon lui, l'individu souffre nécessairement avant le plaisir. Pourtant, il semblerait *a priori* que l'horizon du dépassement de la souffrance aboutisse plutôt au bonheur. Cette notion de souffrance elle-même s'échelonne en plusieurs niveaux d'intensité physique et psychologique. De la simple concession ou contrainte, elle culmine à la torture et au supplice. Par un processus de transformation, et non de disparition ou résilience, la souffrance se muerait en plaisir. La souffrance constitue-t-elle donc un passage obligé vers le plaisir au travail, étape distincte qui s'éprouve à plein ? Nous examinerons ce problème à la lumière de *La Condition ouvrière* (1934-1942), de Simone Weil, des *Géorgiques* (Ier s. av. J.-C.), de Virgile, et de *Par-dessus bord* (2003), de Michel Vinaver, en nous posant successivement les questions suivantes : la pénibilité parfois douloureuse, à laquelle se joint une satisfaction, n'est-elle pas inhérente au travail ? Mais cette souffrance ne caractérise-t-elle pas surtout de simples contraintes initiales, que l'individu surmonte rapidement, au point de pouvoir travailler sans souffrir ? Si souffrance il demeure cependant, ne pourrait-on déceler un plaisir en son sein-même : le plaisir pur de l'effort si éreintant qu'il jouxte la souffrance ?

(I) À l'évidence, le travail se définit par la pénibilité, qui se gradue du simple engagement à la souffrance proprement dite. En résulte une satisfaction.

(A) Le **plaisir du travail accompli** se fait jour à plusieurs reprises dans les trois œuvres. Dans le deuxième chant des *Géorgiques*, le poète dépeint les « pénibles soins » que nécessite la culture de la vigne, avant de célébrer « les dons de Bacchus ». Les fruits de l'épuisant labeur récompensent le vigneron. De même, à la fin de *Par-dessus bord*, Benoît rend hommage au travail mené à bien par « trois hommes qui dans le feu de l'action ont prouvé leur dimension », dont Dutôt, qui avait été licencié par Dehaze père. Aux tourments succède la satisfaction du travail accompli, comme le conçoit S. Weil dans son appel aux ouvriers de Rosières, invitant les hommes à évoquer « la fierté de l'effort accompli ».

(B) En outre, le travail s'inscrit dans un **cadre contraignant**. Les employés de Ravoire et Dehaze appartiennent à une entreprise hiérarchisée. À chacun incombe une responsabilité, de laquelle il doit répondre. Dès le début de *Par-dessus bord*, Dutôt reproche notamment à Grangier de ne pas faire preuve de flexibilité sur la production en usine. Les travailleurs de la terre des *Géorgiques*, eux, composent avec l'intransigeance des cycles du monde. Le premier chant revient sur l'alternance saisonnière, qui dirige les faits et gestes de quiconque élève ou cultive. L'optimisation de son travail sous cette contrainte génère une certaine satisfaction. De la contrainte, on passe au véritable joug, pour ce qui est du rapport d'obéissance des ouvriers des années 1930 avec leurs supérieurs. Dans une lettre à Auguste Detœuf, S. Weil souligne : « on dépend tellement des chefs qu'on ne peut pas ne pas les craindre. » Dès lors, y a-t-il lieu de supputer l'existence de plaisir ?

(C) Le plaisir du travail se réduit parfois au simple **plaisir physiologique** d'avoir gagné son pain. Le rythme effréné auquel Simone Weil s'est soumise engendrait pour principale satisfaction celle d'avoir mérité sa pitance, comme elle le relate dans sa correspondance. La nourriture apparaît dans *Par-dessus bord* aux deux extrémités de la pièce, au cours de la « réunion de famille », puis du « festin de mariage ». L'atmosphère de ripaille mire l'abondance alimentaire que génère une entreprise aussi grande. Ces assemblées résonnent avec les laboureurs de Virgile, qui donnent « de gais festins entre eux ». L'énergie de la souffrance se transforme en plaisir de consommer, directement ou non, le fruit de son travail. Mais dans certains cas, comme chez S. Weil, « manger coûte un effort encore » (« La vie et la grève des ouvrières métallos »). Quand le repas est acquis au prix d'une véritable aliénation du corps et de l'âme, « ce repas n'est pas une détente ».

(T) La souffrance succède au plaisir, en ce que ce sentiment éphémère scande le quotidien contraignant, si ce n'est accablant, du travailleur. Ces deux étapes distinctes se dessinent par la puissance de conversion de la souffrance en plaisir là où l'inverse paraît peu répandu. Pour autant, travailler sans souffrir, n'est-ce pas travailler tout de même ?

(II) Le travail dépourvu de souffrances constitue la réalité de certains.

(A) Au cœur d'un **équilibre de vie**, le travail complète d'autres activités essentielles comme les loisirs, les occupations familiales ou diverses obligations. Plus qu'une souffrance changée en plaisir, il serait simple porteur d'une satisfaction modérée et conforme. S. Weil comprend la réticence de certains ouvriers de Rosières à prendre le temps de témoigner de leur quotidien. Une fois sortis de l'usine, ils prisent avant tout la détente, pendant légitime du travail éreintant. Dans le 4e mouvement de *Par-dessus bord*, Lubin souligne la valeur d'un tel équilibre auprès de Madame Lépine. Les affaires professionnelles et personnelles se contrebalancent. Ce tableau de l'harmonie d'une vie familiale industrieuse est dépeint dans le premier chant des *Géorgiques*, avec la compagne du laboureur qui charme « par ses chansons l'ennui d'un long labeur ».

(B) Loin de la souffrance, la valeur du travail réside dans l'**épanouissement** de l'individu. Les personnages de *Par-dessus bord* associent leur rôle dans l'entreprise à la réussite de leurs vies. Le bonheur des divers employés passe avant tout par leur activité professionnelle, laquelle leur prodigue un sentiment d'accomplissement. À la fin de la pièce, le nouveau patron, Benoît, confère même au succès de Ravoire et Dehaze une dimension exemplaire : « nous avons pu montrer que l'action et la réussite dans ce pays sont possibles ». L'épanouissement d'une entreprise nourrit l'imaginaire collectif. Tel est le rôle de Virgile, qui dépeint l'épanouissement de toute l'humanité à l'œuvre dans le travail de la terre. Mais la souffrance n'en est-elle pas consubstantielle ? S. Weil martèle la pénibilité extrême du travail à l'usine, laquelle pourrait être allégée par diverses mesures. Et à une échelle plus large, elle souligne : « Il n'est rien de grand sur cette terre, dans aucun domaine, sans une part de monotonie et d'ennui. » Si cette grandeur équivaut à un épanouissement, celui-ci résulte d'une forme de souffrance morale.

(C) L'absence de souffrance peut être aussi décelée dans le travail mécanique, celui de l'**humain automate.** Sensations ou sentiments, la souffrance et le plaisir, propres de l'humanité, n'irriguent plus le travail quand la déshumanisation frappe l'individu. *La Condition ouvrière* est traversée de ce constat que l'éviction de la pensée, et même dans une certaine mesure de sentiments, rend supportable la répétition des tâches éreintantes des ouvriers. « Cette absence de pensée indispensable aux esclaves de la machine moderne », comme S. Weil s'en confie à Nicolas Lazarévitch, mue l'humain en robot. Y a-t-il, dès lors, souffrance ? Une telle aliénation, si elle exclut le plaisir, ne protège-t-elle pas l'ouvrier de la douleur ? Chez les employés de *Par-dessus bord*, le travail est d'ailleurs souvent mécanique, comme celui de Passemar qui refuse de plus grandes responsabilités, ou encore celui de Lubin, qui ne renouvelle pas ses stratégies de vente auprès de Madame Lépine. Toutes les tâches préconisées dans les *Géorgiques* paraissent également très peu se prêter à une souplesse de réflexion ou de sentiments.

(T) La souffrance, en tant que douleur vive, ne définit pas systématiquement le travail, même lorsque ce dernier plonge l'humain dans un mode d'action animal ou machinal. Tantôt le plaisir, voire le bonheur, ensevelit toute souffrance, tantôt la souffrance s'étiole ou disparaît. Dans ce cas, la souffrance ne se transforme pas en plaisir. Peut-être serait-il alors loisible d'associer au travail un plaisir de la souffrance.

(III) Les contraintes extrêmes qui pèsent sur l'individu et génèrent une souffrance charrient en elles-mêmes du plaisir.

(A) Souffrance signifie **vitalité**. Celui qui éprouve dans sa chair l'effort du travail intense et répétitif se sent vivant. Le labeur du laboureur qui « fend la terre de son areau incurvé » ne comporte « point de relâche » (*Géorgiques*). Il produit de quoi sustenter sa famille et sa patrie entière. Une détermination génératrice de vie accompagne de près son activité physique, de sorte que le plaisir pur de la vie s'inscrit au cœur de sa souffrance. L'expérience endurée par Simone Weil ouvrière hisse cette souffrance au rang d'une édification telle qu'elle ne céda pas à la tentation de fuir. En souffrant, elle connaît l'être humain mieux que grâce à tout livre. En souffrant, elle vit. Le « don de soi » que prône Benoît, au moment de mobiliser ses troupes dans *Par-dessus bord*, renvoie peut-être à ce sacrifice qui à la souffrance associe la vie. Pour autant, la vitalité dénote-t-elle le plaisir ?

(B) En tout cas, la vitalité écarte l'**oisiveté**, et donc l'**ennui**. Dans la pièce de M. Vinaver, Madame Bachevski, victime d'une hémiplégie seulement deux mois après sa mise à la retraite forcée, paie de sa vitalité la perte de son activité professionnelle. Selon sa hiérarchie, la retraite aurait dû lui permettre un repos mérité, une certaine absence de souffrances. Néanmoins, privée du plaisir de se sentir utile dans le bon fonctionnement de l'entreprise, la voilà privée de tout. Virgile réprouve lui aussi l'oisiveté des Scythes barbares, qui souffrent moins que les vaillants laboureurs, mais ne jouissent pas de cette belle souffrance. L'oisiveté dans *La Condition ouvrière* n'existe, elle, qu'en creux, par exemple chez ceux qui redouteraient le temps libre des ouvriers si jamais une semaine à trente heures était instaurée.

(C) Le plaisir de la souffrance n'est-il pas du **plaisir qui se transforme en souffrance** ? La souffrance au travail apparaîtrait surtout dans un deuxième temps, après le plaisir frais de la nouveauté. S. Weil loue auprès d'Albertine Thévenon l'intérêt que l'on trouve à acquérir des tours de main lorsqu'un ouvrier se familiarise avec une nouvelle tâche. Au plaisir initial du gain de compétence succèdent alors la monotonie et la fatigue, jusqu'à l'aliénation. La cyclicité des *Géorgiques* ne laisse-t-elle pas entendre qu'une lassitude pourrait naître de la répétition des gestes ? Saison après saison, cultivateurs, éleveurs et apiculteurs réitèrent leurs efforts, soumis à une usure qui ne laisse que peu de place à la créativité. N'est-ce pas, enfin, le message final proféré par Passemar, *alter ego* de M. Vinaver, dans *Par-dessus bord* ? « De sorte que la fin rejoint le commencement. »

Conclusion

La souffrance, entendue comme contrainte, avoisinant parfois la douleur extrême, anticipe souvent le plaisir, qui couronne les efforts éreintants consentis au travail. Elle se transforme en satisfaction. Cependant, l'épanouissement professionnel de l'individu amoindrit, si ce n'est élimine, la souffrance. Celle-là disparaît de même dans le contexte épouvantable de l'automatisation de l'individu. Mais la souffrance contient finalement une forme de plaisir, une jouissance de l'effort qui affleure dans maintes circonstances. Le plaisir en est-il pour autant le point d'aboutissement ? Entre peine et enivrement, qui l'emporte ? Il semblerait qu'une absence de renouvellement et de créativité voue l'humain à la désaffection, si ce n'est aux tourments.

Sujet 3

Introduction

La Phénoménogie de l'Esprit de Hegel présente un raisonnement devenu célèbre, celui de la dialectique du Maître et de l'Esclave, qui s'origine dans un conflit dont l'un des personnages sort victorieux, se posant ainsi en « Maître » de l'autre, son « Esclave ». Dans son *Introduction à la lecture de Hegel* (1947), Alexandre Kojève analyse le fonctionnement de ce couple maître-esclave et déclare : « Et l'Esclave ne peut travailler pour le Maître, c'est-à-dire pour un autre que lui, qu'en refoulant ses propres désirs. » La tournure restrictive souligne d'emblée le caractère contraint du travail de l'esclave en posant une condition *sine qua non* : se mettre au service d'« un autre », travailler non pour soi mais pour autrui, « pour le Maître », implique de faire taire « ses propres désirs », de s'interdire d'exister comme sujet. Mais le travail se vit-il toujours sur le mode du renoncement et du rapport de force comme le suggère le couple antinomique formé par le « Maître » et l'« Esclave » ? La subordination double, intérieure (du moi au moi) et extérieure (du moi à autrui), est-elle totale, enferme-t-elle définitivement le sujet devenu objet dans une domination sans fin lui interdisant de redevenir un jour un sujet désirant ? Si les *Géorgiques* de Virgile (Ier s. av. J.-C.), les extraits de *La Condition ouvrière* (1934-1942) de S. Weil et la pièce de Michel Vinaver, *Par-dessus bord* (2003), dans sa version hyper-brève, accréditent la thèse de l'autocensure de l'Esclave qui semble de lui-même s'avilir au rang d'objet, de machine, dans une « docilité de bête de somme résignée », nous comprenons aussi que faire taire ses désirs, c'est être travaillé, mais travailler pour soi car la conscience s'éveille dans l'abolition des désirs ; ainsi, la servitude n'est-elle pas promesse de libération et de dépassement de soi par la volonté du désir ?

(I) Selon Kojève, exégète de Hegel, travailler présuppose que l'Esclave sacrifie une partie de son être « en refoulant ses propres désirs ». Le sujet devient alors objet, « machine de chair » dénuée d'affects, vision largement corroborée par le corpus.

(A) Le travail implique en effet pour l'Esclave une forme de **déshumanisation**. Le laboureur virgilien est désigné par le collectif « ô laboureurs » qui le fond dans la masse, ou le déictique « celui qui » introduisant un geste technique le réduisant à l'état d'outil chargé d'actionner d'autres outils : « celui qui brise avec le hoyau les mottes inertes [...], celui qui, en tournant la charrue obliquement ». S. Weil décrit les ravages de l'esclavage : « la pensée se recroqueville [...] on ne *peut* pas être conscient », car le travail servile est inconciliable avec la « cadence » qui entrave la pensée et la rêverie. *A contrario* du « vide mental », de l'« absence de pensée indispensable aux esclaves de la machine moderne » chez S. Weil, M. Vinaver décrit l'esprit saturé par un travail débordant sur la sphère privée et poussant l'employé au sacrifice de son moi ; témoin, madame Bachevski expliquant n'avoir « jamais rien refusé toujours donné alors je me suis donnée à la société ». Le don de soi devient oubli de soi-même.

(B) Le refoulement des désirs participe d'une **stratégie d'autodéfense** de l'ouvrier. Dans ses « Lettres à Auguste Detoeuf », S. Weil explique en effet que « la seule ressource pour ne pas souffrir, c'est de sombrer dans l'inconscience », car conserver sa conscience, des désirs constamment frustrés, c'est « se condamner à devoir surmonter quotidiennement le désespoir ». Accepter la dure loi du travail relève de la nécessité et de la survie, mais le sacrifice ouvre à compensation : « travailler pour le Maître », c'est, pour l'Esclave, ressentir la « joie de manger un pain qu'on a gagné » comme l'écrit encore S. Weil. Chez M. Vinaver, censurer « ses propres désirs » autorise à vivre par procuration le désir de l'autre, du Maître. La gestion paternaliste de Fernand Dehaze apporte à l'employé la satisfaction d'un désir qui ne lui était pas propre à l'origine : la réunion de travail où Fernand, « PDG de Ravoire et Dehaze », annonce le lancement du produit « Bleu-Blanc-Rouge » relève de la « réunion de famille tant il est vrai que ceux qui travaillent quarante heures par semaine ensemble forment une authentique communauté » avec des employés boulimiques (« ça fait ta combientième cuisse de poulet ? ») compensation cocasse de la frustration de leur désir propre. La troisième des *Géorgiques* justifie le refoulement du désir : il faut « écarter Vénus et les aiguillons de l'amour aveugle », source d'intempérance, d'une « fureur » qui introduirait une passion, une dérégulation incompatible avec le travail.

(T) L'Esclave vit donc l'anéantissement du moi dans l'autocensure de ses désirs ; mais cela ne conduit-il pas le sujet à une prise de conscience salvatrice ? N'est-ce pas un calcul tactique de l'Esclave ?

(II) La conscience s'élève dans l'abolition des désirs

(A) La **servitude**, curieusement, demeure **désirable** pour S. Weil qui ne regrette pas cette métamorphose de son être ; malgré « l'amertume ineffaçable », le bénéfice tiré d'un état pourtant comparable à celui « d'une docilité de bête de somme résignée » existe : « Lentement, dans la souffrance, j'ai reconquis à travers l'esclavage le sentiment de ma dignité d'être humain. » Diminuée, la philosophe éprouve vivement les besoins de son âme. L'épisode du vieillard de Tarente, qui est tout à la fois son propre Maître et son Esclave, montre les fruits à tirer d'un travail rationnel : son « sol [...] ni docile aux bœufs, ni favorable au bétail, ni propice à Bacchus » lui assure finalement l'autarcie et des revenus substantiels. Chez M. Vinaver, la prise de conscience affecte finalement tous les personnages qui réinventent leur vie et en comprennent le sens : Margerie divorce de Benoît, épouse son beau-frère Olivier, part à San Francisco pour créer un institut de beauté, « la Pompadour ».

(B) C'est que l'Esclave ne vit pas le rapport de force et de subordination comme aliénation totale de son être ; l'autocensure est consciente et cette autorégulation est **signe de maîtrise**, signe qu'il peut être le Maître. La docilité moutonnière serait alors une façade, car l'Esclave fait le Maître, non l'inverse. Virgile décrit un monde où la dépendance est réversible : perdant ses abeilles – les esclaves qui travaillaient pour lui –, le berger Aristée, de « l'illustre race des dieux », découvre qu'il n'est plus rien. S. Weil évoque ainsi juin 1936 quand « les opprimés » sont parvenus à « relever la tête, imposer leur volonté » aux patrons. Le renoncement serait une ruse permettant à l'esclave de travailler aussi pour lui. Le double jeu est visible chez M. Vinaver : pris dans l'action de l'entreprise, soumis aux caprices du Maître, les personnages commentent, analysent rétrospectivement ou prospectivement leurs actes.

(T) Ainsi l'Esclave ne cesse de penser et de se penser en marge de son travail. Si le Maître est l'Esclave qui peut être le Maître, le Maître est l'alter ego de l'Esclave.

(III) La vraie figure de Maître n'est-elle pas alors celle d'un désir biface et tout-puissant ?

(A) Le travail est réitération du même. Le travail du paysan virgilien épouse le rythme de la nature, des saisons. Mais « l'écureuil en cage » symbolise le cercle vicieux qui détourne l'ouvrier du travail par l'écœurement, car le désir est selon S. Weil la **seule vraie force motrice** : « dans la nature humaine il n'y a pas pour l'effort d'autre source d'énergie que le désir ». Il s'agit donc d'entretenir le désir de travailler, de rendre le travail désirable. Chez M. Vinaver le « brainstorm » dont « la règle du jeu » est « pas de censure », libère les désirs bloqués par le mécanisme de l'autocensure ; le mécanisme du marketing est fondé sur le désir, c'est aussi une opération de séduction, de captation du désir du consommateur.

(B) Car le désir crée « une orientation, un commencement de mouvement vers quelque chose » et donne l'impulsion pour enclencher une **dynamique vertueuse** selon S. Weil, qui incite le directeur des usines Rosières à réformer ses méthodes de travail, associer les ouvriers à la production, écartant ainsi le risque d'un refoulement constant du désir car « [...] le refoulement perpétuel d'un esprit de classe qui couve toujours sourdement à un degré quelconque va presque partout beaucoup plus loin qu'il ne serait souhaitable ». Capter cette force motrice du désir permet de l'orienter sur le travail, non sur une révolte stérile contre le patronat. En célébrant le travail de la terre, Virgile ouvre une ère nouvelle, celle d'une époque pacifiée grâce au règne d'Octave. M. Vinaver décrit la dynamique de l'entreprise Ravoire et Dehaze : non pas trajectoire ascensionnelle rectiligne, mais alternance de moments où Olivier assied sa « prise de pouvoir », devient le Maître à la mort de son père, puis devient à son tour l'Esclave du banquier Ausange ; sa collaboration avec l'« United Paper Europe » permet à la petite entreprise familiale française de devenir « la plus puissante entreprise du monde dans le domaine » du papier toilette.

Conclusion

La conception hégélienne du travail est donc une dialectique : l'Esclave combat ses désirs pour supporter la cadence imposée par le Maître, la dure loi du travail, du marché, mais ce renoncement constitue une échappatoire à sa désespérance ; cette posture sacrificielle est apparente pour qui feint d'être un outil entre les mains du Maître. Ainsi, sombrer dans l'inconscience, s'annihiler comme sujet permet paradoxalement à l'Esclave de retrouver sa dignité d'homme, de se libérer du double joug – qu'il s'est imposé à lui-même et que le travail lui impose – afin de devenir son propre maître, voire, le Maître de son Maître. Le rapport de force s'inversant, la négativité du travail est occasion d'une élévation de l'être ; le laboureur virgilien devient modèle de vie, idéal d'une société de bergers et de paysans ; soumise de son plein gré au machinisme, S. Weil montre qu'une autre voie est possible, par le dialogue social et le réformisme, en ménageant les conditions d'un « travail non servile », soulignant que le travail manuel, dans l'attention requise, a partie liée avec la transcendance, avec Dieu ; chez M. Vinaver, l'élévation de l'être prend la forme symbolique de la « promotion » pour les salariés d'une entreprise familiale qui a su grandir et entrer dans le jeu du commerce mondial : « ...est-ce un bien ? est-ce un mal ? » s'interroge Passemar. La réponse n'est pas dans le caractère binaire de la question mais dans la question symptomatique d'une pensée délibérative, qui reste, au sens premier, pesée, signe d'une conscience active car l'esprit n'est jamais au repos.

Mais le violon d'Ingres de Passemar pose justement la question du repos : le loisir est aussi espace de désirabilité, n'est-il pas facteur d'élévation, de créativité de l'être ?

2. Plans détaillés

Sujet 4

Introduction

Au cours des siècles, le mot « travail » a fait l'objet de multiples infléchissements de sens. L'acception dévalorisante des origines a progressivement évolué et a été revalorisée. Ces mutations sémantiques sont inextricablement liées aux mutations qui ont bouleversé le monde du travail. Dans *Condition de l'homme moderne* (1958), la philosophe Hannah Arendt montre ainsi que la modernité est l'ère de la valeur travail : « L'époque moderne s'accompagne de la glorification théorique du travail et elle arrive en fait à transformer la société tout entière en une société de travailleurs. Le souhait se réalise donc, comme dans les contes de fées, au moment où il ne peut que mystifier. C'est une société de travailleurs que l'on va délivrer des chaînes du travail, et cette société ne sait plus rien des activités plus hautes et plus enrichissantes pour lesquelles il vaudrait la peine de gagner cette liberté. » Le travail modifie les contours de la société, comme l'indique le verbe « transformer » : il a créé « une société de travailleurs » dans laquelle, plus encore qu'un liant, le travail est une valeur fondamentale, objet d'une forme de « glorification », de vénération. Cette doctrine apologiste des temps modernes transforme la vie en « conte de fées » car le travailleur est libéré de l'aliénation et de l'asservissement originels. Paradoxalement, cette libération s'accompagne d'un amoindrissement, puisque la société « ne sait plus rien des activités plus hautes et plus enrichissantes », de ce qui fait la grandeur et la noblesse de l'espèce humaine. Selon la philosophe, croire en cette nouvelle « société de travailleurs » relève donc de l'illusion : le travailleur, abusé, n'aurait pas une conscience claire de sa propre situation et aurait perdu le sens des vraies valeurs. Dans quelle mesure le travail peut-il réellement constituer une vraie valeur ? Le poème les *Géorgiques* de Virgile (Ier s. av. J.-C.), les morceaux choisis de *La Condition ouvrière* (1934-1942) de S. Weil et la pièce de Michel Vinaver, *Par-dessus bord* (2003), permettent en effet de montrer avec H. Arendt que cette « glorification théorique du travail » relève d'une véritable entreprise de mystification collective. Pour dépasser cette perception ambivalente et polarisée du travail, il convient d'envisager les conditions dans lesquelles le travail peut être *action* et ainsi contribuer à la « glorification », non du travail mais du travailleur lui-même, d'un être qui ne serait plus seulement *animal laborans* mais véritablement *homo faber*, homme créateur.

(I) La « glorification théorique du travail » comme entreprise de mystification collective

(A) La valeur travail, moteur d'une refondation de la société

- Virgile : participation à la politique augustéenne pour remettre l'agriculture, « la charrue » à l'honneur (p. 69).

◆ M. Vinaver : fusion Dehaze dans la multinationale United Paper Company et avènement d'une nouvelle humanité : l'« homme Youpico » (tirade de Young, p. 250).

(B) Un « souhait » exaucé : le machinisme libérateur de l'ouvrier autrefois asservi

◆ S. Weil : distinction « suites » et « séries » ; machinisme libérateur du travailleur (p. 258).

◆ M. Vinaver : progrès car l'« output » – économie du superflu – se substitue à l'« input » – économie de nécessité (p. 115).

(C) Un modèle social toutefois inconciliable avec des « activités plus hautes et plus enrichissantes »

◆ S. Weil : le travail manuel demeure une servitude car toujours « gouverné par la nécessité » (p. 418).

◆ M. Vinaver : abêtissement généralisé des managers ; Benoît « un peu plus con » (répliques de Margerie, p. 69).

(T) La modernité s'est forgé un nouveau mythe, véritable opium du peuple sur lequel l'édifice de la société se construit. Mais les « chaînes » du travail ne perdurent-elles pas ?

(II) La valeur travail comme fausse valeur : à l'épreuve des faits, la *« société de travailleurs »* comme nouveau modèle aliénant

(A) Constat de la désolation : des travailleurs qui ne font pas société

◆ S. Weil : constat de la rupture du lien entre les travailleurs. L'action syndicale qui ne parvient pas à défendre les droits des travailleurs (p. 64, « la solidarité fait défaut dans une large mesure » ou p. 421, la « révolte contre le malheur essentiel à la condition même des travailleurs » comme « mensonge », nouvel « opium du peuple. »).

◆ M. Vinaver : réplique de Grangier (p. 61, « il n'y a plus de boîte pour leur donner le sentiment qu'ils font quelque chose en commun. » ou p. 208, « ce qui l'a le plus abasourdie »...).

(B) Asservissement ou soumission volontaire du travailleur aux « chaînes du travail »

◆ S. Weil : analyse de la période de prospérité des années 1927-1930. Augmentation des salaires comme nouvel avilissement car les travailleurs se sont laissé acheter par le patronat (p. 399).

Virgile : évocation de l'« actif vigneron » qui se soumet au « cercle » du travail (II, v. 379-413, p. 97).

(C) Conscience du travailleur de compter pour « zéro » mais nécessité fait loi

- S. Weil : sentiment de « compter pour zéro » (p. 220) et « structure atomique des usines » (p. 321).

- M. Vinaver : Lubin dénonce la brutalité de la gestion des ressources humaines (p. 218, « On mène à l'abattoir »).

(T) La « glorification théorique » du travail ne résiste donc pas à l'épreuve des faits mais le travailleur ne peut ni ne veut être libéré de ses chaînes. À quelles conditions alors le travail peut-il être à la mesure de la valeur de l'homme ?

(III) La vraie valeur du travail : ni fardeau, ni entrave à la liberté quand le travail est *action* créatrice, *poiêsis*

(A) Le travail demeure activité noble et créatrice quand les conditions matérielles préservent la dignité du travailleur.

- Virgile rappelle les origines du travail, créé par Jupiter pour inciter les hommes à « créer peu à peu les différents arts » et être ainsi dans une forme de dépassement de soi (I, v. 123-156, p. 45-46. « son but était... »).

- S. Weil : « hommes travailleurs et créateurs qui seuls sont des hommes » (p. 69) ou « élever le travailleur à ses propres yeux » (p. 213), concilier travail et estime de soi.

(B) Travailler, c'est alors s'élever, participer à un sens, enrichir et produire sa propre humanité.

- Virgile : « Le laboureur fend la terre » (p. 103), travail accompli sous le regard de Cérès, déesse des moissons, dans une « campagne divine » (II, v. 512-542, p. 48).

- S. Weil : lien privilégié du travailleur avec Dieu d'un travail compatible avec les besoins de l'âme (p. 424).

(C) Le travail perçu comme *action* est conciliable avec l'exercice de la liberté car, loin d'être un droit acquis, le « travail non servile » est à chaque instant un combat de la pensée.

- S Weil, section « Condition première d'un travail non servile » (p. 418. à 434).

- M. Vinaver : le personnage de Passemar, chef des ventes et dramaturge, alter ego de l'auteur de la pièce que nous lisons.

Méthodologie : la conclusion

« Le jury déplore que trop de candidats n'aient pas apporté à l'élaboration de cette ultime étape de la dissertation tout le soin nécessaire. [...] Par ailleurs, on déconseillait aux candidats, dans le rapport de la session 2020, la question d'ouverture qu'ils posaient encore parfois pour terminer leur dissertation et à laquelle ils n'auraient jamais à répondre. Mais ils ne doivent pas renoncer à mettre en perspective la réflexion.

L'une des manières de le faire est de confronter une dernière fois les œuvres et le sujet, pour indiquer clairement leur apport spécifique à la question traitée – car on ne saurait se satisfaire de généralités telles que "Les trois auteurs du programme semblent globalement d'accord avec Frédéric Lenoir quant à l'importance du sens de la vie". » (Rapport de jury session 2021.)

Conclusion

H. Arendt voit donc juste en affirmant que la « glorification théorique » du travail s'apparente à un « conte de fées » qui abuserait le travailleur en lui faisant miroiter une ère où l'automatisation le libérerait d'un travail servile, mais les œuvres du programme permettent de rectifier cette vision car l'aliénation perdure, le travailleur se soumet volontairement à la dure loi du travail dans une société individualiste où, pour reprendre l'expression de Grangier, « il n'y a plus que des gens » qui ne partagent plus rien. Il convient alors de penser le travail comme action, « *poiêsis* », activité noble par excellence qui permet à l'individu de créer le sens de son existence, mais aussi d'œuvrer pour le collectif, d'avoir sa place dans l'édifice de la société. Le jugement de H. Arendt invite donc à considérer la valeur humaine dans la valeur travail et à comprendre la nécessité d'accorder théorie et pratique, pensées et actes.

Virgile célèbre et glorifie le travail du laboureur mais sa réflexion aborde aussi la question du bonheur, de la paix sociale et du lien indissoluble que le paysan entretient avec sa terre natale et ses dieux. C'est aussi le rapport entre pensée et action qui motive l'expérience de S. Weil, car la jeune agrégée de philosophie devient ouvrière pour comprendre de l'intérieur, dans l'usine, ce que sont les conditions de travail effectives, démontrant alors qu'agir, c'est aussi penser et devenir une philosophe du travail. M. Vinaver prolonge et actualise cette réflexion en dénonçant la loi implacable d'un capitalisme plus séduisant, dont le visage faussement paternaliste et amical dissimule une forme nouvelle de « cannibalisme », se régénérant et se nourrissant de la chair de ses travailleurs, nouveau Minotaure des temps modernes.

Sujet 5

Méthodologie : l'introduction

« Une introduction claire et rigoureuse, en un seul paragraphe (la fragmentation de l'introduction en plusieurs paragraphes ne favorise pas la cohérence du propos), dont les cinq étapes sont liées l'une à l'autre de façon logique et qui cerne le sujet sans en dévier, met votre correcteur dans de bonnes dispositions pour amorcer la lecture de votre développement. » (Rapport de jury session 2021.)

Introduction

Le récit créationniste du premier livre biblique de la Genèse raconte que « l'Éternel Dieu prit l'homme, et le plaça dans le jardin d'Éden pour le cultiver et pour le garder » (« *ut operaretur* »). La finalité de la présence de l'Homme sur terre est ainsi justifiée : l'Homme est créé pour cultiver la terre, pour travailler. Dans ses *Réflexions sur l'éducation*, E. Kant reprend cette conception d'une humanité véritablement consacrée au travail : « Il est tout aussi faux de s'imaginer que si Adam et Ève étaient demeurés au Paradis, ils n'auraient rien fait d'autre que d'être assis ensemble, chanter des chants pastoraux, et contempler la beauté de la nature. L'ennui les eût torturés tout aussi bien que d'autres hommes dans une situation semblable. / L'homme doit être occupé de telle manière qu'il soit rempli par le but qu'il a devant les yeux, si bien qu'il ne se sente plus lui-même et que le meilleur repos soit pour lui celui qui suit le travail. » Kant énonce une première vertu du travail qui serait d'écarter un premier vice, l'oisiveté, « l'ennui », décrit comme un bourreau qui « les eût torturés » ; Kant justifie son propos dans un second moment en expliquant que l'homme doit « être occupé de telle manière qu'il soit rempli » par son activité, au point « qu'il ne se sente plus lui-même », au point de s'oublier tout entier dans « le but », la finalité de son activité ; l'oisiveté est alors acceptable, car elle prend la forme d'un « repos » compensateur décrit de manière méliorative par le philosophe comme « le meilleur repos ». Ainsi, Kant célèbre les vertus d'un travail qui éloignerait l'homme de l'ennui car le travailleur serait tout entier « rempli » par une activité dont la promesse serait double, celle d'une plénitude dans l'action et d'un repos apaisant après s'être adonné à son activité. Pourtant, on doute qu'« être occupé » au point de perdre le sentiment même de son existence puisse être envisagé comme un statut enviable pour qui diffère de la machine. S. Weil décrit bien à Albertine Thévenon son incapacité même à écrire après sa journée de travail en usine... Ainsi, il est légitime de se demander si être « rempli » de son travail ne conduit pas conséquemment et paradoxalement à être vidé de ce qui fait pourtant le fondement de l'humanité : la capacité à penser et à se penser. À la lumière des *Géorgiques* de Virgile (Ier s. av. J.-C.), des extraits choisis de *La Condition ouvrière* (1934-1942) de Simone Weil et de la pièce de théâtre de Michel Vinaver *Par-dessus bord,* version hyper-brève (2003), nous montrerons d'abord avec Kant que le travail est activité noble et créatrice qui éloigne l'Homme de pensées stériles non constructives ; mais nous comprendrons ensuite que travailler, c'est aussi courir le risque de se perdre soi-même et de perdre son âme dans l'épreuve mentale qu'est, au sens premier, le « *tripalium* ». Pour dépasser alors cette vision ambivalente et biface du travail, ne faudrait-il pas le considérer non comme une fin en soi, mais comme un « but », un outil permettant de mieux faire l'homme et non de le ravaler au rang de la « bête de somme résignée », selon la formule de S. Weil ?

> **Méthodologie : le plan**
> Justifier la thèse de l'auteur (I), en souligner les limites en la confrontant au corpus au programme (II), puis dépasser l'aporie (III) par une redéfinition du concept clé.

(I) Le corpus justifie la vision kantienne élogieuse d'un travail perçu comme seule activité valorisante.

(A) Plaisir de se donner, s'adonner, se consacrer tout entier à un travail...

◆ Virgile : joie des vignerons (II, 379-413, p. 95-96).

◆ S. Weil : « joies pures et profondes » du travail manuel (p. 283), « sentiment qu'enfin on compte pour quelque chose », amélioration des conditions de travail après les mesures de 1936 (p. 278).

◆ M. Vinaver : séance de « brainstorm » comme libération mentale pour « construire un produit et le lâcher avec une force [...] explosive » (p. 146).

(B) ... qui nous ôte la peine de penser.

◆ S. Weil : « vitesse » et « cadence » inconciliables avec « la réflexion » ou « la rêverie » (p. 60).

◆ Virgile : vision paradisiaque (« Ô trop fortunés », « repos assuré », « vie [...] riche en ressources », II, v. 446-479, p. 99-100).

◆ M. Vinaver : évocation d'une économie du « superflu » (p. 318) ; « passionnant d'assister à cette transformation » (p. 118).

(C) Car le travail transforme et change profondément l'être.

◆ M. Vinaver : travail et promotion sociale, ascenseur social (6e mouvement).

◆ Virgile : travailler éloigne l'Homme de « l'indolence » (I, 123-156, p. 45), fortifie son « courage ».

◆ S. Weil : « tentation de sombrer dans l'inconscience » car « conserver la lucidité, la conscience, la dignité [est] possible, mais c'est se condamner [au] désespoir » (p. 285).

(T) Mais le risque n'est-il pas de « devenir une chose » qui doit « faire taire son âme », son humanité (S. Weil, p. 273) ?

(II) Les œuvres mettent en garde contre le risque d'abolir et d'avilir son humanité en s'annihilant dans le travail.

(A) Se sacrifier sur l'autel du travail : un don de soi sans contrepartie

◆ M. Vinaver : Mme Bachevsi (« une partie de ma vie qui s'en va », p. 245).

◆ S. Weil : l'« amertume » subsiste (p. 61).

◆ Virgile : désespoir du berger Aristée après la mort de sa ruche, de ses abeilles (IV, v. 317-350, p. 163).

(B) S'éprouver dans le travail : le travail comme épreuve, « *tripalium* »

◆ S. Weil : travailler, c'est au contraire sentir et se sentir en souffrance physiquement et psychiquement (p. 59-60) ; perte de conscience, « la pensée se recroqueville, se rétracte », (p. 206, 267).

◆ Virgile : « tout ce mal que les hommes et les bœufs se sont donné » (I, v. 91-122, p. 45).

◆ M. Vinaver : histoire des parents d'Alex (« aktion » du travail d'extermination dans les camps de la mort pendant la Seconde Guerre mondiale, p. 99).

(C) Un travailleur « rempli »... mais affecté du « vide mental »

◆ S. Weil : oscillation du travailleur « entre le travail et le repos comme une balle qui serait renvoyée d'un mur à l'autre » (p. 63 ; p. 216, 420).

◆ M. Vinaver : conformisme de l'homme « youpico », stéréotype du cadre formaté (p. 250).

◆ Virgile : impuissance du laboureur face à la maladie, la mort du bœuf (III, v. 515-550, p. 139).

(T) S'anéantir, se perdre corps et âme dans le travail, n'est-ce pas se donner l'occasion de renaître à soi-même, d'accéder au sens, au « but », d'« oser enfin se redresser » (S. Weil, p. 275) ?

(III) Un autre rapport au travail est envisageable : réformer le travail pour réformer sa manière d'habiter et son être et le monde

(A) Non renoncer à son être dans une subordination et un oubli total de soi mais collaborer, coopérer

◆ S. Weil : non diminuer le temps de travail ou abolir le travail mais le réformer, supprimer la subordination totale (p. 279, 232, 240, 307).

◆ Virgile : travail du laboureur comme symbiose harmonieuse avec la nature et les divinités (« instruments [...] gloire d'une campagne divine », I, 156-186, p. 48).

◆ M. Vinaver : entreprise comme « grande famille », communauté (p. 250).

(B) Non travailler « le but » qu'on a « devant les yeux » mais *se* travailler

◆ Virgile : l'agriculture comme « art » (p. 37) infiniment perfectible ; la vie du laboureur comme nouvel art de vivre (« Heureux qui », II, v. 479-512, p. 102) ; la société des bergers et la cité des abeilles comme modèles de société ; le jardin du « vieillard de Coryce » comme idéal de bonheur autarcique (IV, v. 122-154, p. 152).

◆ M. Vinaver : esprit d'entreprise et dépassement de soi, mais aussi des conflits – entente symbolique des « Ases » et des « Vanes » (p. 254).

◆ S. Weil : travail non servile conciliable avec l'élévation morale de l'âme vers Dieu par l'« attention » ; une « faim de finalité » de l'ouvrier qui n'a qu'un seul but : « Dieu » (p. 424).

(C) Car le *« but »* ultime est, loin de se sentir comme un « zéro », de trouver le sens, la finalité de son être au monde

◆ S. Weil : « faire du travail un moyen » de créer du lien, combiner « liberté » et « nature » grâce à la machine dans une « forme supérieure de travail mécanique » (p. 257).

◆ M. Vinaver : Benoît comme « héros de l'industrie française » et symbole « que l'action et la réussite dans ce pays sont possibles » (p. 224) ; travail et reconnaissance sociale de l'individu, de Lubin (p. 235).

◆ Virgile : création des *Géorgiques* comme « gloire » double, pour le laboureur et le poète (III, v. 286- 317, p. 127).

Sujet 6

Introduction

Les vicissitudes de la vie sur terre échappent nécessairement à l'humain. Nul n'a de prise stable sur les aléas du monde. Chacun, pourtant, tâche d'acquérir des repères fiables, de s'approprier l'incertain. Or, selon François Daniellou, « travailler, c'est faire face à tout ce qui varie, à tout ce qui n'est pas prévu d'avance ». L'activité professionnelle, pourvoyeuse d'un revenu et d'une image sociale, se définirait par une capacité à traiter l'irrégularité, l'inopiné. Le travail se limiterait à savoir appréhender des situations neuves, qui diffèrent de nos attentes. Certes, un professionnel sait parer à de nombreuses éventualités dans un cadre donné. Mais dans tout domaine, une certaine stabilité des types de tâches prédomine. Ce qui varie s'oppose à ce qui demeure. L'expérience au travail semble bien porter sur ce qui ne fluctue pas. À moins que ce qui ne fluctue pas soit l'individu lui-même, inébranlable au travail. Dans quelle mesure, ainsi, le travail se limite-t-il à une réactivité face à l'imprévu ? Nous examinerons ce problème à la lumière de *La Condition ouvrière* (1934-1942), de Simone Weil, des *Géorgiques* (Ier s. av. J.-C.), de Virgile et de *Par-dessus bord* (2003), de Michel Vinaver, en nous posant trois questions : le travail n'est-il pas uniforme, doté d'un nombre restreint de gestes et de missions ? Cependant, l'expert ne se caractérise-t-il pas par sa capacité à s'adapter sur le moment ? Somme toute, plus qu'à ce qui varie, travailler, n'est-ce pas faire face à ce qui s'oppose à nous ?

(I) L'uniformité du travail

(A) Les tâches répétitives et monotones : travailler, c'est se plier aux répétitions. Les emplois donnent généralement à accomplir de mêmes catégories de tâches.

◆ S. Weil : tout son ouvrage revient sur cette répétitivité. Deux exemples : la première lettre à Albertine Thévenon (« un problème mesquin, toujours le même, avec des variantes », p. 52) et celle à Jacques Lafitte (« placer la pièce… » p. 258).

◆ M. Vinaver : le personnage de Lubin joue toujours le même rôle auprès de Madame Lépine. La conclusion de la pièce peut aussi être exploitée : « de sorte que la fin rejoint le commencement » (p. 255).

◆ Virgile : les cycles des saisons (chant I) se répètent sans fin.

(B) Les besoins immuables de l'humain : au-delà des tâches, qui dépendent tout de même du type d'emploi, les besoins de l'humain sont, eux, immuables.

◆ S. Weil : « Condition première d'un travail non servile » décrit le travail « gouverné par la nécessité », et non par la « finalité » (p. 419).

◆ Virgile : fin du chant II, au sujet du laboureur qui fend la terre : « c'est par là qu'il sustente sa patrie et ses petits-enfants » (p. 103).

◆ M. Vinaver : le papier toilette : l'input et l'output relèvent de besoins immuables, « depuis l'âge de pierre » (p. 115).

(C) Travailler, c'est anticiper : le travail consiste à éliminer les imprévus.

◆ Virgile : anticipation des saisons, du comportement des plantes et des animaux. « Jamais pluie n'a surpris les gens à l'improviste » (p. 60).

◆ M. Vinaver : les exemples sont innombrables, à commencer par Benoît, au sujet du déclin de l'entreprise si son père reste : « Il faut qu'il cède la place » (p. 55).

◆ S. Weil : le travail ouvrier, est-ce finalement du travail ? La première lettre à Auguste Detœuf insiste sur la réduction à une temporalité de quelques secondes, laquelle exclut toute anticipation (p. 284).

(II) Le travail, art d'affronter l'imprévu

(A) L'adaptabilité des experts : l'expérience et la connaissance du professionnel lui permettent de réagir aux imprévus.

◆ M. Vinaver : depuis que Benoît a pris la présidence, « on respire » (Passemar, p. 147).

◆ Virgile : le berger Aristée a su tout mettre en œuvre pour faire revivre ses abeilles : « prodige soudain et merveilleux à dire » (p. 176).

◆ S. Weil : dans sa première lettre à Jacques Lafitte, elle réfléchit aux évolutions à venir du machinisme. Selon elle, les machines automatiques « manquent de souplesse » (p. 259). Seule l'expertise humaine peut affronter l'imprévu.

(B) La flexibilité au travail : elle constitue l'une des qualités premières de tout individu au travail.

◆ M. Vinaver : conflit entre Dutôt et Grangier (« Un minimum de flexibilité ça aiderait », p. 19).

◆ S. Weil : la flexibilité exigée de l'ouvrier est terrible et cruelle. Le paragraphe sur l'ennui ouvrier dans « À propos du syndicalisme "unique, apolitique, obligatoire" » dépeint le changement comme l'objet de toutes les craintes, puisque « les changements ne peuvent guère être [...] que mauvais » (p. 411).

◆ Virgile : dans tout le chant II, les différents types de terrains indiquent les cultures à privilégier (p. 73-74), conduisant le cultivateur à une certaine flexibilité.

(C) S'adapter aux caprices du monde : les aléas de l'environnement contraignent le travailleur à s'adapter.

◆ Virgile : les tempêtes, catastrophes dévastatrices, requièrent une réaction urgente (p. 57).

◆ S. Weil : « quand on a été ouvrière, il faut au moins devenir aussi paysanne, pour que l'expérience ait un sens ; il n'y a pas que les villes au monde. » (p. 255).

◆ M. Vinaver : Alex a « du flair », il a « senti le vent » (p. 229).

(III) Travailler, c'est faire face à ce qui s'oppose

(A) La concurrence (des autres employés, des entreprises) : concurrence et travail sont souvent consubstantiels.

◆ M. Vinaver : « Dehaze : Les Américains cherchent la bagarre eh bien ils l'auront » (p. 25).

◆ S. Weil : « Lettre à Boris Souvarine » : celui qui ne consent pas à travailler pour un certain tarif par pièce se verra remplacer immédiatement par un autre (p. 75).

◆ Virgile : dans le chant IV, le combat des deux rois des abeilles (p. 149).

(B) L'audace de l'investisseur, de l'homme d'affaires : pour affronter l'adversité, il faut faire montre d'audace.

◆ M. Vinaver : « Benoît : Je veux que nous jetions un torrent d'idées sur le tapis projetons-nous à dix ans à vingt ans oui Grangier » (p. 201).

◆ S. Weil, « Un appel aux ouvriers de Rosières » : la philosophe en appelle aux témoignages des ouvriers, pour débloquer des obstacles mentaux et hiérarchiques. Qu'ils fassent preuve d'audace en prenant la parole (p. 226).

◆ Virgile : les soins éreintants à apporter aux vignes en valent la peine. « Sois le premier à creuser le sol [...] » (p. 97). Il faut oser agir en premier.

(C) Travailler, c'est créer sa propre variété : le travail s'apparente à une création, clé d'un ascendant sur l'adversité.

◆ Virgile : la créativité du poète appelle la créativité du travailleur.

- M. Vinaver : le travail multiple de Passemar, en miroir de celui de Michel Vinaver.
- Cependant : chez Weil : les « esclaves des temps modernes » n'ont d'autre stimulant que « la peur et l'appât des sous » (lettre à Victor Bernard, p. 228).

Sujet 7

> **Méthodologie : lecture du sujet et travail des concepts**
> « La dissertation est avant tout la mise en mouvement d'une pensée qui cherche véritablement à élucider un problème et à donner du sens aux mots et aux concepts présents dans l'énoncé d'un sujet dont il convient d'avoir effectué une lecture complète et détaillée. » (CCMP, Rapport sur les épreuves écrites 2021.)

Introduction

« La société de masse [...] ne veut pas la culture, mais les loisirs », lesquels servent à remplir « le temps vide qui reste après que le travail et le sommeil ont reçu leur dû », affirme Hannah Arendt dans *La Crise de la culture* (VI), introduisant ainsi l'idée d'une expulsion de la culture hors du temps des hommes, qu'il soit ou non travaillé. Dissociés d'elle, le loisir n'est plus, pense-t-elle, que le temps « de reste » et le travail, ajouterait Antoine de Saint-Exupéry, n'est lui-même plus qu'un temps mort. Dans son œuvre posthume *Citadelle,* publiée en 1948, il déclare, en effet, qu'il faut être fou pour « distinguer la culture d'avec le travail. Car l'homme d'abord se dégoûtera d'un travail qui sera part morte de sa vie, puis d'une culture qui ne sera plus que jeu sans caution, comme la niaiserie des dés que tu jettes s'ils ne signifient plus ta fortune et ne roulent plus tes espérances ». Par ces mots, l'écrivain français affirme qu'en dissociant la culture et le travail, on perd l'un et l'autre parce qu'on réduit le travail à n'être plus qu'un moyen écœurant de gagner sa vie et qu'on retire à la culture tout enjeu personnel, la réduisant à un loisir lassant que l'on consomme pour occuper le temps. Pour être vivable, le travail doit être un temps d'investissement de tout son être où, mobilisant ses savoir-faire, le travailleur se forge autant qu'il façonne la matière : fait œuvre de « culture » au sens étymologique du terme. Cette conception du travail et de la culture interroge toutefois, car elle semble vouloir dépasser une réalité pourtant irréductible : nous travaillons pour satisfaire nos besoins vitaux ; car aussi elle tend à réduire la culture à sa dimension personnelle, faisant abstraction de la culture collective qui déborde le domaine professionnel de chacun. Est-il donc vraiment insensé de distinguer la culture et le travail sachant que le second répond avant tout à une nécessité vitale et que la première doit être partagée ? En nous appuyant sur les *Géorgiques* de Virgile (Ier s. av. J.-C.), sur *La Condition ouvrière* (1934-1942) de Simone Weil et sur la version hyperbrève (2003) de *Par-dessus bord* de Michel Vinaver, nous verrons que le travail doit bien être un faire culturel, mais que la culture ne saurait s'y réduire et qu'elle doit, en fin de compte, aider à le sublimer.

(I) Le travail doit être un faire culturel.

(A) Le travail doit mobiliser un savoir-faire qui relève de la culture.

- Virgile : le travail va de pair avec le développement des arts (I, v. 122, p. 45-46.)
- M. Vinaver : « le produit ce n'est pas seulement le produit » (p. 51).
- S. Weil : le travail ne mobilisant aucun savoir-faire est inhumain (p. 52-54).

(B) La culture suppose, en outre, un investissement personnel.

- S. Weil : ne pas se contenter d'une culture « opium » (S. Weil : p. 261).
- Virgile : se cultiver pour travailler (II, v. 36-38, p. 75).
- M. Vinaver : envisager la culture comme un travail (p.78).

(C) Donc le travail est le temps de la culture.

- M. Vinaver : la culture se cultive dans un « cabinet de travail » (p. 81).
- Virgile : il faut s'instruire des « préceptes des anciens » (I, v. 176, p. 49).
- S. Weil : il faut effacer la distance entre ouvriers et ingénieurs (p. 259).

(T) Mais la culture ainsi mobilisée est excessivement spécialisée.

(II) La culture n'est pas réductible au savoir-faire de chacun.

(A) Le travail doit d'abord répondre à une nécessité vitale

- M. Vinaver : la réalité biologique de l'être humain est « nauséabonde » (p. 133-138).
- S. Weil : l'homme doit travailler pour répondre à ses besoins nécessaires (p. 391-392).
- Virgile : il faut cultiver pour se nourrir (II, v. 458-474, p. 100).

(B) La culture doit, quant à elle, être l'objet d'une transmission collective.

- Virgile : la grandeur des constructions italiennes (II, v. 149-166, p. 82-83).
- M. Vinaver : les cours du Collège de France : la culture ouverte à tous (p. 33-37).
- S. Weil : la tristesse de l'absence de « public éclairé » (p. 261-262).

(C) Donc le temps non travaillé doit être un temps de culture.

- S. Weil : « Rendre les chefs-d'œuvre de la poésie grecque [...] accessibles aux masses populaires » (p. 243-245).
- Virgile : faire honneur aux dieux par des chants et des danses (I, v. 338-350, p. 58).
- M. Vinaver : faire de la peinture en rentrant chez soi (p. 22).

(T) Mais le travail est invivable quand il n'est que nourricier.

(III) La culture doit, en fait, aider à sublimer le travail.

(A) L'homme a besoin de raisons de travailler qui ne soient pas que vitales.

- S. Weil : l'horreur de la situation de celui dont le travail ne permet que le maintien en vie (p. 419-420).
- Virgile : le bonheur du cultivateur (II, v. 490-540, p. 102-103).
- M. Vinaver : se cultiver en satisfaisant ses besoins (p. 202).

(B) Et la culture est morte si elle n'entre pas dans le temps vécu.

- M. Vinaver : la collection morte de M. Dehaze (p. 66-67).
- Virgile : chanter pour supporter l'ennui du labeur (I, v. 293-296, p. 56).
- S. Weil : s'instruire pour améliorer ses conditions de travail (p. 326).

(C) Donc la culture collective doit aider à rehausser le travail.

- Virgile : l'apport du poète qui chante les arts (III, v. 10-39, p. 110).
- M. Vinaver : l'apport de Passemar, cadre dramaturge (p. 16).
- S. Weil : l'apport de la poétisation du faire ouvrier (p. 423-431).

Conclusion

Comme Saint-Exupéry l'avance, le travail et la culture sont indissociables, l'un relevant de la culture, l'autre devant être vécue. Mais la culture n'étant pas réductible aux compétences et aux savoirs de chacun, elle doit faire l'objet d'un partage collectif aidant chaque travailleur à donner du sens et à saisir la beauté de son labeur quotidien. Reste à savoir si nos sociétés sont prêtes à engager les réformes que ce rapport culturel au travail impliquerait.

Sujet 8

> **Méthodologie : examiner, nuancer et dépasser les concepts analysés**
>
> « Le jury attend de futurs ingénieurs [...] la prise en compte et le repérage des objets d'analyse dans l'introduction, puis leur examen dans les œuvres, suivi de nuances voire d'amendements avant un éventuel dépassement et/ou une réincorporation des enjeux dans une perspective plus large. » (ENSEA, Rapport de jury, ATS, 2020.)

Introduction

« Tout travail mérite salaire », dit-on souvent, croyant de la sorte exprimer un principe de justice au profit du travailleur. Il serait juste de rémunérer celui-ci en contrepartie du service qu'il apporte ou de la richesse qu'il produit. La rémunération viendrait, en effet, compenser le temps et la peine que son travail a impliqués. Or ce principe et l'idée même qu'il soit juste semblent, en 1881, remis en cause par Nietzsche qui, dans *Aurore*, s'exclame : « Fi d'avoir un prix pour lequel on cesse d'être une personne pour devenir une vis ! » Par l'interjection « fi », le philosophe exprime son dégoût à l'idée qu'un homme puisse être payé pour être utilisé comme la pièce d'un rouage : pour s'abaisser au rang d'une chose asservie à la personne qui l'emploie et à la machine sur laquelle il travaille. Ce qui écœure Nietzsche est donc moins le principe de la rétribution que l'idée que cette dernière rende admissible la déshumanisation du travailleur. Son propos interroge ainsi à la fois les conditions dans lesquelles s'exerce le travail et le renoncement auquel sont prêts les hommes pour gagner leur vie. La métaphore de la vis enveloppe toutefois une autre idée qui, elle, interroge le principe même du salariat : le salaire n'a-t-il, en effet, pas pour conséquence de visser le travailleur à son travail au point qu'il y perdrait nécessairement au moins une part de sa liberté ? Mais, quand bien même il y aurait une perte d'autonomie dans le travail rémunéré, il n'est pas acquis qu'il soit honteux de l'accepter. L'asservissement, que dénonce Nietzsche, n'est-il pas, en effet, la traduction sociale de l'irréductible soumission des hommes à des nécessités vitales ? Nous examinerons ce problème à la lumière de *La Condition ouvrière* (1934-1942) de Simone Weil et de la version hyper-brève (2003) de *Par-dessus bord* de Michel Vinaver. Ce faisant, nous reconnaîtrons, d'abord, que rien ne légitime la déshumanisation par le travail, puis qu'on ne saurait échapper aux nécessités qui portent à travailler, enfin qu'il est possible de transformer son rapport au travail de sorte qu'il ne se réduise pas à une aliénation animale.

(I) Oui, il est écœurant de se vendre comme un outil vivant.

(A) Le travail rémunéré asservit à celui qui emploie.

◆ M. Vinaver : Passemar mis à l'essai comme « assistant chef de produit » (p. 150).

◆ S. Weil : « Une subordination perpétuelle et humiliante » (p. 67).

(B) De plus, le travail d'exécution réduit au statut d'outil vivant.

◆ S. Weil : il est criminel de priver le travailleur de tout usage de son intelligence (p. 347).

◆ M. Vinaver : piégé par un fil invisible, le travailleur perd toute autonomie (p. 188-189).

(C) Donc vendre sa force de travail est indigne.

◆ M. Vinaver : travailler est comme se prostituer pour survivre. (p. 84).

◆ S. Weil : c'est un esclavage qui ne laisse que « la peur et l'appât des sous » pour stimulants (p. 228).

(T) Reste qu'il faut travailler pour vivre.

(II) Mais en vendant son travail, on répond à des nécessités vitales irréductibles.

(A) Comme tout animal, l'homme a des besoins vitaux.

◆ M. Vinaver : l'homme est asservi à ses besoins et à ses désirs (p. 168).

◆ S. Weil : il est des « nécessités inévitables » comme le blé (p. 391-392).

(B) Or le travail est nécessaire pour satisfaire ces besoins.

◆ S. Weil : une part de servilité est inévitable, il faut « gagner sa vie » (p. 418-419).

◆ M. Vinaver : le besoin d'argent est l'expression « désodorisée » de nos besoins animaux (p. 168).

(C) Donc il n'est pas indigne mais nécessaire de vendre sa force de travail.

◆ M. Vinaver : dans notre société, tout est affaire d'argent, même le mariage (p. 124).

◆ S. Weil : ce ne sont pas les salaires mais leur bassesse et leur inégalité qui posent un problème (p. 280).

(T) Mais le travail peut être davantage qu'un simple gagne-pain.

(III) Pour ne pas être humiliant, le travail doit, en fait, ne pas avoir pour seule finalité le salaire.

(A) L'augmentation du prix du travail n'est pas suffisante.

◆ S. Weil : sans autres réformes, la hausse des salaires peut être délétère (S. Weil : p. 280-281).

◆ M. Vinaver : il faut dépasser l'écœurante obsession de l'argent (p. 125 et p. 232-233).

(B) Pour être vivable, le travail doit, en effet, répondre à une autre finalité que seulement vitale.

◆ S. Weil : l'argent n'est qu'un expédient illusoire (p. 420-423).

◆ M. Vinaver : il faut viser l'objectivation à travers la conception du produit (p. 51-52).

(C) Donc le travail doit être un temps qui donne sens à sa vie.

◆ S. Weil : donner du sens au travail (p. 344-346).

◆ Par la poétisation, faire du travail une source de sens (*Par-dessus bord*, p. 137-138 ; *La Condition ouvrière*, p. 423-429).

Conclusion

S'il est vrai qu'il est humiliant de servir d'outil vivant, il n'est pas moins vrai que vendre sa force de travail répond à une nécessité vitale à laquelle nul ne peut échapper. Pour ne pas être écœurant, le travail doit ainsi avoir du sens et être source de sens, de sorte que, travaillant, l'homme vive, donc ne se contente pas de gagner sa vie. Mais peut-on espérer un monde où nul homme n'envisagerait de réduire un autre à « une bête de somme » ?

PARTIE 6

Citations

1. Virgile, *Géorgiques* 303
2. Simone Weil, *La Condition ouvrière* 307
3. Michel Vinaver, *Par-dessus bord* 310

1. Virgile, *Géorgiques*

(La pagination renvoie à l'édition prescrite, GF, traduction de M. Rat.)

1. « [...] sensible comme moi aux misères des campagnards qui ne savent pas leur route » (I, v. 22-56, p. 40).

▶ **Thèmes** : souffrance, sympathie, lyrisme

2. « Je veux dès lors voir le taureau commencer de gémir sous le poids de la charrue, et le soc resplendir dans le sillon qu'il creuse. » (Chant I, v. 22-56, p. 41.)

▶ **Thèmes** : outils, glorification du travail, souffrance, pénibilité, domestication de la nature.

3. « Le Père des dieux lui-même a voulu rendre la culture des champs difficile, et c'est lui qui le premier a fait un art de remuer la terre, en aiguisant par les soucis les cœurs des mortels et en ne souffrant pas que son empire s'engourdît dans une triste indolence. » (Chant I, v. 123-156, p. 45.)

▶ **Thèmes** : sacralisation, châtiment, paresse et oisiveté, intelligence pratique, ambivalence du travail.

4. « Tous les obstacles furent vaincus par un travail acharné et par le besoin pressant en de dures circonstances. » (Chant I, v. 123-156, p. 46-47.)

▶ **Thèmes** : courage, nécessité, force, épreuves.

5. « Oui, même aux jours de fête, il est des travaux auxquels les lois divines et humaines permettent de se livrer. » (Chant I, v. 255-288, p. 54.)

▶ **Thèmes** : législation, organisation des tâches, religion, société, temps et temporalité.

6. « Au travail donc, ô cultivateurs ! apprenez les procédés de cultures propres à chaque espèce ; adoucissez, en les cultivant, les fruits sauvages ; que vos terres ne restent pas en friche. » (Chant II, v. 22-54, p. 75.)

▶ **Thèmes** : adaptation, sciences et techniques, domestication et valorisation de la nature, travail comme raison de vivre, cultures.

7. « Ajoutez tant de villes incomparables, tant de travaux de construction, tant de places bâties par la main des hommes sur des rochers à pic, et ces fleuves baignant le pied d'antiques murailles. » (Chant II, v. 150-182, p. 82.)

▶ **Thèmes :** production, glorification du travail, pouvoir civilisationnel du travail, transformation de la nature.

8. « Telle encore cette terre, d'où le laboureur irrité a fait disparaître une forêt, abattant des bocages longtemps inutiles et arrachant jusqu'au bout de leurs racines les antiques demeures des oiseaux. » (Chant II, v. 182-215, p. 86.)

▶ **Thèmes :** domination et domestication de la nature, pouvoir de transformation du travail, travail comme acte contre nature, contradictions et ambivalence du travail, violence.

9. « Que les allées soient toutes de dimensions égales, non pour que leur perspective repose seulement l'esprit, mais parce qu'autrement la terre ne fournira pas à tous les ceps une somme égale de forces, et que les rameaux ne pourront s'étendre dans l'air libre. » (Chant II, v. 279-312, p. 90.)

▶ **Thèmes :** rationalisation du travail, art de collaborer avec la nature, intelligence pratique, sciences et techniques.

10. « Le travail des laboureurs revient toujours en un cercle, et l'année en se déroulant le ramène avec elle sur ses traces. » (Chant II, v. 379-413, p. 96.)

▶ **Thèmes :** temps et temporalité, cycle du travail, action, répétition, esclavage et soumission, fini et infini, reproduction.

11. « Ô trop fortunés s'ils connaissaient leurs biens, les cultivateurs ? Eux qui, loin des discordes armées, voient la très juste terre leur verser de son sol une nourriture facile. » (Chant II, v. 446-479, p. 99.)

▶ **Thèmes :** bonheur, sagesse, valeur(s), morale(s), satisfaction des besoins.

12. « Mais ce cheval même, lorsque appesanti par la maladie ou déjà ralenti par les ans, il a des défaillances, enferme-le au logis et sois indulgent à une vieillesse qui ne le déshonore pas. » (Chant III, v. 89-121, p. 116.)

▶ **Thèmes :** usure, sympathie et compassion, dignité, cadence et rythme de travail, adaptation, inutilité.

13. « Ceux que tu veux former aux soins et aux besoins de la campagne, entraîne-les quand ils sont encore de petits veaux, et engage-toi dans la voie du dressage, tandis que leur humeur est docile encore et leur âge facile à plier. » (Chant III, v. 154-186, p. 120.)

▶ **Thèmes** : transformation, rationalisation des tâches, combat, sciences et techniques.

14. « Oui, toute la race sur terre et des hommes et des bêtes, ainsi que la race marine, les troupeaux, les oiseaux peints de mille couleurs, se ruent à ces furies et à ce feu : l'amour est le même pour tous. » (Chant III, v. 220-254, p. 124.)

▶ **Thèmes** : universalité, épreuve, fraternité et sensibilité du vivant, amour.

15. « C'est un travail ; mais espérez-en de la gloire, courageux cultivateurs. Je ne me dissimule pas en mon for intérieur combien il est difficile de vaincre mon sujet par le style et de donner du lustre à de minces objets. » (Chant III, v. 286-317, p. 127.)

▶ **Thèmes** : travail intellectuel, travail manuel, combat, épreuve, courage, transfiguration, glorification du travail.

16. « Mais voici que, fumant sous la dure charrue, le taureau s'affaisse et vomit à plein gosier un sang mêlé d'écume, et pousse de suprêmes gémissements. Le laboureur s'en va, tout triste, dételer l'autre bœuf affligé de la mort de son frère et laisse sa charrue enfoncée au milieu du sillon. » (Chant III, v. 515-550, p. 139.)

▶ **Thèmes** : mort, épreuve, tristesse, sympathie et compassion, sensibilité.

17. « Poursuivant mon œuvre, je vais chanter le miel aérien, présent céleste : tourne encore tes regards, Mécène, de ce côté. Je t'offrirai en de petits objets un spectacle admirable » (Chant IV, p. 145.)

▶ **Thèmes** : travail du poète/de l'écrivain, transfiguration, dépendance.

18. « Seules, elles élèvent leur progéniture en commun, possèdent des demeures indivises dans leur cité, et passent leur vie sous de puissantes lois ; seules, elles connaissent une patrie et des pénates fixes ; et, prévoyant la venue de l'hiver, elles s'adonnent l'été au travail et mettent en commun les trésors amassés. » (Chant IV, v. 154-184, p. 153-154.)

▶ **Thèmes** : organisation des tâches, économie, organisation sociale, utopie, communauté, sens du collectif, rythme de la nature, profit, temps et temporalité.

19. « [...] elles se brisent les ailes contre des pierres dures, et vont jusqu'à rendre l'âme sous leur fardeau, tant elles aiment les fleurs et sont glorieuses de produire leur miel. Toutes se reposent de leurs travaux en même temps, toutes reprennent leur travail en même temps. » (Chant IV, v. 154-184, p. 155.)

▶ **Thèmes** : activité, dangers et difficultés du travail, dévouement, amour, rythme et cadence du travail, repos, égalité, communauté.

20. « En ce temps-là, la douce Parthénope me nourrissait, moi, Virgile, florissant aux soins d'un obscur loisir, moi qui ai dit par jeu les chansons des bergers, et qui, audacieux comme la jeunesse, t'ai chanté, ô Tityre, sous le dôme d'un vaste hêtre. » (Chant IV, v. 545-565, p. 177.)

▶ **Thèmes** : poésie rustique, chant des paysans et du poète, nature comme source d'inspiration, otium.

2. Simone Weil, *La Condition ouvrière*

1. « D'une manière générale, la tentation la plus difficile à repousser, dans une pareille vie, c'est celle de renoncer tout à fait à penser : on sent si bien que c'est l'unique moyen de ne plus souffrir ! » (« Trois lettres à Albertine Thévenon », p. 53.)

▶ **Thèmes** : conscience, pensée, souffrance, soumission, humiliation.

2. « Une usine, cela doit être [...] un endroit où on se heurte durement, douloureusement, mais quand même joyeusement à la vraie vie. Pas cet endroit morne où on ne fait qu'obéir, briser sous la contrainte tout ce qu'on a d'humain, se courber, se laisser abaisser au-dessous de la machine. » (« Trois lettres à Albertine Thévenon », p. 57.)

▶ **Thèmes** : usine, machine, résistance, souffrance, esclavage et soumission, humiliation, humanité, joie.

3. « Il y a deux facteurs, dans cet esclavage : la vitesse et les ordres. » (« Trois lettres à Albertine Thévenon », p. 60.)

▶ **Thèmes** : esclavage et soumission, oppression, rendement, temps et temporalité.

4. « On ne vous demande que des pièces, on ne vous donne que des sous. » (« Un appel aux ouvriers de Rosières », p. 206.)

▶ **Thèmes** : argent, rendement, intelligence, souffrance morale.

5. « Pour les malheureux, leur infériorité sociale est infiniment plus lourde à porter du fait qu'ils la trouvent présentée partout comme quelque chose qui va de soi. » (« Lettres à Victor Bernard », p. 214.)

▶ **Thèmes** : organisation sociale, humanité, inégalités, humiliation.

6. « L'oppression, à partir d'un certain degré d'intensité, engendre non une tendance à la révolte, mais une tendance presque irrésistible à la plus complète soumission. » (« Lettres à Victor Bernard », p. 223.)

▶ **Thèmes** : oppression, esclavage et soumission, humiliation, volonté.

7. « Ce qui abaisse l'intelligence dégrade tout l'homme. » (« Lettres à Victor Bernard », p. 237.)

▶ **Thèmes** : intelligence, humiliation, humanité, dignité, respect.

8. « À mon avis le travail doit tendre, *dans toute la mesure des possibilités matérielles*, à constituer une éducation. » (« Lettres à Victor Bernard », p. 237.)

▶ **Thèmes** : éducation, respect, humanité, possible, organisation du travail.

9. « Faire du travail un moyen pour chaque homme de dominer la matière et de fraterniser avec ses semblables sur un pied d'égalité. » (« Deux lettres à Jacques Lafitte », p. 257.)

▶ **Thèmes** : maîtrise, intelligence, égalité, dignité, fraternité, humanité.

10. « Dans les conditions de vie accablantes qui pèsent sur tous, les gens ne demandent pas la lucidité, ils demandent un opium quelconque, et cela, plus ou moins, dans tous les milieux sociaux. » (« Deux lettres à Jacques Lafitte », p. 261.)

▶ **Thèmes** : organisation sociale, conscience, pensée, souffrance, esclavage et soumission, intolérable, illusion.

11. « Qu'est-ce qu'on est ? Une unité dans les effectifs du travail. On ne compte pas. À peine si on existe. » (« La vie et la grève des ouvrières métallos », p. 272.)

▶ **Thèmes** : humanité, dépersonnalisation, indifférence, humiliation, organisation du travail.

12. « Se soumettre par force, c'est dur ; laisser croire qu'on veut bien se soumettre, c'est trop. » (« La vie et la grève des ouvrières métallos », p. 281.)

▶ **Thèmes** : contrainte, esclavage et soumission, humiliation, intolérable.

13. « C'est là le véritable problème, le problème le plus grave qui se pose à la classe ouvrière : trouver une méthode d'organisation du travail qui soit acceptable à la fois pour la production, pour le travail et pour la consommation. » (« La rationalisation », p. 308.)

▶ **Thèmes** : organisation du travail, organisation sociale, possible, tolérable, économie, rationalisation du travail.

14. « Les travailleurs ne doivent donc pas avoir confiance dans les savants, les intellectuels ou les techniciens pour régler ce qui est pour eux d'une importance vitale. » (« La rationalisation », p. 326.)

▶ **Thèmes** : fraternité, solidarité, confiance, organisation sociale, rationalisation du travail.

15. « Combien on aimerait pouvoir déposer son âme, en entrant, avec sa carte de pointage, et la reprendre intacte à la sortie ! » (« Expérience de la vie d'usine », p. 335.)

▶ **Thèmes :** souffrance morale, humiliation, intolérable, conscience, pensée, illusion, temps et temporalité.

16. « Les choses jouent le rôle des hommes, les hommes jouent le rôle des choses ; c'est la racine du mal. » (« Expérience de la vie d'usine », p. 336.)

▶ **Thèmes :** usine, machine, humanité, dépersonnalisation, soumission et esclavage, humiliation, intolérable, mal.

17. « L'univers où vivent les travailleurs refuse la finalité. Il est impossible qu'il y pénètre des fins. » (« Condition première d'un travail non servile », p. 422.)

▶ **Thèmes :** usine, organisation du travail, esclavage et soumission, volonté, possible, souffrance morale, finalité.

18. « Une seule chose rend supportable la monotonie, c'est une lumière d'éternité ; c'est la beauté. » (« Condition première d'un travail non servile », p. 423.)

▶ **Thèmes :** possible, souffrance morale, temps et temporalité, élévation, beauté, divin.

19. « La condition des travailleurs est celle où la faim de finalité qui constitue l'être même de tout homme ne peut pas être rassasiée, sinon par Dieu. » (« Condition première d'un travail non servile », p. 424.)

▶ **Thèmes :** possible, volonté, besoin, humanité, souffrance morale, élévation, divin.

20. « Il ne suffit pas de vouloir leur éviter des souffrances, il faudrait vouloir leur joie. » (« Condition première d'un travail non servile », p. 434.)

▶ **Thèmes :** volonté, élévation, fraternité, solidarité, humanité, souffrance, la joie.

3. Michel Vinaver, *Par-dessus bord*

1. « Passemar : Je suis l'auteur de cette pièce dès le plus jeune âge se manifestait mon don d'écrire à neuf ans j'avais composé une pièce en un acte qui s'appelle *La Révolte des légumes* mais il fallait vivre alors ç'a été cette petite annonce jeune licencié ès lettres présentant bien et ils m'ont embauché chez Ravoire et Dehaze pour succéder à un chef de section au service facturation qui s'était suicidé sans raison apparente » (1er mouvement, p. 16-17.)

▶ **Thèmes** : embauche, emploi, organisation du travail, création, travail du poète/de l'écrivain, mort.

2. « Dehaze : Les Américains cherchent la bagarre eh bien ils l'auront » (1er mouvement, p. 25.)

▶ **Thèmes** : concurrence, combat, adversité, défi, projet, ambition.

3. « Dehaze : Mesdames mesdemoiselles messieurs merci d'être venus si nombreux comme à l'accoutumée à notre petite et sympathique réunion que je me permettrai d'appeler une réunion de famille tant il est vrai que ceux qui travaillent quarante heures par semaine ensemble forment une authentique communauté j'en veux pour preuve votre présence qui n'était pas obligatoire et votre bonne humeur qui l'était encore moins » (1er mouvement, p. 32.)

▶ **Thèmes** : entreprise familiale, esprit d'équipe, lien professionnel, effort au travail, harmonie, chef d'entreprise, communauté, glorification du travail.

4. « Olivier : C'est simple vos hommes n'ont pas fait leur travail Dutôt

Dutôt : Il aurait fallu qu'ils aient un produit

Olivier : Bleu-Blanc-Rouge n'est pas un produit ?

Dutôt : Je ne suis pas sûr que c'en soit un » (2e mouvement, p. 51.)

▶ **Thèmes** : publicité, marketing, produit, compétences professionnelles, conflits.

5. « Ausange (*au téléphone* [*avec Olivier*]) : Une condition que nous mettons à la souscription de ce prêt c'est la remise des pouvoirs à Benoît qui nous paraît être plus méchant que vous or il nous faut un méchant bonhomme qui aime mordre » (3e mouvement, p. 103.)

▶ **Thèmes** : chef d'entreprise, personnalité du chef, compétences professionnelles, adversité, concurrence, valeur(s) morale(s), mal.

6. « Jenny : Vous vendez un produit distant abstrait

Jack : Sans aucune vibration affective » (4e mouvement, p. 113.)

► **Thèmes** : publicité, marketing, conseil, produit, diagnostic.

7. « Benoît : Dans moins de cinq ans Margerie la bonne vieille affaire paternelle vaudra dix à quinze fois ce qu'elle vaut aujourd'hui » (4e mouvement, p. 124.)

► **Thèmes** : ambition, croissance, projets, taille de l'entreprise, entreprise familiale, économie, capitalisme.

8. « Lubin : Si les affaires marchaient comme on voulait ça aiderait à être philosophe quand les choses se détraquent dans votre foyer

Madame Lépine : Eh oui

Lubin : Si tout allait bien à la maison ça permettrait de garder le moral quand on ne prend pas la moitié des commandes qu'on prenait l'année précédente » (4e mouvement, p. 129.)

► **Thèmes** : vie personnelle/vie professionnelle, moral, humanité économie, capitalisme épanouissement, économie.

9. « Benoît : [...] ceux d'entre vous qui n'adopteront pas la cadence eh bien ils resteront sur le quai ce n'est pas une menace c'est une constatation » (4e mouvement, p. 131.)

► **Thèmes** : cadence et rythme de travail, capitalisme, souffrance, pénibilité, patrons/employés, esclavage et soumission.

10. « Jenny : Un immense réservoir érotique existe au fond de chacun il suffit d'ouvrir la vanne » (4e mouvement, p. 146.)

► **Thèmes** : produit, capitalisme, marketing, publicité, travail intellectuel, corps humain.

11. « Passemar : Monsieur la frénésie d'arriver au sommet à tout prix j'avoue qu'elle n'est pas dans mon tempérament par contre à l'âge où j'arrive et avec les responsabilités familiales qui sont les miennes » (4e mouvement, p. 149.)

► **Thèmes** : ambition, épanouissement, vie personnelle/vie professionnelle, identité au travail, caractère, glorification du travail.

12. « LUBIN : Sur le plan du travail je pète le feu la faute n'est pas la mienne si les ventes baissent vous le savez » (4e mouvement, p. 160.)

▶ **Thèmes** : enthousiasme au travail, efficacité, compétences professionnelles, épanouissement, caractère, résultat.

13. « JACK : [...] il est agréable de chier et Ravoire et Dehaze peut rendre ça encore plus agréable » (4e mouvement, p. 185.)

▶ **Thèmes** : publicité, produit, bien nécessaire, besoin physiologique, croissance, profit.

14. « COHEN : Je vous dirai que je suis plus heureux maintenant le travail est plus intéressant » (5e mouvement, p. 188.)

▶ **Thèmes** : intérêt au travail, épanouissement, bonheur.

15. « DUTÔT : J'ose à peine vous dire que nous tournons autour de trois cents pour cent de l'objectif

GRANGIER : J'ai cru être très prudent en programmant une production cent pour cent au-dessus de vos estimations d'expéditions

DUTÔT : Mais vous ne tomberez pas en rupture ?

GRANGIER : L'usine travaille en deux équipes j'ai arrêté la production bulle-corde » (5e mouvement, p. 199.)

▶ **Thèmes** : usine, production, coordination, croissance, profit, succès, rationalisation du travail.

16. « PASSEMAR : On dit que le taux de mortalité des gens à partir du moment où on les met à la retraite grimpe d'une façon vertigineuse » (5e mouvement, p. 208.)

▶ **Thèmes** : retraite, inactivité, épanouissement, identité au travail, vie, mort, glorification du travail, souffrance.

17. « LUBIN : [...] si monsieur Dehaze était là pour voir comment on mène à l'abattoir ses anciens représentants parce que le bâtard s'est entouré d'une bande de fumiers qui tueraient leur propre mère si ça pouvait servir leur carrière » (5e mouvement, p. 218.)

▶ **Thèmes** : loyauté/trahison, ambition, licenciement, croissance, haine, mal.

18. « Lubin : [...] je suis né vendeur il me faut la route le contact avec la clientèle le goût de la victoire chaque fois que j'enlève une commande je leur ai dit Ravoire et Dehaze c'est toute ma vie mais s'il n'y a plus Ravoire et Dehaze il y en aura une autre » (5e mouvement, p. 219.)

▶ **Thèmes** : épanouissement, compétences professionnelles, vie, vocation, glorification du travail.

19. « Benoît : Notre potentiel de croissance ? Il est quasiment illimité » (5e mouvement, p. 222.)

▶ **Thèmes** : croissance, ambition, projets, avenir.

20. « Passemar : De sorte que la fin rejoint le commencement » (6e mouvement, p. 255.)

▶ **Thèmes** : cycle économique, reproduction, capitalisme, universalité, finalité.

Dépôt légal : mai 2022 – N° éditeur : MAGSI20210266

Achevé d'imprimer en mai 2022 en France par Présence Graphique - Monts

IMPRIM'VERT

PEFC™ 10-31-2677